SIMONE DAVIES UND JUNNIFA UZODIKE

DEIN MONTESSORI KIND

SIMONE DAVIES UND **JUNNIFA UZODIKE**

DEIN MONTESSORI KIND

Was Kinder brauchen, um sich zu **eigenständigen**, **kreativen** und **empathischen** Persönlichkeiten zu entwickeln
Ab 3 bis 12 Jahre

Aus dem Amerikanischen von
Liat Himmelheber und Andreas Nohl

ILLUSTRATIONEN VON
NAOMI WILKINSON

BELTZ

MIX
Papier | Fördert gute Waldnutzung
FSC® C089473

Dieses Buch ist erhältlich als:
ISBN 978-3-407-86826-8 Print
ISBN 978-3-407-86827-5 E-Book (EPUB)

1. Auflage 2024

Lektorat: Dr. Daniela Gasteiger/Petra Dorn
Fachliche Prüfung der Übersetzung: Sarah DeWolf, Dozentin DMG, Leitung Kinderhaus montessori regensburg e. V.
Umschlaggestaltung: www.sandraklostermeyer.de (Gestaltung), www.stephanengelke.de (Beratung)
Umschlagabbildungen: © Naomi Wilkinson

Herstellung: Sarah Veith
Satz: Publikationsatelier, Weiterstadt
Druck und Bindung: Beltz Grafische Betriebe, Bad Langensalza
Beltz Grafische Betriebe ist ein Unternehmen mit finanziellem Klimabeitrag (ID 15985-2104-100).
Printed in Germany

Weitere Informationen zu unseren Autor:innen und Titeln finden Sie unter: www.beltz.de

Im Gedenken an Onongono.
Danke Daddy und Mummy für die Wurzeln, die mich halten,
für die Flügel und für die Ermutigung, zu fliegen.
Junnifa

Für Mom und Dad,
Danke für eure Unterstützung, Güte und Liebe.
In tiefer Dankbarkeit
Simone

ÜBER KINDER

Khalil Gibran (1883-1931)

Und eine Frau, die einen Säugling an ihre Brust drückte, sagte:
Sprich zu uns über Kinder.

Und er sagte:

Eure Kinder sind nicht eure Kinder.

Sie sind Söhne und Töchter der Sehnsucht des Lebens nach sich selbst.

Sie kommen durch euch, aber nicht von euch,

Sie sind zwar bei euch, doch gehören sie euch nicht.

Ihr dürft ihnen eure Liebe schenken, aber nicht eure Gedanken,

Denn sie haben eigene Gedanken.

Ihr dürft ihren Körpern eine Heimstatt geben, aber nicht ihren Seelen,

Denn ihre Seelen leben im Haus von morgen, das ihr nicht besuchen könnt,
nicht einmal im Traum.

Ihr dürft euch bemühen, ihnen gleich zu werden, aber versucht nicht, sie
euch anzugleichen.

Denn das Leben geht nicht rückwärts und es hält sich nicht mit dem
Gestern auf.

Ihr seid die Bögen, von denen eure Kinder wie lebende Pfeile
ausgesandt werden.

Der Bogenschütze sieht das Ziel auf dem Weg der Unendlichkeit,
und Er spannt euch mit Seiner Macht, damit Seine Pfeile geschwind
und weit fliegen.

Habt Freude am Gespanntwerden in der Hand des Bogenschützen;

Denn so wie Er den Pfeil liebt, der davonfliegt, so liebt Er auch den
festen Bogen.

INHALT

KAPITEL NEUN

WAS NUN KOMMT 268

ANHANG

1

EINLEITUNG

WARUM WIR ZU HAUSE MONTESSORI BRAUCHEN

Was wäre, wenn es einen einfacheren Weg gäbe, Kinder beim Aufwachsen zu begleiten? Wir Eltern jonglieren mit den Anforderungen von Beruf und Haushalt, versuchen Zeit zu finden, um das Leben und unsere Familie zu genießen und außerdem noch einen gesellschaftlichen Beitrag zu leisten. Gleichzeitig kämpfen wir mit ernsten Sorgen, was die Menschheit, die Auswirkungen neuer Technologien und die Zukunft unseres Planeten angeht.

Wir (Junnifa und Simone) sind davon überzeugt, dass Montessori das Gegenmittel für dieses Jonglierkunststück ist. Wir können lernen, unsere Kinder zu verstehen, mit ihren Augen zu sehen und sie mit Freude großzuziehen. Sogar und ganz besonders angesichts einer Zukunft voller Unsicherheit.

Die Montessori-Pädagogik bietet etwas, das wir, Junnifa und Simone, liebevoll das »Triumvirat« nennen.

Erstens erziehen wir unser Kind im Geist von Respekt, Liebe und Verständnis. Als Eltern und Betreuungspersonen sind wir wegweisende Begleiter*innen unserer Kinder, nicht ihre Chefs oder Dienstpersonal. Wir sind auf ihrer Seite, und wir unternehmen diese Reise gemeinsam. Eine Reise, auf der alles, sei es gut oder schlecht, eine Gelegenheit bietet, zu lernen und zu wachsen.

Zweitens ist da die vorbereitete Umgebung. Wir können unser Zuhause bewusst einrichten (und unsere Kinder in die Welt draußen, außerhalb unseres Heims, einführen), sodass sie kompetent sein können, sich zugehörig fühlen und ein wichtiges Mitglied unserer Familie und Gemeinschaft werden.

Drittens gibt es Aktivitäten, die auf die Bedürfnisse unseres einzigartigen Kindes abgestimmt sind und seine Entwicklung auf ganzheitliche Weise unterstützen – kognitiv, emotional, sozial und geistig.

Maria Montessori erarbeitete diesen Zugang zur kindlichen Entwicklung vor mehr als hundert Jahren. Nun könnte man sich fragen, ob er in der heutigen Welt noch immer relevant ist. Hier möchten wir unsere Leser*innen daran erinnern, dass die

Bedürfnisse und Eigenschaften von Kindern sich nicht verändert haben. Kinder brauchen Bewegung, Ausdrucksmöglichkeiten, Beziehungen zu anderen und müssen etwas über die Welt um sie herum lernen. In der Montessori-Pädagogik wollen wir, dass Kinder lernen, aber nicht aus Zwang, sondern weil in ihnen ein intrinsisches Verlangen, eine Flamme brennt, die man schützen und schüren muss. Die Montessori-Pädagogik funktioniert schon seit über hundert Jahren für alle Kinder überall auf der Welt. Ihre Philosophie gestattet jedem Kind, sich auf seine eigene Art in seinem eigenen Tempo zu entwickeln, mit seiner eigenen Lernweise und seinen speziellen Interessen.

Wenn wir die Montessori-Prinzipien zu Hause anwenden, können unsere Kinder unabhängig davon, ob sie eine Montessori-Schule besuchen, von der Montessori-Pädagogik profitieren. Passen wir diese Prinzipien an unsere einzigartige Familie und unsere Lebensumstände an, wird Montessori sogar zugänglicher, gerechter und kulturell anpassungsfähiger.

Vielleicht wenden nun viele ein: »Na ja, aus mir ist doch auch ohne Montessori etwas geworden.« Das mag für eine Handvoll Menschen zutreffen, deren Familien in der Lage waren, sie bedingungslos zu unterstützen und ihnen alle Möglichkeiten zu eröffnen, oder für solche, denen es gelungen ist, trotz der Umstände das Beste aus sich zu machen. Viel häufiger denken wir aber einfach nur, es ginge uns gut; wenn wir aber ein wenig tiefer graben, stoßen wir vielleicht auf Träume, die wir nie verwirklicht haben, oder wir haben einen durch Eltern oder gesellschaftliche Erwartungen vorgezeichneten Weg eingeschlagen; oder wir haben vielleicht das Gefühl, nicht hundertprozentig wir selbst sein zu können; oder wir begegnen Andersdenkenden, möglicherweise sogar den eigenen Familienmitgliedern, mit Antipathie und Wut, sei es nun aufgrund von deren politischen und religiösen Ansichten, persönlichen Interessen, kulturellem Hintergrund, finanziellem Status oder anderem; oder wir haben nie gelernt, unseren Gefühlen Ausdruck zu verleihen oder anderen in aller Freundlichkeit Grenzen aufzuzeigen; oder wir haben alte Wunden oder ungelöste Traumata. Wir denken also, wir seien eigentlich ganz gut geraten, aber wir finden gerade erst heraus, dass auch wir während des Aufwachsens von den Montessori-Prinzipien profitiert hätten.

Montessori wird immer populärer. Dabei handelt es sich nicht um einen bloßen Trend. Vielmehr suchen wir nach einer Möglichkeit, wie unsere Kinder sich zu kritischen Denker*innen entwickeln können, die wissen, wie man in einer Gesellschaft mit anderen zusammenlebt und Verantwortung für den Erhalt der Erde übernimmt.

Wir können dir nicht versprechen, dass dein Kind ein Technikgigant wird wie die Jungs von Google (auch wenn die viel von ihrer Kreativität dem Besuch einer Montessori-Schule zuschreiben). Wir werden aber all unsere Geheimnisse, die wir über die Erziehung kompetenter Kinder mit kreativen Köpfen und mitfühlenden Herzen haben, mit dir teilen – das sind Kinder, die später selbstbewusste Erwachsene werden, die freundlich und respektvoll sind und die achtsam mit sich selbst, anderen und unserem Planeten umgehen. Sie werden in jeder von ihnen gewählten Rolle in die Gesellschaft eintreten können – sei es als Mechanikerinnen, CEOs, Eltern, Wissenschaftler, Programmiererinnen, Landwirte, Lehrkräfte – und ihren Beitrag leisten.

Wir werden sehr häufig auf das Kind, die Erwachsenen und die Umgebung zu sprechen kommen. Zwischen diesen drei Dingen besteht eine dynamische Beziehung. Wir werden lernen, das Kind zu verstehen und uns selbst und die Umgebung so vorzubereiten, dass wir das Kind unterstützen können. Wir werden erkennen, dass die Montessori-Prinzipien recht nachvollziehbar und intuitiv sind und viele von uns sie nur vergessen haben. Wir werden lernen, zu beobachten, auf die Kinder einzugehen, statt nur zu reagieren, und ihre Bedürfnisse und Eigenschaften beim Heranwachsen zu verstehen. Und noch vieles mehr.

Nun wollen wir mehr über das Montessori-Kind erfahren.

WER WIR SIND

Junnifa hat den internationalen Ausbildungskurs der AMI (*Association Montessori Internationale*) für 0–3, 3–6 und 6–12 Jahre absolviert und ist Ehefrau und Mutter von vier Kindern, die alle schon ab der Schwangerschaft nach Montessori-Prinzipien aufgewachsen sind. Sie ist Gründerin und Leiterin der *Fruitful Orchard Montessori School* in Abuja, Nigeria, die Kinder von 15 Monaten bis zu 12 Jahren aufnimmt; sie gehört dem AMI-Vorstand an und verfügt außerdem über eine Ausbildung in RIE (*Resources for Infant Educarers*).

Junnifa schätzt sich glücklich, dass sie auf die Montessori-Pädagogik gestoßen war, noch bevor ihr erstes Kind auf die Welt kam. So war sie, als sie ihren Weg als Mutter antrat, bereits gut ausgerüstet mit einem Verständnis für die Bedürfnisse ihrer Kinder und mit den Werkzeugen, die Eltern brauchen. Sie hat zusammen mit ihren Kindern immer weiter gelernt, während diese die Entwicklungsphasen durchliefen. Ihre eigene Elternschaft und ihre Tätigkeiten als Schulleiterin, als Lernbegleiterin in der Grundschule und als Unterstützerin der Familien in ihrer Gemeinde und auf der ganzen Welt stärken ihr Vertrauen in die Montessori-Prinzipien immer weiter.

Sie ist überzeugt, dass diese Prinzipien die Grundlage bilden für ein gutes Leben und den Zusammenhalt einer Gesellschaft, die auf Respekt und Fürsorge aufbaut; in der alle lernen, für sich selbst und andere sowie für die Umwelt (im buchstäblichen und im übertragenen Sinn) und für die Gesellschaft als Ganzes aufzukommen und zu sorgen.

Als Montessori-Lernbegleiterin und Mutter sieht Junnifa die Begabung jedes Kindes, mit dem sie arbeitet. Zu Hause vertraut sie ihren Kindern, leitet sie an und fördert ihre Unabhängigkeit, während sie gleichzeitig für einen engen Zusammenhalt in der Familie und größeren Gemeinschaft sorgt. Sie wendet die Montessori-Prinzipien kulturprägend an und hat an Montessori-Fortbildungen in den Vereinigten Staaten, Italien, Indien und Südafrika teilgenommen.

Simone hat ebenfalls den internationalen Ausbildungskurs für Kinder von 0–3, 3–6 und 6–12 Jahren der AMI absolviert; außerdem ist sie *Positive Discipline*-Erzieherin. Sie arbeitet seit 2004 in Montessori-Schulen und führt seit 2008 eigene Eltern/Kind-Kurse im *Jacaranda Tree Montessori* in den Niederlanden durch.

Simone hat ihre beiden Kinder (inzwischen junge Erwachsene) nach den Montessori-Prinzipien erzogen. Vom traditionellen Bildungssystem enttäuscht, schickte sie ihre Kinder in eine Montessori-Spielgruppe und in den Montessori-Kindergarten in Castlecrag, Australien, und danach bis zum Alter von 12 Jahren auf eine staatliche Montessori-Schule in den Niederlanden. Selbst als ihre Kinder die reguläre Oberschule und später die Universität besuchten, wandte Simone zu Hause weiterhin die Montessori-Prinzipien an. Sie hat erlebt, dass diese Prinzipien bei Kindern das Fundament für Empathie, Freundlichkeit und Neugier legen. Mit ihren Kindern verbindet sie eine respektvolle Beziehung: Es bedurfte keiner Drohungen, um ihre Kooperation zu gewinnen; sie halfen bei der Essensvorbereitung und lernten hervorragend backen; beide trieben Sport, brachten sich selbst das Keyboardspielen bei, spielten viel mit ihren Freund*innen und verbrachten viele vergnügte Stunden auf dem Wohnzimmerfußboden, wo sie Comics zeichneten und Schilder malten für Geheimclubs, die von ihren Lieblingsbüchern inspiriert waren. Auch die Ferien ließen sich nach Montessori gestalten. Die Kinder rannten auf einem Bauernhof herum, bauten am Strand einen Damm oder besuchten Museen in verschiedenen Städten. Simone gibt unumwunden zu, dass es ein großes Privileg war, ihren Kindern all das bieten zu können. Und sie versichert, dass Montessori nicht bedeutet, perfekte Kinder zu erziehen – auch ihre eigenen hatten in all den Jahren Probleme und mussten manchmal kämpfen, und sie wird im Verlauf des Buchs berichten, wie die Familie solche Situationen durchgestanden und gelöst hat.

Wir haben durch die Anwendung der Montessori-Prinzipien viel Frieden, Freude und Verbundenheit mit unseren Kindern erlebt, und wir hoffen, dass es dir genauso gehen wird.

ÜBER DIESES BUCH

Nachdem Simone *Montessori für Eltern* geschrieben hatte (das sich damit beschäftigt, wie Kleinkinder achtsam und selbstständig aufwachsen), und infolge des gemeinsam von Junnifa und Simone verfassten Buchs *Das Montessori Baby* wurden wir immer wieder um ein Buch für die späteren Jahre gebeten. Das vorliegende Werk ist nun das Ergebnis. Wir haben Wissen zusammengetragen von Maria Montessori, aus unseren Montessori-Ausbildungen, unseren Erfahrungen mit unseren eigenen Kindern und vielen anderen Familien, aus einer Menge Forschungsstudien, Fortbildungen, Podcasts, Workshops und von vielen anderen Montessori-Pädagog*innen, die etwas zu diesem Buch beigetragen haben. Das alles haben wir zu einem Handbuch für Montessori-Familien mit Kindern zwischen 3 und 12 Jahren kompiliert.

Wir streben mit diesem Buch nicht an, unser Heim in ein Montessori-Klassenzimmer zu verwandeln. Davon raten wir sogar dringend ab. Dies ist auch kein Werk über häuslichen Montessori-Unterricht. Vielmehr handelt es davon, wie man zu Hause die Montessori-Prinzipien anwenden kann, ob das Kind nun in eine Montessori-Schule geht oder nicht.

Du kannst dieses Buch von Anfang bis Ende lesen oder es an einer beliebigen Stelle aufschlagen, um Ratschläge zu finden, die sich noch heute in die Tat umsetzen lassen. Wir hoffen, dass du dieses Buch wie ein Gerüst benutzt. Du kannst dir zunächst die Prinzipien aneignen, die dir nach und nach zur zweiten Natur werden. Dann kannst du das Gerüst entfernen und auf eigenen Füßen stehen (und dich wieder mit dem Buch befassen, wenn du etwas auffrischen oder Hilfe für schwierige Situationen finden willst).

Ob du nun zum ersten Mal etwas über Montessori liest oder ob du schon vor der Geburt deiner Kinder angefangen hast, Montessori zu praktizieren, du wirst hoffentlich Selbstvertrauen, ein tieferes Verständnis für deine Kinder und eine stärkere Verbindung zu deiner Familie gewinnen. Falls du in deiner Familie noch nie Montessori angewandt hast, wollen wir dir sagen, dass es niemals zu früh ist, damit anzufangen, aber es ist auch nie zu spät. Vielleicht fühlt es sich zunächst wie eine riesige Veränderung an, mit dem Beobachten zu beginnen, die Wohnung und dich selbst vorzubereiten und die Entwicklung deines Kindes auf ungewohnte Weise zu unterstützen, aber du sollst wissen, dass sich dein Einsatz lohnen wird. Montessori ist keine schnelle Behelfslösung, sondern eine langfristige Methode.

HINWEIS: Wir haben die Originalzitate von Maria Montessori nicht verändert, die ihrem historischen Kontext entsprechend meist das generische Maskulinum aufweisen.

Zum wissenschaftlichen Hintergrund der Montessori-Pädagogik und der Ideen in diesem Buch weisen wir die Leser*innen hin auf

- das ausführliche, aber durchaus zugängliche Werk von Angeline Stoll Lillard: *Montessori: Die Wissenschaft hinter dem Genie*
- den Online-Anhang »Wie funktioniert Montessori?« von Mira Debs und Angela K. Murray (zu finden bei beltz.de unter diesem Buch)

MONTESSORI IST FÜR ALLE KINDER DA

Wir sind überzeugt, dass Montessori überall auf der Welt, in jedem Zuhause, bei jedem Kind angewendet werden kann, ungeachtet der Familienkonstellation oder des finanziellen und bildungsmäßigen Hintergrunds. Bei Montessori geht es darum, die Einzigartigkeit jedes Kindes zu erkennen, seine individuelle Entwicklung zu unterstützen und dabei wenn nötig Anpassungen vorzunehmen.

Montessori ist nicht nur für Kinder da, die still sitzen können und nach dem Spielen brav ihre Aktivität ins Regal zurückräumen. Der Ansatz ist ebenso und ganz besonders für Kinder mit Bewegungsdrang geeignet. Sie können beim Spielen herumtollen, tanzen und singen, Musik machen, Rhythmen entdecken und große und kleine Bewegungen machen. Montessori passt zu allen Lerntypen, ob visuell, auditiv und kinästhetisch (diese Lernenden fassen die Dinge am liebsten an und befühlen sie, um sie kennenzulernen). Die Herangehensweise eignet sich für Kinder, die durch Tun lernen, ebenso wie für Kinder, die durch Beobachtung lernen.

Maria Montessori erkannte das Potenzial in allen Kindern, inklusive der Kinder mit einer Neurodiversität (z. B. Autisten, Hochbegabte mit und ohne Begleitstörung, Kinder mit ADHS, sensorischen oder Lernschwierigkeiten) sowie der Kinder mit einer Behinderung (geistig oder körperlich), mit Blindheit, Taubheit oder (selektivem) Mutismus.

WAS WIR AN KINDERN ZWISCHEN 3 UND 6 LIEBEN

3- bis 6-jährige Kinder sind neugierig. Während wir vielleicht am liebsten den ganzen Tag im Bett verbringen würden, lernen und bewegen sich unsere 3- bis 6-Jährigen pausenlos. Sie haben so viel Neues zu entdecken und fragen ständig »Was?« und »Warum?«, begierig darauf, die sie umgebende Welt zu verstehen. Sie wollen wissen, wie alles heißt, welche Beziehungen Menschen verbinden und wie Dinge funktionieren.

3- bis 6-Jährige lernen mühelos. Maria Montessori beschrieb den Geist des Kindes in diesem Alter als *absorbierenden Geist,* der alles ohne Anstrengung wie ein Schwamm aufsaugt. Wir erleben, wie Kinder in diesem Alter mehrere Sprachen ohne jeglichen Unterricht lernen; sie schauen sich Bewegungen ab und wie man kommuniziert und zuhört, sie fangen an, sich für Symbole zu interessieren wie Buchstaben, Zahlen, Landkarten und Flaggen, und sie nehmen das Sozialleben anderer Menschen deutlich wahr. Während der absorbierende Geist des Kleinkinds unter drei Jahren *unbewusst* ist und alles ohne bewusste Anstrengung aufnimmt, nimmt der Geist von 3- bis 6-Jährigen alles *bewusst* auf, und sie sind begierig, alles, was sie in den Jahren zuvor gelernt haben, zu ordnen.

3- bis 6-Jährige nehmen alles wörtlich. Sie begreifen die Welt sehr konkret anhand dessen, was sie um sich herum sehen. Dieses auf der Realität basierende Verständnis ist ein wichtiges Fundament für ihre wachsende Fantasie. Dabei können faszinierende Gespräche zustande kommen. Würde man die Kinder zum Beispiel fragen, was wäre, wenn man kein Gehirn hätte, käme aller Wahrscheinlichkeit nach die Antwort, dass dann der Kopf zerquetscht aussehen würde!

3- bis 6-Jährige lieben es, zu kommunizieren und sich auszudrücken. Die meisten Kinder haben bis zum Alter von 3 Jahren gelernt, sich sprachlich auszudrücken. Zwischen 3 und 6 Jahren wächst der Wortschatz, und es bildet sich ein informelles Grammatikverständnis heraus. Im Alter von 6 Jahren können sich viele Kinder ausdrücken (sprechen und schreiben) und andere verstehen (zuhören und lesen). Außerdem drücken sie sich mit Vorliebe durch Tanz, Musik und Kunst aus.

3- bis 6-Jährige beschäftigen sich damit, die Eindrücke, die sie in ihrer Umwelt mit ihren Sinnen erfahren, zu vergleichen, zu sortieren, zu bewerten und zu klassifizieren. Sie lernen immer noch sensorisch. Das bedeutet, dass sie Informationen aufnehmen und lernen, indem sie alles, was ihnen begegnet, anfassen, riechen, hören, sehen und schmecken. Verbale Anleitungen oder Vorträge sind weniger interessant; viel aufregender ist es, zu eigenen Entdeckungen angeregt zu werden. Kinder in diesem Alter untersuchen die Eigenschaften aller Gegenstände, die ihnen begegnen – rau und glatt, lang und kurz, leise und laut, warm und kalt, hell und dunkel.

3- bis 6-Jährige wiederholen eine Aufgabe wieder und wieder. Wenn ein Kind zwischen 3 und 6 Jahren daran arbeitet, eine Fähigkeit zu erwerben, wiederholt es diese viele, viele Male, bis es sie beherrscht. Im Kindergarten erleben wir, wie ein Kind eine Schleife bindet, sie wieder aufmacht, sie wieder bindet, oder sich zwei Wochen lang täglich mit derselben Aktivität beschäftigt, ehe es sich einer anderen zuwendet.

3- bis 6-Jährige lieben es, am täglichen Leben teilzunehmen. Kinder dieses Alters lieben *praktische Tätigkeiten*. Sie wollen lernen, sich selbst die Haare zu bürsten, sich um Pflanzen oder Haustiere zu kümmern oder den Tisch zu decken. Dabei lernen sie eine Abfolge von Schritten und verbessern ihre Koordination und ihre Bewegungen, und im Übrigen lieben sie es, sich nützlich zu machen. Durch diese Alltagstätigkeiten erfahren sie mithilfe von Gebrauchsgegenständen auch etwas über ihre Kultur (sie lernen zum Beispiel die Utensilien kennen, die man zum Essen benutzt) und Umgangsformen (etwa, wie man sich begrüßt).

3- bis 6-Jährige können mehr, als wir erwarten. Sie sind in der Lage, Pfannkuchen zu backen, ihre Schuhe zu binden, eine Karte von Afrika zu zeichnen und darauf jedes Land zu benennen und ein hübsches Kissen zu nähen. Wenn ihre Umgebung so eingerichtet ist, dass sie Erfolgserlebnisse haben, dass sie frei wählen können, was ihnen Spaß macht, wenn ein geduldiger Erwachsener oder ein älteres Kind in der Nähe ist, den oder das sie um Hilfe bitten können, falls sie nicht weiterkommen, wenn sie die Zeit bekommen, Fähigkeiten zu üben und zu lernen, dann können Kinder mit zeitaufwendigen und detaillierten Aufgaben betraut werden und diese auch zu Ende führen.

3- bis 6-Jährige leben hauptsächlich im gegenwärtigen Moment. Zwar entwickeln sie allmählich ein besseres Zeitverständnis, als sie es als Kleinkinder hatten, aber »gestern« kann für sie irgendeine Zeit in der Vergangenheit bedeuten und »morgen« irgendetwas in der Zukunft. Sie erinnern uns daran, im Hier und Jetzt präsent zu bleiben und uns nicht zu sehr mit der Vergangenheit oder der Zukunft zu beschäftigen. Was sie gerade jetzt im Moment tun, ist viel wichtiger.

WAS WIR AN KINDERN ZWISCHEN 6 UND 12 LIEBEN

6- bis 12-Jährige brauchen viel Mitgefühl. An ihnen wird oft herumgemäkelt, weil sie unhöflich sind, unordentlich und frech. Wir fragen uns vielleicht, was aus unserem lieben Kind geworden ist. Es erreicht eine neue Entwicklungsstufe (die *zweite Phase*), und es braucht jetzt eine andere Art der Unterstützung.

Das ältere Kind wird von Vernunft, Fantasie und seinen sich entwickelnden moralischen Werten angetrieben. Es will gerne zu Gruppen außerhalb seiner Familie gehören, in ihnen arbeiten und Zeit verbringen. Aber die Erwachsenen spielen immer noch eine wichtige Rolle. Durchhaltevermögen und Wissensdurst der Kinder wachsen, und sie wollen sich in der Welt spürbar machen.

6- bis 12-Jährige sind stabiler/ruhiger. Das schnelle körperliche Wachstum der frühen Kindheit verlangsamt sich, die Kinder werden stabiler und weniger sprunghaft. Sie verlieren die Milchzähne und ihre runden Gesichter, ihre Beine werden kräftiger. Sie werden unternehmungslustiger und kühner und erzählen uns von ihren Heldentaten.

6- bis 12-Jährige haben einen enormen Gerechtigkeitssinn. Sie wollen alles möglichst gleichmäßig verteilen. Wenn zehn Kekse und sechs Kinder da sind, möchten sie lieber, dass jedes Kind einen Keks bekommt und vier auf dem Teller zurückbleiben, statt dass manche Kinder zwei Kekse bekommen. Da sie sich so sehr für Recht und Ordnung starkmachen, können wir mit ihrer Hilfe familiäre Regeln aufstellen, die sie dann freudig befolgen und durchsetzen werden. Das bedeutet auch, dass sie versuchen werden, in jedem Fall die Wahrheit zu sagen, weil sie uns unbedingt mitteilen wollen, wenn jemand etwas Unangemessenes getan hat. Sie versuchen, die Regeln zu befolgen und Recht von Unrecht zu unterscheiden.

6- bis 12-Jährige lieben es, zu einer Gruppe zu gehören. Sie lernen, nützliche Gruppenmitglieder zu werden, setzen sich mit dem Konzept der Fairness auseinander, erfahren, wie andere denken, entwickeln Empathie und einen Beschützerinstinkt für Kinder, die sie als »schwächer« erleben. Sie üben sich als Mitglieder der Gesellschaft und brauchen wahrscheinlich unsere Hilfe dabei, diese Instinkte dauerhaft in ihr Sozialverhalten zu integrieren.

6- bis 12-Jährige interessieren sich brennend für Geheimsprachen. Sie können von Chiffren und Hieroglyphen fasziniert sein oder erfinden eine eigene Sprache. Dadurch grenzen sie sich von ihrer Familie ab und fühlen sich unabhängig, während sie gleichzeitig mit ihren Freund*innen ihre eigene Gesellschaft aufbauen.

6- bis 12-Jährige können große Arbeiten in Angriff nehmen (und ein Riesendurcheinander veranstalten!). Sie arbeiten gerne, wenn die Arbeit einen Sinn hat, in ihrer Gruppe und für diese stattfindet und sich in ihre Interessen fügt. Sie lieben es, neue Kenntnisse und Entdeckungen auszutauschen. Ihre Kreise werden jetzt größer, Familie und Schule allein genügen ihnen nicht mehr. Wir können ihnen das Universum geben – nicht nur Mathe und Grammatik, sondern Fächer wie Biologie, Geschichte, Geografie, Astronomie und Mechanik. Sie lernen, dass alles mit allem zusammenhängt und dass alles im Universum (vom Bakterium zur Spinne bis hin zu ihnen selbst) eine *kosmische Aufgabe* und seine eigene Rolle hat.

6- bis 12-Jährige benutzen ihre Fantasie, um das Universum zu erforschen. Sie gehen mit ihren Sinnen über das Erforschen hinaus und sind nun in der Lage, mithilfe ihrer Vorstellungskraft andere Kulturen und Lebenswelten sowie Dinge zu verstehen, die sie weder berühren noch sehen können. Simone hörte dafür einmal die Bezeichnung »geistige, nicht nur körperliche Augen«. Das kann sich darin ausdrücken, dass die Kinder etwas erfinden oder dass sie sich überlegen, wie man ein Problem, zum Beispiel die Umweltverschmutzung, lösen könnte, oder dass sie ihre Fantasie nutzen, um sich in jemand anderen hineinzuversetzen.

6- bis 12-Jährige legen das Fundament dafür, einen Beitrag für die Gesellschaft zu leisten und anderen zu helfen. Sie lernen, dass sie für ihre Klasse, ihre Klassenkamerad*innen, ihre Familie und andere Menschen der Gemeinschaft etwas tun können; indem sie zum Beispiel für einen älteren Nachbarn den Rasen mähen oder einen Brief an die Stadtverwaltung schreiben mit der Bitte, einen Riss im Pflaster zu reparieren, der vielleicht Rollstuhlfahrer*innen gefährdet.

WAS UNSERE KINDER UNS MITTEILEN WOLLEN

Das 3- bis 6-jährige Kind	Das 6- bis 12-jährige Kind
Wenn sie sagen: »Kannst du das bitte machen?«, meinen sie **eigentlich**: »Zeigst du mir den Anfang?« oder »Bleibst du bei mir, während ich es mache?«	Wenn sie widersprechen und schreien: »Das ist ungerecht!«, versuchen sie **eigentlich**, Gerechtigkeit zu verstehen und wie die Dinge funktionieren.
Wenn sie »Was?« oder »Warum?« fragen, wollen sie **eigentlich** alles in ihrer Umwelt verstehen. Du solltest sie darin unterstützen.	Wenn sie ständig lästern oder über andere tratschen, wollen sie **eigentlich** die Grenzen und konsistente Gültigkeit von Richtig und Falsch herausfinden.
Wenn sie sagen: »Aber ich will noch nicht ins Bett!«, meinen sie **eigentlich**: »Heißt das, es ist tatsächlich Zeit, ins Bett zu gehen, oder bist du so müde, dass du mir erlaubst, noch länger aufzubleiben?«	Wenn sie ein großes Durcheinander veranstalten, sind sie **eigentlich** mit Erkundung und großen Arbeiten befasst und sortieren häufig ihre Ideen, auch wenn das schwer zu erkennen ist.

Das 3- bis 6-jährige Kind

Wenn sie weinen, stellen sie sich nicht an. Sie sagen damit **eigentlich**: »Es geht mir gerade nicht gut. Kannst du mich trösten? Dann mache ich heil, was ich kaputt gemacht habe.«

Wenn sie um Hilfe bitten, wollen sie damit **eigentlich** sagen: »Hilf mir, es selber zu machen«, damit sie lernen, auf sich selbst, auf andere und ihre Umgebung aufzupassen.

Wenn sie nicht zuhören, teilen sie uns **eigentlich** mit: »Was du da sagst, passt nicht zu dem, was ich gerade machen möchte. Kannst du warten, bis ich fertig bin, und mich dann noch mal fragen, und zwar so, dass ich es gerne tun will?«

Das 6- bis 12-jährige Kind

Wenn sie weinen, stellen sie sich nicht an. Sie sagen uns damit **eigentlich**: »Auch wenn ich jetzt schon groß bin, geht es mir trotzdem gerade nicht gut. Kannst du mich trösten? Dann mache ich heil, was ich kaputt gemacht habe.«

Wenn sie tiefgründige Fragen stellen, wollen sie **eigentlich**, dass wir ihnen helfen, selbst zu denken, und dass wir ihnen Hilfsmittel und einen Rahmen geben, um Ideen zu erkunden und Antworten zu finden.

Wenn es so aussieht, als hörten sie nicht zu, so täuscht das. Vielleicht antworten oder gehorchen sie nicht, aber **eigentlich** haben sie alles gehört.

WICHTIGE MONTESSORI-PRINZIPIEN FÜR 3- BIS 12-JÄHRIGE

2

EINE KURZE GESCHICHTE DER MONTESSORI-PÄDAGOGIK

Maria Montessori war eine italienische Ärztin, Anthropologin und Wissenschaftlerin, die sich für alles Mögliche interessierte, von Frauenrechten bis hin zu Geometrie und Botanik – und vor allem für Kinder.

Im Jahr 1870 geboren, erhielt Maria Montessori eine für Frauen ihrer Zeit absolut ungewöhnliche Bildung und ebensolche Möglichkeiten. Nach ihrem medizinischen Examen begann sie mit Kindern zu arbeiten, die besondere Bedürfnisse in der Lernentwicklung zeigten (damals nannte man das »Idioten«), und verzeichnete dabei ganz außerordentliche Erfolge. (Anschließend meldete Maria Montessori ihre Kinder bei einer staatlichen Prüfung an. Die meisten bestanden, manche erreichten sogar bessere Noten als Kinder ohne besondere Bedürfnisse.) Infolgedessen kam Maria Montessori zu dem Schluss, dass Kinder ohne besondere Bedürfnisse in der Lernentwicklung eigentlich mehr leisten könnten.

1907 erhielt Maria Montessori die Gelegenheit, ihre Ideen im italienischen Bildungssystem zu testen. Sie eröffnete das erste *Casa dei Bambini* (Haus der Kinder) in einem Wohnprojekt der Arbeitersiedlung San Lorenzo in Rom. Die Schule wurde Maria Montessoris Laboratorium. Sie beobachtete die Kinder, dokumentierte alles, was sie sah, und unterstützte die ihr Anvertrauten in ihrer Entwicklung. Wenn die Kinder an irgendetwas interessiert schienen, dann besorgte sie es. Wenn sie das Interesse an etwas verloren, ersetzte sie es durch etwas anderes. Sie folgte den natürlichen Neigungen der Kinder und richtete die Umgebung entsprechend aus. Im Gegensatz zu der allgemein herrschenden Überzeugung der damaligen Zeit, dass Kinder trotzig und selbstsüchtig seien und nicht teilen wollten, fand Maria Montessori heraus, dass Kinder in der richtigen Umgebung, in der ihre Bedürfnisse befriedigt wurden, fürsorglich, kompetent und lernbegierig waren.

Das Besondere an Maria Montessori war, dass sie ihr Wissen über Kinder nicht auf Vermutungen, Theorien oder Vorannahmen stützte, sondern einfach auf Beobachtung. Was wir als »Montessori-Methode« bezeichnen, könnte man auch »Kindermethode« nennen, denn die Kinder vermittelten – durch die Beobachtungen von Maria Montessori –, was ihnen gefiel, welche Vorlieben sie hatten und welche Eigenschaften sie in verschiedenen Altersstufen zeigten.

Maria Montessori arbeitete mit Kindern in der ganzen Welt und testete, verfeinerte und verbesserte ihre Methode bis zu ihrem Tod im Jahr 1952. Ihre Arbeit sprach sich herum und die Menschen (Pädagog*innen, Eltern, Staatsbeamt*innen und Würdenträger*innen), die sie erlebten und von ihr lernten, kehrten nach Hause zurück und replizierten ihr Vorgehen – sie richteten ihre Umgebung entsprechend ein, beobachteten die Kinder und erfüllten ihre Bedürfnisse. Montessoris Methode wurde für ihre positiven, replizierbaren Ergebnisse gerühmt.

Heute, über hundert Jahre später, wenden Pädagog*innen, Eltern und Betreuungspersonen in aller Welt Montessori an und machen die Erfahrung, dass die Grundeigenschaften der Kinder – ihre humanen Tendenzen und ihre Bedürfnisse – sich nicht verändert haben. Kinder sind unabhängig und kompetent; sie können zuhören, Instruktionen befolgen, sie können teilen und sind fürsorglich. Diese Eigenschaften sind sogar Teil ihrer Natur. Daher sind Maria Montessoris Methoden heute genauso relevant wie zu ihren Lebzeiten.

WAS IST MONTESSORI?

Eine der häufigsten und schwierigsten Fragen, die bei der ersten Begegnung mit Montessori gestellt werden, lautet: »Was ist Montessori?« Montessori beinhaltet so viel: eine Lebenseinstellung, eine Sichtweise, eine Haltung und eine Form von Weisheit.

> Montessori ist eine Lebensphilosophie.
> Eine Art, mit anderen Menschen zu leben und umzugehen, besonders aber mit Kindern.

Montessori als Lebenseinstellung

Die Montessori-Lebenseinstellung oder -Sichtweise ist von Demut und Staunen geprägt. Das bedeutet, in Demut vor uns selbst und allem um uns herum zu leben – einschließlich Tieren und Pflanzen, groß wie klein. Es bedeutet, die Erde und alles, was zu ihr gehört, ob belebt oder unbelebt, wertzuschätzen, ebenso wie das Universum und die verschlungenen Wege, die zu unserer Existenz geführt haben. Es bedeutet, sich zu fragen, wie alles entstanden ist, was es sonst noch da draußen gibt und wie alles zusammenwirkt.

Zu dieser Ehrfurcht und diesem Staunen gesellt sich oft Freude. Montessori ist Freude. Wir (Junnifa und Simone) erfahren dies immer wieder in unserem Muttersein, in unserer Arbeit als Pädagoginnen und überhaupt in unseren Alltagstätigkeiten.

Im Mittelpunkt der Montessori-Lebenseinstellung stehen Fürsorge und Verantwortung ebenso wie die Erkenntnis, dass alles von allem abhängt und unser ganzes Tun, bewusst wie unbewusst, eine Wirkung auf alles und jeden hat. Mit diesem Bewusstsein, dass uns die Montessori-Haltung vermittelt, können wir absichtsvoll an das Leben herantreten und mit Verantwortungsgefühl für uns, für andere, für die Gesellschaft und die Umwelt handeln. All das geschieht in dem Wissen, dass wir, wenn wir versuchen, Probleme zu lösen, zuerst auf uns selbst schauen müssen, bevor wir unseren Blick auf andere richten, besonders die Kinder.

Diese Einstellung hat eine Wirkung auf alles, was wir tun, denn sie färbt unseren Blick für unsere Interaktionen, unser Heim, die Art, unsere Kinder beim Aufwachsen zu begleiten, und für die Möglichkeiten, die wir für uns selbst, für unsere Kinder und darüber hinaus erkunden.

Der Montessori-Blick

Wenn wir Kinder so beobachten, wie Maria Montessori es getan hat, sehen wir sie nicht als leere Gefäße, die es zu füllen oder nach unseren Wünschen umzumodeln gilt. Vielmehr begreifen wir sie als Menschen voller Potenzial, die Respekt verdienen und fähig sind, ihre eigene Entwicklung mitzubestimmen. Wir als Pädagog*innen, Eltern und Betreuungspersonen müssen bestrebt sein, das, was bereits in unseren Kindern angelegt ist, zu verstehen, zu unterstützen und zu entwickeln.

Wir betrachten Kinder als einzigartig. Kinder haben ihre eigenen individuellen Stärken, Persönlichkeiten, Fähigkeiten und Interessen. Wir erkennen, dass ihr Weg, ihr Entwicklungstempo und ihre Erfahrungen sich von denen anderer unterscheiden. Wir sehen in ihnen keine Kopien von uns selbst und definieren sie auch nicht über ihr Alter oder andere generalisierende Marker. Wir zwingen sie weder, sich wie alle anderen zu verhalten, noch versuchen wir, sie miteinander zu vergleichen. Vielmehr erkennen und stärken wir ihre Individualität.

Wir betrachten Kinder als kompetent. Kinder sind fähig, ihre eigene, einzigartige Persönlichkeit auszubilden und in jeder Entwicklungsphase sehr viel für sich selbst zu tun. Wir erkennen, dass sie in der Lage sind, ihre Fähigkeiten ständig zu verbessern. Anstatt Dinge für sie zu erledigen, geben wir ihnen die Möglichkeit, zu tun, wozu sie fähig sind, und wenn sie Hilfe brauchen, helfen wir ihnen, es selbst zu tun.

Wir betrachten unsere Kinder voller Demut und Staunen. Wir nehmen ihre kleinen Siege wahr und bewundern ihre erstaunlichen Fähigkeiten. Diese Demut und dieses Staunen machen das Elternsein und die Begleitung des Kindes zu einer Freude statt zu einer Pflicht.

Da wir Kinder anders wahrnehmen, nehmen wir auch uns selbst und unsere Rolle anders wahr. Wir sind keine Bildhauer*innen oder Schöpfer*innen, sondern Gärtner*innen. Wir sind eher wegweisende Begleiter*innen als Lehrende. Wie Khalil Gibran in »Über Kinder« sagt: »Ihr seid die Bögen, von denen eure Kinder als lebende Pfeile ausgesandt werden.«

Montessori als Haltung

Montessori ist eine Haltung Kindern und dem gesamten Leben gegenüber – eine Haltung des Respekts, der Demut, unaufhörlicher Neugier, der Offenheit und Akzeptanz, der Geduld und des Vertrauens.

Montessori ist eine Haltung des Respekts. Wir nähern uns einem Kind als Menschen, der es verdient, mit Respekt angesprochen und behandelt zu werden. Wir gestehen selbst den Allerkleinsten eigene Meinungen, Entscheidungen und Vorlieben zu und auch, diese zu äußern. Statt zu urteilen, sind wir offen und versuchen, das Verhalten unseres Kindes zu verstehen. Wenn ein Kind zum Beispiel weint, empfinden wir das nicht als lästige Störung, sondern bemühen uns, nachzuvollziehen, was das Kind uns mitteilen will. Montessori verlangt Respekt für den einzigartigen Entwicklungs- und Lernprozess jedes Kindes, für seine Fähigkeiten und sein Wachstum.

Wir kommunizieren respektvoll in Ton und Wortwahl. Wir sind nicht herablassend. Wir etikettieren Kinder nicht und verwenden ihnen gegenüber auch keine Schimpfworte. Wir reden nicht barsch oder grob mit ihnen. Wir sind uns der Folgen unserer Worte bewusst. Auch geben wir Kindern Raum, sich zu äußern, während wir zuhören und mitdenken, ohne sie zu unterbrechen. Wir geben ihnen Gelegenheit, sich zu beteiligen, und würdigen ihre Beiträge.

Dieser Respekt zeigt sich auch darin, wie wir unsere Kinder berühren. Wir holen zunächst ihre Erlaubnis ein und fassen sie dann mit weichen, sanften, nichtinvasiven Händen an, mit denen wir Rücksicht auf ihr Empfinden nehmen (außer, sie sind in Gefahr). Wir zeigen Respekt, indem wir unsere Räume so vorbereiten, dass sie sich an den Bedürfnissen unseres Kindes ausrichten.

Montessori ist eine Haltung der Demut und unermüdlicher Neugier. Maria Montessoris eigene Neugier und Demut, ihr ständiges Forschen, um Kinder zu verstehen, haben die Entwicklung der Montessori-Philosophie angetrieben. Als Erwachsene sehen wir uns nicht als »Alleswisser«, die sämtliche Antworten kennen und das Kind mit Wissen vollstopfen. Stattdessen halten wir uns als Wegweiser*innen am Rand auf, bleiben neugierig, während wir neben unseren Kindern hergehen und mit ihnen zusammenarbeiten, von und mit ihnen lernen und offen für neue Möglichkeiten sind. Und wir bleiben demütig, lassen unser Kind seine eigenen Entdeckungen machen und seine Intelligenz entwickeln.

Montessori ist eine Haltung der Offenheit und Akzeptanz. Wir akzeptieren die uns anvertrauten Kinder so, wie sie sind, und heißen sie willkommen. Wir interessieren uns für ihre Bedürfnisse und sind bereit, unsere Umgebung und unsere Erwartungen so anzupassen, damit sie gedeihen können.

Montessori ist eine Haltung der Geduld und des Vertrauens. Wir handeln langsam und überlegt und lassen uns Zeit, wenn wir Aktivitäten und Verhalten zeigen. Wir warten und schauen, damit wir beobachten können, was unser Kind uns zeigt. Wir geben Kindern Zeit und Raum, das zu tun, was sie bereits beherrschen, und Gelegenheiten, zu üben, was sie noch nicht beherrschen. Wir lassen sie geduldig ihr eigenes Tempo entwickeln.

Wie der Gärtner den Boden vorbereitet im Vertrauen darauf, dass die Pflanze keimen wird; wie er düngt im Vertrauen darauf, dass sie wachsen wird; wie er Unkraut zupft, die Pflanze gießt, sie beschneidet und für sie sorgt, all das wieder voller Vertrauen – so vertrauen auch wir darauf, dass unsere Kinder sich entwickeln werden. Wir bereiten die Umgebung vor und nähren die Kinder mit Vertrauen und Geduld. Wir vertrauen auf ihre Fähigkeit, zu handeln, zu denken, zu sein. Wir arbeiten mit ihnen zusammen, um diese Fähigkeiten zu entwickeln, und dann vertrauen wir darauf, dass sie sie auch anwenden.

> Montessori ist der Glaube an das Potenzial und die Fähigkeiten des Kindes. Der Glaube daran, dass Kinder immer kompetent sind, wenn man ihnen die Gelegenheit und die richtige Umgebung gibt. Der Glaube an die angeborene Güte und Lernfähigkeit der Kinder.

Montessori als Haltung

Von den vielen Geschenken, die Montessori uns gegeben hat, ist das wichtigste die Haltung: Das besondere Verständnis dafür, wie Kinder sich entwickeln und wie wir sie bei ihrer Metamorphose unterstützen können.

Die Montessori-Methode hilft Erzieher*innen, Eltern und Betreuungspersonen, die Entwicklungsphasen unserer Kinder zu verstehen und zu erkennen. Sie weist uns den Weg, dabei alle Veränderungen zu erfassen, selbst wenn die Anzeichen kaum wahrnehmbar sind. Die *humanen Tendenzen* und die *Entwicklungsphasen,* beides Begriffe der Montessori-Pädagogik, bieten einen wertvollen Rahmen, der uns hilft, unsere Kinder zu verstehen, anzuleiten und zu unterstützen, während sie größer werden und schließlich zum Erwachsensein übergehen.

Maria Montessori beschrieb die Entwicklung des Kindes, indem sie die Analogie der Raupe benutzte, die eine Metamorphose vom Ei zur Raupe, dann zur Puppe und schließlich zum Schmetterling durchlebt. Kinder gehen einen ähnlichen Weg; auf jeder Stufe sind sie vollkommen andere Wesen. Sie wachsen und wandeln sich, körperlich und psychisch. Manchmal treten die Veränderungen klar zutage, manchmal lassen sie sich kaum wahrnehmen. Manchmal sind sie unangenehm – für das Kind wie für uns – und schwer zu verstehen. Aber diese Veränderungen gehören zum natürlichen Entwicklungspfad auf dem Weg zum Erwachsensein, wenn das Kind die Flügel entfaltet und fliegt. (Eine wunderschöne Geschichte darüber, wie Junnifa und die Kinder die Entwicklung einer Raupe beobachten, findest du unter »*Die Reise eines Schmetterlings*«, zu finden bei beltz.de unter diesem Buch).

DIE HUMANEN TENDENZEN

> »Ein besonders bedeutender Beitrag Dr. Montessoris zum Fach der Pädiatrie war der Begriff der humanen Tendenzen. (…) Die humanen Tendenzen sind dem Menschen angeboren. Es sind die Eigenschaften, die Neigungen, die dem Menschen bereits bei seinem ersten Auftreten auf der Erde erlaubten, seine Umgebung bewusst wahrzunehmen, kennenzulernen und zu verstehen. (…) Jedes Kind wird in eine Umgebung hineingeboren, die für es geschaffen, ihm aber noch unbekannt ist – wie der allererste Mensch. Wenn er sicher in dieser Umgebung leben wollte, musste er in der Lage sein, Kenntnisse darüber zu erwerben. Dies tat er über die humanen Tendenzen.«
>
> Margaret E. Stephenson: *Dr. Maria Montessori – Eine zeitgenössische Pädagogin?*

»Humane Tendenzen« sind die universellen natürlichen Neigungen der Menschen – die Art, wie wir denken, handeln und reagieren, um uns an unsere Umwelt anzupassen und unsere materiellen und geistigen Bedürfnisse zu befriedigen. Wenn die humanen Tendenzen gefördert werden, dann unterstützen sie den Selbstaufbau unseres Kindes (dass es alles um sich herum aufnimmt und entdeckt und damit seine Persönlichkeit aufbaut) und seine »Adaption« (dass unser Kind eine Bürgerin oder ein Bürger seiner oder ihrer Zeit, seines oder ihres Ortes und seiner oder ihrer Kultur wird). Die humanen Tendenzen sind ein Grundstein der Montessori-Praxis. Unsere Aufgabe als Begleiter*innen des Kindes ist es, eine Umgebung zu gestalten bzw. zu schaffen, in der Lernen unter Berücksichtigung der humanen Tendenzen möglich ist, damit das Kind Baumeister seiner selbst werden kann. Dabei ist

es von großer Bedeutung, etwaige Hindernisse aus dem Weg zu räumen, damit sie Sicherheit erlangen.

Was sind die humanen Tendenzen?

Stellen wir uns für einen Augenblick vor, wir seien gerade in einem unbekannten Land aus dem Flugzeug gestiegen. Was würden wir als Erstes tun? Vielleicht würden wir unsere Verwandten oder Freund*innen treffen, ehe wir uns ein Taxi zum Hotel nehmen. Dann checken wir wahrscheinlich ein, ruhen uns ein wenig aus und brechen schließlich auf, um uns umzusehen. Vielleicht besuchen wir Sehenswürdigkeiten, probieren die Landesküche, hören uns Musik an oder gehen in ein Museum. Falls wir auf dem Rückweg zum Hotel ein Geschäft betreten und etwas kaufen, rechnen wir vermutlich die Währung um, um sicherzugehen, dass die Preise stimmig sind. Dann kehren wir vielleicht ins Hotel zurück, um unserer Familie daheim eine Textnachricht über unsere Erfahrungen zu schicken. Aber nun stell dir vor, das Hotel stünde nicht mehr an dem Ort, wo wir es verlassen haben. Möglicherweise zögern wir, unsere Erkundungen fortzusetzen, bevor wir die Lage geklärt haben.

Diese Reise illustriert viele humane Tendenzen: Erkundung, Orientierung, Ordnung, Kommunikation, den mathematischen Geist, Fantasie, Abstraktion. Wir werden uns weiter unten eingehender mit ihnen beschäftigen; außerdem noch mit einigen weiteren, als da sind Bewegung, Arbeit, Genauigkeit, Wiederholung, Selbstentwicklung, Sozialentwicklung und Selbstausdruck.

Erkundung

Wir Menschen erkunden, um unsere Umwelt kennenzulernen. Wir suchen, erforschen und machen Erfahrungen durch Bewegung, unsere Sinne, unseren Verstand und unsere Fantasie.

Körperliche, kognitive, soziale und geistige Erkundung liegen in der kindlichen Natur. In den ersten Jahren ist diese Erkundung meist körperlich – ein Neugeborenes sucht nach der mütterlichen Brustwarze, ein Krabbelkind greift nach allem, was erreichbar ist, ein Kleinkind klettert auf Möbel. Wenn unser Kind älter wird, werden seine Erkundungen eher kognitiv und sozial und noch später geistig. Indem unser Kind erkundet, gewinnt es die Bezugspunkte, die es braucht, um noch weiter explorieren zu können.

Es gibt so viel, das Kinder im Lauf ihrer Entwicklung zu lernen und zu erkunden haben. *Was sind das für Gegenstände? Wie komme ich vorwärts? Wie liest man? Wie schreibt man? Was ist angemessen? Was macht mir Spaß? Was ist sicher? Wie viel hiervon macht Spaß? Wie wird das gemacht? Nanu, es hat schon vor meinen Großeltern Menschen gegeben? Wie haben sie gelebt? Es gibt andere Länder, Kontinente, Planeten? Wo sind sie? Was passiert dort?*

Kinder erkunden ihre Umgebung, um ihren Ort, ihre Zeit und ihre Kultur zu verstehen und zu meistern – um sich zu orientieren. Sobald sie sich an ihre Umgebung adaptiert haben, können sie daran arbeiten, sie zu verändern oder zu verbessern.

Unsere Rolle. Wir können unseren Kindern helfen, indem wir ihnen Ressourcen zur Verfügung stellen, die ihre Erkundungen unterstützen. Wenn unser Kind auf dem Sofa herumspringt, können wir, anstatt das einfach zu unterbinden, versuchen herauszufinden, was es gerade erkundet – vielleicht seine körperlichen Fähigkeiten, das Geräusch des Hüpfens oder auch, was erlaubt ist und was nicht. Dann können wir angemessene Alternativen für seine Erkundungen bereitstellen.

Maria Montessori war überzeugt, dass wir den unter 3-jährigen Kindern das Heim zur Verfügung stellen sollten, den 3- bis 6-Jährigen die Welt und den 6- bis 12-Jährigen das Universum. Wenn das Kind älter wird, können wir neue Werkzeuge, Vereinbarungen oder Grenzen sowie die entsprechenden Anleitungen einführen, damit es seine Erkundungen fortsetzen kann.

Orientierung

Orientierung ist die Tendenz oder Fähigkeit, uns auszurichten beziehungsweise zu verankern – uns körperlich und psychisch zu unserer Umgebung oder unserer Situation ins Verhältnis zu setzen. Orientierung ist in der Regel der erste Schritt der Erkundung. Wenn ein Kind sich orientiert hat, fühlt es sich sicher und hat einen Ausgangspunkt für seine Erkundungen.

Menschen haben das Bedürfnis, zu wissen, wo sie sind und was sie zu erwarten haben. Es ist wichtig, unsere Kinder zu beobachten und zu verstehen, wie viel Orientierung sie brauchen, um sich sicher zu fühlen.

Der Bezugspunkt eines Neugeborenen ist der Herzschlag seiner Mutter oder Stimmen, die es aus dem Mutterleib kennt. Ein junges Kind im Park wird sich nach seinen Eltern oder sonstigen Betreuungspersonen umschauen, um sich zu orientieren, ehe es Mut fasst und auf Erkundungstour geht. Wenn ein Kind auf eine neue Schule kommt, braucht es am ersten Tag zum Beispiel Orientierung, wo die Toiletten sind, wo es seine Sachen lassen kann, wo die Mensa ist und wie der Tag insgesamt abläuft. Ein älteres Kind erlangt mehr Bezugspunkte, nicht nur physischer Art – es orientiert sich mithilfe dessen, was es über ein Thema weiß oder glaubt, was es bereits früher dazu erkundet hat, sowie mittels Regeln und Erwartungen.

Unsere Rolle. Wir können die physische, kognitive, soziale und geistige Umgebung, in der sich unser Kind orientieren wird, vorbereiten. Wir können Erkundungsmöglichkeiten schaffen, sodass unser Kind noch mehr Bezugspunkte entwickelt. Wir können unserem Kind helfen, die Erwartungen und Begrenzungen seiner Umgebung zu verstehen, und sicherstellen, dass es über den ganzen Tagesverlauf hinweg Ankerpunkte hat, auf die es sich verlassen kann – zu Hause, im Klassenzimmer und in seinen Interaktionen. Wir können in unseren Reaktionen und Interaktionen so voraussehbar wie möglich sein, damit es weiß, was es zu erwarten hat.

Ordnung

In der Montessori-Pädagogik sagen wir oft: Alles hat seinen Platz. Wir sagen auch: Die äußere Ordnung führt zur inneren Ordnung. Ordnung kann auch eine logische, voraussagbare Abfolge im Tagesablauf des Kindes sein, auf die es sich verlassen kann und in der es verankert ist. Für jüngere Kinder kann ein solcher Anker eine Handlung sein wie ein Lied, das jeden Morgen gesungen wird. Für ein größeres Kind ist der Anker vielleicht ein regelmäßig wiederkehrendes Ereignis, wie das Abendessen um 18 Uhr. Zur Ordnung gehört auch die Neigung, das, was wir wissen und lernen, zu klassifizieren und einzuordnen, einschließlich Ideen, Werten und Gefühlen.

Unsere Rolle. Wir schaffen Ordnung in der Umgebung des Kindes und helfen ihm dabei, Ordnung zu schaffen, zu erhalten und wiederherzustellen. Wir können ihm helfen, Fertigkeiten und Ordnungssysteme zu entwickeln, und ihm dabei Orientierung geben. Wir können sicherstellen, dass es tägliche, wöchentliche und saisonale Rhythmen und Rituale hat, die ihm Vorhersehbarkeit ermöglichen.

Kommunikation, Selbstausdruck und Sozialentwicklung

Kommunikation ist die natürliche Neigung, unsere Gedanken, Erfahrungen und Sorgen zu teilen sowie denen anderer zuzuhören und sie zu verstehen. Sie unterstützt die humane Tendenz zu sozialen Beziehungen und Zusammenarbeit. Babys werden meist mit der Fähigkeit geboren, zu saugen, zu schlucken und zu schreien – das sind Formen von Kommunikation. Wenn ein Kind drei Jahre alt ist, hat es in der Regel die Sprache seiner Gemeinschaft gelernt und kann seine Gedanken flüssig ausdrücken. Danach entwickelt es die Fähigkeit, zu lesen, zu schreiben, zu singen, zu gestikulieren, Bilder und Gedichte zu kreieren, und lernt vielleicht, weitere Sprachen zu sprechen.

Wir haben eine humane Tendenz zum Selbstausdruck, ein Verlangen, uns durch Kunst, Musik und Tanz auszudrücken. Das erfüllt uns mit Glück. Sogar Babys bewegen sich rhythmisch, wenn sie Musik hören. Die meisten Kinder zwischen 3 und 12 Jahren haben eine natürliche Neigung zu freier künstlerischer Betätigung. Sie wollen ganz offensichtlich von Natur aus zeichnen und malen oder Steine und Blütenblätter zu Ornamenten anordnen. All das sind Formen des Selbstausdrucks.

Als Säugetiere haben wir das Bedürfnis, Teil einer Gruppe zu sein, und wir haben eine humane Tendenz zur Sozialentwicklung. Wir sind auf Zugehörigkeit und Zusammenarbeit angewiesen. Die soziale Umgebung wächst mit dem Kind – ein Baby gehört zur Familie; dann kommen weitere Betreuungspersonen hinzu, dann besucht es vielleicht eine Krippe oder Spielgruppe, dann den Kindergarten, eine Grundschule und nimmt an anderen Aktivitäten und Gruppen teil. Wir werden uns die Sozialentwicklung in Kapitel 6 detailliert anschauen.

Unsere Rolle. Kinder absorbieren Sprache mühelos, daher können wir eine reichhaltige Sprachumgebung schaffen, indem wir mit unseren Kindern reden (verbal oder in Zeichensprache), ihnen vorlesen, mit ihnen singen, Geschichten erzählen und sie erleben lassen, wie wir mit anderen Menschen interagieren. Wenn unser Kind größer wird, können wir uns präziser und differenzierter ausdrücken – statt »Blume« können wir »rote Hibiskusblüte« sagen. Wenn unsere Kinder uns Erfahrungen, Gedanken oder Fragen mitteilen wollen, widmen wir ihnen unsere Zeit und Aufmerksamkeit.

Wir können Gelegenheiten für künstlerischen Ausdruck schaffen und auch die nötigen Utensilien dafür zur Verfügung stellen, wie Stifte und Papier, Pinsel und Farben, Musik, Liedtexte und Instrumente.

Wir können die Sozialentwicklung des Kindes unterstützen, indem wir die Regeln, Verhaltensweisen und kulturellen Praktiken in unserer Familie und Gesellschaft vermitteln. Wir können unsere Kinder dabei unterstützen, wenn sie lernen, zunächst innerhalb der Familie und später dann mit anderen Personen und Gruppen zu interagieren und sich einzugliedern.

Der mathematische Geist

Wir Menschen werden mit einem sehr logischen Verstand geboren. Wir benutzen unseren mathematischen Geist, wenn wir im Geschäft unsere Einkaufsliste im Kopf durchgehen. Wir sehen diese Veranlagung beim Baby, das abschätzt, wie weit es sich strecken muss, um einen Gegenstand zu greifen. Wir beobachten sie, wenn wir einem Kind zwei Kekse anbieten, und es den größeren nimmt. Der mathematische Geist arbeitet unaufhörlich, und er unterstützt zwei weitere Tendenzen, mit denen er kollaboriert: Fantasie und Abstraktion.

Unsere Rolle. Wir können unseren Kindern Gelegenheit geben, ihren mathematischen Geist anzuwenden, Gelegenheiten, Aufgaben zu lösen, Mengen zu schätzen oder zu erraten, zu sortieren, zu kategorisieren, zu messen und Aktivitäten auszuüben, die analytisches Denken erfordern.

Fantasie

Fantasie ist die Fähigkeit, Dinge zu sehen, die wir nicht vor uns haben, Lösungswege zu entwickeln, die noch nicht existieren, und unsere Bedürfnisse zu befriedigen. Das beginnt schon sehr früh. Ein junges Kind lernt, dass es immer noch Eltern oder eine Betreuungsperson hat, auch wenn sie nicht im Zimmer sind. Größere Kinder können sich vorstellen, wie sich das Leben in frühen Zivilisationen oder an anderen Orten anfühlte, auch wenn sie selbst nie dabei waren. Und die Frühmenschen bemerkten, dass Tiere einen dichten Pelz hatten, der sie gegen die Elemente schützte, und sie erfanden Kleidung, die dasselbe tat. Sie stellten sie sich erst vor, dann stellten sie sie her.

Unsere Rolle. Die Fantasie basiert auf konkreten Erfahrungen. Wir können die Fantasie unseres Kindes stärken, indem wir ihm in den ersten 6 Jahren viele Aktivitäten für praktische Erkundungen und Entdeckungen anbieten. Größeren Kindern können wir Geschichten über Lebensweisen und Epochen erzählen, die sich von der ihren unterscheiden, um damit ihre Fantasie anzuregen.

Abstraktion

Die Abstraktion ist eine »Verwandte« der Fantasie. Sie ist die Fähigkeit, die Essenz aus etwas zu destillieren und auf andere Dinge zu übertragen, sowie die Fähigkeit, über das Konkrete hinauszublicken, zu interpretieren und zu verallgemeinern. Zwar finden wir bereits bei jungen Kindern abstrakte Gedanken, aber ab dem 7. Lebensjahr werden diese extrem aktiv. Abstraktion und Fantasie erreichen ihr Optimum, sobald ein Kind ein gutes Verständnis von der Wirklichkeit ausgebildet hat. Wenn ein Kind im Montessori-Kinderhaus goldene Perlen addiert, wird es beispielsweise 5 Perlen und 4 Perlen zusammenlegen und dann durch Abzählen herausfinden, dass da insgesamt 9 Perlen sind. Ein größeres Kind kann abstrahieren: Es sieht die Zahlen und ein Pluszeichen und kann das Ergebnis durch Addieren erhalten.

Unsere Rolle. Wir können den Kindern helfen, Verständnis für abstrakte Konzepte zu entwickeln, ihnen verständnisfördernde Werkzeuge an die Hand geben, mit denen sie diese Konzepte, so oft sie wollen, grundlegend betrachten können, bis sie sie internalisiert haben; z. B. konkrete Gegenstände, Wörterbücher etc. Wir können dem Kind auch erlauben, seine Fantasie zu nutzen, um etwas zu erschaffen oder seine Ideen zu verwirklichen. Damit wendet es eine Form der Abstraktion an.

Bewegung

Bewegung ist die Fähigkeit und das Bedürfnis, unsere Körper in unserer Umgebung zu benutzen. Auf diese Weise erkunden wir unsere Umwelt und verbessern sie schließlich sogar. Diese Tendenz ist bei Kindern stark ausgeprägt. Wie oft stellen wir fest, dass unser Kind nicht still sitzen kann? Sein angeborener Bewegungsdrang unterstützt seine Entwicklung.

Die Arbeit mit den Händen ist eine andere Form der Bewegung und eine wichtige Form der Erkundung. Maria Montessori nannte die Hände »die Instrumente der Intelligenz«. Unsere Hände sind ein unabdingbares Werkzeug bei der Beherrschung unserer Umgebung und bei unseren Bestrebungen, diese zu verändern, mit ihr zu arbeiten, sie zu erneuern und zu verbessern.

Unsere Rolle. Anstatt den Bewegungs- und Tatendrang unseres Kindes zu bremsen, können wir Gelegenheiten und Aktivitäten anbieten, mit denen sich seine motorischen Fähigkeiten entwickeln und verfeinern lassen. Wir können ihm Zeit und Raum geben, um zu springen und zu rennen. Wir können ihm mit den Händen bearbeitbare Gegenstände mit zunehmendem Schwierigkeitsgrad anbieten.

Arbeit, Genauigkeit, Wiederholung und Selbstentwicklung

Durch *Arbeit* verbessern wir uns selbst und unsere Umgebung. Sobald wir unsere Umgebung verstehen, erkennt unser mathematischer Geist für gewöhnlich, wie man sie verändern kann, um unseren Bedürfnissen zu entsprechen. Wir können uns diese Veränderungen vorstellen und sie dann durch Arbeit verwirklichen. Das kann so einfach sein wie einen quietschenden Stuhl zu ölen oder einen Werkzeuggürtel herzustellen, in dessen Taschen bestimmte Gegenstände passen.

Neben unserer Neigung zu arbeiten haben wir Menschen eine Tendenz zu *Genauigkeit* und *Selbstentwicklung*. Wir haben ein Bedürfnis nach Präzision. Das sehen wir, wenn Kinder lernen, Fahrrad zu fahren, zu schreiben, zu klettern, oder eine andere neue Fertigkeit erwerben. Auch wenn sie hinfallen oder ihnen etwas misslingt, versuchen sie es erneut. Selbstentwicklung ist das Bedürfnis, sich ständig zu verbessern und für uns selbst und für andere das Beste zu leisten. Wir sehen das Bedürfnis nach Genauigkeit in den Fragen der Kinder. Sie fragen ständig, was dieses oder jenes ist und wie etwas funktioniert, und fordern exakte Antworten.

Wiederholung hilft uns, eine Tätigkeit zu meistern. Wenn wir sie beherrschen, gibt uns dies Kontrolle über unsere Umgebung und vermittelt uns Selbstvertrauen und Zufriedenheit. Wenn unsere Kinder sich immer wieder dieselbe Aktivität aussuchen, folgen sie ihrer humanen Tendenz, und wir schätzen diese wertvolle Wiederholung. Auch größere Kinder zwischen 6 und 12 wiederholen Vorgänge, wollen das aber meist nicht jedes Mal auf dieselbe Art und Weise tun. Stattdessen suchen sie nach Variationen.

Unsere Rolle. Wir können Aktivitäten bereithalten, die die Fähigkeiten unserer Kinder ausreizen, um ihre Arbeit an der Selbstentwicklung zu unterstützen. Sie sollten nicht zu leicht, aber auch nicht zu schwierig sein, und wir können immer wieder neue Schwierigkeitsgrade hinzufügen. Kinder konzentrieren sich häufig mehr auf den Prozess als auf das Produkt. Wir können das unterstützen, indem wir unserem Bedürfnis, ihnen zu helfen, widerstehen, wenn sie sich abmühen, und ihnen ermöglichen, einzelne Schritte zu wiederholen. Wiederholung braucht Zeit, darum müssen wir dafür sorgen, dass ein Kind Zeiträume hat, in denen es ohne Unterbrechung erkunden und wiederholen kann.

BEOBACHTEN ALS UNTERSTÜTZUNG DER HUMANEN TENDENZEN

- Beobachte dein Kind, um zu erkennen, welche humanen Tendenzen gerade am Werk sind und wie das Kind ihnen folgt.
- Reichere seine Umgebung mit Möglichkeiten und Aktivitäten an, die die Tendenzen unterstützen.
- Wenn du irgendwann eine bestimmte Tendenz vermisst, mache die Hindernisse ausfindig, die sie blockieren, und versuche, sie zu entfernen.
- Evaluiere dich selbst und eure Umgebung, um herauszufinden, ob die Tendenzen deines Kindes unterstützt werden. Was lässt sich zum Besseren verändern?

DIE VIER ENTWICKLUNGSPHASEN

Die *vier Entwicklungsphasen* nach Maria Montessori bilden einen Bezugsrahmen, der beschreibt, wie die Menschen sich von der Geburt bis zur Reife (ca. 24 Jahre) entwickeln. Die vier Phasen helfen uns, die Eigenschaften unseres Kindes in jedem Alter zu verstehen, sodass wir es in jeder Entwicklungsphase unterstützen können. Jede Ebene dauert etwa 6 Jahre: 0 bis 6 Jahre (Kleinkindalter), 6 bis 12 Jahre (Kindheit), 12 bis 18 Jahre (Adoleszenz) und 18 bis 24 Jahre (Reife). Interessanterweise schloss Maria Montessori das Alter von 18 bis 24 in die Kindheitsjahre mit ein, noch bevor die Hirnforschung herausfand, dass sich der präfrontale Cortex (der für die rationale Entscheidungsfindung zuständig ist) bis Mitte 20 noch im Aufbau befindet.

Maria Montessori benutzte das Wort »Wiedergeburt«, um die Veränderungen zu beschreiben, die in einem Kind vor sich gehen, wenn es von einer Phase in die nächste wechselt. Auf jeder Entwicklungsstufe kann es uns so vorkommen, als käme ein neues, anderes Kind zum Vorschein, das neue Eigenschaften und Bedürfnisse hat, auf neue Weise von den humanen Tendenzen Gebrauch macht und auf neue, andere Arten lernt. Genau wie die Raupe viele körperliche und verhaltensbezogene Verwandlungen auf ihrer Entwicklung zum Schmetterling durchläuft, geschieht das auch im Reifeprozess von Kindern.

Jede Phase baut auf der vorigen auf, und was in einer Phase erworben wird, legt den Grundstein für die nächste. Wichtig zu wissen ist, dass Maria Montessori zwar feststellte, dass jede Phase etwa 6 Jahre andauert, dass aber der Moment des Übergangs bei jedem Kind verschieden ist. Manche Kinder zeigen zum Beispiel die Anzeichen des Übergangs in die zweite Phase im Alter von 5,5 Jahren, andere erst mit 7. In der Regel vollzieht sich der Übergang von einer Phase in die nächste allmählich, und das Kind steht manchmal noch mit einem Bein in einer Phase und mit dem anderen schon in der nächsten. Wir können uns grob am Alter orientieren und auf die anderen Anzeichen und Eigenschaften des Übergangs achten, über die noch zu sprechen sein wird, um zu erkennen, wann unser Kind von einer Phase in die nächste wechselt.

Wenn wir jede der Phasen verstehen, können wir unsere Herangehensweisen, die Umgebung und unsere Reaktionen anpassen, um den Bedürfnissen unseres Kindes gerecht zu werden. Unsere Rolle als Eltern, Betreuungspersonen, Pädagog*innen oder liebevolle Erwachsene wandelt sich, während unser Kind sich durch die Entwicklungsphasen bewegt.

DER KONSTRUKTIVE LEBENSRHYTHMUS

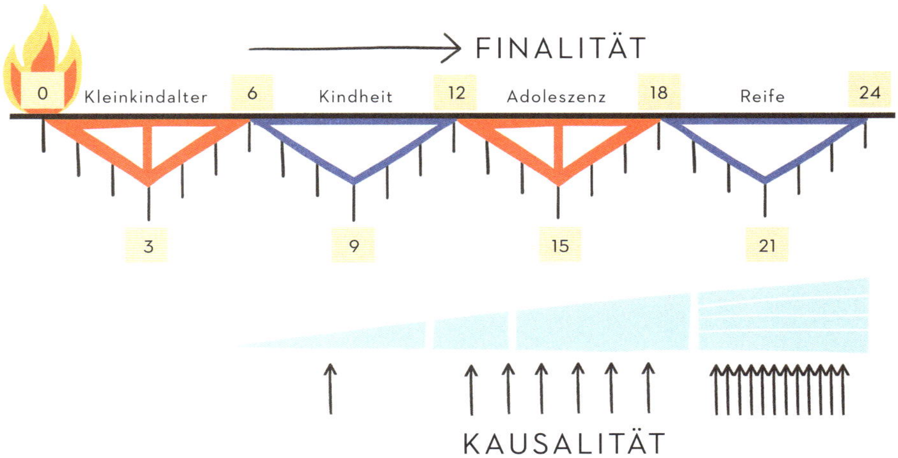

Quelle: Association Montessori Internationale (AMI)

Maria Montessori stellte dieses Diagramm 1950 in Perugia vor, um die vier Entwicklungsphasen zu erklären.

- Wir sehen vier sich wiederholende Dreiecke. Jedes Dreieck repräsentiert eine Phase, die 6 Jahre andauert.
- Das 1. und 3. Dreieck sind jeweils in Unterebenen aufgeteilt; so besteht die erste Entwicklungsphase aus der Unterebene 0–3 (der Erwerbsphase) und der Unterebene 3–6 (der Verfeinerungs- und Konsolidierungsphase).
- Maria Montessori beobachtete, dass die Menschen sich zyklisch entwickeln, wobei auf Phasen beschleunigter Entwicklung Konsolidierungsphasen folgen. Dies widersprach der allgemeinen Überzeugung der damaligen Zeit, dass die menschliche Entwicklung linear ablaufe, wobei die jüngsten Lernenden am wenigsten lernen, während die ältesten in der Lage seien, am meisten zu lernen. Diese traditionelle Vorstellung von der menschlichen Entwicklung ist in der unteren Hälfte des Diagramms dargestellt. (Die blauen Dreiecke zeigen das Maß an Bildung, das, beginnend im Alter von 6 Jahren, bis zum Studium stetig anwächst.)
- Die Phasen zeigen Ähnlichkeiten. Die erste und dritte sind durch dicke orange Linien markiert, weil es sich um dynamische, explosive, dramatische Phasen körperlichen und psychischen Wachstums handelt. Die zweite und vierte Phase weisen dünne blaue Linien auf, weil sie ruhigere Perioden gleichmäßigen Wachstums sind. In der Montessori-Pädagogik nennen wir das »parallele Phasen«.

Die erste Phase: 0 bis 6 Jahre, Kleinkindalter

Die erste Entwicklungsphase zeichnet sich durch explosives Wachstum und signifikante körperliche, kognitive und psychische Veränderungen aus. Ein 6-jähriges Kind sieht völlig anders aus als ein Neugeborenes und weiß viel, viel mehr.

In der ersten Phase erkundet das Kind die Welt sensorisch. Es empfängt sinnliche Eindrücke aus der Umwelt und nutzt sie, um seine Intelligenz und seine Persönlichkeit zu entwickeln.

Da das Kind in dieser Phase hauptsächlich damit beschäftigt ist, sein Selbst aufzubauen, genießt es zwar, Gesellschaft zu haben, arbeitet aber am liebsten allein oder neben einer anderen Person. Das ändert sich radikal in der zweiten Phase im Alter von 6 bis 12 Jahren.

Das Kind in der ersten Phase besitzt den von Maria Montessori sogenannten *absorbierenden Geist*. Von der Geburt bis zum Alter von 6 Jahren nehmen Kinder alles ohne Mühe und ohne Unterschied auf. Sie absorbieren das Aussehen von Dingen, Gerüche und unterschiedliche Geschmacksrichtungen, Verhaltensweisen und die sie umgebende Kultur. Das ist ein unbewusster Prozess, der den Kindern keine Wahl lässt und ihnen keine Mühe macht. Er geschieht automatisch und mit Leichtigkeit. Das kindliche Gehirn ist wie ein Schwamm, der jede Flüssigkeit, in die er getaucht wird, aufsaugt. Er kann nicht entscheiden, welchen Anteil des Wassers er absorbieren will – er nimmt alles auf. Das, was unser Kind absorbiert, wird Teil seiner Persönlichkeit und seines Selbst.

Die erste Teilphase (0 bis 3 Jahre)

In diesen Jahren tut ein Kind sehr viel. Es lernt zu laufen, zu reden, zu handeln und ein Mensch seiner Zeit und seines Orts zu sein. Dies ist eine Phase großen körperlichen Wachstums und umfassender Veränderungen. Unser Kind hat erst keine Zähne, danach aber den Mund voll davon, erst trinkt es nur Milch, dann kann es alles essen, als Neugeborenes kann es nur schreien, mit 3 möglicherweise mehrere Sprachen sprechen. In diesen Jahren entwickeln sich die Kinder vom instinktiven Strampeln zum Rollen, Krabbeln, Stehen, Laufen, Rennen, Springen und zu einer großen Bandbreite von Bewegungsmöglichkeiten. Sie kommen vom Patschen mit den Händen zum Pinzettengriff (das Festhalten zwischen Daumen und Zeigefinger), den man für spezifische Tätigkeiten wie Nähen und Schreiben braucht. Erst machen sie ihr großes und kleines Geschäft unbeabsichtigt, dann können sie den Prozess kontrollieren und selbstständig die Toilette benutzen. Zu Beginn wissen sie nicht viel über die Welt, während sie nun durchschauen, wie alles funktioniert, zu Hause wie in ihrer weiteren Umgebung. Sie können denken und Probleme lösen. Sie kennen einige Normen und kulturelle Vorstellungen ihrer Gruppe und verstehen allmählich, was sich gehört. Sie stellen Verbindungen her und ziehen ihre Schlüsse.

Das 3-jährige Kind ist, vor allem wenn es in der richtigen Umgebung aufgewachsen ist, ein schöpferisches Wesen, das bereits sehr viel erreicht hat. Es hat die von Maria Montessori sogenannten *psychischen Organe* ausgebildet – Sprache, Bewegung, Kultur, Intelligenz und einen Willen. Erstaunlicherweise hat es all das erreicht, ohne es zu merken oder sich im Geringsten an den Prozess zu erinnern. Darum nannte Maria Montessori das Kind auf dieser Stufe den *unbewussten Schöpfer.*

Von besonderer Bedeutung für die erste Teilphase sind die sensiblen Phasen, die wir im Folgenden vorstellen.

SENSIBLE PHASEN

»Der Begriff ›sensible Phase‹ bezeichnet eine besondere Sensibilität, die ein Wesen in seinem Kindheitsstadium ausbildet, während es sich noch im Entwicklungsprozess befindet. Es handelt sich dabei um eine vorübergehende Disposition, die auf den Erwerb eines bestimmten Merkmals beschränkt ist. Sobald dieses Merkmal oder diese Eigenschaft erworben ist, verschwindet die besondere Sensibilität.«

Dr. Maria Montessori: *Kinder sind anders*

Eine sensible Phase ist ein Moment oder Zeitraum im Leben eines Kindes, in dem es sich von einem bestimmten Aspekt seiner Umwelt besonders angezogen fühlt. Auffällig ist, dass das Kind ständig eine bestimmte Aktivität auswählt oder eine Tätigkeit wiederholt. Durch diese Arbeit erwirbt es in einem bestimmten Zeitraum eine neue Fähigkeit oder Fertigkeit. Ein Kind ist durchaus in der Lage, diese Fähigkeit auch zu einer anderen Zeit zu erlernen, dann kostet es aber mehr Mühe.

Sensible Phasen sind besonders auf die erste Entwicklungsphase konzentriert. Maria Montessori nannte sie *Lichtstrahlen, vitale Impulse und kreative Sensibilität*. Zwar erlaubt der absorbierende Geist dem Kind, alles in seiner Umgebung unterschiedslos aufzunehmen, aber die sensiblen Phasen fokussieren die Aufmerksamkeit des Kindes wie Lichtstrahlen auf einen bestimmten Aspekt der Umgebung. Die Fähigkeiten, die in den jeweiligen sensiblen Phasen erworben werden, helfen dem Kind, seinen humanen Tendenzen zu folgen.

Sensible Phasen sind vorübergehend. Sie verschwinden nach einer Weile, ob die Fähigkeit erworben wurde oder nicht. Die dazugehörige Arbeit kann sichtbar (körperlich) oder unsichtbar (geistig) ablaufen.

Sensible Phasen treten von Natur aus bei allen Kindern auf. Allerdings brauchen die Kinder Erwachsene, die sie unterstützen, ihnen die richtige Umgebung bieten und sie ermuntern, sich in dieser Umgebung zu betätigen. Beispielsweise wird ein Kind in einer sensiblen Sprachphase von Sprache angezogen und kann sprachliche Fähigkeiten erwerben. Wenn aber in der Umgebung keine Sprache vorhanden ist, erlernt es diese Fähigkeit nicht, und dann vergeht die sensible Phase ungenutzt.

Sensible Phasen erkennen. Sensible Phasen finden bei den meisten Kindern etwa zur gleichen Zeit statt, sodass man sie antizipieren und durch Beobachtung identifizieren kann.

Was man während einer sensiblen Phase beobachten kann:

- Starkes Interesse an einem bestimmten Element der Umwelt
- Verstärkte Aktivität und Wiederholung, die zu Konzentration führen
- Ein Gefühl der Erfrischung und Befriedigung nach der Arbeit

Stark ausgeprägte sensible Phasen auf der ersten Entwicklungsebene sind:

- Sprache
  - Gesprochene Sprache: in utero bis 2,5 bis 3 Jahre
  - Schreiben: 3,5 bis 4,5 Jahre
  - Lesen: 4,5 bis 5,5 Jahre
- Abstillen: 6 bis 12 Monate
- Ordnung: Geburt bis 5 Jahre (Höhepunkt zwischen 1,5 und 2,5 Jahren)
- Details und kleine Gegenstände: 1 bis 4 Jahre
- Bewegung
  - Erwerb: Geburt bis 2,5 Jahre
  - Verfeinerung und Koordination: 2,5 bis 4,5 Jahre
- Sensorische Exploration und Klassifizierungen
  - Erwerb und Ansammlung von Eindrücken: in utero bis 3 Jahre
  - Klassifikation und Ordnung von Eindrücken: 2,5 bis 6 Jahre
- Zahlen und Mathematik: 4 bis 6 Jahre
- Anmut und Höflichkeit: 2,5 bis 6 Jahre
- Assimilation von Bildern (Bilder und Details im Kopf behalten): Geburt bis 6 Jahre
- Musik: 2 bis 6 Jahre

Anmerkung. 1. Die Altersangaben dienen nur als Anhaltspunkt; alle Kinder entwickeln sich in ihrem eigenen Tempo. 2. Wenn eine sensible Phase verpasst wird, kann das Kind die Fertigkeit immer noch erlernen, es macht nur mehr Mühe (wie wenn man als Erwachsener eine Fremdsprache lernt).

Die zweite Teilphase (3 bis 6 Jahre)

In der zweiten Teilphase macht unser Kind eine Entwicklung vom unbewussten Schaffen zum bewussten Arbeiten durch. Geleitet von den humanen Tendenzen der Wiederholung, Genauigkeit und Selbstentwicklung unternimmt unser 3- bis 6-jähriges Kind eine intentionalere und bewusstere Anstrengung, die Fähigkeiten, die es auf der ersten Unterebene erworben hat, zu verfeinern und zu meistern.

Zwischen 3 und 6 ist unser Kind aktiv, es will seine Hände benutzen und seine Umwelt beherrschen. Maria Montessori bezeichnete dies als das »Spielalter« und nannte Spielen die Arbeit des Kindes. Unser Kind verlangt präzisere Sprache und präzisere Bewegung; es will die Welt ringsumher besser verstehen und Dinge allein machen. Wenn es ausdrücken könnte, was es von uns braucht, würde es sagen: »Hilf mir, es selbst zu tun!« Es will Werkzeug benutzen und am Leben in seiner Umgebung teilnehmen. Diese Kinder fragen ständig »Was?« und »Warum?«. Sie wollen wissen, wie man Dinge nennt und wozu sie gut sind. Sie wollen das machen, was sie die Erwachsenen tun sehen. Sie wollen den Aufbau ihres individuellen Selbst entwickeln und unabhängig werden, indem sie lernen, für sich zu sorgen – allein zu essen, sich allein anzuziehen und selbstständig die Toilette zu benutzen.

Die Erwachsenen und die Umgebung für das Kind in der ersten Phase

In dieser Phase müssen wir dem Kind Sicherheit und bedingungslose Liebe geben und unser Zuhause nach Maria Montessoris Empfehlungen so einrichten, dass unser Kind sich auskennt und seine Welt als vorhersehbar empfindet. Ein Heim ist eine liebevolle, unterstützende Umgebung mit einer stabilen das Kind begleitenden Person. Diese Umgebung ist schön und ordentlich eingerichtet, reich gefüllt mit Sprache und sensorischen Eindrücken; mit Dingen, die das Kind sehen, fühlen, riechen, schmecken und hören kann. Wir sollten sicherstellen, dass das Kind Gelegenheit hat, durch Bewegung, Arbeit mit den Händen und seine Sinne die Umgebung sowohl drinnen als auch draußen zu erkunden.

In der ersten Phase wird unser Kind

- Bewegungskoordination entwickeln.
- Intelligenz entwickeln (ein Verständnis von »Was?«, »Wo?« und einigen »Wie?« in seiner unmittelbaren Umgebung). Es ist bereit, sich dem Universum zu widmen.
- lernen, seine Eindrücke zu ordnen und zu klassifizieren (zum Beispiel von hell nach dunkel, klein nach groß, glatt nach rau).
- seine sensorische Wahrnehmung entwickeln, sodass es Urteile fällen kann.
- die Sprache(n) seiner Umgebung erlernen.

- funktionale Selbstständigkeit erwerben (zum Beispiel sich allein anziehen, die körperlichen Funktionen kontrollieren).
- einen einzigartigen Charakter erwerben und sich an seine Zeit, seinen Ort und seine Kultur anpassen.

Die zweite Phase (6 bis 12 Jahre): Kindheit

Anders als die geschäftige, schnelllebige erste Phase ist die zweite nach Maria Montessori eine »ruhige Phase gleichmäßigen Wachstums«. Sie beginnt mit deutlichen körperlichen Veränderungen. Unser Kind verliert allmählich die Milchzähne und es wachsen ihm die bleibenden Zähne. Es wird schlanker und größer, die Proportionen werden ausgeglichener. Die Haarstruktur verändert sich und die Füße wachsen, um die Körpergröße auszugleichen. Die meisten Kinderkrankheiten sind ausgestanden und die Hormone der Adoleszenz noch nicht entwickelt. Daher ist unser Kind kräftig und in der Regel fröhlich. Körperlich ist es zu vielem fähig, was ihm auch bewusst ist, und es testet seinen Körper aus und treibt ihn an seine Grenzen. Es will wissen, wie schnell es rennen, wie hoch es klettern, wie oft es Rad schlagen kann.

Auch psychische Veränderungen treten ein:

Sozial. 6- bis 12-jährige Kinder fühlen sich in ihrer Familie selbstbewusst und sicher, daher wollen sie mehr Zeit mit anderen verbringen. Sie wollen sich zum Spielen und Übernachten verabreden. Sie wollen Gruppen angehören und werden von Gleichaltrigen beeinflusst. Sie wollen ihr Umfeld weiter entfernt vom Elternhaus erkunden. Sie sind auch nicht mehr ganz so niedlich. Wer Kinder in diesem Alter hat, wird mit Maria Montessori bemerken, dass sie eine gewisse Härte und Robustheit an den Tag legen, die unfreundlich und sogar rücksichtslos wirken können. (Maria Montessori nannte dies »das Alter der Rücksichtslosigkeit«).

Als die Kinder noch jünger waren, am Ende der ersten Phase, genossen sie es, Teil einer sozialen Gruppe zu sein, und wussten im Großen und Ganzen, wie sie sich in dieser Gruppe zu verhalten hatten. Das Kind in der zweiten Phase will seine eigene Gruppe bilden und darin die Hierarchien, die Rollen und die Regeln festlegen. Wir werden es hin und wieder an unsere familiären Vereinbarungen (die Freiheiten und Grenzen zu Hause) erinnern und diese auch durchsetzen müssen, denn sie vermitteln ihm Orientierung und Sicherheit für das Verhalten in sozialen Gruppen.

Dies ist auch eine Phase der Held*innenverehrung, denn unser Kind entdeckt Personen, die es bewundert und die es inspirieren.

Kognitiv. Das Kind in der zweiten Phase entwächst dem absorbierenden Geist. Es kann sich inzwischen bewegen, kann sprechen, handeln und die kulturellen Gepflogenheiten seiner Umgebung ausdrücken. Es ist kräftig und kompetent, selbstständig und intelligent, selbstbewusst und artikulationsfähig. Das Kind ist eine Person seiner Zeit und seines Ortes. Jetzt braucht und benutzt es seinen *logischen, rationalen Verstand.*

Unser Kind erkundet die Welt nicht mehr sensorisch, sondern vielmehr intellektuell. Es verbringt viel Zeit damit, zu abstrahieren und sich Dinge vorzustellen, und sein Forscherdrang kennt keine Grenzen – es braucht nur die richtigen Gelegenheiten und Bedingungen. Erwachsene neigen dazu, die Kinder in dieser Phase zu unterschätzen. Wir können sie deutlich mehr mit ihrer Umgebung in Berührung bringen, um ihren Hunger nach Wissen und Kultur zu stillen.

Maria Montessori bezeichnete diese Phase als optimal für das Lernen, und sie riet den Erwachsenen, so viele Samen für Interessen zu säen wie möglich, den Kindern kulturelle Teilhabe zu ermöglichen und ihnen das Universum für ihre Erkundungen anzubieten. Die Kinder erfreuen sich körperlicher Kraft, guter Gesundheit und eines Interesses, das von ihrem logischen, neugierigen Verstand angetrieben wird. Wir sollen ihnen die Natur und die menschlichen Errungenschaften nahebringen. Wir erzählen Geschichten und unterstützen ihr Interesse und ihre Neugier, helfen ihnen aber auch, Verbindungen zwischen abstrakten Konzepten und Ideen herzustellen und so schließlich ihr eigenes Verständnis des Universums aufzubauen.

Unser Kind will nicht nur wissen, »was?«, sondern auch »warum?« und »wie?«.

Moralisch. Während das Kind in der ersten Entwicklungsphase meistens widerspruchslos die Verhaltensweisen akzeptiert, die wir ihm als angemessen abverlangen, will es in der zweiten Phase wissen, was angemessenes Verhalten überhaupt bedeutet und warum etwas nicht statthaft ist. Es kann der Eindruck entstehen, dass die Kinder immer tratschen und einander wegen einer unrechten Handlung verpetzen, aber sie versuchen auf diese Weise zu verstehen, was richtig und falsch, was fair und gerecht ist. *Warum ist dieses oder jenes richtig? Wann ist es richtig? Immer oder nur manchmal? Wie reagiert man? Reagiert man immer so oder nur manchmal?* Sie versuchen instinktiv, ihren moralischen Kompass zu entwickeln.

Dies ist eine sensible Phase für ihr Gerechtigkeitsempfinden. Wir hören sie dauernd sagen: »Das ist unfair!« Das liegt daran, dass ihr Sinn für Gerechtigkeit geschärft ist, und sie wollen, dass alles fair abläuft. Sie haben intensive Gefühle und rebellieren gegen jegliche Ungerechtigkeit, auch gegenüber Tieren.

In dieser Zeit müssen Erwachsene besonders aufpassen, in Gegenwart des Kindes ehrlich und moralisch korrekt zu handeln. Wenn man ein Kind in dieser Phase anlügt, kann das sein Vertrauen nachhaltig erschüttern. Das Kind auf dieser Ebene ist ein Kulturanthropologe oder eine Kulturanthropologin, der oder die Richtig und Falsch erforscht. Es absorbiert nicht einfach seine Umwelt, es sucht nach Antworten.

Emotional. Kinder in dieser Phase haben ein Verständnis für die Realität entwickelt und wissen, wie alles gedacht ist. Sie üben, ihr Verhalten an die Umstände anzupassen. Sie verfügen inzwischen über Selbstkontrolle, beherrschen Selbstregulation und Belohnungsaufschub. Wenn diese Faktoren zusammenwirken, wird aus dem Kind eine integrierte Persönlichkeit. Es ist fähig, Dinge zu erforschen und bewusst zu lernen, sich zu beherrschen und auch etwas infrage zu stellen, ohne dabei aus dem Häuschen zu geraten.

Während das Kind in der ersten Entwicklungsphase einen starken Sinn für physische und äußerliche Ordnung hat, kann es uns auf der zweiten Ebene unordentlich vorkommen, denn es konzentriert sich mehr auf die innere, intellektuelle Ordnung. Das jüngere Kind exzellierte in maximaler körperlicher Anstrengung und wollte immer viel Energie aufwenden, während es dem Kind in der zweiten Phase mit seinem logischen Verstand um Effizienz geht. Es will mit möglichst wenig Aufwand möglichst viel erreichen. Am meisten Energie wendet es im intellektuellen und sozialen Bereich auf.

Erwachsene und die Umgebung für das Kind in der zweiten Phase

Wir können Samen für Interessen aussäen und den Kindern Ressourcen und Gelegenheiten zur Verfügung stellen, diese Interessen zu verfolgen. Wir können Geschichten erzählen und sie anregen, ihre Fantasie und ihren logischen Verstand zu gebrauchen. Sie benötigen sehr viel intellektuelle Stimulation.

Unsere Aufgabe ist es, auch weiter die Liebe und Sicherheit des Zuhauses zu bieten, während wir dem Kind die Freiheit und die Möglichkeiten geben, weiträumig auf Erkundung zu gehen. Wir können es auf die Interaktionen mit anderen Gruppen vorbereiten. Die Schule ist ein Ort, der die Umgebung des Kindes enorm erweitert, aber es braucht Gruppenzugehörigkeiten auch jenseits der Schule, wie zum Beispiel bei den Pfadfindern oder Musikgruppen.

Das Kind in der zweiten Phase braucht körperliche Aktivität und soziale Interaktion, daher ist dies eine gute Zeit für Teamsport. Es braucht auch gute Rollenvorbilder und Menschen, zu denen es aufschauen kann. Wir können den Kindern ermöglichen, Gruppen beizutreten, die bei Projekten oder Aktivitäten zusammenarbeiten. Dabei lernen sie, im Team zu arbeiten und ein Verständnis für Gruppendynamik zu entwickeln. Hier eröffnet sich ein weites Feld für moralische Erkundungen. Wir können als Wegweiser*innen für soziale Interaktionen fungieren und unserem Kind in den unvermeidlichen Konflikten beistehen, die sich aus der Zugehörigkeit zu einer Gruppe ergeben.

Unser Kind hat das Ende der zweiten Entwicklungsphase erreicht, wenn wir erkennen, dass

- es sowohl körperlich als auch psychisch kräftig und stabil ist.
- es gesellig ist, gute Beziehungen zu Gleichaltrigen pflegt und sich »im Rudel« wohlfühlt.
- es ein soziales Wesen und fähig ist, sich in Gruppen einzugliedern und positiv einzubringen.
- es seinen Willen kontrollieren und seine Emotionen regulieren kann und infolgedessen in der Lage ist, Instruktionen zu befolgen und sein Verhalten anzupassen.
- es einen logischen, rationalen Verstand entwickelt hat, der kritisches Denken, kognitive Flexibilität, eine reiche Fantasie und ein starkes Interesse an Abstraktionen ermöglicht, ob es sich dabei nun um Ideen, Schemata oder abstrakte Konzepte handelt.
- es selbstbewusst, kenntnisreich und verantwortungsbewusst ist.
- es einen starken Gerechtigkeitssinn und einen sicheren moralischen Kompass hat und zwischen Recht und Unrecht unterscheiden kann.
- es über weitreichende Kenntnisse über die Welt und das Universum verfügt. Es kann Verbindungen herstellen und Beziehungen erkennen – wie Dinge sich gegenseitig beeinflussen –, woraus Verantwortungsgefühl und Beschützerinstinkte erwachsen.
- es eine gewisse intellektuelle Unabhängigkeit erreicht hat. Es hat eigene Interessen und ist fähig, sie zu verfolgen und anzureichern.

Dritte Entwicklungsphase (12 bis 18 Jahre): Adoleszenz; vierte Phase (18 bis 24 Jahre): Reife

Die dritte Phase ist wieder explosiv und kreativ, ähnlich der ersten. Diesmal geht es um die Herausbildung des oder der Erwachsenen. Die vierte Phase ist die zwischen Kindheit und Erwachsenenalter, wenn unser Kind in die Welt eintritt, in die *unvorbereitete Umgebung*. Es handelt sich wieder um eine stabilere Phase mit weniger körperlichen Veränderungen.

Wir werden uns die dritte und vierte Phase in Kapitel 9 »Was nun kommt« noch genauer ansehen.

DIE VIER ENTWICKLUNGSPHASEN

ERSTE PHASE

0–6 Jahre

Wir säen die Samen.

- Körperliche und biologische Selbstständigkeit.
- Absorbierender Geist.
- Konkretes Verständnis der Welt.
- Sensorisches Lernen.
- Paralleles Arbeiten mit geringer Kooperation.
- Schnelles Wachstum, schnelle Veränderung.

ZWEITE PHASE

6–12 Jahre

Der Stiel wird groß und stark.

- Geistige Selbstständigkeit.
- Logischer, rationaler Verstand; Entwicklung eines moralischen Empfindens und Erkunden, wie Dinge funktionieren und zusammenhängen.
- Mehr Abstraktionen.
- Lernen durch Vorstellungskraft.
- Zusammenarbeit in Gruppen.
- Stabilere Phase.

DRITTE PHASE

12–18 Jahre

Blätter und Blüten entfalten sich, die Reife naht.

- Soziale Selbstständigkeit.
- Entwicklung gesellschaftspolitischer Vorstellungen (wie sie die Welt verändern würden).
- Austausch von Ideen und Idealen mit anderen.
- Enorme körperliche und psychische Veränderungen (ähnlich wie erste Phase).

VIERTE PHASE

18–24 Jahre

Die Pflanze ist vollständig ausgewachsen.

- Geistige und moralische Selbstständigkeit.
- Der Gesellschaft wird etwas zurückgegeben.
- Vernünftiges, logisches Denken.
- Stabilere Phase (ähnlich wie zweite Phase).

DAS AUFWACHSEN DES MONTESSORI-KINDES BEGLEITEN

3

BEGLEITER*IN SEIN

Montessori-Erzieher*innen nennen sich »Lernbegleiter*innen«, nicht »Lehrer*innen«. Für die Montessori-Philosophie ist das entscheidend. Montessori-Lernbegleiter*innen beobachten die Kinder in der Klasse bzw. Gruppe, richten die Umgebung nach ihren Bedürfnissen ein, helfen den Kindern, sich darin zurechtzufinden, und nehmen bei Bedarf Anpassungen vor. Das unterscheidet sich von einer Lehrkraft, die nach einem willkürlichen Zeit- oder Lehrplan festlegt, was alle Kinder lernen müssen, und die es ihnen dann beibringt.

Ähnlich sind wir zu Hause weder die Chefs des Kindes (und nörgeln an ihm herum oder bestimmen, was es zu lernen, zu tun oder zu sein hat) noch sein Dienstpersonal (die alles für es erledigen) noch haben wir einen Laisser-faire-Erziehungsstil (und lassen es alles tun, was es will).

Stattdessen sind wir wegweisende Begleiter*innen des Kindes.

Wir wollen, dass unsere Kinder sich am Familienleben und am Haushalt beteiligen. Wir wollen, dass sie unabhängig und verantwortungsbewusst werden. Wir wollen, dass sie lernen, zur Familie und ihrer Gemeinschaft etwas beizutragen. Und wir wollen in ihnen die Liebe zum Lernen kultivieren. Sie werden enorm kompetent, wenn wir es zulassen.

- Ein wegweisender Begleiter sorgt für eine physisch und psychisch sichere Umgebung.
- Eine Begleiterin entwickelt Vereinbarungen mit dem Kind zusammen.
- Ein Begleiter beobachtet das Kind und ist bestrebt, seine Bedürfnisse zu verstehen.
- Eine Begleiterin fördert Unabhängigkeit und Verantwortungsbewusstsein.
- Ein Begleiter befeuert das Staunen des Kindes über die umgebende Welt.
- Eine Begleiterin fördert Verbundenheit.
- Ein Begleiter baut Vertrauen auf.
- Eine Begleiterin ist ein Vorbild.
- Ein Begleiter bemüht sich um Langsamkeit.
- Eine Begleiterin respektiert, liebt und akzeptiert das Kind, wie es ist.
- Ein Begleiter hilft ihm, ein Mitglied seiner Familie und Gesellschaft zu werden.

Viele Studien belegen, dass Kinder, die selbstständig lernen, sich mit größerer Wahrscheinlichkeit zu unabhängigen, selbstgesteuerten und lebenslang Lernenden entwickeln. Kinder, die respektiert werden, lernen, sich selbst, andere und die Umwelt zu respektieren. Und statt dass sie gezwungen werden, familiären oder gesellschaftlichen Erwartungen zu entsprechen, dürfen sie ihr wirkliches Selbst entwickeln.

Einen Teil der Kontrolle abzugeben braucht Übung. Einen Schritt zurückzutreten und nur einzuschreiten, wenn unser Kind wirklich Hilfe braucht. Zuzulassen, dass sie all ihre Gefühle durchleben können, und bei Bedarf Unterstützung zu bieten, also ihren Rücken zu streicheln oder ihnen zu helfen, die Dinge wieder ins Lot zu bringen, sobald sie sich beruhigt haben. Ihnen Zeit zu geben, Fertigkeiten zu entwickeln, wie z. B. sich anzuziehen, ihre Mahlzeit selbst zuzubereiten, einen Dankesbrief zu schreiben oder sich mit einem Freund oder einer Freundin wieder zu versöhnen.

Es braucht Mut, einzuschreiten und ruhig und klar eine Grenze zu setzen, damit alle Beteiligten sicher sind. Es braucht Mut, die Kinder wissen zu lassen, dass eine Handlung unfreundlich ist oder wehtut, und zwar nicht in wütendem Ton, sondern indem man zeigt, wie man freundlich und klar gegenüber anderen Menschen Grenzen setzt.

Wir benötigen Geduld. Montessori ist eine Langzeitmethode, keine schnelle Behelfslösung. Wir legen ein Fundament aus Vertrauen und Verbundenheit, sodass unser Kind weiß, dass es sich an uns wenden kann und wir es auch lieben, wenn es gerade nicht in seiner besten Verfassung ist, und damit es weiß, dass wir ihm den Weg zur Unabhängigkeit weisen, sodass es sich selbst, anderen und der Welt wird helfen können.

Wir müssen mit den Widersprüchen, die das Leben mit Kindern bereithält, fertig werden: ihnen Nähe und dennoch Raum geben, ihr Interesse für etwas wecken, sie aber selbstständig dieses Interesse verfolgen lassen, ihnen Freiheit lassen bei klar gezogenen Grenzen und Verantwortlichkeiten, eine sichere Bindung fördern, sie aber auch loslassen.

Unsere Rolle als Montessori-Eltern oder -Betreuungspersonen ist daher, dem Kind die Möglichkeit zu geben, sich natürlich seinem Potenzial entsprechend zu entwickeln, und ihm gleichzeitig zu helfen, seinen Platz in Familie und Gesellschaft zu finden.

> »Der Lehrer soll das Kind anleiten, ohne seine
> Anwesenheit allzu fühlbar werden zu lassen,
> sodass er zwar immer bereitsteht, die gewünschte
> Hilfe zu leisten, sich aber nie als Hindernis
> zwischen das Kind und seine Erfahrung drängt.«
>
> Dr. Maria Montessori:
> *Praxishandbuch der Montessori- Methode*

EIN STARKES FUNDAMENT LEGEN

1. Vereinbarungen für zu Hause treffen

In Montessori-Umgebungen bzw. -Räumen gibt es klare Freiheiten und Grenzen. Diese Freiheiten und Grenzen – Vereinbarungen – sind allen bekannt, und sie sind vorhersehbar. Im Gruppenraum der 6- bis 12-Jährigen bestimmen die Kinder über diese Vereinbarungen mit. Kim Anh Nguyen Anderson, eine Montessori-Lernbegleiterin mit über 15-jähriger Berufserfahrung, sagt, dass dieser Prozess der Formulierung gemeinsamer Vereinbarungen den Kindern ein Gefühl der Sicherheit und Zugehörigkeit gibt.

Wir selbst können ebenfalls gemeinsam mit unseren Kindern Vereinbarungen für unseren Haushalt treffen. Je intensiver unser Kind an deren Gestaltung beteiligt ist, desto stärker ist es intrinsisch motiviert, sie einzuhalten. Ziel ist, dass alle Familienangehörigen die Vereinbarungen akzeptieren, ihren Beitrag dazu leisten und sie verstehen. Dabei hilft es, spezifisch zu sein. Wenn eine Vereinbarung lautet: »Wir behandeln einander mit Respekt«, dann können wir erklären, was Respekt bedeutet – warten, bis jemand ausgeredet hat, ehe wir selbst das Wort ergreifen; in freundlichem Ton miteinander reden; sich nicht über andere lustig machen und so fort.

Diese Vereinbarungen bieten eine klare Basis, auf die man sich beziehen kann. Wir können das Kind fragen: »Was haben wir über Gewaltanwendung vereinbart?« Dann kommen nicht viele Widerworte, wenn die Kinder an der Formulierung der Vereinbarung beteiligt waren.

Wenn man zu viele Vereinbarungen trifft, dann wird es schwierig, sie im Kopf zu behalten. Wir sollten sie auch nicht allzu oft ändern – unsere Kinder brauchen verlässliche Leitplanken, die nicht abhängig sind von unserer Laune oder davon, wie viel Schlaf wir in der Nacht zuvor abbekommen haben. Dennoch sind Vereinbarungen lebendig, und wir müssen sie möglicherweise revidieren, wenn sie nicht funktionieren oder die Kinder größer werden. Wenn das der Fall ist, sollte man die Vereinbarungen in einem neutralen (idealerweise geplanten) Moment ändern, wie zum Beispiel bei einem Familienrat oder Familienmeeting.

Familienmeetings (Familienrat). Bei Kindern zwischen 3 und 12 sind regelmäßige informelle Familienmeetings sehr hilfreich. Das Familienmeeting kann ein Ort sein, wo klare Hausregeln entwickelt werden, wo diskutiert wird, was bei unserem Kind gut läuft und wo es vielleicht Hilfe braucht, oder wo man bespricht, was in der nächsten Woche anliegt. Manche Familien verleihen dem Meeting einen gewissen Spaßfaktor, beispielsweise mit Popcorn, oder sie nehmen im Anschluss eine Familienmahlzeit ein oder schauen einen Film.

Mit 3- bis 6-Jährigen wird ein solches Meeting kurz und eher erwachsenengeleitet sein, aber die Kinder haben wahrscheinlich Ideen, wohin sie einen Ausflug machen möchten oder was sie gerne zu Abend essen würden. Wir können üben, ihren Beitrag zu respektieren und wertzuschätzen. Im Alter von 5,5 oder 6 Jahren sind sie auf gutem Weg, vollgültig an solchen Meetings teilzunehmen.

BEISPIELE FÜR FAMILIÄRE VEREINBARUNGEN

- **Wir sind nett zueinander.** Selbst wenn wir verschiedener Meinung sind, tun wir einander weder körperlich weh noch ärgern wir uns gegenseitig. Das lehrt die Kinder, sich selbst und einander zu respektieren und Methoden zu finden, Meinungsverschiedenheiten verbal zu lösen.
- **Wir fragen um Erlaubnis, ehe wir jemanden anfassen.**
- **Beim Essen sitzen wir zusammen am Tisch.** Damit bleiben Nahrungsmittel nur an einem Ort im Haushalt, und es wird nicht ohne Sinn und Verstand beim Spielen gefuttert. Die Familie kommt dadurch auch regelmäßig zusammen, es werden Gespräche geführt, und man kann die Freund*innen der anderen Familienmitglieder näher kennenlernen, wenn sie zu Besuch sind.
- **Wir beteiligen uns am Haushalt.** Unabhängig vom Alter helfen wir bei der Hausarbeit und unsere Hilfe wird geschätzt.
- **Wir raufen nur im gegenseitigen Einvernehmen.** Das klingt ganz schön vollmundig für junge Kinder, aber sie verstehen den Sinn. Wenn jemand »Stopp!« sagt, bedeutet das, dass es ihm keinen Spaß mehr macht und das Spiel aufhören muss.
- **Wir tun nichts, was uns selbst, anderen und der Wohnumgebung schaden könnte, und wir respektieren uns gegenseitig und unsere Wohnumgebung.** Das kann zum Beispiel bedeuten, nur so lange zu singen, wie es andere nicht stört, anderen wenn nötig mit Ermutigungen und Ermunterungen zur Seite zu stehen oder die Stelle im Buch mit einem Lesezeichen zu markieren statt mit einem Eselsohr.

Wenn wir uns mit einem Partner oder zweiten Elternteil zusammen um Kinder kümmern, kann es eine gute Idee sein, einmal pro Woche eine Lagebesprechung unter Erwachsenen abzuhalten. Wenn man alle praktischen Angelegenheiten durchgeht, die in der folgenden Woche für die Familie zu erledigen sind – Verabredungen, Verpflichtungen, Essensplan, Transportarrangements –, kann das mehr Ruhe in die folgenden Tage bringen. Es macht auch alle unsichtbaren Belastungen sichtbar und trägt zu einer gleichmäßigeren Verteilung bei. Auch mit Großeltern oder Betreuungspersonen, die sich regelmäßig um das Kind oder die Kinder kümmern, empfiehlt es sich, in regelmäßigen Abständen zusammenzukommen, damit alle so weit wie möglich auf demselben Stand sind.

Ad-hoc-Vereinbarungen. Jane Nelsen, Autorin mehrerer Bücher über *Positive Discipline*, schlägt überdies vor, Ad-hoc-Vereinbarungen zu treffen, deren Einhaltung wir freundlich und sanft durchsetzen. Wenn ein Kind zum Beispiel eine Arbeit zu erledigen hat, können wir es fragen, um welche Uhrzeit es fertig sein will. Kinder lieben exakte Uhrzeiten wie 17 Uhr 33. Wenn sie eine Erinnerung brauchen, können wir sagen: »Es ist jetzt 17 Uhr 33«, und warten, bis diese Information bei ihnen angekommen ist. Wenn sie uns ignorieren oder mit einem »aber …« kommen, können wir ganz ruhig wiederholen: »Es ist 17 Uhr 33.« Wir können in aller Freundlichkeit auf der Vereinbarung bestehen, die wir beschlossen haben.

2. Die physische und psychische Umgebung vorbereiten

Die physische Umgebung. Wir können eine Wohnumgebung schaffen, in der unser Kind sich willkommen fühlt, in der es alles findet, was es braucht, in der es weiß, wo die Dinge hingehören, und sie wegräumen kann, in der es unabhängig ist und Mittel und Wege findet, sich selbst zu unterhalten und auf anspruchsvolle Weise zu beschäftigen, und in der es lernt, die Räume in Ordnung zu halten. Die Umgebung wird dem Größerwerden des Kindes angepasst. Das werden wir im nächsten Kapitel detailliert besprechen.

Die psychische Umgebung. Wir sind auch verantwortlich für die psychische Umgebung in unserem Zuhause. Das bedeutet, dass unser häuslicher Bereich ein Ort sein muss, in dem das Kind sich emotional sicher fühlt und frei erkunden darf. Wir können sicherstellen, dass unser Kind keine Bedenken hat, sich an uns zu wenden, wenn es in Schwierigkeiten ist. Und wir können uns verlässlich, klar und konsequent verhalten, damit die Kinder wissen, was sie zu erwarten haben. Wir wollen eine häusliche Umgebung schaffen, in der Kinder sich »gesehen, geborgen, getröstet und beschützt« fühlen, wie Daniel Siegel und Tina Payne Bryson es in ihrem Buch *Präsente Eltern – starke Kinder* beschreiben.

Sicherheit und Aufsicht. Unser Kind verlässt sich darauf, dass wir für seine körperliche Sicherheit und Unversehrtheit sorgen und es beaufsichtigen. Der präfrontale Cortex, der für die rationale Entscheidungsfindung zuständige Teil des Gehirns, ist erst im Alter von Anfang 20 voll ausgebildet. Daher »ist es unsere Aufgabe, die

Kinder zu beschützen«, ein Ausdruck, den wir von unserer Montessori-Freundin Jeanne-Marie Paynel gelernt haben.

Das bedeutet nicht, dass wir die Kinder in Watte packen oder Helikoptereltern sein müssen, aber wir können Mittel und Wege finden, dass sie das tun können, worauf sie Lust haben, ohne sie zu gefährden. Wenn ein Kind auf einen Baum klettern will, können wir, statt Nein zu sagen, dabei helfen, einen Baum auszusuchen, der die passende Größe und stabile Äste hat, erklären, wie man ausprobiert, ob ein Ast trägt, und zeigen, wie man wieder herunterklettert. Wir können unseren Kindern erlauben, Freund*innen einzuladen und selbst Pizza zu backen. Wir können aufpassen, dass keine Unfälle passieren, aber wir sollten zulassen, dass die Pizza verbrennt, wenn die Kinder vergessen, den Wecker zu stellen, und wir können sie bitten, hinterher das Geschirr zu spülen, selbst wenn nicht alles perfekt sauber wird.

6- bis 12-Jährige wollen mehr allein machen, und zwar außerhalb ihres Zuhauses. Wenn wir in der Stadt wohnen, müssen wir sie vermutlich mehr beaufsichtigen, aber wir können unserem Kind trotzdem größere Freiheiten erlauben. Es kann zum Beispiel seine Route im öffentlichen Nahverkehr selbst planen. Vermutlich müssen wir es begleiten, aber wir sollten zulassen, dass es in den falschen Bus steigt, und es dann selbst herausfinden lassen, wie es seinen Fehler korrigieren kann.

Hindernisse beseitigen. Hindernisse für die Entwicklung unserer Kinder sollten wir erkennen und beseitigen. Wir können physische Hindernisse vermeiden und zum Beispiel ihre Teller, Gläser und Snacks in eine niedrige Schublade räumen, sodass sie leicht drankommen, oder ihre Zahnbürste, Zahnpasta und einen Spiegel auf ihrer Höhe unterbringen, damit sie gerne Zähne putzen.

Ein Kind zwischen 3 und 6 klammert sich möglicherweise immer noch an Dinge wie den Schnuller, die Windel oder den Buggy, was es daran hindert, die nächste Entwicklungsphase zu erreichen. Bei 6- bis 12-Jährigen wird die Entwicklung unserer Erfahrung nach durch zu viele fest geplante Aktivitäten und zu viel Bildschirmzeit gehemmt.

Andere Hindernisse können zu viele Unterbrechungen sein (das Kind braucht einen Rückzugsraum, wo es allein sein kann, wenn es möchte), ein Mangel an praktischen Erkundungsmöglichkeiten (wir können neue und spannende Gelegenheiten für Explorationen anbieten) und zu viele neue Gegenstände, die um die Aufmerksamkeit des Kindes konkurrieren (wir können die Anzahl der gleichzeitig verfügbaren Aktivitäten begrenzen).

Manchmal sind wir selbst das Hindernis für die Entwicklung unserer Kinder: Wenn wir ihnen zum Beispiel ihre Kleidung vorschreiben oder ihnen keinen Raum lassen, ihre eigenen Ideen zu entwickeln, wenn wir ihre Hausaufgaben für sie machen, ständig an ihnen herummäkeln, ihnen keine Zeit für Gespräche, freies Spiel oder Spiele an der frischen Luft lassen oder ihnen nicht das Gefühl geben, sicher und akzeptiert zu sein.

3. Die Verbundenheit mit dem Kind stärken

Simone schrieb in *Montessori für Eltern*: »Ohne Verbundenheit bekommen wir sehr wenig Kooperation.«

Schon in der Schwangerschaft bauen wir eine Bindung zu unserem Kind auf. Wir lernen, wer es ist, und auch das Kind lernt etwas über uns. Aber im Lauf der Jahre kommt es vielleicht vor, dass es in der Beziehung weniger um Verbundenheit geht als darum, dass das Kind Aufgaben erledigt und wir ihm Anweisungen erteilen, um den anstrengenden Tag zu bewältigen. Da überrascht es nicht, dass unser Kind uns nicht mehr zuhört. Wenn hingegen die meisten Interaktionen des Tages in Verbundenheit wurzeln, dann ist es wahrscheinlicher, dass unsere (wesentlich selteneren) Bitten um Mitarbeit gehört werden. Wenn unser Kind älter wird und sich seine sozialen Kreise erweitern, ist es sogar noch wichtiger, eine enge Verbundenheit zu bewahren.

Verbundenheit mit unserem Kind kann sich folgendermaßen äußern:

- Mit ein paar Büchern im Bett kuscheln, ehe man sich für den Tag bereit macht.
- Sich Zeit für die Mahlzeiten nehmen und dabei zusammen um den Tisch sitzen (Bildschirme/Handys nicht gestattet).
- Sich für die Leidenschaften unseres Kindes interessieren, auch wenn wir sie nicht unbedingt teilen.
- Mehr Zeit für Gespräche finden, vor allem in Momenten, in denen kein Augenkontakt nötig ist – beim Radfahren oder im Auto, beim Kochen oder Geschirrspülen.
- Nicht bewerten, was sie uns erzählen, damit sie das Gefühl haben, dass sie sich an uns wenden können, ohne eine Predigt oder unerbetene Ratschläge gewärtigen zu müssen.
- Eine Liste von Dingen anfertigen, die wir gerne gemeinsam tun – und sie dann auch umsetzen.
- Musik auflegen, um in der Küche zu tanzen oder zusammen zu singen.
- Durch Familienrituale wie Waffeln beim Sonntagsfrühstück oder einmal die Woche einen Ausflug mit der ganzen Familie machen.

- Durch die gemeinsame Aufstellung eines Kanons von Familienwerten (zum Beispiel umweltfreundlich leben, eine Beziehung zur Natur haben, zum Gemeindeleben beitragen), den man vielleicht auf einem Plakat festhalten und aufhängen kann.
- Durch wirkliche Präsenz in der Familie (das Handy abstellen und weglegen).
- In Konfliktsituationen auf vorhersehbare Weise reagieren.
- Außerhalb des Hauses verlässliche wegweisende Begleiter*innen sein (»Die zerbrechlichen Sachen im Geschäft darf man nur mit den Augen anschauen«).
- Augenblicke für Vieraugengespräche mit jedem Kind der Familie finden.
- Den Kindern Raum geben, zu Ende zu sprechen (»Erst höre ich Oliver bis zu Ende zu, dann kann ich gerne anhören, was du zu sagen hast, Emma.«).
- Sinn für Humor haben (sogar auch Fäkalhumor!).

4. Vertrauen aufbauen

Wenn wir ein Kind mithilfe der Prinzipien Maria Montessoris beim Aufwachsen begleiten, besteht ein großer Teil davon aus Vertrauen – wenn wir unserem Kind zeigen, dass wir ihm vertrauen, dann entwickelt es auch Selbstvertrauen und lernt, seiner Umgebung zu vertrauen.

Selbstvertrauen kann ein Kleinkind zum Beispiel lernen, wenn es mit einem Schläger einen Ball in Bewegung setzt (*Ich hab's gekonnt!*), wenn ein 2-Jähriges Milch aufwischt, die es vergossen hat (*Ich kann es wieder sauber machen!*), wenn ein Kindergartenkind das Haustier füttert (*Ich kann mich um andere kümmern!*) oder ein Schulkind Mittel und Wege findet, wie es sich in der Gesellschaft nützlich machen kann (*Ich kann etwas verändern!*).

Als Erwachsene zeigen wir den Kindern unser Vertrauen, indem wir

- ihnen erlauben, Dinge allein zu machen (z. B. etwas vom Baum zu ernten, während wir die Leiter halten).
- ihnen Gelegenheiten geben, etwas zu tun, was sie beherrschen (z. B. der Großmutter, die zu Besuch gekommen ist, eine Tasse Tee servieren).
- ihre Meinung respektieren (indem wir ihnen das Gefühl vermitteln, dass wir sie hören).
- ihnen Verantwortung übertragen und nicht an ihnen herumkritteln (bei einem jüngeren Kind zum Beispiel darauf vertrauen, dass es die Zähne putzt, wenn es dazu bereit ist, und ältere Kinder selbst entscheiden lassen, wann sie ihre Hausaufgaben machen wollen, was sie überdies allein erledigen sollten).

- sie hören lassen, wie wir anderen Leuten erzählen, dass wir ihnen vertrauen (z. B. ihnen den Rücken stärken, wenn jemand ihnen nicht glaubt). Eines sonntagmorgens im Kindergottesdienst bekam Junnifas Sohn nichts von den Süßigkeiten ab, die herumgereicht worden waren. Als er um ein Bonbon bat, erklärte die Betreuerin, er habe doch schon eines bekommen. Junnifa mischte sich ein und sagte, sie vertraue ihrem Sohn, und wenn er sage, er habe nichts bekommen, dann glaube sie ihm. Das war eine große Einzahlung auf das Vertrauenskonto ihres Sohnes.
- sie als hilfreiche Familienmitglieder wertschätzen (sich z. B. darauf verlassen, dass sie den Müll hinausbringen oder helfen, die Wohnung für den Besuch auf Vordermann zu bringen).
- sie an der Aushandlung und Einhaltung von Vereinbarungen beteiligen (z. B. ob und wie viel sie am Computer spielen dürfen).
- sie manchmal bestimmen lassen (ein jüngeres Kind zum Beispiel entscheiden lassen, welche Tiere im Zoo besucht werden sollen, ein älteres Kind bei einer Wanderung die Karte lesen und die Führung übernehmen lassen).
- Verständnis zeigen, wenn sie Fehler machen (z. B. so gut es geht ruhig bleiben, wenn sie etwas kaputt machen, und ihnen die Möglichkeit geben, den Gegenstand zu reparieren oder den Fehler auf andere Weise wiedergutzumachen).
- dem Drang widerstehen, unser Kind zu retten, wenn es einen Fehler gemacht hat (z. B. ihm den vergessenen Turnbeutel bringen oder es ständig an die Hausaufgaben erinnern, damit es in der Schule keine Probleme bekommt). Wir können darauf vertrauen, dass es die Folgen spüren und selbst sein Verhalten anpassen wird.
- dem Kind gegenüber ehrlich sind (ihnen z. B. altersgemäße klare und direkte Antworten auf schwierige Fragen geben über Themen wie Tod, Scheidung, Sexualität, Diskriminierung aufgrund von Herkunft und Hautfarbe). Derartige Gespräche werden in Kapitel 7 behandelt.

Wer gewohnt ist, alles unter Kontrolle zu haben, darf einmal den Part des übergeordneten Supervisors übernehmen statt den des Chefs, der sich um jede Kleinigkeit kümmert. Wir sollten die gesellschaftlichen Erwartungen, wie und wann sich unser Kind zu entwickeln hat, über Bord werfen und darauf vertrauen, dass es sich in seinem eigenen Tempo entwickeln wird. Es braucht Vertrauen, um daran zu glauben, dass unser Kind sich fürs Lesen, für Mathematik oder Sport interessieren wird, auch wenn wir keinen Zwang ausüben. Wir sollten unser Augenmerk darauf richten, wie es sich als ganzer Mensch entwickelt und seinen entsprechenden Beitrag leistet.

5. Ein Vorbild sein

Wir verlangen von unseren Kindern, nett zueinander zu sein, nicht zu brüllen, zu warten, bis sie an der Reihe sind, immer die Wahrheit zu sagen, und vieles mehr. Aber wir dürfen nicht vergessen, dass unsere Taten lauter sprechen als Worte.

Hier folgen einige Beispiele, wie wir für unsere Kinder ein Vorbild sein können:

- Uns und unsere Umgebung pflegen, indem wir zum Beispiel unsere Kleidung und unsere Wohnung sauber und in Ordnung halten.
- Uns Zeit für Bewegung und Körperpflege nehmen.
- Ruhemomente genießen und Gegenstände zur Verfügung haben, die zur Ruhe einladen, wie ein Augenkissen, eine gemütliche Decke, eine Yogamatte oder ein Bodenkissen.
- Uns um andere Menschen kümmern – einen Kuchen für eine Freundin oder einen Nachbarn backen, bei einem Bettler stehen bleiben und mit ihm reden, einem alten Menschen beim Einkaufen oder bei der Hausarbeit helfen.
- Uns achtsam bewegen (das fällt manchen Leuten schwer). Wir sollten uns entschuldigen, wenn wir versehentlich jemanden anrempeln.
- Konflikte in Gegenwart der Kinder lösen, damit sie lernen, wie wir einen Bruch kitten.
- Ihnen mitteilen, wenn wir erkennen, dass etwas, das wir für wahr gehalten haben, in Wirklichkeit gar nicht stimmt. Lernen, verlernen, neu lernen.
- Im Gespräch Raum nehmen und geben, also unsere Stimme einsetzen oder schweigen und zuhören.
- Weniger Zeit damit verbringen, auf Bildschirme zu starren, und mehr damit, uns gegenseitig in die Augen zu schauen.
- Aufpassen, wie wir über unsere Arbeit und über Bekannte reden. Unsere Kinder beobachten unsere Arbeit und unsere sozialen Gepflogenheiten, unsere Konzentration und unsere Freude.
- Danke sagen, Komplimente und Feedback mit Freundlichkeit und Würde annehmen.
- Uns für Fehler entschuldigen (»Ich hätte eigentlich sagen sollen …« oder »Ich hätte das ganz anders machen müssen.«).
- Lebenslang lernen und uns die Liebe zum Lernen anmerken lassen.

HERAUSFINDEN, WER UNSER KIND IST

1. Das Kind beobachten

Für uns Eltern ist es schwierig, das eigene Kind objektiv zu beurteilen, weil wir so eng mit ihm verbunden sind. Das Beobachten erlaubt uns, einen Schritt zurückzutreten und klarer zu sehen, wer unser Kind ist, wie es sich entfaltet, wie seine Bedürfnisse sich verändern, welche Fertigkeiten es gerade übt und welche es noch lernen muss.

Man lässt sich leicht von Kindern zu starken Reaktionen verleiten (sie hören uns scheinbar nicht zu, sie lassen es an Sorgfalt fehlen oder wirken undankbar). Hier gibt uns das Beobachten Raum, innezuhalten, die Dinge klar zu sehen und bewusst zu antworten, statt nur zu reagieren.

Beobachten ist nicht einfach. In den *London Lectures* von 1921 sprach Maria Montessori davon, dass wir unsere Augen für das Beobachten vorbereiten müssen, dass wir jedes Mal, wenn wir uns einmischen wollen, eine Perle auf eine Schnur auffädeln sollten, dass wir trainieren müssen, schweigend und bewegungslos alles in unserem Gesichtsfeld zu beobachten, dass wir uns in Geduld üben und auf uninteressante Dinge achten müssen (denn wir können nicht wissen, was vielleicht einmal interessant wird).

> »Es ist nicht immer nötig, große Dinge zu sehen, aber es ist ungeheuer wichtig, den Beginn von etwas zu sehen. Wenn sich etwas Neues entwickelt, ist da am Anfang ein Funkeln.«
>
> Dr. Maria Montessori: *Education and Peace*

WAS MAN BEOBACHTEN KANN

Wenn wir unser Kind beobachten, sehen wir es mit neuen Augen, ohne vorgefasste Meinungen oder Urteile. Wir können mit Notizbuch und Stift ausgerüstet eine Fünf-Minuten-Beobachtung vornehmen und so tun, als wären wir eine Wissenschaftlerin, die unser Kind noch nie gesehen hat. Wir können alles, was wir sehen, auflisten und wie eine Videokamera alle Einzelheiten festhalten. Selbst ganz kurze Augenblicke können wertvolle Informationen liefern. Hier folgen ein paar Vorschläge, worauf man achten kann:

- **BEWEGUNG:** Wie die Kinder gehen, stehen, sitzen, klettern, hüpfen etc.; wie sie einen Stift, ein Buch, eine Schere oder sonst einen Gegenstand halten etc.
- **KOMMUNIKATION:** Aspekte ihrer Sprache; Artikulation, Sprechgeschwindigkeit, Wortschatz, Körpersprache etc.
- **SOZIALENTWICKLUNG:** Wie und wann sie mit uns und anderen interagieren; ihre Körpersprache; ob sie den Kontakt initiieren oder antworten, wenn sie angesprochen werden, etc.
- **SELBSTSTÄNDIGKEIT:** Wann sie um Hilfe bitten; was sie selbst schaffen; ob und wie sie reagieren, wenn etwas, das sie selbst machen, schwierig wird, etc.
- **AKTIVITÄTEN:** Was sie fesselt; was sie machen, wenn sie sich langweilen; was ihre Konzentration unterbricht (manchmal sind wir es, die unterbrechen) etc.
- **EMOTIONALE ENTWICKLUNG:** Wie sie reagieren, wenn sie traurig, fröhlich, frustriert oder wütend sind; wie sie Probleme lösen etc.
- **SELBSTBEOBACHTUNG:** Wie wir auf unser Kind reagieren/eingehen; wie sich unsere Hände bewegen, was uns aufregt etc.
- **BEI SCHWIERIGKEITEN:** Wie unser Kind reagiert; wodurch es sich beruhigt; was ihm in solchen Situationen hilft; ob es Muster gibt etc.

Haben wir aus diesen Beobachtungen etwas Neues über unser Kind gelernt? Wollen wir infolgedessen etwas verändern? Etwas an der Umgebung? Können wir es auf andere Weise unterstützen? Hindernisse beseitigen? Zu denen auch unsere Einmischung gehören kann? Beobachte Freude!

2. Ihre Bedürfnisse verstehen

Wie wir in Kapitel 2 untersucht haben, unterscheiden sich die Bedürfnisse eines Kindes in der ersten Entwicklungsphase unter Umständen gravierend von denen eines Kindes in der zweiten. Es wird immer noch die gleichen humanen Tendenzen aufweisen, diese können aber völlig anders aussehen.

Wenn wir ein Kind haben, das gerade den Wechsel von einer Entwicklungsphase in die nächste durchmacht, beobachten wir vermutlich Eigenschaften beider Phasen. Simone erinnert sich hier an den Bericht einer Freundin über ihr 6-jähriges Kind. Manchmal forderte es mehr Verantwortung und manchmal regte es sich über irgendeine Kleinigkeit ungeheuer auf. Es wollte gleichzeitig »groß« und »klein« sein.

Wir beobachten die Kinder, um ihre Bedürfnisse zu verstehen, wir richten unsere Umgebung entsprechend ein und bereiten uns darauf vor, sie zu unterstützen, und dann nehmen wir bei Bedarf Anpassungen vor.

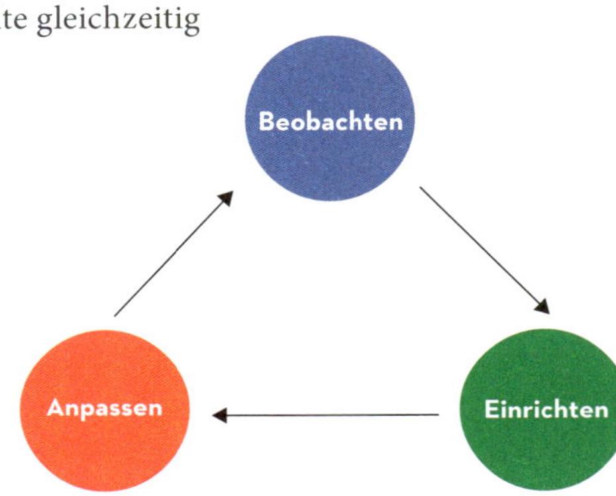

3. Kinder respektieren

Kindern Respekt entgegenzubringen ist ein grundlegender Teil des Montessori-Ansatzes.

Dieser Respekt äußert sich zum Beispiel

- durch die Art und Weise, wie wir die Kinder anfassen, wenn das notwendig ist: sanft und mit ihrer Einwilligung.
- dadurch, dass wir auf Abstand gehen, wenn sie allein zurechtkommen, und verfügbar sind, wenn sie Anleitung brauchen.
- dadurch, dass wir ihnen erlauben, ihr volles Potenzial zu entfalten, ohne unsere Vorstellungen, wer sie sein sollten, auf sie zu projizieren.
- dadurch, dass wir sie für sich selbst sprechen lassen.
- dadurch, dass wir ihnen mit Leib und Seele zuhören.
- durch unsere freundliche Kommunikation.
- dadurch, dass wir Möglichkeiten finden, ihre Mitarbeit zu gewinnen, ohne Drohungen, Bestechung oder Strafen.
- dadurch, dass wir zusammenarbeiten, statt den ganzen Tag Forderungen an sie zu richten.

- dadurch, dass wir ihnen Grenzen klar und freundlich aufzeigen.
- indem wir Probleme zusammen lösen, sodass die Bedürfnisse aller Familienmitglieder berücksichtigt werden.

4. Sie lieben

Wir können unsere Kinder innig lieben, ihnen Empathie bezeigen und allen Familienmitgliedern gerecht und gleichmäßig Raum geben.

Liebe ist unendlich und kann sich auf so viele Arten ausdrücken. Wir empfehlen als Lektüre *Die fünf Sprachen der Liebe* von Gary Chapman, um uns daran zu erinnern, dass die Menschen Liebe auf unterschiedliche Arten empfangen – und nicht immer auf die Weise, wie wir sie geben.

Wenn wir Spaß daran haben, unsere Liebe durch Essen oder Geschenke oder Ausflüge zu zeigen, dann geben und tun wir das bedingungslos. Bedingungslosigkeit bedeutet, dass wir diese Dinge nicht für den Dank oder die Liebe unserer Kinder tun, nicht, um eine gute Mutter oder ein guter Vater zu sein, oder mit der Absicht, dass unsere Kinder etwas für uns tun. Mit einem Hintergedanken zu geben ist keine Liebesbezeigung.

Wir tun das alles, weil wir gerne auf diese Weise etwas geben, oder weil wir es lieben, wenn die Gesichter der anderen aufleuchten, wenn sie auf diese Weise etwas empfangen.

5. Sie akzeptieren

Wir akzeptieren unser Kind als das, was es ist. Wir formen es nicht. Wir glauben an unser Kind, respektieren und schätzen das Kind und sein einzigartiges Potenzial. Wir sind seine wegweisenden Begleiter*innen, während es erkundet, wer es ist. Wir erlauben ihm, es selbst zu sein.

Akzeptieren heißt, nicht über die Kinder zu urteilen oder uns auf die Zunge zu beißen, wenn wir es doch einmal tun. Akzeptieren heißt, sie nicht zu testen (»Was ist das für eine Farbe?«), mit ihnen anzugeben (»Erzähl Oma, was du gerade gewonnen hast!«) oder sie mit anderen Kindern zu vergleichen (»Warum kannst du nicht ein bisschen mehr wie __________ sein?«).

Wenn wir unsere Kinder vollkommen akzeptieren, dann dürfen sie all ihre Gefühle ausleben. Sollten wir selbst eher traditionell erzogen worden sein, dann hat man uns vielleicht gesagt: »Mach dir keine Sorgen!«, »Weine nicht!«, »So schlimm ist es doch gar nicht.« Man hat uns vielleicht beigebracht, unseren Gefühlen keinen Ausdruck zu verleihen, oder wir haben uns von uns Nahestehenden nicht verstanden gefühlt, oder wir haben nicht gelernt, wie wir mit Emotionen wie Wut und Traurigkeit umgehen können. Wir sollten aber versuchen, die Dinge aus dem Blickwinkel der Kinder zu betrachten. Denn jedes Verhalten ist Kommunikation.

Eine Herangehensweise an Kindererziehung unter Berücksichtigung der Prinzipien von Maria Montessori lässt sich als Dienst am Geist des Kindes beschreiben. Wir bereiten uns und unser Heim bewusst vor und erlauben den Kindern dann, *ihr Selbst aufzubauen.* Sie legen den Grundstein für ihre Persönlichkeit, finden heraus, wie die Welt funktioniert, und entdecken ihre Fähigkeiten.

Wir lernen, »dem Kind zu folgen« – in seiner Entfaltung zu seinem vollen Potenzial. Wir lernen, seine Interessen zu unterstützen. In sein Feuer zu blasen, statt seinen Unternehmungsgeist zu dämpfen. Als wegweisende Begleiter*innen zu fungieren, wenn es auf schwierigen Gebieten Fertigkeiten aufbauen will. Ihm bei Bedarf klare Grenzen zu setzen.

Wir überlassen ihm die Führung in seinem Leben, wir haben die Führung in dem unseren und wir wandern nebeneinander auf unserem gemeinsamen Weg.

> »Ich habe diesem Leben geholfen,
> die Aufgaben zu erfüllen, die ihm von der
> Schöpfung gestellt worden sind.«
>
> Dr. Maria Montessori: *Das kreative Kind*

SELBSTDISZIPLIN UND INTRINSISCHE MOTIVATION

Wenn wir eine Montessori-Gruppe beobachten, dann sehen wir Kinder, die an verschiedenen Stellen des Raumes mit unterschiedlichen Aktivitäten beschäftigt sind; manche allein, manche zu zweit oder, wenn es sich um Kinder zwischen 6 und 12 handelt, auch in größeren Arbeitsgruppen. Alles summt vor Aktivität und Bewegung, der Beobachter wohnt einer Art Tanz bei, während die Kinder mit ihrer Arbeit beschäftigt sind und der Erwachsene ganz unauffällig bleibt. Für jemanden, der eine Schule besucht hat, wo der Lehrer oder die Lehrerin vorne stand und den Schülern vorschrieb, was sie zu tun hatten, ist es kaum glaubhaft, dass niemand diesen Kindern sagt, was sie lernen sollen, dass sie selber beschließen, schriftliche Divisionsaufgaben zu lösen, dass sie vorsichtig um die Arbeit eines anderen Kindes herumlaufen, die auf einer Bodenmatte ausgebreitet ist, oder dass sie die Pflanzen gießen und verschüttetes Wasser aufwischen.

Dieses System funktioniert, weil es sich nicht um Freiheit *von* Regeln handelt. Es ist die Freiheit *zu* etwas – sich zu bewegen, etwas auszuwählen, sich auszudrücken – mit der dazugehörigen Verantwortung. Den Kindern wird eher gesagt, dass sie etwas dürfen, als was sie nicht dürfen. Zum Beispiel dürfen sie sich frei bewegen, solange sie nicht sich selbst, jemand anderem oder dem Raum Schaden zufügen. Sie können sich aussuchen, an was sie arbeiten wollen, solange es nicht von jemand anderem benutzt wird. Sie dürfen sich durch Reden, Schreiben und sogar Singen und Tanzen ausdrücken, solange sie keine verletzenden Worte benutzen, ihre Lautstärke für alle akzeptabel ist und solange sie es an einem Ort tun, wo es niemanden stört. Carla Foster, eine AMI-Montessori-Trainerin, bezeichnet diese Optionen als »Regeln, keine Verbote«.

Auch bei uns zu Hause können wir diese Freiheit und Verantwortung bieten und unseren Kindern einen intentionalen Ort für ihre Erkundungen schaffen. Ein Kind kann sich selbst eine kleine Mahlzeit zubereiten, wenn es Hunger hat, oder sich ein Glas Wasser holen, wenn es durstig ist, und es kann danach die Küche sauber zurücklassen. Es kann still spielen, wenn es früh aufwacht, solange es niemand anderen stört. Bei den Mahlzeiten kann es frei reden und seine Meinung äußern, muss aber die anderen ausreden lassen und warten, bis es dran ist.

Belohnung, Bestechung und Strafen sind extrinsische Motivationen – unser Kind richtet sich dann nur deshalb nach unseren Wünschen, weil es eine Strafe vermeiden oder die angebotene Belohnung oder Bestechung erhalten will. Zwar haben wir alle diese Strategien schon einmal angewandt, aber daraus entwickelt sich keine Selbstdisziplin. Bei Montessori besteht unsere Rolle als wegweisende Begleiter*innen unter anderem darin, die intrinsische Motivation unserer Kinder zu entwickeln. Wir wollen, dass unser Kind etwas tut, weil es sich dazu fähig fühlt, weil es etwas beitragen oder jemandem helfen will. Wir geben ihm Freiheit, und es lernt, dass zur Freiheit Verantwortung gehört.

Wusstest du, dass die Wurzel des Wortes »Disziplin« das lateinische »discere« ist, was »lernen« bedeutet? Jedes Mal, wenn etwas passiert, sei es ein Sturz, ein Streit, eine Enttäuschung oder dass ein Kind lügt, können wir zuversichtlich sein. Denn das ist wieder eine neue Gelegenheit für unser Kind und für uns, etwas zu lernen.

Die Montessori-Pädagogik legt sehr viel Wert darauf, Selbstdisziplin zu entwickeln und die intrinsische Motivation der Kinder zu stärken. Das ist eine andere, sehr respektvolle Weise, sich Kindern zu nähern. Wir erwarten nur das Beste von ihnen, treffen familiäre Vereinbarungen und halten sie ein, und wir haben klare Strategien für die Konfliktlösung.

UNABHÄNGIGKEIT UND VERANTWORTUNGSGEFÜHL STÄRKEN

Maria Montessori hörte einmal ein Kind sagen: »Hilf mir, es selbst zu tun.« Dieser Satz wurde alsbald Grundsatz der Montessori-Pädagogik, und wir sollten ihn auch zu Hause beherzigen. Wir können unserem Kind helfen, zu erkennen, dass es kompetent und selbstbestimmt über seinen Körper verfügen kann (*körperliche Selbstständigkeit)* und dass es selbst denken kann (*geistige Selbstständigkeit*).

Wenn ein Kind selbstständig ist, lernt es auch, Verantwortung für sich selbst, für andere und seine Umwelt zu übernehmen. Es will etwas zur Familie und zur Gesellschaft beitragen. Es wartet, bis es drankommt, hilft einer Freundin oder kümmert sich um eine Pflanze. Dabei ist es bei alldem intrinsisch motiviert.

Selbstdisziplin bildet sich aus, wenn wir Möglichkeiten für selbstständiges Agieren und die Entwicklung von Fähigkeiten schaffen und wenn Kinder die Kompetenz zur Zusammenarbeit mit anderen erlernen. Wir zeigen unserem Kind, dass wir ihm vertrauen, und es blüht auf, wenn es die Gelegenheit erhält, Verantwortung zu übernehmen. Das kann bedeuten, dass es seinen Teller für eine Mahlzeit selbst zum Tisch trägt, ein scharfes Messer benutzen darf, sobald es (unter Aufsicht) gelernt hat, das ohne Gefahr zu tun, dass es daran denkt, für ein Kind mit Lebensmittelallergie, das zum Geburtstag eingeladen ist, eine Extramahlzeit vorzubereiten, dass es lernt, die Kerzen auf dem Esstisch selbst anzuzünden, oder dafür zuständig ist, den Zugfahrplan für einen Familienausflug nachzuschlagen und die Fahrkarten am Automaten zu kaufen.

> »Einem inneren Leitstern folgend beschäftigte sich jedes mit einer anderen Arbeit, die ihm Freude und Frieden vermittelte, und da erschien etwas Neues, das es noch nie unter Kindern gegeben hatte: spontane Disziplin. Dies verblüffte Besucher noch mehr als die Schreib-Explosion; die Kinder liefen herum, suchten nach Arbeit in Freiheit, jedes konzentrierte sich auf eine andere Aufgabe, und doch vermittelte die Gruppe den Anschein perfekter Disziplin. So war das Problem gelöst: Um Disziplin zu erhalten, muss man Freiheit geben.«
>
> Dr. Maria Montessori, *Erziehung für eine neue Welt*

Erwerb von Fertigkeiten. Kinder lernen Fertigkeiten nicht über Nacht. Wir können damit anfangen, dass wir etwas demonstrieren, dann zusammen mit ihnen daran arbeiten und es ihnen danach immer mehr überlassen, eigene Schritte zu tun. Wenn sie etwas beherrschen, können wir schwierigere Schritte hinzufügen. Wenn unser Kind Schritte vergisst, die es schon konnte, zeigen wir sie ihm noch einmal, bis es sie beherrscht. Fertigkeiten brauchen Übung, ehe sie vollständig integriert sind.

Aufgaben in Einzelteile zerlegen. Wir sollten eine Fertigkeit, die das Kind gerade erlernt, in kleinere Teile zerlegen, die sich leichter meistern lassen. Einem jüngeren Kind kann man ganz langsam die Schritte beim Auf- und Zuknöpfen oder beim Binden einer Schleife zeigen; ältere Kinder können einer Liste mit Hinweisen folgen, wie sie das Abendessen auf den Weg bringen sollen, sobald sie nach Hause kommen.

So wenig Einmischung wie möglich, so viel wie nötig. Wir müssen üben, zu vertrauen, zu beobachten, zu warten und Kinder Fehler machen zu lassen. Dann werden wir mit Momenten der Zufriedenheit oder tiefer Konzentration belohnt, oder die Kinder applaudieren sich selbst, hüpfen fröhlich davon oder lächeln, weil sie etwas allein geschafft haben (*Ich kann es!*).

Wenn wir bemerken, dass unsere Kinder mit etwas kämpfen und allmählich zu frustriert sind, um weiterzumachen, sollten wir, anstatt gleich einzugreifen, erst einmal fragen: »Hättest du gern etwas Hilfe?«, oder: »Soll ich es dir zeigen?«, oder: »Soll ich dir einen Tipp geben?« Dann können sie mit minimaler Hilfe fortfahren.

Manche Kinder lehnen Hilfe ab, und damit müssen wir auch klarkommen, denn wir wissen, dass sie es immer wieder versuchen und in ihrem eigenen Tempo lernen werden.

Eine Wohnumgebung, die Erfolg vorprogrammiert. Unsere Kinder können sich selbstständig helfen, wenn zum Beispiel ihre Kleidung problemlos zugänglich ist, wenn sie an die Teller herankommen, um den Tisch zu decken, wenn ihre Aktivitäten in Körben oder auf Tabletts aufbewahrt werden oder wenn ein Besen oder Mopp in Reichweite ist. Ältere Kinder wissen, wo sie ihre Sportausrüstung oder Musikinstrumente finden und Zubehör für künstlerische Aktivitäten wie Scheren, Hefter und Papier bereitliegt.

Zeit einplanen. Es dauert länger, wenn Kinder sich allein anziehen, wenn sie bei der Vorbereitung einer Mahlzeit helfen oder wenn man geduldig eine lange Geschichte anhört, die sie zu erzählen haben. Wenn unser Zeitplan weniger voll ist, dann gönnen wir ihnen mehr Zeit, Fertigkeiten zu erlernen, Dinge selbst zu entdecken, ausführliche Gespräche zu führen und die Verbundenheit mit uns und anderen zu leben. Sie brauchen Zeit, sich zu langweilen, kreativ zu werden und (dies gilt besonders für ältere Kinder) an großen Projekten zu arbeiten.

Langsame Hände, ohne Worte. Wenn wir einem 3- bis 6-jährigen Kind zeigen, wie etwas funktioniert (z. B. wie man das Zahlenschloss an einem Fahrrad öffnet, wie man ein bestimmtes Kleidungsstück anzieht), dann sollten wir sagen: »Schau!«, dann mit dem Reden aufhören und die Aktion mit sehr langsamen und präzisen Bewegungen zeigen. Dadurch fällt dem Kind das Lernen leichter. Jeanne-Marie Paynel, eine Montessori-Eltern-Ausbilderin, benutzt das Akronym SHOW (*slow hands, omit words*) als sanfte Erinnerung. Wenn das Kind erst einmal 6 Jahre oder älter ist, können wir so viel reden, wie wir wollen.

Dem Kind helfen, ein Mitglied der Familie und Gesellschaft zu werden. Wir wollen, dass unser Kind die beste Version seiner selbst wird, während es sich gleichzeitig respektvoll gegenüber anderen und der Umwelt verhält. Wenn man ein Kind nach Montessori erzieht, lässt man es nicht immer einfach tun, wozu es gerade Lust hat (z. B. ist es respektlos gegenüber anderen Gästen, wenn man lärmende Kinder im Restaurant herumrennen lässt). Aber man ist auch nicht so streng, dass das Kind wenig Autonomie genießt und entweder folgsam, passiv oder unterwürfig wird oder alles Entscheidende hinter unserem Rücken tut, um nicht erwischt zu werden. Wir bieten Freiheit, gepaart mit Verantwortung, und unterstützen damit das Kind dabei, ein Mitglied der Familie und der Gesellschaft zu werden. Wir werden in Kapitel 6 ausführlicher darauf zu sprechen kommen.

DIE NATÜRLICHE NEUGIER DER KINDER STÄRKEN

Als wegweisende Begleiter*innen unserer Kinder können wir sie inspirieren, zusammen mit ihnen staunen und ihre Neugier wecken. Wir können ihnen auch eine Umgebung aus Menschen bieten, von denen sie lernen können; dazu gehören Familie, Freund*innen, Gleichaltrige, Expert*innen und Menschen aus dem näheren Lebensumfeld.

Mit Neugier auf die Fragen der Kinder reagieren. Statt immer gleich eine Antwort zu geben, macht es mehr Spaß, zu sagen: »Das wollen wir mal zusammen herausfinden.« Es ist natürlich leicht, im Internet zu recherchieren – eine reichere Erfahrung bietet aber unter Umständen ein Buch oder ein Lexikon (da stößt man bei der Suche auf die tollsten Sachen), ein Anruf bei einer Expertin oder Familienfreundin, einem Profi oder dem Großvater – jedenfalls einer Person mit Kenntnissen über das fragliche Thema – oder auch ein Museumsbesuch. Die Kinder lernen so, dass sie Dinge, die sie nicht wissen, herausfinden können.

3- bis 6-jährige Kinder haben einen *bewussten* absorbierenden Geist und stellen deshalb viele Fragen. Sie fragen »Was ist das?« und »Warum?«. Sie brauchen einfache Erklärungen für das, was sie um sich herum sehen. Wir müssen geduldig antworten, selbst wenn sie immer wieder dasselbe fragen, denn wir wollen, dass sie nie aufhören, Fragen zu stellen! Wir können antworten: »Ich erinnere mich, dass wir davon schon einmal gesprochen haben. Weißt du noch, was ich da gesagt habe?«, oder: »Was glaubst *du*?«

6- bis 12-Jährige haben einen rationalen Verstand und die Kraft der Fantasie, daher drehen sich ihre Fragen um das »Wie?« und »Warum?«. Sie wollen nicht nur die Fakten wissen, sondern auch Ursache und Wirkung. Maria Montessori schrieb in *Das kreative Kind,* 6- bis 12-Jährige seien »nicht zufrieden mit einer bloßen Aufzählung von Tatsachen; [sie versuchten] deren Ursache herauszufinden«.

Wenn unser Kind uns über Themen wie Diskriminierung, Sex, Krieg oder Gewalt in den Nachrichten befragt, kann eine Antwort schwierig sein. Britt Hawthorne, Aktivistin und Pädagogin für Antirassismus und Vorurteilsbekämpfung, schlägt Folgendes vor:

- Fragen, was die Kinder bereits wissen.
- Fragen, worüber sie sich Gedanken machen.
- Ihnen zu verstehen geben, dass wir froh über ihre Frage sind.
- Wenn wir die Antwort nicht wissen, mit dem Kind vereinbaren, wann wir zu einem späteren Zeitpunkt darüber sprechen wollen. Siehe auch Kapitel 6 und 7 zu weiteren Vorschlägen bei schwierigen Fragen.

Eine weitere Idee, die uns sehr gut gefällt, ist die »Fragewand«. Sie stammt aus Julie Bogarts Buch *Brave Learner,* das wir durch die Montessori-Pädagogin Pilar Bewley kennengelernt haben. Statt auf eine Frage unseres Kindes eine Antwort zu geben oder sofort im Internet zu recherchieren, können wir die Frage auf ein Post-it schreiben und an unsere Fragewand kleben. So werden diese Fragen zur Grundlage für eine intensive Beschäftigung mit dem Thema, sie können als Inspiration dienen, oder man kann zu einem späteren Zeitpunkt die Antwort suchen.

Mit Neugier auf die Behauptungen der Kinder reagieren. Manchmal geben Kinder Dinge wieder, die sie aufgeschnappt haben, oder sagen etwas, das erwiesenermaßen falsch ist, oder wir glauben etwas zu verstehen, was sie jedoch vollkommen anders gemeint haben.

Es ist leicht, die Kinder bei solchen Gelegenheiten zu korrigieren oder gar zu blamieren, aber das könnte bewirken, dass sie weniger sagen oder sich ein andermal nicht trauen, über solche Themen zu reden, oder zu der irrigen Annahme verleitet werden, man dürfe nicht darüber sprechen. Britt Hawthorne schlägt stattdessen vor, mit Neugier zu reagieren, denn dann wissen die Kinder, dass es nicht blamabel ist, etwas falsch zu verstehen; wir können ihnen helfen, den Tatsachen auf den Grund zu gehen, oder wir stellen fest, dass wir sie einfach nur falsch verstanden haben. Damit können sie selbst lernen, abzuklären, ob sie etwas richtig verstanden haben.

WIE MAN DIE NEUGIER DER KINDER ANREGT

Offene Fragen stellen

»Ich frage mich, was passieren würde, wenn ...«
»Rate mal, was das ist/macht.«
»Ich bin neugierig auf __________. Was meinst du, warum das so ist?«

Wenn wir gemeinsam ein Buch lesen, könnten wir fragen:

»Was glaubst du, was diese Person gerade denkt?«
»Was passiert denn wohl als Nächstes?«

Wenn Kinder uns etwas zeigen, das sie gemacht haben, können wir sie ermuntern, etwas darüber zu erzählen:

»Ooh, erzähl mir was darüber!«

Wir sollten vermeiden, Kinder zu testen oder Wissen abzufragen. Stattdessen können wir folgende Frage aus Paula Lillard Preschlacks Buch *Das Montessori-Potential* stellen:

»Was hast du behalten von ...?«

Wir könnten fragen: »Kannst du mir mehr darüber sagen?«, oder: »Ich bin mir nicht ganz sicher, ob ich dich richtig verstanden habe; was hast du gemeint, als du sagtest __________?« Vielleicht brauchen sie mehr Information, vielleicht muss man ihnen erklären, dass man nichts Negatives über die Ethnie oder Hautfarbe einer Person sagt. Bei einem Kind zwischen 6 und 12 können wir auch noch tiefer nachhaken, z. B.: »Kann man das auch anders sehen?«, oder: »Lass uns mal überlegen, wie das auf __________ wirkt.« Oder wir haben die Kinder missverstanden und erkennen, dass sie gar nichts Problematisches gesagt haben. Die Neugier erlaubt uns, abzuklären, welche Unterstützung nötig oder unnötig ist.

Die Kinder anregen, Dinge infrage zu stellen und kritisch zu denken. Wir können den Kindern helfen, die Medien, die sie konsumieren, kritisch zu sehen, zu lernen, wie man verlässliche Quellen findet, und Informationen aus verschiedenen Blickwinkeln zu befragen. Das gilt nicht nur für Informationen, sondern auch für gesellschaftliche Erwartungen und systemisches Denken.

Kinder zwischen 3 und 6 erleben uns als Agent*innen sozialer Gerechtigkeit, und wir können gemeinsam die Dinge um uns herum infrage stellen. Zwischen 6 und 12 werden die Kinder bei solchen Gesprächen sogar noch aktiver und fühlen sich möglicherweise auch zum Handeln angeregt. (Mehr über die moralische Entwicklung findest du in Kapitel 6.)

Erzähle Geschichten. Das liegt nicht in jedermanns Natur, aber man kann es lernen. Geschichten regen die Neugier der Kinder an und fesseln ihre Fantasie. Wenn wir unseren Kindern etwas mitteilen, aus unserer Familiengeschichte erzählen oder unser Staunen über die Welt um uns herum zum Ausdruck bringen, dann sollten wir überlegen, wie wir das in eine spannende und bedeutungsvolle Geschichte verpacken können. Vielleicht ist ein wenig Übung nötig, aber wir haben alle Zeit der Welt, unser Erzähltalent zu entwickeln. Wir können auch konkrete Gegenstände, Bücher und Kunstwerke als Sprungbretter für unsere Geschichten benutzen.

Vielleicht inspiriert das unser Kind dazu, sein eigenes Geschichtenbuch, einen Comic oder ein Daumenkino zu gestalten. Oder es forscht in der Bibliothek, macht eine Umfrage oder interviewt eine Nachbarin. Oder es genießt einfach eine gut erzählte Geschichte (und nimmt sich vielleicht vor, auch eine interessante Geschichtenerzählerin zu werden).

Eine Verbindung zur Umwelt schaffen. In *Das kreative Kind* beschreibt Maria Montessori die vorbereiteten Erwachsenen als Menschen, die Wärme bieten, »beleben und anregen«. Wir können die Kinder mit Dingen in unserem Haushalt vertraut machen; mit den Wundern der Natur, mit der Gemeinde vor Ort, der Gesellschaft und schließlich mit der Welt und dem Universum.

Wir üben nie Zwang aus, aber wie können unsere Kinder mit neuen Ideen bekannt machen, in Gesprächen, durch konkrete Materialien, eigene Arbeit oder vielleicht durch ausgewählte Medien wie einen TED-Ed-Talk. Wir können in unserem Haushalt eine kuratierte Auswahl an Büchern bereithalten, Lexika, schöne Objekte und Kunstwerke, die zum Forschen und Nachfragen anregen.

Dann können wir Kreativität unterstützen, indem wir Zeit für freie Erkundungen gewähren, das Kind so wenig wie möglich unterbrechen und es ihm überlassen, wie und mit wem es diese Ideen untersuchen möchte.

Durch Zeigen, nicht durch Korrigieren den Weg weisen. Wer hat nicht schon einmal erlebt, dass jemand ihn korrigiert hat, woraufhin die eigene Laune unmittelbar in den Keller gesunken ist. Wenn wir von der Prämisse ausgehen, dass unser Kind sein Bestes gibt und dass die Beherrschung einer Fertigkeit Übung erfordert, dann können wir, wenn wir beobachten, dass es etwas falsch macht, uns einfach merken, welche Fertigkeit ihm fehlt, und uns Zeit nehmen, sie ihm noch einmal zu zeigen. Das gilt gleichermaßen für kognitive Fähigkeiten (z.B. wie es seine Murmeln aufteilt) wie auch für das Verhalten (wenn es z.B. die Tür zuschlägt, können wir etwas später in einem neutralen Augenblick vorführen, wie viel Spaß es macht, die Tür so leise wie möglich zu schließen). Damit lernen Kinder, Fehlern positiv gegenüberzustehen.

Wenn nötig, können wir die Fertigkeiten leiterförmig aufbauen und dem Kind immer nur einen Schritt auf einmal zeigen. Wenn wir ein 3-jähriges Kind mit den Schuhen am jeweils falschen Fuß sehen, können wir sagen: »Du hast ja ganz allein die Schuhe angezogen!« Dann finden wir ein andermal die Gelegenheit, ihm zu zeigen, welcher Schuh an welchen Fuß gehört. Wir können auch eine Matte mit dem Umriss beider Schuhe herstellen, die als Anleitung dient.

Langsam vorgehen. Entschleunigen ist einer der einfachsten Startpunkte. Es erlaubt,

- in aller Ruhe zu beobachten und zu sehen, was wirklich passiert – nicht bloß, was wir zu sehen glauben.
- innezuhalten und einen Schritt zurückzutreten, ehe wir uns bei etwas einmischen, das die Kinder selbst erledigen oder bei dem sie aus ihren Fehlern lernen können.
- erst zu denken und dann zu handeln, statt reflexartig zu reagieren, ohne vorher zu überlegen.
- Details wahrzunehmen, die wir sonst übersehen würden.
- unserem Kind zu zeigen, wie etwas funktioniert, indem wir es mit langsamen Bewegungen und wenigen Worten vorführen.
- Zeit für Verbundenheit, Gespräche, Erkundungen, Selbstständigkeit zu finden.
- Selbstfürsorge, sodass wir mehr Energie haben, uns um andere zu kümmern.
- umfassend zuzuhören (Worten, Handlungen und Mimik der Kinder).
- den Haushalt und die Aktivitäten gezielt einzurichten.
- Gelassenheit.
- das Tempo des Kindes zu übernehmen.
- ein Einsatz für die Zukunft: das Kind bekommt die Zeit, Dinge zu lernen, sich um sich selbst, andere und die Umwelt zu kümmern (das braucht kurzfristig mehr Zeit, bringt aber langfristig Gewinne).
- anderen Familienmitgliedern und anderen Betreuungspersonen zu zeigen, wie wir unserem Kind Zeit geben, selbst zu lernen.

> »Mach langsam … kleine Schritte führen zu außerordentlichen Ergebnissen.«
>
> Catherine McTamaney, *Das Tao von Montessori*

Die Montessori-Prinzipien, die wir in diesem Kapitel besprochen haben, helfen unseren Kindern, statt extrinsische Motivationen zu suchen (außerhalb ihrer selbst), ihre intrinsische Motivation zu pflegen (etwas zu tun, weil sie selbst es wollen; sie wollen eine Fähigkeit erlernen oder sie wollen sich um jemanden oder die Umwelt kümmern). Wir helfen ihnen, aus sich selbst heraus motivierte Weltbürger*innen zu werden. (Mehr Informationen über die Unterstützung der intrinsischen Motivation finden sich bei den Online-Materialien bei beltz.de unter diesem Buch: 40 Arten, Selbstdisziplin und intrinsische Motivation aufzubauen).

NIGERIA

**Junnifa, Uzo, Solu,
Metu, Biendu, Nalu
Nduoma Montessori**

»Montessori bedeutet für unsere Familie, die kleinen Dinge und Momente zu genießen. Die Welt um uns herum zu beobachten. Die Knospen und Käfer wahrzunehmen, den Jahreszeitenwechsel, den Vogel, der sein Nest baut und sich mit seinem Partner um die Eier kümmert, die Küken im Nest zu beobachten und wie sie dann flügge werden. Die Eier, die Raupen und die Schmetterlinge wahrzunehmen und diese Erfahrung wahrhaft zu genießen. Montessori hat unseren Alltag achtsamer, zielgerichteter und friedlicher gemacht.

Ich genieße es auch sehr, meine Kinder zu beobachten. Ich bin fasziniert von der menschlichen Entwicklung, und ich schaue ihnen einfach zu, um sie zu verstehen. Ich freue mich, wenn ich sehe, wie sich ihr jeweiliger einzigartiger Charakter im täglichen Leben zeigt, in ihrem Handeln und den Interaktionen. Die Beobachtung hilft mir, sie zu verstehen und ihre Individualität zu würdigen.

Wir verbringen viel Zeit mit unseren Verwandten und bringen den Kindern dabei unsere Kultur, unsere Werte und Sitten nahe. Wir nehmen an zahlreichen kulturellen Ereignissen teil, vor allem Musik und Kunst. Konzerte, Ausstellungen, Feste, Märkte und alles Mögliche, das unsere Kinder mit Aspekten unserer Kultur bekannt macht und zu Fragen führt, in die wir uns vertiefen können. Daheim machen wir Musik, hängen Kunstwerke auf, tragen Kleider und essen Speisen, die unsere Kultur spiegeln, während wir die Kinder außerdem durch Reisen und sonstige Erfahrungen auch mit anderen Kulturen in Kontakt bringen. Wir erzählen auch Geschichten und lesen Bücher. Mein Vater hat immer gerne Geschichten aus seiner Kindheit erzählt.«

4

UNSER ZUHAUSE EINRICHTEN

Unser Zuhause ist für unser Kind die Basis, der fruchtbare Boden, in dem es Wurzeln schlägt und aus dem es Nährstoffe bezieht, um zu wachsen und zu gedeihen. Es bildet den Ausgangspunkt, von dem aus es alle anderen Orte erkundet, der Anker, der es erdet. Wenn wir unser Heim gezielt vorbereiten, um den Bedürfnissen unseres Kindes zu entsprechen, kann es alles, was es braucht, daraus schöpfen und es blüht auf. Die Umgebung, die wir für unser Kind vorbereiten, bezeigt ihm unsere Liebe, unsere Achtung und unseren Respekt.

Maria Montessori sagt, dass der absorbierende Geist alles ungefiltert aus seiner Umgebung aufnimmt und dann nutzt, was notwendig ist, um die Persönlichkeit des Kindes aufzubauen. Was unser Kind aus seiner Umgebung absorbiert, wird ein Teil von ihm. Mit diesem Wissen sollten wir uns überlegen, was unser Kind sehen wird (Farben, Formen, Sauberkeit, Schönheit und Ordnung), was es riechen wird (Pflanzen, andere natürliche Düfte), was es hören (Ruhe, Geräusche der Natur von draußen, Windspiele) und was es fühlen wird (die Temperatur, die Umgebung).

Ebenso wie unsere Kinder wachsen und sich verändern, so kann unsere vorbereitete Umgebung sich an das älter werdende Kind und seine Bedürfnisse anpassen.

DIE VORBEREITETE UMGEBUNG FÜR JEDE ENTWICKLUNGSPHASE

Die Bedürfnisse unseres Kindes im Alter von 3 bis 6 Jahren

- Bewegung
- Raum und Gelegenheiten für körperliche Erkundungen
- Ordnung
- Möglichkeiten, unsere Kultur zu absorbieren – durch Kunst, Objekte und so weiter
- Schönheit
- Ermutigung zu funktionaler Selbstständigkeit

Die Bedürfnisse unseres Kindes im Alter von 6 bis 12 Jahren

- Systeme, die helfen, Ordnung zu halten
- Raum und Materialien für große Arbeiten
- Ressourcen für intellektuelle Erkundungen
- Gegenstände und Räume, die neugierig machen

WAS MAN BEI DER VORBEREITUNG DER PHYSISCHEN UMGEBUNG BEDENKEN SOLLTE

Zugänglichkeit. Unser Zuhause sollte so eingerichtet sein, dass unser Kind zur Selbstständigkeit ermuntert wird und sich selbstsicher und respektiert fühlt. Wir wollen, dass unser Kind die Dinge in unserem Wohnraum sehen, erreichen und benutzen kann. Wenn möglich sollten wir Möbel und Werkzeug in Kindergröße haben, aber wir können auch Gegenstände so modifizieren, dass sie der Zugänglichkeit dienen und einladend wirken; man kann einen stabilen Hocker oder eine tragbare Trittleiter bereitstellen, damit höhere Arbeitsflächen erreichbar werden, man kann notfalls Licht- und Ventilatorschalter und auch Türklinken tiefer montieren, Verlängerungen für Wasserhähne anbringen, Kindersachen in niedrigen Regalfächern unterbringen und Möbel aussuchen, die leicht genug sind, dass unser Kind sie bei Bedarf umstellen kann.

Wir sollten uns überlegen, wie unser Kind mit unseren Räumen und den Gegenständen darin interagieren wird. Wir wollen, dass es sich mit Leichtigkeit durch den Raum bewegt und dass es nicht zu viele Areale gibt, die nicht betreten werden dürfen, oder Dinge, deren Benutzung oder auch nur Berührung man ihm ständig verbieten muss. Alles, was für Kinder nicht geeignet ist – wie zum Beispiel zerbrechliche Familienerbstücke oder teures Computerzubehör –, sollte in weniger zugänglichen Bereichen aufbewahrt werden. Wenn ein Kind körperlich eingeschränkt ist, müssen die Räume entsprechend angepasst werden, sodass es möglichst viel Unabhängigkeit genießt.

Funktionalität/Selbstständigkeit/Autonomie. Unser Zuhause soll ein Ort sein, an dem unsere Kinder lernen zu handeln, zu denken und eigene Entscheidungen zu treffen. Wir wollen, dass sie Türen öffnen, Lampen an- und ausschalten und Geschirr, Besteck, Snacks, Kleider, Spielzeug, Papier, Stifte, Farben und Kleber erreichen können. Wir wollen, dass sie ihre Grundbedürfnisse selbst befriedigen können: Wasser holen, wenn sie Durst haben, eine kleine Mahlzeit zubereiten, wenn sie hungrig sind, und ihr Geschirr und Besteck abspülen. Wir wollen, dass sie kleine Probleme selbst lösen können, wie zum Beispiel ein Pflaster auf einen kleinen Schnitt kleben. Wir können Möglichkeiten für Bewegung und Erkundungen schaffen, sowohl körperlicher wie auch geistiger Art. Wenn ein Kind zum Beispiel auf ein unverständliches Wort stößt, kann es das in einem Wörterbuch nachschlagen. Wir können Kindern anregende Objekte zur Verfügung stellen, die man berühren und fühlen, über die man staunen, die man messen und benutzen kann.

Ab einem Alter von 3 Jahren beginnen Kinder ihre Persönlichkeit und ein Gefühl dafür zu entwickeln, dass ihr Selbst von dem ihrer Eltern oder Betreuungspersonen abgegrenzt ist. Wenn wir ihnen Unabhängigkeit ermöglichen, erkennen wir diese Abgrenzung an und unterstützen ihre Entwicklung. Wenn Kinder ein zunehmendes Bewusstsein für ihre Fähigkeiten und Möglichkeiten entwickeln, können sie auch Risiken und ihre eigenen Grenzen besser einschätzen.

Zwischen 6 und 12 Jahren ist unser Kind schon sehr kompetent und kann vieles für sich und andere tun. Unser Zuhause sollte also entsprechend eingerichtet sein, um diese Fähigkeiten zu unterstützen und die Grenzen der Kinder auszudehnen. Kinder sollen die Gelegenheit bekommen, Messer zu benutzen, auf dem Herd zu kochen, bei Reparaturen mit Werkzeug zu hantieren, Glühbirnen zu wechseln, Waschmaschine, Spülmaschine und andere Haushaltsgeräte zu bedienen und mit dem Bügeleisen umzugehen.

Gemütlichkeit. Wir sollten dafür sorgen, dass Erwachsene und Kinder sich zu Hause gleichermaßen wohlfühlen – das reicht von der Möblierung über die allgemeine Ordnung bis zu Belüftung, Wandschmuck und Beleuchtung.

Schönheit. Schönheit ist etwas Subjektives und hilft, unseren Kindern Kultur nahezubringen. Indem wir Räume schaffen mit Elementen, die unsere kulturellen Vorstellungen, unsere Vorlieben und Werte spiegeln, übertragen wir all dies auf unsere Kinder. Zwischen 3 und 6 Jahren sind Kinder noch in der Phase des absorbierenden Geistes, sodass diese Schönheit zu einem Baustein ihrer Persönlichkeitsentwicklung wird. Im Alter von 6 bis 12 Jahren erforschen Kinder die Welt. Ihre Fantasie treibt volle Blüten, sodass unser Heim eine zu gestaltende Leinwand für ihre Erkundungen und ihren Schaffensdrang werden kann.

Ordnung. Ein zentrales Montessori-Prinzip lautet »Ein Platz für jedes Ding und alles an seinem Platz«. Das bedeutet, dass unterschiedliche Räume unterschiedlichen Tätigkeiten zugeordnet sind: ein Platz zum Kochen, ein Platz zum Essen, ein Platz zum Schlafen, zum Waschen und so weiter. Und auch unsere alltäglichen Gegenstände und Besitztümer müssen ihren festen Platz finden: ein Ort für Schuhe, einer für Bücher, einer für den Schwamm und noch einer für die Seife.

Unsere Räume sollten verlässliche Bezugspunkte aufweisen, um das Bedürfnis des Kindes nach Orientierung und seinen Ordnungssinn zu befriedigen. (Das Sofa steht immer an derselben Stelle, auch wenn die Kissen vielleicht wechseln.) Beständigkeit und Vorhersehbarkeit geben den Kindern Sicherheit. Wenn etwas verändert werden muss, sollten wir das unseren Kindern mitteilen und sie an diesem Prozess beteiligen. Das kann ihnen Gelegenheit geben, etwas zum Haushalt beizutragen und sich in Entscheidungsfindung zu üben.

3- bis 6-Jährige haben ein Bedürfnis nach äußerer Ordnung – das sollten wir unterstützen, indem wir die Räume so einrichten, dass die Kinder alles finden können und wissen, wohin sie es räumen müssen, und dass sie allmählich auch Verantwortung dafür übernehmen, das Haus für alle in Ordnung zu halten. 6- bis 12-Jährige messen äußerer Ordnung weniger Bedeutung zu, aber sie fällt ihnen leichter, wenn sie wissen, wo alles hingehört.

Einfachheit. Ein einfacher Raum ermuntert eher zu Ordnung. Außerdem unterstützt er die Unabhängigkeit unserer Kinder, weil man leichter Ordnung halten kann. Wir sollten Überladenheit vermeiden und Gegenstände für die Wohnung aussuchen, die sowohl schön als auch funktional sind. Alles, was gebraucht, aber momentan nicht benutzt wird, bringt man in Schränken oder Regalen unter. Spielzeug kann rotieren, und was gerade nicht benötigt wird, sollte man wegräumen. Wenn wir Einfachheit und einen minimalistischen Geschmack vorziehen, entdecken wir oft neue Gebrauchsmöglichkeiten für das, was wir bereits besitzen. Wenn wir nur in unser Haus holen, was wir wirklich benötigen (und dabei nach Möglichkeit nachhaltige Produkte auswählen), sind wir unseren Kindern auch Vorbild darin, wie man Überkonsum begrenzen kann.

Reichtum an sensorischen Reizen. Kinder zwischen 3 und 6 Jahren kategorisieren und klassifizieren, vergleichen und kontrastieren gerne. Dafür können wir in unserem Haushalt Gelegenheiten bieten. Wir können Betttücher, Vorhänge oder Behältnisse in abgestuften Farben besorgen, Lampen oder Behälter in unterschiedlichen geometrischen Formen, ein Set Beistelltische in unterschiedlicher Höhe und Größe, Teppiche, Polstermöbel und Decken mit verschiedenen Texturen, Küchengefäße aus unterschiedlichen Materialien. Wir können bunte Blumen mit verschiedenen Blattformen und Düften pflanzen. All diese Diversität bietet Gelegenheiten, den Wortschatz unseres Kindes zu bereichern, indem wir jeweils spezifische Begriffe verwenden.

Platz für alle. Jedes Zimmer kann von Erwachsenen wie Kindern genutzt werden, sodass das Bedürfnis der Kinder befriedigt wird, zu kommunizieren, zusammen zu sein und Zeit mit ihren Liebsten zu verbringen. Wahrscheinlich wollen sie nicht ständig mit uns interagieren, aber sie wollen uns nahe sein und unsere Gegenwart spüren.

Sicherheit. Gefahrenquellen wie giftige Substanzen, Stromkabel, Dinge, an denen man ersticken könnte, scharfe Gegenstände und Medikamente müssen für Kinder unzugänglich sein. Allerdings sind 3- bis 6-Jährige bereits sehr kompetent und vernünftig, und man kann ihnen zeigen, wie man Dinge richtig benutzt. Anstatt jegliche Gefahr zu beseitigen, wollen wir unserem Kind eher dabei helfen, seine Umgebung im Griff zu haben und beurteilen zu lernen, was ungefährlich ist und was nicht. Das tun wir durch Beobachtung, Anleitung und Zeigen. Wir können Gegenstände als Sicherheitsrisiko benennen und unserem Kind zeigen, was es benutzen kann und was nicht, wie man etwas benutzt und wie auf keinen Fall. Dadurch geben wir ihm die Möglichkeit, zu lernen, zu wachsen, Urteile zu fällen und durch Übung Kompetenz aufzubauen und zu erkennen. Die Kinder in Junnifas Schule haben Zutritt zu einem Raum mit scharfem Werkzeug, und sogar die 3- bis 6-Jährigen lernen, wie man diese Werkzeuge gefahrlos und mit Sorgfalt und Rücksicht auf sich selbst und andere benutzt.

Aufbewahrung. Damit unsere Räume einladende Ruhe ausstrahlen, gehören sinnvolle Aufbewahrungslösungen zwingend zum Haushalt. Wir halten für jedes Kind der Familie nur ein paar ausgewählte Aktivitäten bereit und räumen Dinge, die nicht (oder noch nicht) in Benutzung sind, in Schränke oder Regale. Idealerweise sollten solche Aufbewahrungsmöbel leicht zugänglich und in Ordnung zu halten sein. Wenn es mühsam ist, an Dinge heranzukommen, wird es weniger wahrscheinlich, dass wir Aktivitäten rotieren und wieder wegräumen. Die Rotation von Spielzeug sollte andauern, bis die Kinder nicht mehr mit Spielzeug spielen (im Alter von etwa 12 Jahren).

RAUM FÜR RAUM

Hier folgen ein paar Ideen und Gedanken für die Einrichtung aller Räume im Haushalt. Diese Listen helfen uns, unseren Wohnraum mit neuen Augen zu sehen und herauszufinden, was wir vielleicht hinzufügen, anpassen oder auch entfernen könnten.

Eingangsbereich

Dieser Raum heißt alle Familienmitglieder willkommen und sagt ihnen Auf Wiedersehen, wenn sie das Haus verlassen. Er könnte verfügen über:

- Eine Sitzgelegenheit, um die Schuhe auszuziehen, und ein Möbel, wo man sie aufbewahrt.
- Eine Stelle für Schlüssel und Haken, um Taschen, Jacken und Mäntel aufzuhängen.
- Einen Schirmständer.
- Einen bodenlangen Spiegel, in dem man sein Äußeres begutachten kann, bevor man geht.
- Papiertaschentücher und Sonnencreme.

- Pflanzen als Farbtupfer und Verbindung zur Natur.
- Eine Stelle, um innezuhalten, die Sorgen der Außenwelt hinter sich zu lassen und den Übergang in den sicheren Rückzugsort des Zuhauses zu vollziehen. Das kann eine Fußmatte sein, an der man sich die Schuhe abtritt, Hausschuhe, in die man wechselt, ein Friedenszeichen oder ein Kunstwerk, das uns darauf aufmerksam macht, dass wir jetzt zu Hause sind.

Wohnzimmer

Das Wohnzimmer ist das Herz des Hauses, ein Ort familiärer Verbundenheit. Jedes Haushaltsmitglied hat das Gefühl, hier willkommen und Mitbesitzer*in des Zimmers zu sein. Auch Spielareale können sich im Wohnzimmer befinden, denn dies ist der Raum, wo die Familie »wohnt« und Zeit verbringt, was bedeutet, dass auch die Kinder hier oft spielen. Man kann auch ein eigenes Spielzimmer haben, aber das ist nicht notwendig. Im Wohnzimmer könnte es Folgendes geben:

- Bequeme Sitzgelegenheiten für Erwachsene und Kinder, auf denen man sitzen, liegen, sich unterhalten, einen Familienfilm anschauen, mit Gästen zusammensitzen oder einfach nur gemeinsam Zeit verbringen kann.
- Einen niedrigen Tisch für Gesellschaftsspiele und andere gemeinsame Aktivitäten.
- Ein Abspielgerät und/oder Instrumente, um gemeinsam Musik erleben oder tanzen zu können.
- Spielzeug und andere Dinge, die zu mehreren genutzt werden können, wie zum Beispiel Bauklötze, Eisenbahnbaukästen, Puzzles, Lego, Gesellschaftsspiele, Malsachen und Bücher für Alt und Jung. Am besten hält man all das auf einem niedrigen Regalbrett verfügbar.
- Einen Ort, an dem man die Kunstwerke der Kinder ausstellen kann, sowohl die entdeckten wie auch selbst hergestellten. Das kann ein spezielles Wandstück sein, wo man Bilder aufhängt, oder ein Tisch, ein Korb, ein Wechselrahmen oder ein Regal, auf dem Fundstücke liegen. Die kann man eine Weile ausstellen und sie dann durch neue Schätze ersetzen.
- Ein Blumen-, Stein- oder Blätterarrangement, das die Kreativität unseres Kindes und (gefundene) jahreszeitliche Objekte zur Schau stellt und gleichzeitig etwas Schönes in den Raum bringt.
- Pflanzen, um die unsere Kinder sich kümmern können.
- Falls ein Fernseher, Monitor oder Projektor im Haus ist, kann er in diesem Raum stehen, aber möglichst nicht an zentraler Stelle. Spezifische Sendungen oder Filme können mit der ganzen Familie angeschaut und besprochen werden. Wenn die Kinder größer werden, kann die Familie sich für bestimmte Sendun-

gen und eine festgelegte Bildschirmzeit entscheiden, aber andere Aktivitäten, die die Sinne aktiv fesseln, sollten den Vorzug erhalten.

- Ein Teppich und/oder die Möglichkeit, Möbel umzustellen, um Platz auf dem Fußboden zu schaffen für Spiele auf dem Boden, ein Matratzenlager und andere ebenerdige Aktivitäten sowie für große Arbeiten von 6- bis 12-Jährigen.
- Bodenmatten, die man ausrollen kann, um den Spielbereich für die Kinder zu markieren. Mit solchen Matten bleiben auch Bauklötze, Legosteine und sonstige Kleinteile in einem bestimmten Bereich.
- Gegenstände, die Gemütlichkeit ausstrahlen, wie Decken und Kissen.

Küche und Essbereich

Die Küche ist für Kinder ein wichtiger Raum. Hier können sie enorm viel lernen sowie sensorisch erfahren, außerdem ist sie ein Ort der Verbundenheit. Auch dieser Raum steht allen Familienmitgliedern zur Verfügung und kann an jeden angepasst werden. Wir können die Küche so einrichten, dass es möglich ist, mit den Kindern zusammenzuarbeiten, sich aber auch dann nahe zu sein, wenn dem gerade nicht so ist. Die Mahlzeiten bieten eine Gelegenheit, Verbundenheit zu pflegen und sich auszutauschen – wir vermitteln unseren Kindern unsere Kultur, Geschichte und Werte, und wir können etwas über ihre Erlebnisse erfahren und das gegenseitige Vertrauen stärken. Die Kücheneinrichtung kann Folgendes enthalten:

- Einen Arbeitsbereich, wo das Kind mitmachen kann. Dies kann ein niedriger Tisch sein oder ein Hocker, der die Reichweite des Kindes erhöht.
- Kindgerechte Werkzeuge und Utensilien wie ein Schneidbrett, ein Sägemesser, Häcksler und andere Geräte wie Eierschneider und Schälmesser.
- Geräte, die ältere Kinder erkunden können, wie Mixer, Entsafter, Schälmaschine, Nudelmaschine, Brotbackgerät, Eismaschine, Toaster, Grill oder Waage.
- Zugang zu Backofen und Kochfeld (unter Aufsicht).
- Ein Vorratsfach in einem niedrigen Schrank oder auf einem niedrigen Regalbrett, damit das Kind eine kleine Zwischenmahlzeit selbst zubereiten kann. Auch im Kühlschrank kann eine Ebene für Dinge reserviert werden, die unser Kind für Zwischenmahlzeiten braucht. Wir können auch einen niedrigen Kindertisch für Zwischenmahlzeiten aufstellen. Dort kann das Kind den Tisch decken, sich oder den Geschwistern ein Getränk einschenken und hinterher alles sauber wischen.
- Wenn möglich einen Platz, wo unser Kind sitzen kann und sich mit einer Aktivität beschäftigt, sofern es nicht an der Essensvorbereitung teilnimmt. Das ist besonders für Familien mit mehreren Kindern sehr hilfreich.

- Teller und Küchenutensilien in kindgerechter Größe, die ohne Mühe erreichbar sind.
- Zugang zur Spülmaschine, falls vorhanden, oder ein Wagen für schmutziges Geschirr, wenn die Spüle oder Spülmaschine für das Kind nicht erreichbar ist.
- Zutaten für einfache Mahlzeiten in leicht erreichbaren Fächern von Küchenschränken, Speisekammer und Kühlschrank. Wir sollten sicherstellen, dass alle Behälter leicht zu öffnen sind und ihre Größe altersgerecht ist. Das kann zum Beispiel eine Halbliterflasche Milch für ein jüngeres Kind sein statt einer Literflasche.
- Eine gut zugängliche Stelle mit Putzgeräten wie Besen, Schaufel und Besen, Lappen, Federwisch, Schwämme, Mopp und Putzlumpen, damit das Kind beim Sauberhalten des Hauses helfen und Schmutz, den es selbst verursacht hat, wegputzen kann.
- Einen höhenverstellbaren Stuhl wie der Tripp-Trapp-Stuhl oder ein Kissen oder Kindersitz, damit das Kind bei den Familienmahlzeiten in bequemer Haltung am Esstisch sitzen kann.
- Alles zum Tischdecken Notwendige auf Kinderhöhe. Das können Tischtücher oder Sets sein, Geschirr und Besteck. Besondere Tischläufer, Blumen, Kerzen und Tischkarten können dem Ganzen eine feierliche Note verleihen. Kinder, die gerade lesen und schreiben lernen, werden mit Begeisterung Namensschilder her- und aufstellen. Älteren Kindern macht es vielleicht Spaß, komplizierte Faltmethoden für Servietten zu lernen. Kinder lieben es, bei besonderen Anlässen die Verantwortung für die Zubereitung einer Mahlzeit zu übernehmen. Sie werden auch das Ritual des Tischdeckens nicht vergessen, wenn Verwandte oder Freunde zum Essen kommen. Das bietet die Möglichkeit, mehr Besteck für verschiedene Gänge aufzudecken, wie Suppe oder Dessert.
- Trinkwasser, das unser Kind während des Tages selbstständig erreichen kann. Es kann in einem Spender, einer Kanne oder einer Wasserflasche zur Verfügung gestellt werden.
- Einen großen Kalender, wo wichtige Daten und Termine eingetragen werden, sowie einen interaktiven Kalender für jüngere Kinder, wo sie täglich, wöchentlich und monatlich an einer Scheibe oder einem Zylinder drehen können. Das unterstützt ihr wachsendes Zeitbewusstsein und bietet auch ein Anker-Ritual.
- Eine Uhr, um die Zeit und die Routinen im Blick zu behalten.

ELEMENTE EINER VORBEREITETEN UMGEBUNG

Hier sind einige Ideen, die wir in unseren Räumen umsetzen können, je nachdem, wie es unserer Familie, unserer Wohnung, unserem Budget und Geschmack entspricht.

Spüle mit Hilfsmittel, das dem Kind ermöglicht, das Wasser zu erreichen

Sofa aus Einzelteilen, die leicht verschoben werden können

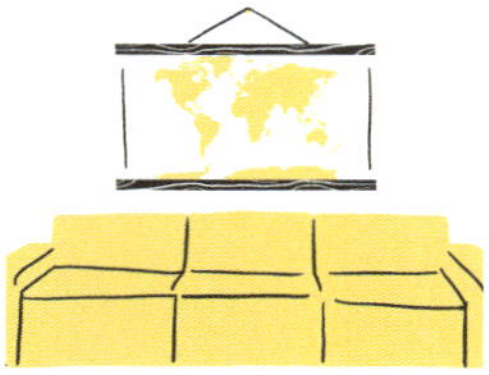

Leicht zugängliche Mal- und Bastelsachen

Spielbereite Instrumente

Regal – drei oder vier Bretter sind hilfreich

Tisch und Stühle in passender Größe für unser Kind

Großflächige Bereiche zum Spielen und Arbeiten

Eine Stelle für Schuhe, Taschen und Schlüssel im Eingangsbereich

Ein Ort, wo die täglichen Aufgaben aushängen, ein Tagesplan oder Kalender

Übersichtlicher Aufbewahrungsort für Sportausrüstung und Musikinstrumente

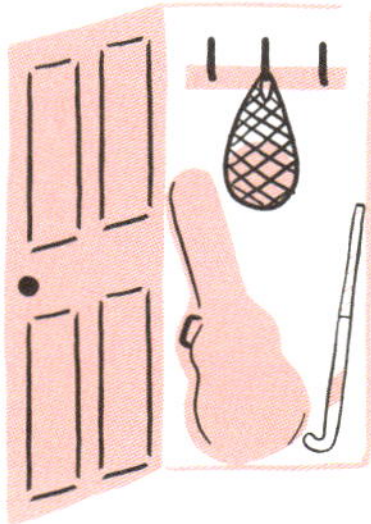

Gut zugänglicher Schrank mit Etiketten

Regalbretter über dem Bett für besondere Schätze oder die Sammlung des Kindes

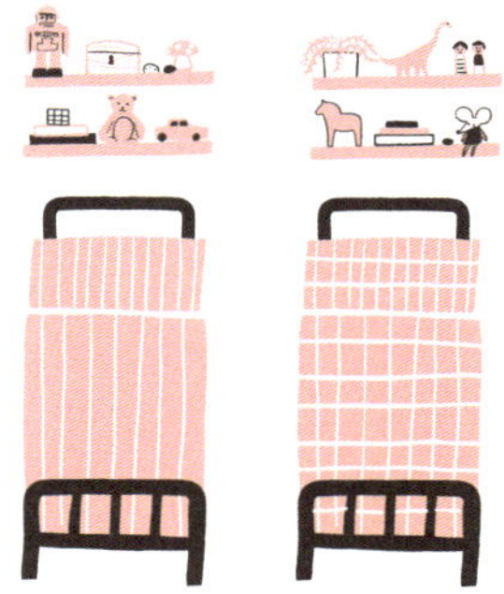

Ausstellung von einigen künstlerischen schulischen Arbeiten

Schreibtisch oder Arbeitsplatz

Ort für Bewegung, evtl. mit Turngeräten

Ein Platz zum Lesen

Eine Werkbank

Leicht zugängliche Putzgeräte

WENN ES MEHRERE KINDER GIBT

- Auf den niedrigeren Regalbrettern bringen wir am besten die Dinge unter, die die jüngeren Geschwister gefahrlos benutzen können, wie Bauklötze, Körbe mit Tieren, Fahrzeuge und Magna-Tiles (Magnetspielzeug), und auf den höher gelegenen Brettern die Gegenstände für das größere Kind, worunter sich auch Kleinteile und zerbrechliche Dinge befinden dürfen.
- Kleinteile sollte man in Behältnissen aufbewahren, die für Kleinkinder und Babys schwer zu öffnen sind.
- Man kann klar definierte Räume schaffen, wo jedes Kind allein spielen kann; zum Beispiel am Esstisch, oder man baut ein Zelt aus einer Decke und zwei Stühlen mit einem Bitte-nicht-stören-Schild.

Siehe auch S. 97: Anregungen für kleine, gemeinsam genutzte und große Räume

Kinderzimmer

Wenn wir in einer neuen Wohnumgebung ein Zimmer für unser Kind aussuchen, sollten wir berücksichtigen, welche Aussicht das Fenster bietet, und einen Raum mit gutem Licht und der Möglichkeit wählen, die Natur zu beobachten: Bäume, die sich im Wind wiegen, Vögel, möglicherweise sogar Vogelnester, das wechselnde Licht im Lauf des Tages, den Mond und den Wechsel der Jahreszeiten. Wenn wir ein Haus bauen, sollten wir an tiefer liegende Fenster, wenn möglich sogar ein Erkerfenster denken.

Der Schnitt und die Einrichtung des Kinderzimmers sollten Wärme, Sicherheit und Gemütlichkeit ausstrahlen. Dieser Raum ist für unser Kind der Ort, an dem es sich aufgehoben, verankert und ausgeglichen fühlt. Wir können uns überlegen, was das Zimmer unseres besonderen Kindes von einem beliebigen anderen Kinderzimmer unterscheidet. Es sollte möglichst die Vorlieben und Interessen unseres Kindes spiegeln. Das kann sich in der Farb- oder Stoffwahl ausdrücken (Bettbezüge, Vorhänge), in Wandbehängen, Kunstwerken und Accessoires. Das Zimmer sollte einfach und ordentlich eingerichtet sein und für alles einen gleichbleibenden Platz bieten.

> »Wir müssen dem Kind eine Umgebung geben, die es ganz allein benutzen kann: ein kleiner eigener Waschtisch, ein Schreibtisch mit Schublade, die es öffnen kann, Alltagsgegenstände, die es benutzen kann, ein Bettchen, in dem es nachts unter einer schönen Decke schläft, die es selbst faltet und ausbreitet. Wir müssen ihm eine Umgebung geben, in der es leben und spielen kann; dann werden wir erleben, wie es den ganzen Tag mit den Händen arbeitet und es kaum erwarten kann, sich selbst auszuziehen und sich ins eigene Bett zu legen. Es wird die Möbel abstauben, aufräumen, gut essen, sich selbst anziehen, höflich und ruhig sein, ohne Tränen, ohne Wutanfälle, ohne Unartigkeit.«
>
> Dr. Maria Montessori, *Das Kind in der Familie*

Die Umgebung für den Schlaf vorbereiten

- Ein leicht zugängliches Bett gestattet unserem Kind, allein hinein- und hinauszuklettern. Ein kleines Einzelbett ist für 3- bis 6-Jährige hervorragend geeignet, oder auch ein Stockbett, wenn das Zimmer mit anderen geteilt wird. In einem breiteren Bett können zwei Geschwister gemeinsam schlafen, oder das Kind kann mit uns kuscheln, während wir Gutenachtgeschichten vorlesen oder es ins Bett bringen.
- In einem bequemen Stuhl oder auf einem weichen Teppich kann das Kind mit uns oder anderen Erwachsenen Zeit verbringen.
- Ein Spannbetttuch und eine einfache Decke oder Steppdecke ermöglichen unserem Kind, sein Bett selbst zu machen. Wenn unser Kind immer noch daran arbeitet, auch nachts sauber zu werden, dann schützt ein wasserdichter Matratzenschoner die Matratze und ermöglicht die eigenständige Reinigung.
- Eine Bettlampe sorgt für Gemütlichkeit beim Lesen, und ein Nachtlicht hilft unserem Kind, nachts selbstständig zur Toilette zu gehen.
- Ein kleiner Nachttisch oder ein Brett am Fußende des Bettes eignen sich zum Ablegen kleiner Gegenstände, eines Buchs, das abends gelesen wird, einer Tasse oder Wasserflasche für die Nacht oder sonstiger Dinge.

Das Anziehen

- Ein gewöhnlicher Schrank kann so eingeräumt sein, dass die meisten Kleider weiter oben hängen oder gefaltet liegen, während andere sich zum Aussuchen auf Augenhöhe des Kindes befinden. Wir wollen nicht, dass der Schrank überfüllt ist; es soll unserem Kind leichtfallen, seine Kleider herauszunehmen und einzuräumen.
- Es unterstützt den Ordnungssinn des Kindes, wenn jede Kleidungskategorie, also Hemden, Pullis, Hosen, Röcke, Kleider, Strümpfe und Schuhe, einen eigenen Platz hat. Schubladen, Körbe oder Schachteln eignen sich hervorragend dafür. Sie können mit Bildern, Namensschildern oder beidem etikettiert sein.
- Nützlich ist, ein paar Kleidungsstücke zu haben, die zusammenpassen, wie eine Capsule Wardrobe, die auf unterschiedliche Weise kombiniert werden kann. Das ermöglicht unserem Kind, Kleider auszuwählen, die dem Anlass und der Jahreszeit entsprechen.
- Ein kleiner Stuhl, Hocker oder Teppich, auf dem man beim Anziehen sitzt, kann sehr hilfreich sein. Wie immer sollten wir beobachten, was für das Kind am besten funktioniert.
- Ein Wäschesack oder -korb für Schmutzwäsche, der unserem Kind zugänglich ist. Wenn das Kind älter wird, können wir ermöglichen, dass die Wäsche nach Weiß- und Buntwäsche, dunkler und Feinwäsche sortiert wird.
- Ein Spiegel, der dem Kind gestattet, sich in voller Größe von Kopf bis Fuß zu sehen, fördert das eigenständige Anziehen und außerdem die Selbstwahrnehmung.

Vorschläge für Spiel, Arbeit und andere Aktivitäten

- Ein Abspielgerät, um Musik und Hörbücher hören und genießen zu können.
- Ein Ort für Bücher, vielleicht eine kleine Leseecke. Möglich ist ein kleines Standregal mit einer gemütlichen Sitzgelegenheit; ein Hängeregal an der Wand für ein paar Bücher; Taschen, die an Bett oder Sessel hängen, oder ein Bücherkorb.
- Wenn das Kinderzimmer auch als Spielzimmer dient, ein Regal für ein paar (leise) Spielsachen oder Aktivitäten, die man rotieren lassen kann.
- Tisch und Stuhl und ein Teppich oder offener Bodenplatz zum Spielen.
- Ein paar Möbelstücke, die das Kind selbst bewegen kann, damit es Burgen und Zelte bauen und Teegesellschaften geben kann. Solche selbst gemachten Räume regen die Fantasie der Kinder an und bieten private Rückzugsräume.

Anregungen für kleine, gemeinsam genutzte und große Räume

- Wenn mehrere Kinder gemeinsam in einem Zimmer wohnen, sollte jedem von ihnen ein Platz zuerkannt werden, der ihm ganz allein gehört. Wir können die Wand an den jeweiligen Betten in unterschiedlichen Farben streichen oder eine Tapete anbringen. Die Kinder können an ihrem Bett ein Regal für besondere Besitztümer haben, Kunstwerke, die etwas mit ihren Interessen zu tun haben, eine besondere Bettdecke und eine Auswahl Bücher, die auf ihrem Nachttisch liegen. Jedes kann eine eigene Kommodenschublade haben.
- In einem kleinen Zimmer kann man ein Hochbett aufstellen, sodass der Platz darunter als Arbeits- bzw. Spielbereich nutzbar ist.
- Ein großer Raum kann so eingerichtet werden, dass er sich trotzdem gemütlich und persönlich anfühlt. Man kann Winkel und Ecken für unterschiedliche Zwecke schaffen, wie Lesen, Ausruhen und Schlafen.
- Wenn Kinder, die sich in unterschiedlichen Entwicklungsphasen befinden, ein Zimmer teilen, muss man ihre unterschiedlichen Bedürfnisse berücksichtigen. Das ältere Kind kann seine Sachen auf höheren Regalbrettern aufbewahren, an die das jüngere Kind nicht herankommt. Tische können verstellbar sein oder verschiedene Ebenen haben, die je nach Alter und Größe benutzt werden oder mitwachsen können.
- In einem geteilten Zimmer können wir für Rückzugsräume sorgen (vor allem, wenn die Kinder älter werden), etwa durch einen Vorhang, den man zuziehen kann, oder ein Schild, das anzeigt, dass jemand nicht gestört werden will.
- In kleinen Räumen ist es ratsam, Sportausrüstung, Regale oder Aufbewahrungsmöbel an die Wand zu hängen. Außerdem empfiehlt es sich, Möbelstücke zu entfernen, die nur selten benutzt werden, solche zu suchen, die sich für mehrere Zwecke einsetzen lassen, und die Schränke in derselben Farbe zu streichen wie die Wände. Dadurch sieht der Raum größer aus.

Anpassungen für 6- bis 12-Jährige im Kinderzimmer

Alles oben Beschriebene gilt ebenso für das 6- bis 12-jährige Kind. Man muss aber einige Besonderheiten beachten, wenn es größer wird.

6- bis 12-Jährige wollen an der Einrichtung ihres Zimmers beteiligt werden. Sie haben möglicherweise eigene Ansichten über Möbel, Farben, Stoffe, Grundriss und Wandschmuck. Wenn es möglich ist, in ihrem Zimmer mit zunehmendem Alter Veränderungen vorzunehmen, müssen wir sie in den Entscheidungsprozess einbeziehen.

Etwa ab dem Alter von 6 Jahren, wenn unser Kind die Uhr lernt, kann es eine Wand- oder Tischuhr bekommen, die leicht zu lesen ist. Auch ein Wochen- oder Monatskalender, um die vergehenden Tage abzuhaken und wichtige Termine festzuhalten, wie Geburtstage, Aktivitäten und Abgabetermine, kann im Zimmer angebracht werden.

Schön ist auch, wenn Kinder sich um etwas Lebendiges kümmern können. Das kann eine Pflanze, ein Terrarium oder ein Familienhaustier sein. Ein kleines Tier wie ein Fisch, eine Schildkröte oder ein Hamster kann in ihrem Zimmer oder in anderen gemeinsam genutzten Räumen leben.

Wenn unser Kind Spielzeug oder Gesellschaftsspiele im Zimmer hat, hilft ein Regal mit Abteilen, Ordnung zu halten. Das 6- bis 12-jährige Kind ist eher mit geistiger Ordnung beschäftigt und kümmert sich nicht so sehr um die äußere Ordnung. Das bedeutet, dass bei ihm ein ziemlicher Saustall herrschen kann! Daher sollten wir Systeme schaffen, die dem Kind ermöglichen, das Zimmer einigermaßen in Ordnung zu halten. Man kann auch die Anzahl an verfügbaren Gegenständen reduzieren und sie in etikettierten Behältern aufbewahren. Es empfiehlt sich überdies, eine Zeit auszumachen (täglich oder wöchentlich), bis zu der das Kind aufräumen und alles an seinen Platz bringen muss. Es kann sein, dass das Kind dabei Anleitung braucht und dass wir die Aufgabe in kleinere Schritte aufteilen müssen, wenn es sich der Sache nicht gewachsen fühlt.

Wenn unser Kind besondere Kleidung, Ausrüstung, Instrumente oder Materialien für außerschulische Aktivitäten braucht, können wir spezielle Aufbewahrungsorte für diese Dinge vorhalten, mit einer Checkliste, die ihm hilft, Ordnung zu halten.

Badezimmer

Das Bad ist ein Raum, den unser Kind täglich mehrfach benutzt. Es soll gemütlich wirken und die Unabhängigkeit und die Selbstwahrnehmung unseres Kindes entwickeln helfen. Wir müssen darauf achten, dass das Bad zugänglich und sicher ist. Folgendes können wir zur Verfügung stellen:

- Für ein jüngeres Kind einen stabilen Schemel zum Draufsteigen, damit es das Waschbecken erreichen kann, und niedrige Haken oder Stangen für Handtuch, Waschlappen und andere aufhängbare Gegenstände.
- Einen Wand- oder Standspiegel für das Haarebürsten und Zähneputzen.
- Ein kleines Behältnis für Accessoires und Schätze, die im Badezimmer möglicherweise abgelegt werden.
- Ein gut erreichbarer Behälter oder ein niedriges Regal, wo die Utensilien für die eigenständige Körperpflege aufbewahrt werden, wie Seife, eine Zahnbürste,

Zahnpasta, Papiertaschentücher, Toilettenpapier oder Feuchttücher und eine Duschhaube.

- Ein paar Wasserspielsachen und andere Dinge, die ein Bad attraktiv machen, wie eine Handdusche, ein Schaumbad oder Badebomben.
- Einen kleinen Abfalleimer, mit dem das Kind umgehen kann.
- Klobürste, Mopp oder Lappen und was sonst noch benötigt wird, um das Bad nach der Benutzung zu reinigen.
- In einem gemeinsam genutzten Bad Schilder, die alle Kinder daran erinnern, die Wasserspülung zu benutzen, den Toilettensitz abzuwischen, den Deckel zu schließen und die Hände zu waschen. Verschiedenfarbige Zahnbürsten, Haarbürsten und Handtücher helfen jedem Kind, seine zu finden.

Erwachsenenräume

Selbst ältere, bereits unabhängige Kinder mit eigenem Zimmer verbringen gerne Zeit mit ihren Eltern oder Betreuungspersonen, für gewöhnlich am Morgen, am Tagesende und an den Wochenenden. Man kann Vorkehrungen treffen, damit sich die Kinder in unseren Zimmern, zum Beispiel im Arbeits- oder Schlafzimmer, willkommen fühlen. Wir wollen, dass sie es bei uns im Bett gemütlich haben. Außerdem können wir einen Teppich, eine Couch oder einen Sessel aufstellen, wo sie lesen oder sich mit einer Aktivität beschäftigen können. So sind sie bei uns.

Zur Vorbereitung unserer persönlichen Räume gehört auch, dass wir unseren Kindern unsere Erwartungen und Grenzen mitteilen. Es kann sein, dass sie vor einer bestimmten Uhrzeit nicht ins Zimmer kommen dürfen oder dass sie anklopfen und auf eine Antwort warten sollen, anstatt hereinzuplatzen, oder dass sie nur hereinkommen dürfen, wenn ein Schild an der Tür das ausdrücklich erlaubt. Diese Dinge müssen kommuniziert werden. Wir können auch festlegen, wann es Zeit ist, wieder zu gehen, und wann wir allein sein wollen. Diese Grenzen müssen klar definiert sein.

Wenn unsere Kinder Zutritt zu unserem Zimmer haben, müssen wir unbedingt klären, welche Dinge dort für sie gefährlich oder ungeeignet sind. Diese müssen für Kinder unsichtbar und unerreichbar aufbewahrt werden. Wir können auch beschränken, was sie in unserem Zimmer berühren dürfen.

Anregungen für ein gemeinsam genutztes Zimmer (Eltern und Kind)

- Bei Montessori bezieht sich die Selbstständigkeit des Kindes auch auf das Schlafen. Manche Familien beschließen, ein großes Familienbett zu haben oder das Schlafzimmer mit den Kindern zu teilen. Das ist jeweils eine persönliche Entscheidung.

- Wir können im Elternschlafzimmer eine Schlafecke mit faltbarer Matratze oder einem Klappsofa einrichten. Da kann das Kind nachts schlafen, wenn es krank ist, Angst hat oder nicht einschlafen kann.
- Wir können uns überlegen, wie in einem gemeinsamen Familienschlafzimmer bei Bedarf für jedes Kind ein eigener Platz geschaffen werden kann, einschließlich Kleideraufbewahrung, einem Ort, wo es sich allein zurückziehen kann, und einem zum Anziehen. Dasselbe gilt für die Erwachsenen, die den Raum mitnutzen.

Spielzimmer

Wenn die Räumlichkeiten die Einrichtung eines eigenen Spielzimmers zulassen, so gelten hier dieselben Regeln wie in den anderen Räumen des Hauses, auch was Schönheit, Ordnung und Zugänglichkeit angeht:

- Jede Aktivität hat ihren Platz. Vielteiliges Spielzeug bewahrt man am besten in einem Korb oder einer Kiste auf; wenn die einzelnen Komponenten zusammengehalten werden, kommt das Kind allein klar und es fällt ihm leichter, alles wegzuräumen, wenn es fertig ist.
- Wir sollten Sitzmöbel und Fußbodenflächen für Spiel und Arbeit zur Verfügung stellen, aber auch einen Tisch und eine Arbeitsfläche.
- Man muss auch bedenken, welche Aktivitäten das Kind in diesem Raum ausführen wird. Vielleicht bedecken wir den Boden nur zum Teil mit einem Teppich und lassen eine Fläche frei für Aktivitäten, nach denen man sauber machen muss, wie Malen oder Arbeiten mit Ton.
- Spielzeug, Gesellschaftsspiele, Mal- und Bastelsachen bringt man am besten in Regalen unter. Bei mehreren Kindern verschiedener Altersgruppen sehen wir die niedrigeren Regalfächer für Dinge vor, die für alle Kinder geeignet sind, während Materialien für Aktivitäten, die kleinere Teile beinhalten, und zerbrechliche Dinge weiter oben ihren Platz finden, für die Jüngeren unerreichbar.
- Regale müssen nicht immer an der Wand stehen, man kann sie auch über Eck stellen und auf diese Weise Raumteile abtrennen und gemütliche Ecken schaffen. Wir können unterschiedlichen Aktivitäten bestimmte Stellen des Raums zuweisen, wie zum Beispiel Kunst oder instrumentales Üben.
- Materialien für künstlerische Arbeiten (Papier, Stifte, Hefter, Kleber und Klebestreifen, Garn etc.) deponieren wir an einer bestimmten Stelle, wo sie immer zu finden sind (siehe den Anhang für Aktivitäten, der Vorschläge für die Materialien unterschiedlicher Aktivitäten beinhaltet).

- Kunst an der Wand, wo die Kinder sie sehen können, Skulpturen, die sie berühren können, und Fundstücke aus der Natur dienen zur Anregung für ihre eigenen künstlerischen Arbeiten.

Für 6- bis 12-Jährige brauchen wir unter Umständen gar keine Aktivitäten vorzubereiten. Stattdessen können wir interessante Gegenstände zum Erkunden aufstellen und Tabletts und Körbe zum Sammeln anbieten. Dennoch ist es wahrscheinlich sinnvoll, auch für ältere Kinder Aktivitäten bereitzuhalten, statt zu erwarten, dass sie einen Schrank öffnen, um darin etwas zu finden, was für sie von Interesse ist.

Im Freien

Der Außenbereich ist ein wichtiger Teil der Wohnumgebung und kann entsprechend vorbereitet werden, sodass das Kind gefahrlos Spaß hat und Entwicklungsfortschritte macht. Es ist schön, Platz und Gelegenheit für Bewegung im Freien zu haben, wie Gehen, Laufen, Fahrrad fahren, Rollschuh laufen, Springen, Seilhüpfen, Klettern, Völkerball und andere Ballspiele.

Wir können versuchen, eine kleine Werkstatt oder einen Schreinerschuppen einzurichten, wo unser Kind bauen, etwas erschaffen und seine Fantasie wie auch seine wachsenden mathematischen und analytischen Fähigkeiten ausleben kann. Eine Schutzbrille und Werkzeug sind griffbereit aufgehängt, wobei alles sicher an seinem Platz sein muss – Hammer, Drillbohrer, Säge, Schutzhandschuhe, Maßband, Holzleim und Behältnisse für Nägel und Schrauben. Wir führen unseren Kindern vor, wie man das Werkzeug ohne Gefährdung benutzt, arbeiten zunächst mit ihnen zusammen, dann treten wir einen Schritt zurück und lassen sie allein zurechtkommen, beaufsichtigen sie aber wenn nötig. Das Arbeiten mit Holz kann auch eine Gelegenheit für die Zusammenarbeit und gemeinsame Aktivität mit einer erwachsenen Person bieten.

Außerdem sollte es Raum und Gelegenheiten geben, einen Sinn für die Natur zu entwickeln, sie zu beobachten und zu erkunden. Dies kann geschehen in Form

- eines Gemüsegartens oder Hochbeets, wo man den Lebenszyklus von Pflanzen, ihre einzelnen Bestandteile und deren Funktionen beobachten kann wie auch die Ansprüche verschiedener Pflanzen und ihre Bodenbedingungen.
- eines Blumengartens oder einiger Blumentöpfe, die Vögel und Insekten anlocken und mit Schönheit, Farben, Formen und Düften erfreuen.

- von Holzklötzen, auf die man klettern und die man hochheben kann, um darunter kleine Ökosysteme wie Frösche, Würmer, Ameisen, Termiten und andere Lebewesen wie Pilze, Moos und Algen zu finden.

Ein kleines Gärtchen kann Topfpflanzen, Blumentöpfe, ein Vogelhäuschen oder Vogelbad und anderes beherbergen, die die Natur anziehen und spiegeln. Wenn ihr keinen eigenen Platz im Freien habt, dann geht in den nächsten Park, in den Wald oder sucht sonst irgendeinen Flecken Natur in eurer Nähe auf, der solche Erfahrungen zulässt.

Wir können dem Kind ermöglichen, seine Beobachtungen zu dokumentieren, seiner Fantasie freien Lauf zu lassen oder die Inspiration von draußen einzufangen, mit Materialien wie Mal- und Zeichenbedarf, einer analogen oder Digitalkamera, einem Naturtagebuch, einer Pflanzenpresse und einem Schraubglas, in dem man Steine, Muscheln oder Stöckchen aufbewahren kann.

Wir können Orte für die Erholung im Freien einrichten, wie zum Beispiel den Schatten eines Baumes, eine Hängematte, eine Laube, einen Stuhl zum Lesen oder einfach, um den Blick schweifen zu lassen, Matten zum Auslegen oder ein Rasenstück zum Darauflegen.

Wir können besondere Geräte anbieten wie eine Schaukel, ein Klettergerüst, Trampolin, Fahrrad, Roller, Skateboard, Rollwagen, Inlineskates oder Rollschuhe. Wenn wir nah am Meer wohnen, können wir uns nach einem Boogiebrett aus zweiter Hand oder nach einem Surfbrett umsehen. Wenn es eine Gelegenheit gibt, im Winter eiszulaufen, dann sind Schlittschuhe oder Kufen zum Anschnallen sinnvoll.

Weiterhin kann man für die Interaktion mit der Natur und deren Pflege auch Gartengeräte gut brauchen (wie eine Gießkanne, Kinderrechen, -hacke und -spaten), einen Gartenschlauch, eine Schubkarre, einen Feldstecher, ein Teleskop, eine Lupe, einen Insektenfänger und ein Käferglas oder ein Mikroskop, mit dem man Proben von draußen untersuchen kann.

Aktivitäten wie Malen, Weben, Holzarbeiten, Gartenarbeit, Upcyceln oder Bastelarbeiten mit Recyclingmaterialien lassen sich wunderbar nach draußen verlegen.

Wir sollten Garten oder Hof so weit wie möglich kindersicher machen, damit die Kinder sie auf eigene Faust erkunden können. Wir können für jedes Wetter die passende Kleidung bereithalten, sodass unsere Kinder in jeder Jahreszeit draußen sein können. Auch für Sonnenschutzcreme, Insektenschutz, Hüte und andere Dinge, die den Aufenthalt im Freien sicherer machen, sollten wir sorgen.

Wenn die Kinder älter werden, bleiben die Aktivitäten im Freien nicht mehr nur auf den Raum unmittelbar um das Haus herum beschränkt. Sie besuchen dann Freund*innen, gehen in den öffentlichen Park oder auf den Spielplatz, fahren mit dem Fahrrad oder mit den Rollschuhen die Straße entlang, besuchen einen Laden in der Nähe oder wandern auf einem Spazierweg. In diesem Stadium gehört zur Vorbereitung der äußeren Umgebung auch, dass wir dem Kind zeigen, wie es sich im Freien zurechtfindet, um die Zeit dort zu genießen.

Wir können ihm zeigen, wie man

- einen Rucksack für einen Ausflug packt. Wir können ihm helfen, eine Packliste zu erstellen, damit es nichts vergisst.
- sicher die Straße überquert.
- Fahrrad fährt.
- einen Bus oder sonst ein öffentliches Verkehrsmittel benutzt.
- Leute grüßt und nach dem Weg fragt.
- Anzeichen für Gefahren erkennt.
- sich bei Unsicherheit oder Gefahr verhält.
- wichtige Telefonnummern und Adressen auswendig lernt.

Ideen für eine Verschönerung des Gartens:

- Ein Gartenweg, gepflastert oder mit Kieseln belegt. In einer mexikanischen Montessori-Schule auf dem Land legte die Pädagogin Meg McElwee mit Kieseln einen wunderschönen spiralig verlaufenden Labyrinthpfad an. Am Eingang befand sich ein kleiner Stuhl, wo die Kinder sich hinsetzten und ihre Schuhe auszogen, bevor sie barfuß das Labyrinth betraten.
- Ein Sandkasten.
- Eine Balancierstange aus einem Baumstamm, einem Holzbalken oder einem hochkant gestellten Brett.
- Künstliche Hügel oder andere Variationen im Gelände.
- Kletterbäume.
- Eine Staffelei für Malerei an der frischen Luft.
- Platz für Sport wie Fußball, Basketball oder Federball.
- Eine Wasserstelle.
- Wassergefäße.

Wenn man kaum Zugang zu einem Platz im Freien hat, ist Folgendes möglich:

- Man kann einen Balkon so einrichten, dass er kinderfreundlich und sicher ist. Man kann eine Staffelei aufstellen oder einen Tisch, an dem man malen oder spielen kann, ein paar Pflanzen zum Versorgen, ein Vogelhäuschen oder einfach nur einen Stuhl, auf dem man sitzen und zuschauen kann, wie die Welt an einem vorbeizieht.
- Ein kleiner Garten auf dem Fensterbrett oder ein Komposter kann ein wenig Natur ins Haus bringen.
- Ein Kleinkind kann vielleicht sogar im Flur Fahrrad fahren.
- Weiche Bälle, die man in einen Korb oder durch einen Ring werfen oder kicken kann, sind auch im Haus benutzbar.
- Kissen, Polster, Teppiche und andere Bodenbedeckungen können sogar im Wohnzimmer Gelegenheiten für großmotorische Bewegungen bieten. Man kann damit auch eine Bahn für einen Hindernislauf bauen. Man kann einen Platz vorsehen, um Radschlagen, Purzelbäume oder Yoga zu üben. Auch ein kleines Trampolin oder eine Kletterwand lassen sich im Zimmer anbringen.

PSYCHISCHE VORBEREITUNG

Die psychische Umgebung ist der immaterielle Teil unserer häuslichen Umgebung. Auch die Atmosphäre des Zuhauses – wie unser Kind und andere Menschen sich dort fühlen – muss vorbereitet werden.

Liebe. Unser Zuhause soll ein Ort emotionaler Sicherheit für das Kind sein. Liebe ist greifbar und gleichzeitig nicht. Wir können unseren Kindern unsere Freude über sie zum Ausdruck bringen, indem wir Zeit mit ihnen verbringen, und durch unser Verhalten, wenn wir sie sehen und mit ihnen zusammen sind. Wir lächeln, lachen, unterhalten uns, umarmen sie, hören ihnen zu und sind vollkommen anwesend und gegenwärtig, wenn sie bei uns sind.

Akzeptanz und Zugehörigkeit. Indem wir jeden Raum bei uns zu Hause mit Blick auf unsere Kinder vorbereiten, geben wir ihnen das Gefühl, akzeptiert und angenommen zu sein. Ebenso durch die Art, wie wir auf sie reagieren und mit ihnen sprechen. Wir akzeptieren sie so, wie sie sind, und versuchen nicht, sie zu verändern, damit sie so werden, wie wir uns das wünschen. Und wir beteiligen sie an Entscheidungen, die sie und die Familie betreffen.

Eine wohlwollende Einstellung gegenüber Fehlern. Unsere Einstellung zu Fehlern spielt eine große Rolle für die psychische Umgebung. Wir wollen, dass bei uns zu Hause Fehler gemacht werden dürfen. Unfälle passieren unweigerlich, und wir zeigen unseren Kindern, wie man sie wiedergutmacht und es noch einmal versucht.

Vertrauen. Unser Vertrauen auf die Kompetenz unserer Kinder und ihr Vertrauen auf uns trägt ebenfalls zur psychischen Umgebung bei. Wir zeigen unser Vertrauen dadurch, dass wir unsere Kinder ermutigen, ihre Unabhängigkeit zu entwickeln, und ihnen erlauben, Dinge zu tun, denen sie sich gewachsen fühlen, ohne ihnen dabei zu helfen. Wir erlauben ihnen auch, ihren Anteil beizutragen und im Haushalt zu helfen, auch wenn das Ergebnis nicht perfekt ist. Meistens ist es einfacher, schneller und effizienter, alles selbst zu machen, aber wenn wir unsere Kinder einbeziehen, bauen sie Vertrauen zu sich selbst und zu uns auf.

Unser emotionaler und mentaler Zustand. Ein weiterer Aspekt der psychischen Umgebung ist der emotionale und mentale Zustand der Erwachsenen zu Hause sowie die Beziehung zwischen ihnen. Wenn wir gestresst, wütend, unglücklich, besorgt, ängstlich oder frustriert sind, fühlt und absorbiert unser Kind diese Emotionen. Kinder sind sehr aufnahmefähig und spüren, wenn etwas nicht in Ordnung ist. Das muss man wissen, damit man sich auch um sich selbst und seine eigenen Beziehungen kümmert. Das fördert eine positive Atmosphäre. Außerdem ist es wichtig, dass Kinder mitbekommen, wie wir Konflikte lösen.

Diesen Punkt werden wir ausführlicher in Kapitel 8 »Die Vorbereitung der Erwachsenen« besprechen.

GROSSBRITANNIEN & MALAYSIA

Nusaibah und Noah
Rumi Montessori

»Die Montessori-Philosophie legt großen Wert auf Respekt und Vertrauen zum Kind. Für mich als Muslimin sehe ich das als Teil unseres Glaubens; wir sollten Kinder ohnehin respektieren und ihnen vertrauen. Meine Arbeit im islamischen Montessori ist weniger, Montessori islamisch zu machen, als zu verstehen, dass all diese Montessori-Prinzipien wie Liebe und Respekt bereits in den Lehren unseres Propheten vorkommen. Als Muslime sollten wir Menschen sein, die Kindern dieses Vertrauen, diesen Respekt, diese Liebe und Ehrerbietung entgegenbringen, und wir sollten uns bemühen, der natürlichen Entwicklung der Kinder zu folgen, ihrer *Fitra*.

Ich wusste schon sehr früh, dass Noah Autist ist. Ich beschloss, seinen Autismus als Geschenk zu sehen und ihn mit all seinen Begleiterscheinungen positiv anzunehmen, statt ihn als Herausforderung zu betrachten. Ich habe die Erfahrung gemacht, dass die Kunst der Beobachtung das beste Werkzeug ist, das ich als Mutter eines autistischen Kindes habe. Wenn wir beobachten, lernen wir, objektiv zu sein; wir finden heraus, was wirklich geschieht, anstatt nur unser eigenes Narrativ zu sehen. Dabei habe ich unglaublich viel über Noahs Bedürfnisse gelernt und wie ich ihn unterstützen kann.

Er interessierte sich zwei Jahre lang sehr für Raubvögel und wir hatten viel Spaß dabei, diesem Interesse nachzugehen. Er war sehr besonders und machte viele Dinge anders. Durch das Beobachten fanden wir heraus, was ihn triggerte, und verstanden, was ihm schwerfiel. Es war für alle Beteiligten interessant, ihn zu beobachten und dabei zu denken: »Ich habe noch nie jemanden so etwas tun sehen.« Das war wirklich erstaunlich.

Die Früchte all der Arbeit, die wir als Montessori-Eltern aufgewendet haben, kommen jetzt in seiner Adoleszenz zu voller Blüte. Wenn man einen Adoleszenten hat, der seit seiner Geburt nach der Montessori-Philosophie erzogen wurde, dann merkt man, dass er absolut seinen eigenen Weg geht. Er weiß, wer er ist und wer er sein will, und er lässt sich nicht so sehr von Gleichaltrigen, die Druck auf ihn ausüben, ins Bockshorn jagen, weil er seine eigene Vorstellung davon hat, wer er ist und was richtig und falsch ist. Er hat einen starken moralischen Kompass und ist sich darüber im Klaren, was er tun will und was nicht. Es ist eine Freude zu sehen, wie er zu einem wunderbaren jungen Erwachsenen heranwächst, der bereit ist, sich in die Gesellschaft einzubringen und eine positive Wirkung zu hinterlassen.«

MONTESSORI-AKTIVITÄTEN FÜR KINDER

5

In den vorangegangenen Kapiteln haben wir etwas über unser Kind und seine Eigenschaften und Bedürfnisse gelernt, außerdem haben wir erfahren, wie es sich entwickelt. Jetzt wollen wir uns anschauen, wie wir diese Entwicklung unterstützen können. Dabei wollen wir keineswegs ein Montessori-Gruppenzimmer nachahmen. Stattdessen suchen wir Mittel und Wege, die Interessen unseres Kindes zu unterstützen, Lernmomente zu nutzen, die sich ganz natürlich im täglichen Leben ergeben, und unser Kind zu ermutigen, lebenslang zu lernen.

Viele denken bei Montessori zuallererst an spezielle Materialien und Spielsachen. Diese Montessori-Aktivitäten sind zwar wertvoll, es gibt jedoch weit Wichtigeres, was man nicht kaufen kann und das einen großen Einfluss auf die Entwicklung unseres Kindes hat. Und damit wollen wir beginnen.

WIE DU DEIN KIND IN SEINER ENTWICKLUNG UNTERSTÜTZEN KANNST

Zeit

Zuallererst unterstützen wir die Entwicklung unseres Kindes, indem wir ihm Zeit geben. Wie eine Pflanze, die aus einem Samenkorn wächst, braucht unser Kind Zeit, Nahrung und Wärme, um zu wachsen und zu gedeihen. Wir sollten uns täglich Zeit nehmen, um uns ganz auf jedes unserer Kinder zu konzentrieren. Durch diese gemeinsame Zeit lernen sie, sich in unserer Liebe sicher zu fühlen.

Kinder brauchen Zeit für eigene Erkundungen. Das heißt Zeit, in der sie sich frei aussuchen können, wie sie sich beschäftigen wollen, im Haus oder im Freien (idealerweise beides). Sie brauchen Freizeit ohne Anleitung, während der sie ihrer inneren Stimme folgen können. Sie brauchen Zeit, ihre Umgebung mit allen Sinnen zu erkunden. Schmutz und Unordnung zu machen, Schmetterlinge zu jagen und im Gras herumzurollen. Still dazusitzen und ein Buch zu lesen oder an etwas zu arbeiten oder Verstecken zu spielen. Sich und andere kennenzulernen. Freund*innen zu finden, Beziehungen aufzubauen und Erinnerungen zu sammeln.

Kinder brauchen Zeit für Langeweile. Möglicherweise machen wir uns Gedanken, wenn unser Kind sich langweilt, und haben das Gefühl, wir müssten es unterhalten oder uns darum kümmern, dass es sich immer mit irgendeiner Aktivität beschäftigt – aber Kinder brauchen tatsächlich Phasen, in denen sie nichts zu tun haben. Dann können sie nämlich nachdenken und selbst herausfinden, wie sie ihre Zeit füllen wollen. Wenn die Kinder älter werden, besonders zwischen 6 und 12 Jahren, gibt die Zeit für Langeweile meist den Anstoß für eine größere Beschäftigung. Wenn also unser Kind zu uns kommt und über Langeweile klagt, können wir ihm sagen, dass es in Ordnung ist, wenn man sich manchmal so fühlt, und dass einem in dieser Zeit oft gute Einfälle kommen.

Kinder brauchen Zeit zum Beobachten. Wie wir wissen, hat das Kind von 0 bis 6 Jahren einen absorbierenden Geist, der alles aufsaugt, was es beobachtet. Für 6- bis 12-Jährige dient das Beobachten der Verknüpfung von Informationen und dem Finden von Themen, die sie weiterverfolgen und verstehen wollen. Junnifa erinnert sich daran, dass ihre Kinder auf Spaziergängen stehen blieben, um Ameisen zu beobachten, die Krümel schleppten, dass sie einem Lageristen im Supermarkt dabei zusahen, wie er Kisten aufeinanderstapelte, oder dem Installateur zuschauten, der einen Rohrbruch reparierte. Diese Beobachtungen gehören zum kindlichen Persönlichkeitsaufbau, deshalb ist es wichtig, dass man mit Kindern stehen bleibt und sie nicht unterbricht. Wenn unser Kind uns beobachtet, sollten wir unsere Arbeit sorgfältig mit kontrollierten Bewegungen ausführen, damit es alle Einzelheiten mitbekommt, wenn wir putzen, kochen oder schreiben.

Kinder brauchen Zeit für Wiederholungen. Durch Wiederholung entwickeln Menschen ihre Fertigkeiten und ihr Können. Häufig werden wir bemerken, dass unser Kind, kaum dass es etwas beendet hat, wieder von vorne beginnt. Kinder, vor allem 3- bis 6-Jährige, konzentrieren sich weniger auf das Ergebnis als vielmehr auf den Prozess, sodass sie eine Aktivität, oder auch nur einen Schritt davon, ständig wiederholen. Ein Kind kann seine Schnürsenkel binden und sie sofort wieder aufdröseln, um es noch einmal zu versuchen, oder es möchte dasselbe Buch immer wieder vorgelesen bekommen. Die Wiederholung kann uns verraten, in welcher sensiblen Phase es gerade ist oder welche Interessen es gerade verfolgt. Sie kann auch ein Zeichen für Konzentration sein. 6- bis 12-Jährige wiederholen auch, aber nicht unbedingt jedes Mal auf die gleiche Weise; sie wiederholen gerne mit Variationen, falten zum Beispiel immer wieder einen Papierflieger, aber jedes Mal ein kleines bisschen anders.

Kinder brauchen Zeit, um ihre Probleme zu lösen. Maria Montessori sagt, man solle »nie einem Kind bei einer Aufgabe helfen, von der es glaubt, dass es sie selbst lösen kann«. Das bedeutet, dass wir zunächst herausfinden müssen, ob das Kind tatsächlich überzeugt ist, es zu schaffen. Die Grenze zwischen Anstrengung und Frustration ist für gewöhnlich sehr schmal, besonders bei jüngeren Kindern. Wir beobachten unser Kind, wenn es sich anstrengt, und wenn wir den Eindruck haben, dass die Situation in Frustration kippt, können wir uns einmischen und Hilfe anbieten. Wenn das Kind die Hilfe akzeptiert, dann *helfen wir ihm, sich selbst zu helfen* – wir helfen nur geringfügig und zeigen ihm, wie es selbst weitermachen kann. Wenn sich beispielsweise ein älteres Kind mit einer Idee oder Frage abmüht, die es nicht versteht, können wir ihm, statt die Antwort zu geben, zeigen, wie man ein Wörterbuch oder ein Lexikon verwendet. Ein Kleinkind ist vielleicht frustriert von dem Versuch, seine Schuhschnalle aufzubekommen. Wenn es unser Hilfsangebot annimmt, können wir, statt ihm die Schuhe gleich ganz auszuziehen, zeigen, wie man an der Lasche zieht, um die Schnalle zu öffnen. Wir können ihm Mut zusprechen, wenn es das braucht: »Das kannst du bestimmt!«, oder: »Versuch's noch mal!«, oder: »Du kannst aber schon ganz schön schwierige Sachen.« Wir bieten gerade so viel Hilfe, dass das Kind immer noch sein eigenes Erfolgserlebnis haben kann.

Kinder brauchen Zeit zum Ausruhen. Sie brauchen Zeit zum Schlafen, Zeit, um ruhig zu sein und still dazusitzen. Wenn Kinder ausruhen und schlafen, festigt sich sehr vieles. Wir können Ruhezeiten in den Tageslauf unserer Kinder einbauen. Das kann ein Mittagsschlaf sein oder einfach nur eine Zeit, in der sie sich ein bisschen hinlegen und ihren Körper regenerieren. So weit möglich, sollten Kinder auch früh ins Bett gehen. Für Kinder zwischen 3 und 12 Jahren ist in der Regel 19 bis 20.30 Uhr eine vernünftige Zeit.

Kinder brauchen Zeit für Kommunikation und Verbundenheit mit uns. Wir halten inne, um zuzuhören, um uns im Gespräch abzuwechseln, um Fragen zu stellen und den Kindern Gelegenheit zu geben, dasselbe zu tun, um einen reichen Wortschatz einzuüben, um zusammen zu sein und einen sicheren Hafen zu bieten, wo die Kinder sich angstfrei ausdrücken können. Wir brauchen auch Zeit, um Höflichkeit und Freundlichkeit zu üben, wovon wir noch in Kapitel 6 sprechen werden.

Zielgerichtete Aktivitäten

Kinder brauchen zielgerichtete Aktivitäten. Maria Montessori schrieb in *Das kreative Kind*, dass Kinder zwischen 3 und 6 Jahren derlei praktische Erfahrungen brauchen, um alles, was sie in ihren ersten 3 Lebensjahren absorbiert haben, zu entwickeln, zu erweitern und zu verstehen und um zu erleben, dass ihr Handeln eine Wirkung auf ihre Umgebung hat. Wir können diese Umgebung so einrichten, dass sich eine Aktivität auf natürliche Weise spontan ergibt, wir können Aktivitäten aber auch gemäß der Bedürfnisse und Interessen unseres Kindes vorbereiten; seine Bedürfnisse liegen in diesem Alter zum Beispiel in den Bereichen Bewegung, Sprache und Verfeinerung der Sinne.

Wenn wir zielgerichtete Aktivitäten anbieten, findet unser Kind Sinn in seiner Arbeit; es hat das Gefühl, etwas Wichtiges zu tun; wir sehen tiefe Konzentration; und wenn wir ihm echte Gegenstände und Erfahrungen bieten, dann merkt es, dass wir ihm vertrauen.

> »Also müssen wir zuerst ein Interesse haben und dann mit einem sinnvollen Ziel arbeiten, eine Arbeit, die das Individuum frei wählt.«
>
> Dr. Maria Montessori, *The 1946 London Lectures*

Für 6- bis 12-Jährige bedeutet zielgerichtete Arbeit auch, nachzudenken, Probleme zu lösen, neue Einblicke zu gewinnen und neue Verknüpfungen zu bilden. Das Ziel des Kindes ist intellektuelle Unabhängigkeit, und zielgerichtete Arbeit hilft, dem Denken eine Richtung zu geben und es zu unterstützen. Für ein Kind unter 6 Jahren kann zielgerichtete Arbeit bedeuten, aus abgemessenen Zutaten einen Kuchenteig zu rühren, aber für ein 6- bis 12-jähriges Kind heißt das in diesem Fall, dass es selbst herausfindet, welche Zutaten überhaupt benötigt werden. Dazu kann gehören, das Rezept zu lesen und die Zutaten zusammenzusuchen, abzumessen und zu wiegen.

Prozess versus Produkt

Wir müssen uns bewusst sein, dass Kinder zwischen 3 und 6 Jahren sich mehr für den Vorgang interessieren als für das Ergebnis und dass sie sich häufig auf einen Teil des Vorgangs konzentrieren, den sie mehrfach wiederholen.

Ältere Kinder zwischen 6 und 12 sind da anders. Sie sind nicht mehr nur von der Begeisterung für Bewegung getrieben; sie interessieren sich für das Produkt oder Ergebnis. Sie übernehmen gerne Verantwortung, und man kann ihnen die Freiheit lassen, Aufgaben so auszuführen, wie es ihren Fähigkeiten entspricht und diese zur Geltung bringt. Sie wollen sich an der Organisation des Familienlebens beteiligen, zum Beispiel einen wöchentlichen Speiseplan entwerfen, für die Ferien recherchieren, eine Einkaufsliste erstellen oder die Tagesroutine planen. All diese Aufgaben bieten Kindern Gelegenheiten, körperliche, kognitive und soziale Fähigkeiten zu erwerben und zu verfeinern. Sie unterstützen das Verantwortungsbewusstsein und bereiten das Kind aufs Leben vor.

Dem Kind folgen

Eine wichtige Vorbemerkung: Es gibt so viele Wege und Möglichkeiten, die Entwicklung eines Kindes zu unterstützen, dass es schon fast überfordernd wirken kann. Die Vorschläge in diesem Buch sollen nicht alle auf einmal umgesetzt werden, manche muss man auch gar nicht befolgen. Du darfst nie vergessen, dass wir den Interessen und dem Tempo unseres Kindes folgen und als Ausgangspunkt für Erkundungen wählen. Abgesehen davon kommt das Kind nicht aus der Schule und hört für den Rest dieses Tages auf zu lernen. Wir möchten dir ein wenig dabei helfen, die Liebe, das Interesse und das Staunen, mit denen dein Kind der Welt begegnet, zu unterstützen und zu entwickeln.

Weitere Tipps

- Kinder wollen unter Umständen zu Hause gleichzeitig an mehreren Aktivitäten arbeiten und bringen dann nicht sofort eine Aktivität zurück, ehe sie sich eine zweite holen. Das ist in Ordnung, solange sie nicht so viele Dinge herausholen, dass es chaotisch, unordentlich oder zu mühsam wird, alles wieder aufzuräumen. Wir können eine Höchstmenge an gleichzeitig benutzten Dingen festlegen, bevor etwas weggeräumt werden muss, und wir können die Kinder darauf aufmerksam machen, wenn sie die Übersicht verlieren, und ihnen helfen, diesen Zustand zu erkennen.
- Ein jüngeres Kind möchte vielleicht alles, was es braucht, auf einem Tablett bereitliegen haben. Irgendwann werden wir feststellen, dass es inzwischen allein in der Lage ist, das Benötigte auf einem Tablett zu versammeln. Zum Beispiel holt es das Tablett, sucht Papier und Stifte heraus und trägt das Tablett zum Tisch.

Die Spielzeugauswahl

Ideal ist, »passives« Spielzeug auszusuchen, welches das Kind durch aktive Arbeit mit den Händen erkunden muss. Vermeiden sollte man »aktives« Spielzeug, das dazu dient, das Kind zu unterhalten, während es selbst größtenteils passiv bleibt, wie zum Beispiel ein Spielzeug, das ein Lied spielt, wenn das Kind auf einen Knopf drückt.

Außerdem sollten wir Spielzeug auswählen, das die Entwicklung des Kindes unterstützt. Wir können uns dafür ansehen, für welche Fähigkeiten unser Kind sich interessiert und welche es übt. Vorzuziehen sind Spielsachen aus natürlichen

Materialien, die meist umweltfreundlicher sind als Plastikspielzeug und sensorisch ansprechender, was Farbe, Gewicht, Größe und Haptik angeht.

Wir sollten Spielzeug (und Möbel) aussuchen, die mit unserem Kind wachsen, Dinge, die lange benutzt und auch umfunktioniert werden, und die später an eine andere Familie weitergegeben oder verkauft werden können. Wir können nach Spielzeug suchen, mit dem man sowohl allein als auch gemeinsam mit Freund*innen und/oder Geschwistern spielen kann; Spielzeug, welches das Denken, die Problemlösungskompetenz und Analysefähigkeit anregt und Aufmerksamkeit und Konzentration fördert.

Wir wollen Überkonsum vermeiden und nicht zu viel Materialien kaufen. Die meisten Vorschläge für Aktivitäten zur Entwicklungsförderung, die sich in diesem Kapitel und im Anhang befinden, benötigen kein zusätzliches Material oder können mit Gegenständen umgesetzt werden, die bereits im Haushalt vorhanden sind.

Wir können aus zweiter Hand oder im Sozialkaufhaus einkaufen, Verpackungen weiterverwenden, Spielzeug mieten, statt es zu kaufen, eine Tauschgruppe gründen, Freecycle-Gruppen suchen, Medien in der Bibliothek ausleihen, mit Freund*innen teilen und sie reparieren, statt sie zu ersetzen.

Am liebsten suchen und finden wir Materialien draußen in der Natur. Es macht Spaß, kreativ zu sein, während wir gleichzeitig unsere Kinder dazu anregen, schonend mit unserer Erde umzugehen.

WARUM MONTESSORI-AKTIVITÄTEN WICHTIG SIND

Maria Montessori sagte, das Kind entwickle sich »mithilfe seiner eigenen Aktivität«. Dies können wir unterstützen, indem wir unserem Kind eine große Bandbreite an Aktivitäten zur Verfügung stellen. Bei der Auswahl lassen wir uns leiten von unserem Wissen über die *humanen Tendenzen*, über die Eigenschaften der *Entwicklungsphase*, in der unser Kind sich befindet, und über die *sensiblen Phasen*, die wir an ihm beobachten.

Kinder im Montessori-Gruppenzimmer sind ruhig, konzentriert und fühlen sich wohl. Wenn ein Kind sich mit einer Aktivität beschäftigt, die seinen Bedürfnissen und Interessen entspricht, erlebt es den von dem Psychologen Mihály Csíkszentmihályi sogenannten Flow-Zustand. Im Flow ist ein Kind ruhig und ausgeglichen. Je häufiger es den Flow-Zustand erlebt, desto leichter fällt es ihm, sich zu beruhigen, wenn es einmal die Fassung verliert. Wenn wir keine Aktivitäten finden, die unsere Kinder herausfordern, dann sind sie es, die uns herausfordern.

Aktivitäten für 3- bis 6-Jährige

Wir wissen, dass in der ersten Entwicklungsphase die humanen Tendenzen für Erkundung, Orientierung, Ordnung, Kommunikation, Bewegung, Arbeit, Wiederholung und Selbstentwicklung dominieren. Wir wissen außerdem, dass Kinder zwischen 3 und 6 Jahren bewusst daran arbeiten, die Fähigkeiten, die sie zwischen 0 und 3 erworben haben, zu verfeinern, und dass sie in der sensiblen Phase für Bewegung, Sprache und Verfeinerung der Sinne sind. Alles das sollte man im Hinterkopf behalten, wenn man 3- bis 6-Jährigen Beschäftigungen und Aktivitäten anbietet.

Wir können unseren Kindern die Möglichkeit geben, Dinge mit allen Sinnen zu erfahren. Sie können die Welt um sich herum klassifizieren: Tannenzapfen der Größe nach anordnen, ihren Geruchssinn mit Geruchsdosen oder in der Küche beim Kochen trainieren oder mit verbundenen Augen verschiedene Texturen erforschen.

Wenn sie »Was?« fragen, können wir ihnen mit einem reichen Wortschatz helfen, die Welt, die sie absorbieren, zu verstehen. Wenn sie »Warum?« fragen, können wir sie dabei unterstützen, die Antwort in einem Buch oder einem Lexikon nachzuschlagen oder einen Experten oder eine Expertin zu befragen, oder wir bauen praktische Experimente auf, mit denen sie die Antwort selbst herausfinden können.

Die Vorstellung einer neuen Aktivität für ein 3- bis 6-jähriges Kind

Manche Aktivitäten, die wir für unser Kind vorbereiten, sind intuitiv, und es kann leicht allein herausfinden, wie sie funktionieren. Bei anderen ist es vielleicht nötig, dass wir sie unserem Kind zeigen, damit es sich damit befasst. Es folgen ein paar Überlegungen und Schritte für die Einführung neuer Aktivitäten.

- Alle notwendigen Gegenstände oder Teile der Aktivität müssen vorhanden und logisch angeordnet sein. Sie können auf einem Tablett arrangiert liegen oder das Kind kann die benötigten Teile holen.
- Wir sollten vorher einmal üben, damit wir Reihenfolge und Ablauf sicher beherrschen.
- Die Aktivität wird auf einem Regal oder wo wir sie sonst aufbewahren wollen, deponiert.
- Wir sollten einen Zeitpunkt wählen, wenn das Kind ruhig ist und wir die Zeit und die Aufmerksamkeit erübrigen können, um uns ganz in die Aktivität zu versenken.
- Wir laden das Kind ein: »Ich will dir etwas Interessantes zeigen.« Wir sollten es nicht zwingen, sich zu uns zu gesellen; wir sollten respektieren, wenn es keine Lust oder kein Interesse hat.
- Wir holen zusammen die Aktivität von ihrem Aufbewahrungsort, damit das Kind weiß, wo sie hinkommt, wenn es fertig ist.
- Wir lassen das Kind wissen, dass wir ihm zeigen, wie die Aktivität geht, und dass es anschließend die Chance hat, es auch zu versuchen. Das motiviert es, geduldig zu warten, während wir ihm die Aktivität vorführen.
- Wir sollten so sitzen, dass das Kind unsere Hände gut sehen kann. Idealerweise sitzt es auf unserer nicht dominanten Seite, denn wir benutzen hauptsächlich unsere dominante Hand.
- Wir stellen ihm die Aktivität vor und benennen sie, ihre Teile und Schritte.
- Wir führen die Aktivität vor und reden möglichst wenig dabei, damit das Kind sich auf unsere Tätigkeit konzentrieren kann.
- Dann kommt das Kind an die Reihe. Dabei sollten wir uns jeglicher Berichtigung oder Unterbrechung enthalten. Wenn uns etwas auffällt, das korrigiert oder geklärt werden muss, warten wir, bis das Kind fertig ist, bitten es, es noch einmal zu machen, und weisen noch einmal auf die nötigen Schritte hin.
- Wenn das Kind selbstständig arbeitet, sollten wir uns zurückziehen und ihm die Gelegenheit geben, die Aktivität zu wiederholen, so oft es will. Wir können es daran erinnern, dass die Aktivität zusammengepackt und aufgeräumt werden sollte, wenn das Kind fertig ist.
- Wir können das Kind bei der Arbeit mit Abstand beobachten.

Aktivitäten für 6- bis 12-Jährige

6- bis 12-jährige Kinder denken logisch und rational und fragen infolgedessen »Warum?« und »Wie?«. Sie wollen verstehen, wie die Welt funktioniert und wie alles zusammenpasst, wo etwas herkommt, wie etwas entsteht und wie das Universum zusammenhängt. Sie haben eine rege Fantasie, und sie sind in der Lage, sich andere Zeiten und Orte vorzustellen. Dies ist eine großartige Zeit, um

- große Arbeiten anzuregen (Projekte, die lange dauern und/oder viel Raum einnehmen).
- nach draußen zu gehen und im örtlichen/gesellschaftlichen Umfeld nach interessanten Betätigungen Ausschau zu halten.
- die kritische Denkfähigkeit der Kinder herauszufordern und zu stärken. Fragen zu stellen, ihren Fragen zusammen mit ihnen nachzugehen, ihre Meinungen zu hinterfragen und sie dazu zu bringen, sie zu begründen, sie zu ermuntern, sich mit aktuellen Themen zu beschäftigen und darüber zu diskutieren.
- Geschichten zu erzählen (auch Fantasiegeschichten).
- ihre Sprachentwicklung bezüglich Ein- und Zuordnungen und Beobachtungen zu unterstützen.
- ihren Drang zur Held*innenverehrung zu nutzen und in Geschichte und Zivilisation einzutauchen, über große Erfindungen und über bedeutende, einflussreiche Menschen zu reden.

Kosmische Erziehung

Für 6- bis 12-Jährige ist die kosmische Erziehung extrem wichtig. Kosmische Erziehung basiert auf dem Gedanken, dass alles in unserem Kosmos – Menschen, Tiere, Pflanzen etc. – einen Zweck hat (eine kosmische Aufgabe) und dass alles im Universum miteinander verknüpft ist. Das Kind lernt, alle Lebewesen mit Respekt und Vorsicht zu behandeln (selbst die, die ihm manchmal auf die Nerven gehen, wie Fliegen, Wespen, Ameisen oder Spinnen).

Mit ihrer Liebe für große Ideen und große Arbeiten, ihrer Fantasie und ihrem Interesse an sozialer und moralischer Entwicklung haben 6- bis 12-Jährige viel Freude daran, das Konzept der kosmischen Aufgabe zu erkunden. Sie lernen außerdem, dass für sie eine besondere Rolle vorgesehen ist und dass sie die Möglichkeit haben, etwas in der Welt zu bewegen, sei es in der Familie, der Schule, der örtlichen oder der Weltgemeinde.

Wir können diese Ideen bereits 3- bis 6-Jährigen nahebringen. Wir können mit ihnen darüber sprechen, was Pflanzen brauchen, um zu wachsen, und warum wir vorsichtig mit den Insekten umgehen, die sie finden; wir können über den Kreislauf des Wassers, über Sonne und Mond reden und über alles andere, für das sie sich interessieren, während sie ihre Umgebung erkunden.

WAS WIR BEOBACHTEN KÖNNEN

- Interessen: Themen, über die die Kinder sprechen, Beobachtungen, die sie machen, während sie erkunden, die Art der Aktivitäten, von denen sie angezogen werden.
- Welche Bewegungen die Kinder erlernen: wie sie einen Stift halten, wie sie klettern, an einem Reck schaukeln etc.
- Aktivitäten, die die Kinder aussuchen: wie lange sie an der jeweiligen Aktivität arbeiten; wie viel von der Aktivität sie bearbeiten; was sie mit den Materialien machen; ob sie die Aktivität beherrschen.
- Wo die Kinder die Aktivität benutzen; wie sie die Aktivität aus dem Regal holen; wie sie sie zu einer Matte oder einem Tisch tragen; ob sie sie ins Regal zurückstellen, wenn sie fertig sind.
- Selbstständigkeit: ob die Kinder selbstständig Aktivitäten aussuchen; was ihre Selbstständigkeit unterstützt; Hindernisse für die Selbstständigkeit (einschließlich wir selbst); die Art, wie sie um Hilfe bitten; ob sie sie annehmen usw.
- Aufmerksamkeit: Wir sollten auf Momente achten, in denen die Kinder hochaufmerksam sind oder nach einer Ablenkung durch jemanden oder etwas dennoch wieder zur Aktivität zurückkehren. Registrieren, wann ihr Atem regelmäßig geht, wann sie ausgeglichen sind, ob sie zufrieden aussehen, wenn sie fertig sind.
- Konzentration: was die Konzentration der Kinder unterbricht; wo sie sich am besten konzentrieren können; wie wir ihre Konzentration unterstützen (meistens, indem wir sie nicht unterbrechen; gelegentlich können wir ein wenig helfen, dann sollten wir aber wieder einen Schritt zurücktreten, damit sie alleine weiterkommen).
- Wiederholung: ob die Kinder eine Aktivität wiederholen; ob sie sie gleich oder mit Variationen wiederholen.

Ein Beispiel für kosmische Erziehung wäre ein Gespräch über unser Essen, über all die Menschen und Faktoren, die an seiner Entstehung beteiligt waren. Dazu gehört die Person, die die Samen ausgesät und gedüngt hat. Der Boden, in dem sie gewachsen sind, das Wasser, das sie getränkt hat, die Würmer, die den Boden nährstoffreich gemacht haben, die Insekten, die die Pflanze befruchtet haben. Die Person, die geerntet hat, diejenige, die die Ernte zur Weiterverarbeitung in die Fabrik gefahren hat, die Menschen, die sie weiterverarbeitet, verpackt, verkauft, gekocht/zubereitet haben. Die Person, die den Müll abtransportiert, wenn wir Reste wegwerfen, die Bakterien, die ihn zersetzen. Die Kinder können all diese Zusammenhänge und die Rollen der Mitwirkenden erfahren. Sie werden Spaß daran haben, weitere ähnliche Verbindungen zu finden.

Interdisziplinäre Bildung

Während in vielen Nicht-Montessori-Schulen die Fächer getrennt unterrichtet werden, legt man in Montessori-Schulen Wert darauf, dass alles mit allem verbunden ist. Während wir uns zum Beispiel mit Naturwissenschaft beschäftigen, sprechen wir auch von Mathematik, Geografie, Kultur, Sprache und sonst noch allem Möglichen. Wir können unserem Kind helfen, zu erkennen, dass alles im Leben zusammenhängt.

VERSCHIEDENE MONTESSORI-AKTIVITÄTEN

Im Aktivitäten-Anhang, der auf S. 304 beginnt, finden sich Dutzende von Aktivitäten für alles Denkbare, von Lesen und Schreiben zu sensorischen Erfahrungen und Lernen über die Natur bis zu Musik und Kunst. Wir können diejenigen auswählen, die die Interessen unseres Kindes im Moment besonders ansprechen, und die Liste zurate ziehen, wenn wir sehen, dass es in ein neues Interessengebiet, eine neue sensible Phase oder Entwicklungsphase eingetreten ist.

Wenn du auf Basis der Interessen deines Kindes Inspiration suchst, kannst du online die »Liste von Aktivitäten nach Interessen« bei beltz.de unter diesem Buch zurate ziehen. Montessori ist eine wahrhaft ganzheitliche Zugangsweise, und ein Interessengebiet kann als Sprungbrett für viele Entwicklungsfelder dienen. Ein Interesse an Regenbogen könnte zum Beispiel von Kunst, Naturwissenschaften, Sprache (Wortschatz, Bücher, Dichtung) etc. abgedeckt werden.

EINIGE HÄUFIG GESTELLTE FRAGEN ÜBER DIE UNTERSTÜTZUNG DER KINDLICHEN ENTWICKLUNG

Wie lässt sich die Konzentrationsfähigkeit unserer Kinder unterstützen?

Wir können die Konzentration unserer Kinder stärken, indem wir

- Unterbrechungen vermeiden – wir sollten so lange wie möglich warten, ehe wir sie mit einem Hilfsangebot unterbrechen, ihnen eine Frage stellen oder sie zu einer Mahlzeit rufen.
- Langeweile zulassen – lange, unverplante Zeitblöcke erlauben, sodass ihnen langweilig wird und kreative Einfälle kommen und sie diese Ideen weiterverfolgen.
- elektronische Geräte beschränken – wenn wir die Verfügbarkeit von Bildschirmen limitieren, bleibt im Lauf des Tages mehr Zeit für aktives Lernen.
- ein Vorbild für Konzentration abgeben – wir können uns durchaus Zeit nehmen, eigenen Hobbys nachzugehen, wie Nähen, Gartenarbeit oder Basteln/Bauen.
- sie beobachten – wenn die verfügbaren Angebote in unserem Heim den Interessen folgen, die wir an ihnen beobachtet haben, werden sie sich auf diese Aktivitäten besser konzentrieren.
- lernen, wie Konzentration bei unserem Kind aussieht – atmet es zum Beispiel ruhig, wenn es sich konzentriert? Streckt es die Zungenspitze heraus? Bleiben die Augen auf die Aktivität fokussiert, und bekommt es gar nicht mit, was um es herum vor sich geht? Kehrt es selbst nach einer Ablenkung zur Aktivität zurück?
- die Umgebung vorbereiten – den Tisch an die Wand stellen, ihnen einen Ort zur Verfügung stellen, wo sie sich ungestört zurückziehen können, oder eine Arbeitsmatte, die alles zusammenhält, auf das sie sich konzentrieren wollen.

Wie macht man die Aktivitäten attraktiv?

Oft entscheidet die Art und Weise, wie wir die Aktivitäten zu Hause zur Verfügung stellen, darüber, wie das Kind sie benutzt. Hier folgen ein paar hilfreiche Tipps:

- **Aufbewahrung.** Sinnvoll ist, einen Aufbewahrungsort für Spielzeug zu haben, das gerade nicht verwendet wird. Wir können Eimer oder Kisten benutzen, um nach Sorten, Interessen und Alter zu trennen.
- **Regale.** Offene Regale erlauben dem Kind, zu sehen, was im Angebot ist. Sie sind einer großen Spielkiste vorzuziehen, die unübersichtlich ist und oft einfach auf dem Boden ausgekippt wird, sodass nur Unordnung entsteht.

- **Ordnung.** Wir können die Aktivitäten auf dem Regal nach Schwierigkeitsgrad anordnen. Das hilft bei der Orientierung. Wenn eine Aktivität zu schwierig ist, kann das Kind eine links davon ausprobieren; wenn sie zu leicht ist, probiert es eine andere weiter rechts. Auch die Materialien können wir so anordnen, dass die Bewegungen des Kindes von links nach rechts verlaufen, als indirekte Vorbereitung auf das Lesen und als Übung für das Überkreuzen der Körpermittellinie. In Ländern, in denen von rechts nach links gelesen wird, sollten wir die Aktivitäten so anordnen, dass sie von rechts nach links verlaufen.
- **Ähnliche Themen zusammen gruppieren.** Das hilft unseren Kindern, zu wissen, wo die Dinge hingehören, und es kann außerdem dazu beitragen, zu regeln, wo im Haus welche Energie herrscht. Wir können eine stille Leseecke neben Aktivitäten für die Feinmotorik, wie Puzzles, einrichten und Klettergeräte bei Aktivitäten mit größeren Bewegungen, wie Musik.

- **Weniger ist mehr.** Für ein Kind ist es leichter, sich eine Aktivität aus einer übersichtlichen Auswahl auszusuchen. Wenn alles über- und untereinander in einem Schrank oder einer Spielkiste aufbewahrt wird, kann man kaum erkennen, was vorhanden ist. Auch wenn zu viele Spielsachen auf einmal angeboten werden, fällt die Entscheidung schwer, weil der Überblick fehlt. Wir sollten nicht mehr als sechs Spielsachen pro Kind aussuchen und sie mit unbenutztem Spielzeug rotieren lassen.
- **Behälter.** Besorge Körbe, Tabletts und Schachteln oder Kisten, um die Aktivitäten aus Naturmaterialien, mit denen das Kind alleine umgehen kann, übersichtlich aufzubewahren. Auch praktische Wandhalter mit Körben für Bastelsachen sind empfehlenswert.

Wie können wir unser Kind bei den Hausaufgaben unterstützen?

Wenn unser Kind keine Montessori-Schule besucht und Hausaufgaben bekommt, braucht es möglicherweise ab und zu Hilfe. Wir streben an, so wenig Hilfe wie möglich und so viel wie nötig zu leisten.

Wenn unser Kind Probleme hat, die Hausaufgabe zu verstehen, können wir versuchen, ihm eine Möglichkeit zur praktischen Abhilfe zu eröffnen; vielleicht helfen wir ihm beim Aufbau eines Experiments, das ihm das Verständnis für ein naturwissenschaftliches Problem erleichtert; wir gehen zur Bibliothek oder finden jemanden, der sich auf diesem Gebiet auskennt und den sie befragen können, um mehr über das Thema herauszufinden.

Das bedeutet, dass die Hilfe bei den Hausaufgaben länger dauert, als wenn wir einfach die Frage des Kindes beantworten, denn wir helfen ihm, die Grundlagen zu verstehen und zu lernen, wie man etwas herausfindet, das man nicht weiß.

Abhängig vom Kind können wir einmal am Tag oder einmal pro Woche kontrollieren, ob es Hilfe bei der Arbeitsplanung braucht. Wir können die dafür benötigten Fähigkeiten stützen, bis das Kind in der Lage ist, seine Hausaufgaben und sonstiges Lernen selbstständig zu planen.

Wie können wir Fantasie und Kreativität stärken?

Manche Menschen gewinnen den Eindruck, dass Montessori die Kreativität hemmt, weil so viel Wert auf Aktivitäten mit einem klar definierten Zweck gelegt wird und weil wir uns in den ersten 6 Jahren hauptsächlich auf die Realität und nicht auf die Fantasie konzentrieren. Doch in Wirklichkeit sprach Maria Montessori sehr viel über die Fantasie. Eins unserer Lieblingszitate über dieses Thema stammt aus *To Educate the Human Potential*: »Das Geheimnis guten Unterrichts ist es, die Intelligenz des Kindes als fruchtbares Feld anzusehen, in das Samen gesät werden können, die unter der Hitze der glühenden Vorstellungskraft wachsen. Wir zielen daher nicht nur darauf ab, dass das Kind versteht, und noch weniger, dass es Dinge auswendig lernt, sondern darauf, seine Vorstellungskraft anzuregen und es bis in sein Innerstes zu begeistern.«

Hier folgen einige Ideen, wie wir die Kreativität und Fantasie unseres Kindes stärken können:

Mit der Realität anfangen. In den ersten 6 Jahren helfen wir unserem Kind, mit allen Sinnen die wirkliche Welt zu erkunden. Es arbeitet immer noch daran, herauszufinden, was der Unterschied zwischen Realität, So-tun-als-ob und Fantasie ist. Wenn wir also auf ein Buch stoßen, in dem ein Hund am Steuer eines Autos sitzt, können wir ihm einen Wink geben. »Fahren Hunde wirklich Auto? Nein, das ist bloß ausgedacht.« Sobald es in der ersten Entwicklungsphase festen Halt in der Realität gefunden hat, wird alles, was es erkundet hat, in der zweiten Phase zum Sprungbrett für seine Fantasie. Wenn ein Kind in der ersten Phase in der Realität und in Büchern viele Türme gesehen hat, entwirft es auf der zweiten Ebene vielleicht einen Turm, der alles übersteigt, was es gesehen oder erfahren hat.

Dem Kind die Möglichkeit geben, alles zu verarbeiten, was es aufgenommen hat. 3- bis 6-Jährige beschäftigen sich in Rollenspielen oft mit den Gegenständen, die sie umgeben. Sie tun so, als würden sie einen Kuchen backen, als gingen sie zur Schule, wickelten ein Baby oder als wären sie ein Hund. Davon halten wir sie keineswegs ab. Wir beobachten sie vielmehr und erkennen, dass sie das, was sie absorbiert haben, verarbeiten und einordnen. Wir brauchen ihnen für diese Spiele keine speziellen Dinge zu besorgen, wie einen Arztkoffer oder einen Feuerwehrhelm. Wir können ihnen unspezifische Gegenstände wie Schals oder Holzklötze geben, die sie für ihre Bedürfnisse umfunktionieren.

Sie mit den Augen des Geistes forschen lassen. Wenn Kinder erst einmal sechs Jahre alt sind, wollen sie das Universum erkunden, jenseits der Dinge, die sie berühren und fühlen können; vielmehr wollen sie mithilfe ihrer Vorstellungskraft auf Erkundung gehen. Sie benutzen »die Augen des Geistes, nicht nur die des Körpers« – was eine ausgesprochen ausdrucksvolle Beschreibung für die Vorstellungskraft von 6- bis 12-Jährigen ist.

Die Kinder ermutigen, ihre Probleme selbst zu lösen. Montessori-Kinder lernen, Probleme allein zu lösen. Ihnen werden keine Lösungen oder Rezepte geliefert, sondern sie kommen selbst dahinter, indem sie Materialien bearbeiten, Berechnungen ausführen, forschen und experimentieren. Wenn sie eine Antwort nicht wissen, dann suchen sie nach Mitteln und Wegen, sie herauszufinden.

Zusammenarbeit mit anderen unterstützen. Die Kinder möchten kreative Lösungen auch gerne zusammen mit anderen Kindern finden. In Kapitel 6 beschäftigen wir uns eingehend mit der sozialen Entwicklung: wie Kinder lernen, sich in die Gemeinschaft einzugliedern und zu ihr beizutragen.

Eine reichhaltige Umgebung bieten. In unserem Zuhause bieten wir interessante Anregungen und Materialien, die Entdeckungen ermöglichen, und wir verfügen über schöne, qualitätsvolle, frei zugängliche Kunstmaterialien. Unsere Kinder sind umgeben von Schönheit in Gestalt von Blumen, Pflanzen und Kunst. Wir benutzen auch viele Naturmaterialien und geben den Kindern außerdem die Gelegenheit, draußen im Freien eine Verbindung zur Natur aufzubauen. Auch ihre Kultur wird den Kindern nahegebracht, und vielleicht haben sie Zugang zu einer Werkstatt oder einem Atelier. All das macht ihre Umgebung zu einem Ort der Kreativität, an dem man seine Fantasie benutzt.

Genaue Bastelanleitungen und Malbücher vermeiden. Unterschiedliche Papiersorten und Materialien helfen den Kindern, eigene Ideen zu entwickeln, statt denen von jemand anderem zu folgen. Wir schreiben ihnen nicht vor, dass der Himmel blau und das Gras grün zu sein hat. Wir zeigen ihnen, wie man bestimmte Materialien benutzt, und dann kann ihre Fantasie übernehmen.

Unsere eigene Vorbereitung. Wir sollten Fragen stellen, keine Aussagen treffen. »Magst du mir etwas erzählen über das, was du da gemacht hast?« Wir sollten lang andauernde, ungestörte Zeiträume für Spiel und Langeweile vorsehen, denn sie sind eine Brutstätte für kreative Ideen. Wir sollten uns eher auf den Prozess als auf das

Resultat fokussieren. »Ich habe gemerkt, dass du lange und sorgfältig die Dinge angeordnet und dann festgeklebt hast.« Und wir dürfen es durchaus zulassen, dass etwas mehr Unordnung entsteht, wenn unser Kind kreativ wird.

Ins Freie gehen. Zeit im Freien oder in der Natur ist eine fortwährende Quelle der Inspiration und versorgt die Kinder mit interessanten Schätzen, die sie nach Hause tragen, um sie in ihren Projekten zu verwenden. Wir können auch Tanzaufführungen, Konzerte, Kunstgalerien und andere Kulturinstitutionen besuchen, um die Arbeit anderer zu bewundern, kreative Menschen zu treffen und neue Ideen zu bekommen.

NIEDERLANDE & UKRAINE

Yuliya, Klaas-Willem, Yvann, Natasha
Willkommen bei Montessori

»Jetzt, da unsere Kinder in der zweiten Entwicklungsphase sind, erkennen wir deutlich, wie ihre Welt sich erweitert. Unser 10-Jähriger interessiert sich besonders für die Weltpolitik und die Nachrichten. Er versucht zu verstehen, wie und warum bestimmte Dinge geschehen, er ist neugieriger auf Reisen an Orte, über die er etwas lernt, usw. Es ist wie ein Zauber, wenn man zusieht, wie seine Welt wächst, von unserem kleinen Dorf zur ganzen Erde und noch weiter.

In unserem Heim mischen sich ständig so viele Kulturen und Sprachen. Meine erste Sprache ist Russisch (so spreche ich mit den Kindern), mein Mann spricht Friesisch (eine Regionalsprache in den Niederlanden), und wenn wir alle zusammen sind, reden wir am ehesten Englisch. Ich koche zu Hause russische und ukrainische Gerichte, wir schauen russische Filme und lesen russische Bücher, und wir pflegen ein paar Traditionen aus meiner Kindheit und Jugend. Wir versuchen, die Kinder mit vielem in Berührung zu bringen, ohne irgendetwas zu erzwingen.

Unsere Familie hat enorm von Montessori profitiert, besonders seit meiner Lähmung. Wir erleben, wie sich Unabhängigkeit und Vertrauen entwickelt, wenn man zu Hause Montessori anwendet. Nach meinem Unfall hatte ich meine Selbstständigkeit komplett verloren und musste alles neu lernen. Viele Leute nahmen mir einfach Aufgaben ab oder hatten eine vorgefasste Meinung, was ich leisten konnte und was nicht. Mein Mann und ich haben viel darüber gesprochen, und er hat geholfen, unser Heim so einzurichten, dass ich vollkommen unabhängig sein kann. Wenn man auf einen Rollstuhl angewiesen ist, kann diese eingeschränkte Mobilität bedeuten, dass unsere Räume anders aussehen oder dass wir Hilfe brauchen, wenn wir die Umgebung vorbereiten wollen. Es ist völlig in Ordnung, Dinge anders zu machen, als sie in den sozialen Medien dargestellt werden.«

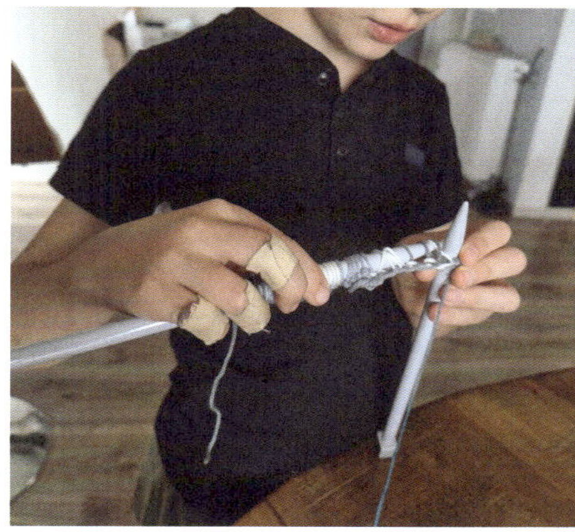

DIE SOZIALE UND MORALISCHE ENTWICKLUNG FÖRDERN

6

Montessori ist bekannt dafür, die Selbstständigkeit der Kinder zu stärken. Weniger verbreitet ist, dass dahinter der Zweck steht, eine stärkere Gesellschaft aufzubauen. In diesem Kapitel wollen wir erkunden, wie unser Kind ein Mitglied der Gesellschaft werden kann, voll Selbstvertrauen, rücksichtsvoll und tolerant gegen andere, in der Lage, Ungerechtigkeiten zu erkennen, und willens und fähig, sich aktiv einzubringen.

> »Von einer echten Gemeinschaft kann man nur sprechen, wenn jedes Mitglied der Gruppe sich frei genug fühlt, wirklich er oder sie selbst zu sein, während es zugleich seine eigene Freiheit beschränkt um der Anpassung an die Gruppe willen. Im Ringen um den optimalen Ausgleich dieser Spannung zwischen persönlicher Unabhängigkeit und Abhängigkeit von der Gruppe bildet sich das soziale Wesen. Zu viel individuelle Freiheit führt zu Chaos, zu viel von Erwachsenen auferlegte Uniformität führt zu unpersönlicher Konformität oder zu Rebellion.«
>
> Mario M. Montessori Jr.:
> *Education for Human Development*

FÖRDERUNG DER SOZIALEN ENTWICKLUNG

Vom Tag seiner Geburt an lebt unser Kind in einer Gemeinschaft mit anderen. Die erste Gemeinschaft ist die engste Familie. Dann kommt die erweiterte Verwandtschaft, andere Betreuungspersonen und die Menschen, die das Kind im täglichen Leben kennenlernt (in der Bibliothek, auf dem Markt, in der Spielgruppe usw.). Wenn unser Kind zwischen 3 und 6 Jahre alt ist, umfasst seine Gemeinschaft oft auch den Kindergarten oder das Kinderhaus,, wo es herausfindet, wie man in einer Mini-Gesellschaft mit anderen zusammenlebt. Vermutlich besucht es auch Freund*innen und geht in Kurse oder nimmt – mit oder ohne uns – an Aktivitäten teil. Im Alter von 6 bis 12 erlebt unser Kind, wie seine Gesellschaft sich auf die Schule, auf Nachbar*innen, Freund*innen und die umliegende Gemeinde erweitert.

Die *Sozialentwicklung* unseres Kindes lässt sich daran ablesen, wie es mit anderen interagiert, wie es sich mit ihnen verträgt und inwieweit es andere Menschen und ihre Bedürfnisse versteht.

Kinder lernen Sozialverhalten von ihrer Umgebung. Idealerweise verbringen sie ihre Zeit in einem liebevollen Umfeld und erfahren positive soziale Interaktionen. Wir können sie darauf vorbereiten, in neuen oder andersartigen Umgebungen zurechtzukommen, indem wir ihnen Freundlichkeit und Höflichkeit vermitteln. Wir können ihnen vorleben, respektvoll zu sein, ihnen die sozialen Normen unserer Kultur nahebringen und ihnen zeigen, wie man sich in bestimmten sozialen Situationen verhält. Als Erwachsene müssen wir hier auch mit gutem Beispiel vorangehen – indem wir auf unsere Ausdrucksweise und unser Verhalten achten und uns selbst, unser Kind und andere Menschen respektieren.

DAS KIND BEOBACHTEN

Um zu verstehen, wie wir unser Kind in seiner Sozialentwicklung am besten unterstützen können, sollten wir Folgendes beobachten:

- **Wie es mit anderen Kindern interagiert** Initiiert es Spiele oder Gespräche? Spielt es lieber neben als mit anderen? Sucht es sich andere Kinder, um mit ihnen zu spielen? Wie reagiert es, wenn andere Kinder mit ihm spielen wollen?
- **Wie es auf neue Situationen reagiert:** Braucht es Zeit, in sozialen Situationen warm zu werden? Stürzt es sich unmittelbar hinein und findet sofort etwas oder jemanden zum Spielen?
- **Wie es auf andere Erwachsene reagiert.**
- **Wie es sich in einer Gruppe verhält.** Hört es bei Anweisungen zu? Mag es Team-Sportarten? Kann es warten, bis es an der Reihe ist?
- **Wie es Konflikte löst.** Findet es Lösungen mit Geschwistern/Freund*innen/anderen Kindern auf dem Spielplatz? Braucht es Hilfe? Bittet es um Hilfe, wenn es sie braucht?
- **Ob es an andere denkt.**
- **Welche Möglichkeiten es hat, sich sozial zu entwickeln.** Das können Freund*innen im gleichen oder in anderem Alter sein, Geschwister, Cousins und Cousinen, Erwachsene, außerschulische Aktivitäten, Besuche auf dem Spielplatz, freiwillige Arbeit (bei jüngeren Kindern Hilfe im Haushalt, bei älteren Kindern vielleicht nachbarschaftliche Hilfe oder Arbeit in einem Tierheim).

Maria Montessori sprach davon, wie wichtig es ist, *sozialen Zusammenhalt* aufzubauen – eine Gemeinschaft, die zum allgemeinen Wohl zusammenarbeitet. Wir können unser Kind zum Nachdenken darüber anregen, was nicht nur für es selbst gut ist, sondern auch für andere in seiner Umgebung– für Kinder auf dem Spielplatz, Menschen im Supermarkt, Mitreisende im Zug oder unsere Nachbar*innen.

Wir können unserem Kind helfen, herauszufinden, was seine kosmische Aufgabe – ein Montessori-Begriff, der so etwas wie »Lebenssinn« bedeutet – und was die kosmische Aufgabe anderer Menschen ist. Wir können ihm begreiflich machen, dass alles Leben auf Erden voneinander abhängt. Unser Kind kann lernen, über seine Rolle in unserer Familie oder in seinem Klassenzimmer hinauszudenken. Wir können es anregen, über unseren Planeten nachzudenken und über seine Verantwortung, ihn zu schützen; etwas für andere in unserer Gemeinschaft und, wenn das Kind älter wird, im weiteren Umkreis zu tun; oder an Projekten wie den *Montessori Model United Nations* teilzunehmen – einem Forum, wo Kinder aus der ganzen Welt als Botschafter verschiedener Länder fungieren und ihre Politik vorstellen – falls die finanziellen Verhältnisse es zulassen oder ein Stipendium zur Verfügung steht.

FÖRDERUNG DER MORALISCHEN ENTWICKLUNG

> »Moralische Erziehung ist der Ursprung geistiger Ausgeglichenheit, von der alles andere abhängt, vergleichbar der körperlichen Ausgeglichenheit oder dem Gleichgewichtssinn, ohne den man nicht aufrecht stehen oder seine Position verändern kann.«
>
> Dr. Maria Montessori: *Von der Kindheit zur Jugend*

Wir Eltern wollen Kinder erziehen, die einen klaren moralischen Kompass haben und zwischen Recht und Unrecht, Richtig und Falsch unterscheiden können. Wir wollen, dass unser Kind das Rechte tut, selbst wenn das schwierig ist. Wir wollen, dass es das Rechte tut, weil es das Rechte ist, nicht weil es dafür gelobt werden will. Wir wollen, dass unser Kind einen guten Charakter hat und auf seine innere Stimme hören kann. Wir wollen, dass unser Kind Sicherheit in seinen Überzeugungen und Fähigkeiten gewinnt. Dass es eine gute Selbstwahrnehmung hat und zu anderen eine Beziehung aufbauen kann.

In der ersten Entwicklungsphase absorbiert unser Kind mehr als nur Sprache und Kultur – es saugt auch die Werte und Überzeugungen auf, die zum Grundstein seiner moralischen Entwicklung werden. Wenn wir wollen, dass unser Kind freundlich, höflich, geduldig, entschlossen, großzügig, ehrlich, optimistisch, wohltätig, flexibel und inklusiv wird, müssen wir ihm und anderen gegenüber diese Lebenseinstellung ausstrahlen. Wir sollten anstreben, dass die Gemeinschaften, in denen unser Kind seine Zeit verbringt – Schule, Familien von Freunden, Religionsgemeinschaften – diese Werte teilen.

Wir können unserem Kind auch explizit darlegen, was wir von ihm erwarten. Unterschiedliche Gesellschaften haben unterschiedliche Verhaltenserwartungen – wir sind dafür verantwortlich, unseren Kindern das Verständnis für diese Erwartungen, die in unserer Familie und Gemeinschaft gelten, zu vermitteln. Natürlich ist niemand vollkommen (nicht einmal Eltern!), daher können wir davon ausgehen, dass unser Kind uns Vorwürfe machen wird, wenn wir unseren eigenen Werten nicht gerecht werden. Wir können unsere Kinder ermuntern, Dinge, die sie nicht verstehen, zu hinterfragen, nicht blind zu gehorchen und zu lernen, gute Entscheidungen zu treffen.

Wenn wir religiös sind, wird auch das Teil der moralischen Entwicklung unseres Kindes sein. Wir können unserem Kind von unserem Glauben erzählen und ihm helfen, ein Gefühl für Recht und Unrecht zu entwickeln.

BESONDERE GESICHTSPUNKTE DER SOZIALEN UND MORALISCHEN ENTWICKLUNG 6- BIS 12-JÄHRIGER

In der Zeit zwischen 6 und 12 Jahren festigt sich die Moral unseres Kindes, doch zunächst macht es eine Phase durch, in der es unsere Regeln und Werte auf die Probe und infrage stellt und nach Schlupflöchern und Ausnahmen sucht. Unser älteres Kind denkt logisch und rational. Es will das »Warum« und das »Wie« verstehen. Das »Wie viel« und »Wie oft«. Es will die Grenzen, Bedingungen und Ausnahmen aller Dinge kennenlernen, inklusive der Moral.

Maria Montessori nannte die Jahre zwischen 6 und 12 das »Alter der Rücksichtslosigkeit«. Wir werden feststellen, dass die Kinder zum Tratschen und Petzen neigen. Das ist Erkundungsverhalten – sie wollen mithilfe unserer Reaktion beurteilen lernen, was richtig und was falsch ist. Sie werden vermutlich auch mithilfe von unangemessenem Benehmen und ungehobelter Sprache unsere Grenzen austesten. In diesem Fall ist es wichtig, dass wir konsequent respektvoll und höflich antworten, im Bewusstsein, dass die Kinder experimentieren und Daten sammeln, die ihnen in Zukunft helfen werden, eigene Entscheidungen zu treffen. Wir müssen uns Zeit nehmen, das »Warum« zu erklären, ihnen Gelegenheiten geben, auf ihre innere Stimme zu hören und danach zu handeln, und sie so oft wie möglich die natürlichen Folgen ihres Handelns spüren lassen.

Kinder zwischen 6 und 12 haben einen strengen Gerechtigkeitssinn und beschäftigen sich viel mit Fairness. Wir Erwachsenen müssen sehr konsequent und fair sein, denn unser Kind beobachtet alles ganz genau und ertappt uns bei der geringsten Ungerechtigkeit. In diesem Alter kann man hervorragend über Gleichheit, Gerechtigkeit und Fairness debattieren. (Es gibt eine hervorragende bildliche Darstellung von der *Robert Wood Johnson Foundation*, die am Beispiel von Fahrrädern für die ganze Familie den Unterschied zwischen Gleichheit und Fairness darlegt: Wenn alle Familienmitglieder exakt das gleiche Fahrrad bekommen, wurden zwischen ihnen zwar keine Unterschiede gemacht, aber das ist nicht fair. Fairness sähe eher so aus, dass das Kleinkind ein Laufrad bekommt, das Schulkind ein Kinderrad, ein Familienmitglied mit Behinderung ein Dreirad und die Erwachsenen Erwachsenenräder.)

6- bis 12-Jährige sind sehr sozial. Wenn unser Kind einer Gruppe angehört oder an Gruppenaktivitäten teilnimmt, kann es beobachten, welche Wirkung seine Handlungen oder Entscheidungen auf andere haben. Zusätzlich zur Arbeit und zum Spiel unseres Kindes, denen es vermutlich in der Schule in Gruppen nachgeht, können wir ihm in unserem Zuhause oder außerhalb davon noch weitere Möglichkeiten zur Zusammenarbeit bieten. Es ist jetzt in einem guten Alter für Teamsport oder Gruppen wie den Pfandfinder*innen oder Naturschutzgruppen, z. B. Naturschutzjugend oder WWF Junior Camps. Dabei erwirbt es soziale Fähigkeiten, es lernt, wie man Kompromisse schließt, wie man leitet und wie man folgt.

Kinder in der zweiten Entwicklungsphase besitzen die Gabe des logischen, rationalen Verstands und der Fantasie. Wir können sie anregen, verschiedene Verhaltensmuster, Handlungen, Reaktionen und Optionen mit Empathie zu analysieren und zu erkunden. Sie können sich mit politischen Ereignissen in den Nachrichten näher beschäftigen und verschiedene Seiten oder Perspektiven diskutieren. Bücher (auch über Mythologie) und Filme bieten ebenfalls Gelegenheiten für Diskussionen. Wir können unsere Kinder mit guter Literatur, Musik und Kunst vertraut machen, die die Werte spiegeln, die wir ihnen vermitteln wollen. Wir können mit ihnen über alles sprechen, was wir lesen und sehen, und uns ihre Eindrücke schildern lassen; dabei vertiefen sie ihr Verständnis für komplexe Themen.

Im Montessori-Klassenzimmer für 6- bis 12-Jährige ist viel die Rede davon, welche Beiträge verschiedene Menschen für die Welt geleistet haben und wie sie miteinander verbunden sind. Diese Verbundenheit können wir auch in unseren Gesprächen zu Hause betonen, so Dankbarkeit für andere entwickeln und in unserem Kind den Wunsch wecken, einen eigenen Beitrag zu leisten. Wir können uns fragen, welcher Ingenieur oder welche Ingenieurin die Ampel installiert hat, die uns Sicherheit im Verkehr gibt, oder welcher Landwirt oder welche Landwirtin die Baumwolle angepflanzt hat, aus der unsere Kleider gemacht sind, oder wer die Glühbirne erfunden hat. Wir können unserem Kind vermitteln, dass auch seine Arbeit in der Gemeinschaft und in der Welt Wirkung haben kann. Auf diese Weise beginnt es, seine kosmische Aufgabe zu erkunden.

Wenn unser Kind etwas über Menschen lernt, die in der Welt etwas bewegt haben, wird es allmählich Mentor*innen und andere Menschen identifizieren, die ihm als Vorbilder dienen könnten. Held*innenverehrung ist typisch für die zweite Phase, und unser Kind wird sich inspirierende Idole suchen. Da wir dies wissen, können wir ihm Vorbilder anbieten, seien sie fiktional oder real, die zu den Werten unserer Familie passen. Wir brauchen ihm auch nicht zu verheimlichen, dass Menschen positiven wie negativen Einfluss auf ihre Mitwelt ausüben können. Wir können darüber diskutieren, was es bedeutet, Macht verantwortungsvoll zu nutzen.

Besonders wichtig für die moralische Entwicklung des Kindes sind die Möglichkeit und die Freiheit, eigene Entscheidungen zu fällen. Diese Freiheit bedeutet, dass es höchstwahrscheinlich ein paar schlechte Entscheidungen treffen wird, aber das ist in Ordnung. Besser, das passiert, solange es sich noch in unserer Obhut befindet, sodass wir die Folgen gemeinsam schultern können. Wenn Kinder üben können, zu entscheiden und die Verantwortung dafür zu übernehmen, werden sie auf die größeren Entscheidungen vorbereitet, die sie im Lauf ihres Lebens werden fällen müssen. Erfahrung ist eine weit bessere Lehrmeisterin als Worte.

ANMUT UND HÖFLICHKEIT

In Montessori-Umgebungen bekommen Kinder Darbietungen in *Anmut und Höflichkeit.* Die 3- bis 6-Jährigen lernen, dass sie zwar als Individuen Freiheit genießen, dass diese Freiheit aber durch die Bedürfnisse und Vorlieben der Gruppe begrenzt wird. Zum Beispiel singt unser Kind vielleicht gerne laut beim Stricken, aber das könnte andere stören. Besagte Darbietungen leben den Kindern vor, sich gegenseitig zu respektieren, und vermittelt ihnen, wie man sich gegenüber anderen verhält.

Zu Hause können wir unserem Kind dabei helfen, zu erkennen, dass es in seinen Entscheidungen auf andere Rücksicht nehmen muss. Unser Kind muss mit unserer Hilfe lernen, seine eigenen Gefühle zu erkennen und ihnen Ausdruck zu geben. Wir können ihm zeigen, wie man auf bestimmte alltägliche Situationen reagiert, seien sie positiv oder negativ. Was macht man, wenn man sich mit einer Aktivität beschäftigen möchte, die gerade jemand anderes benutzt? Wie reagiert man, wenn man etwas geschenkt bekommt, das einem nicht gefällt? Oder etwas, das einem sehr gut gefällt? Anstatt davon auszugehen, dass unser Kind »das doch eigentlich wissen müsste«, sollten wir uns die Zeit nehmen, ihm zu vermitteln, was es wissen muss. Wir können diese Fähigkeiten mit ihm üben, wenn es in neutraler Stimmung ist, und wir sollten sie so lange üben, bis sie ihm zur zweiten Natur werden. Das muss nicht in Zwang ausarten, und ohnehin lernen Kinder am besten, wenn sie miterleben, wie wir uns anmutig und höflich benehmen.

> »Die Erwachsenen beharren nicht auf Manieren und Höflichkeitsregeln, sondern bleiben ihrer Haltung gegenseitigen Respekts treu und wenden die entsprechenden Manieren und Höflichkeitsformen vorbildhaft an.«
>
> Judi Orion, AMI-Ausbilderin:
> *Vortrag in der Schweiz, 2018*

Auch 6- bis 12-Jährige brauchen Darbietungen in Anmut und Höflichkeit, aber dieser wird anders aussehen. Ältere Kinder interessiert es womöglich eher, woher die Umgangsformen kommen, die sie erlernen. Wo kommt zum Beispiel die Sitte her, sich die Hände zu schütteln? (Damit zeigten sich die Menschen früher, dass sie kein Schwert in der Hand hatten, also nichts Böses im Schilde führten.) Außerdem sollten 6- bis 12-Jährige weniger offensichtlich »unterrichtet« werden. Stattdessen können wir Beobachtungen äußern: »Ich habe bemerkt, dass im Bad immer Handtücher auf dem Boden liegen, wenn du geduscht hast.« Dann erfahren wir, ob dem Kind das auch aufgefallen ist, und können es anregen, herauszufinden, wie Handtücher am besten trocknen. Wir können es bitten, uns am Ende der Woche zu berichten, zu welchem Ergebnis es gekommen ist. Wenn wir die Verantwortung unserem Kind überlassen und ihm Raum und Zeit geben, Dinge selbst herauszufinden, wird ihm das erwünschte Verhalten ganz natürlich werden.

Wir Erwachsenen definieren für unsere Kinder die Grenzen akzeptablen Verhaltens. Anmut und Höflichkeit spiegeln die Werte unserer Familie, unserer Kultur und unserer Zeit. Wenn wir beobachten, dass unser Kind gegenüber einem Freund oder einer Freundin oder einer Betreuungsperson oder gegen uns unhöflich ist, und wir ignorieren das, dann vermitteln wir ihm, dass es sich richtig verhalten hat. Es ist wichtig, Grenzen zu setzen und sie konsequent aufrechtzuerhalten. Dadurch helfen wir den Kindern, ihre Welt zu kennen und sich mit Selbstvertrauen darin zu bewegen. Es vermittelt Sicherheit, wenn man weiß, was sich gehört und was nicht.

Es ist in Ordnung, Nein zu unserem Kind zu sagen und es davon abzuhalten, sich antisozial zu verhalten. Es ist in Ordnung, unser Kind zu nehmen und das Geschäft oder den Park zu verlassen, wenn es sich nicht »gut« benimmt. Wir brauchen dabei nicht in Rage zu geraten oder zu schreien. Wir können zuerst im Kopf bis zehn zählen und uns beruhigen. Wir können sagen: »Wir gehen jetzt nach Hause, weil man sich so nicht benimmt / weil wir auf die anderen Menschen Rücksicht nehmen müssen / weil die Bibliothek ein Ort ist, wo die Leute in Ruhe lesen und lernen wollen.«

Wenn möglich, sollten wir unsere Kinder entsprechend vorbereiten, damit solche Situationen gar nicht erst auftreten. Bevor wir eine Freundin besuchen, können wir mit unserem Kind ausmachen, wie wir ihm mitteilen werden, wann es Zeit ist, zu gehen. Wir sollten ihm dann früh genug Bescheid sagen, dass wir bald aufbrechen müssen, damit es Zeit hat, sich darauf einzustellen.

Anmut und Höflichkeit können wir zu Hause vermitteln, indem wir ihm beibringen:

Wie man Verwandte, Freund*innen und Fremde begrüßt. Wir können zeigen, wie man in unserer spezifischen Kultur und Umwelt Personen grüßt. Das können wir zusammen üben. Wenn unser Kind es im Augenblick der Begrüßung vergisst, erinnern wir es sanft. Weigert es sich absichtlich, sollten wir es nicht bloßstellen oder mit ihm einen Machtkampf ausfechten, sondern zu einem späteren Zeitpunkt mit ihm darüber reden.

Wie man einen Freund, eine Freundin oder einen Gast willkommen heißt. Wir können unserem Kind zeigen, wie man Freund*innen oder Gäste willkommen heißt. Das Kind kann ein Blumenarrangement kreieren oder ein schönes Willkommensschild. Wenn es kulturell erwünscht ist, zeigen wir ihm, wie man die Hand gibt, jemanden umarmt oder sich verbeugt.

Wie man einem Freund oder einer Freundin klarmacht, dass man ein bestimmtes Spielzeug nicht teilen will. Wir sollten den Wunsch unseres Kindes respektieren, wenn es etwas nicht teilen will. Wir können ihm vorschlagen, besondere Spielsachen wegzuräumen, bevor ein Gast kommt. Wir können ihm zeigen, wie man höflich zum Ausdruck bringt, dass man es lieber hätte, wenn unsere Freundin dieses bestimmte Spielzeug nicht anfasst. Wir können beispielhaft vorleben, wie man dem Freund eine Alternative anbietet.

Wie man zugibt, dass man etwas falsch gemacht hat. Manchmal kann es sehr schwierig sein, sich schuldig zu bekennen. Wir können unserem Kind helfen, sich dabei wohler zu fühlen, indem wir Rollenspiele spielen und ihm verschiedene Möglichkeiten zeigen, wie es Verantwortung für seine Handlungen übernehmen kann.

Wie man sich entschuldigt. Wir können unseren Kindern Möglichkeiten aufzeigen, sich zu entschuldigen, sodass ihr Bedauern authentisch wirkt. In Junnifas Familie werden die Kinder ermuntert zu sagen: »Es tut mir leid, dass ich ________. Das war nicht richtig. Beim nächsten Mal werde ich ________. Was kann ich tun, damit du dich besser fühlst?« (Weitere Möglichkeiten, wie Kinder etwas wiedergutmachen können, finden sich auf S. 145)

Wie man sich bedankt. Wir können Dankbarkeit in unsere Familienkultur aufnehmen. Wir können damit anfangen, dass wir Danke sagen. Dann können wir unseren Kindern zeigen, wie man Dankesbriefe schreibt oder kleine Dankesgeschenke macht. Sie können jemandem für ein Essen oder ein Geschenk danken oder Personen in ihrer Umgebung, wie dem Paketboten, der ein Paket bringt.

Wie man konstruktiv Feedback gibt. Kinder können mit ihrem Feedback sehr direkt sein, was dann oft unsensibel wirkt. In unseren Montessori-Ausbildungskursen zeigen wir eine »Sandwich«-Technik, die auch zu Hause gut anwendbar ist. Zunächst sagen wir etwas Lobendes, dann weisen wir darauf hin, was verbessert werden könnte, und fügen gleich an, wie genau das aussehen könnte, und dann enden wir wieder mit positivem Feedback. (Zum Beispiel: »Oh, wie schön bunt dein Bild ist! Vielleicht kannst du beim nächsten Mal versuchen, mehr auf dem Papier zu bleiben. Man sieht, dass du dich wirklich angestrengt hast. Du siehst auch ganz zufrieden aus.«)

WEITERE AKTIVITÄTEN FÜR ANMUT UND HÖFLICHKEIT

BENEHMEN

- Bitte, Danke, Entschuldigung, es tut mir leid, Verzeihung sagen
- Türen leise öffnen und schließen
- Sich aus einer Gruppe verabschieden
- Eine Freundin, die Eltern oder jemand Fremdes auf sich aufmerksam machen
- Jemandem die Tür aufhalten
- Niesen und Husten (in die Ellbogenbeuge)
- Wie man höflich eine Umarmung, ein Geschenk oder eine Einladung annimmt oder ablehnt
- Wie man Begeisterung äußert
- Wie man eine abweichende Meinung zum Ausdruck bringt
- Wie man einen Gedanken hinterfragt, mit dem man nicht einverstanden ist
- Wie man einen Freund oder eine Freundin zu einer Unternehmung einlädt
- Wie man eine Ablehnung aufnimmt
- Wie man Komplimente macht und annimmt
- Wie man über das Aussehen anderer Menschen redet oder nicht reden sollte
- Wie man sich einem Publikum vorstellt

BEWEGUNGEN UND INTERAKTIONEN

- Behutsam gehen (z. B. um Möbel oder um jemandes Arbeitsplatz herum)
- Ein Fenster oder eine Tür öffnen oder schließen
- Ein Gespräch eröffnen
- Jemandem etwas anbieten
- An jemandem, der im Weg steht, vorbeikommen
- Jemandem zum ersten Mal begegnen

MAHLZEITEN

- Den Tisch decken
- Tischsitten
- Bitte und Danke sagen
- Jemanden bitten, etwas herüberzureichen
- Nicht mit vollem Mund reden
- Fragen, ob man aufstehen darf
- Den Stuhl herausziehen und wieder an den Tisch schieben

AUSGEHEN

Eine wichtige Rolle in der Entwicklung unseres Kindes spielen Exkursionen in die örtliche Gemeinde. In Montessori-Schulen für 6- bis 12-Jährige organisieren die Kinder ihre Ausflüge selbst und eine erwachsene Person begleitet sie als Aufsichtsperson. Die Kinder sind verantwortlich für Terminvereinbarungen, Ticketbuchungen, Verkehrsverbindungen und Fahrpläne sowie für Dankesbriefe.

Das können wir unseren Kindern genauso ermöglichen. Vorschläge hierfür wären Museumsbesuche, die Bibliothek, der Bahnhof, eine Bank oder die Post, ein Ehrenamt, freiwillige Arbeit oder Nachbarschaftshilfe, ein Besuch bei einem Experten oder einer Expertin, in einem örtlichen Geschäft (z. B. in der Bäckerei) oder auf dem Wertstoffhof. Die Kinder lernen enorm viel, wenn sie in die Stadt gehen, ihren Horizont erweitern und Verantwortung für die Organisation übernehmen.

DER UMGANG MIT HÄUFIGEN MORALISCHEN UND VERHALTENSPROBLEMEN

Es folgen einige moralische und Verhaltensprobleme, die in der Kindheit häufig auftreten.

Lügen

Etwa zu Beginn des 4. Lebensjahrs fangen Kinder an, mit Lügen zu experimentieren. Bei einem 3-jährigen Kind können diese Lügen sehr durchsichtig oder auch übertrieben sein. Dennoch ist es notwendig, darauf einzugehen und mit unserem Kind zu üben, die Wahrheit zu sagen. Wenn wir uns mit diesem Verhalten befassen, solange das Kind noch jung ist, wird es mit großer Wahrscheinlichkeit für eine Zeit lang damit aufhören. Aber wir sollten nicht allzu überrascht sein, wenn eine Neigung zum Lügen in der Altersgruppe der 6- bis 12-Jährigen wieder auftritt, wenn die Kinder sich mit Moral auseinandersetzen.

Wenn Kinder lügen, tun sie das für gewöhnlich nicht aus Bosheit. Manchmal ist es spontaner Selbstschutz. Dann wiederum testen sie aus, ob sie damit durchkommen. Manchmal wissen wir genau, dass unser Kind lügt, und wir möchten es am liebsten zur Rede oder bloßstellen.

Junnifa hat in ihrer Grundschule auf unangenehme Weise eine Lektion übers Lügen lernen müssen. Ein Kind, das eine sehr saubere Handschrift hatte, arbeitete an einem Projekt und schrieb dabei aus irgendeinem Grund sehr unordentlich.

Als Junnifa das sah, sagte sie: »Das kann unmöglich Karinas Projekt sein.« Karina fühlte sich bloßgestellt, sodass sie log, es stamme nicht von ihr. Später gestand Karina Junnifa, es sei tatsächlich ihre Arbeit, sie habe sich aber geniert, weil Junnifa behauptet hatte, das könne unmöglich von ihr stammen. So können wir unabsichtlich ein Kind in eine Position bringen, in der es sich unwohl fühlt und sich in eine Lüge flüchtet.

Wir sollten uns jedoch auf keinen Fall aufregen, unser Kind bestrafen oder blamieren, vor allem nicht, wenn es gelogen hat, um sich zu schützen. Anstatt zu fragen: »Hast du das gemacht?«, können wir ihm helfen, selbst zu formulieren: »Ach, die Vase ist ja zerbrochen. Jetzt wollen wir uns mal überlegen, was wir da machen können.« Wir können Alternativen für den Umgang mit der Situation aufzeigen und gleichzeitig immer betonen, wie wichtig Ehrlichkeit und Vertrauen sind. Außerdem sollten wir den Kindern unbedingt zeigen, wie sie etwas wiedergutmachen oder ersetzen können. (Auf S. 145 findest du mehr über Wiedergutmachungen.)

Notwendig ist, dass wir selbst Ehrlichkeit vorleben, indem wir den Kindern immer die Wahrheit sagen und unser Wort halten. »Ich habe gesagt, ich würde um fünf nach Hause kommen, und ich bin zu spät. Das ist nicht in Ordnung. Ich verstehe, dass du verärgert bist, und ich möchte es gerne wiedergutmachen.« Wichtig ist, nicht zu übertreiben und auch mit Scherzen vorsichtig zu sein, denn unser Kind könnte den Humor für bare Münze nehmen und glauben, wir würden lügen.

Geschwister

Geschwisterbeziehungen zählen zu den wichtigsten und längsten Beziehungen, die unser Kind im Lauf seines Lebens knüpfen wird. Hier finden sich einige Vorschläge, wie man die Entwicklung einer positiven Geschwisterbeziehung unterstützen kann:

Früh beginnen. Bereits während das Geschwisterkind noch im Mutterleib ist, können wir das ältere Kind oder die Geschwister einbeziehen; sie dürfen mit dem Baby im Bauch reden, ihm vorlesen oder vorsingen. Wir können das ältere Kind an den Vorbereitungen für die Ankunft des neuen Babys beteiligen, zum Beispiel an der

Einrichtung der Räumlichkeiten. Wenn das Baby dann da ist, können wir altersgemäße Aufgaben zum Mitmachen finden. Ältere Kinder dürfen das Baby tragen, Kinder jeden Alters können bei der Pflege helfen. Solche Tätigkeiten bauen eine Verbindung zum Baby auf.

Unsere Verbundenheit mit den älteren Geschwistern pflegen. Wenn das Baby noch ganz neu ist, müssen wir Mittel und Wege finden, unsere Beziehung zum älteren Kind oder zu den älteren Kindern zu stärken, während wir ihnen gleichzeitig helfen, einzusehen, dass das Baby auch Bedürfnisse hat. Wir sollten unbedingt täglich Zeit finden, uns für eine Weile ganz auf unser älteres Kind zu konzentrieren, zumindest sollten wir dafür sorgen, dass unser Partner oder unsere Partnerin oder andere Familienmitglieder sich mehr und länger um es kümmern. Wir sollten auch aufpassen, ihm nicht zu viel Verantwortung aufzubürden. Wir können etwa sagen: »Könnt ihr aufeinander aufpassen, während ich auf Toilette gehe?« Damit erinnern wir es daran, dass beide unabhängig von der Geburtsfolge füreinander da sein müssen.

Geschwister nicht miteinander vergleichen. Jedes Kind ist einzigartig und entwickelt seine eigene, einzigartige Persönlichkeit. Unsere eigene Persönlichkeit kann durchaus Einfluss darauf haben, wie wir unsere verschiedenen Kinder wahrnehmen. Wir fühlen uns möglicherweise besonders angezogen von einem Kind, das uns ähnelt, reagieren aber genervt auf ein Kind, das etwas spiegelt, das wir an uns selbst nicht leiden können. Welche Gefühle wir auch haben, es kommt nicht infrage, die Kinder zu vergleichen. Wenn wir das tun, geben wir dem einen Kind zu verstehen, dass wir das andere vorziehen, was mit großer Wahrscheinlichkeit Zwietracht säen wird. Wir können die jeweilige Einzigartigkeit und die Stärken unserer Kinder unterstützen, ohne eins von ihnen herabzusetzen.

Sobald sie größer werden: Dinge finden, die sie gemeinsam machen können. Wenn jedes Kind sein eigenes Zimmer hat, ist das zwar angenehmer, aber ein gemeinsamer Raum kann durchaus die Geschwisterbeziehungen unterstützen. Dort werden sie verhandeln, debattieren, lachen, spielen und zusammen wachsen. Wir können auch Aktivitäten zur Verfügung stellen, die zur Zusammenarbeit einladen. Ebenso stärken Routinen und Rhythmen, Feste und Rituale eine gute Geschwisterbeziehung. Für Geburtstage, Feiertage, sogar Mahlzeiten lassen sich Familienrituale entwickeln; wir sollten uns beim gemeinsamen Essen über den Tag unterhalten und die Erfahrungen der jeweils anderen zur Kenntnis nehmen.

Neutral bleiben, wenn Geschwister streiten. Es ist ganz normal, dass Geschwister manchmal uneins sind oder sich zanken; dabei sollten Eltern aber niemals für jemanden Partei ergreifen oder einem Kind die Schuld geben (häufig passiert das dem älteren Geschwisterkind). Wir sollten der Versuchung widerstehen, uns einzumischen oder auch bei jedem Streit zu vermitteln. Wenn wir tatsächlich einschreiten, müssen wir versuchen, neutral zu bleiben, die Gefühle aller Beteiligten anzuerkennen, unseren Kindern helfen, herauszufinden, was sie überhaupt fühlen, und sie dabei unterstützen, das Problem eigenständig zu lösen. Alle Parteien sollten für die Lösung verantwortlich sein. Dadurch werden Ressentiments vermieden und die Kinder lernen, dass sie einer Familie angehören, in der zusammengearbeitet wird und Probleme gemeinsam gelöst werden.

Überdies sind Hausregeln oder Absprachen zur Interaktion der Familienmitglieder von großem Nutzen (siehe S. 59 über das Treffen von Absprachen und S. 204 zur Konfliktlösung).

Mit jedem Kind einzeln Momente der Verbundenheit herstellen. Wenn Kinder die Aufmerksamkeit, die sie brauchen, nicht bekommen, werden sie sie mit allen Mitteln einfordern – einschließlich negativem Verhalten (zu Ideen, wie wir Verbundenheit schaffen können, siehe S. 62).

Angemessenheit vor Gleichheit. Wir wollen gerecht sein, aber statt nach Gleichheit sollten wir eher nach Angemessenheit streben. Es gibt Zeiten, in denen ein Kind mehr Aufmerksamkeit braucht als das andere, und das ist in Ordnung. Wir sollten auch herausfinden, auf welche Weise jedes unserer Kinder individuell Liebe empfindet, und dafür sorgen, dass wir jedem genau das geben, was es braucht. Manche Kinder wollen mehr schmusen, andere wünschen, dass man sich mit ihnen beschäftigt, wieder andere brauchen verbalen Zuspruch oder Hilfeleistungen, oder sie spüren die Liebe, wenn sie Geschenke bekommen. Manchmal brauchen sie auch eine Kombination von alldem. (Mehr über die Sprachen der Liebe findest du in *Die fünf Sprachen der Liebe* von Gary Chapman).

Ihnen Mut machen, sich gegenseitig von ihren Gefühlen zu erzählen. Wir können ihnen helfen, zu sagen: »Ich hab dich lieb.« »Ich finde es toll, wie du ________________.« Hilfreich ist, darüber zu sprechen, was jedem Kind wichtig ist, welche Sprache es benutzt, um seine Liebe auszudrücken, und welche, um sich zu entschuldigen. Jedes Kind kann lernen, herauszufinden, wie es den Tank des jeweils anderen füllen kann.

Beobachten, wenn viel gestritten wird. Wenn unsere Kinder sich ständig kabbeln und zanken, müssen wir uns Zeit nehmen und beobachten, was diese Meinungsverschiedenheiten auslöst. Wenn Kinder sich in unterschiedlichen Entwicklungsphasen befinden, sind ihre Bedürfnisse und Sichtweisen einfach sehr verschieden. Da kann unser einst so liebevolles 6-jähriges Kind plötzlich sehr ungeduldig mit einem jüngeren Geschwisterchen werden. Dann sollten wir ihm das Rüstzeug an die Hand geben, etwas geschickter reagieren zu können, oder wir müssen die Wohnumgebung so verändern, dass jedes Kind vorfindet, was es braucht. Wir können Möglichkeiten fürs Zusammensein schaffen, aber auch fürs Alleinsein: gemeinsame und private Räume (in Kapitel 4 finden sich weitere Tipps für die Wohnungseinrichtung für Geschwister).

Teilen

In Montessori-Gruppenzimmern für 3- bis 6-Jährige gibt es von von den meisten Entwicklungsmaterialien nur ein Exemplar und die Kinder müssen sich abwechseln. Sie wissen, dass Material oder ein Set verfügbar ist, wenn es vollständig im Regal steht, bereit für das nächste Kind. Maria Montessori war der Meinung, dass Kinder dadurch Geduld und Respekt vor der Arbeit anderer erlernen und dass auf diese Weise Konkurrenzdenken ausgeschlossen wird.

Wenn es zu Hause ähnliche Übereinkünfte gibt, was das Teilen von Dingen angeht, dann wissen die Kinder, was sie zu erwarten haben, und können untereinander ihre Probleme lösen.

- Was haben wir bezüglich des Teilens von Spielzeug ausgemacht?
- Sind bestimmte Gegenstände Alleinbesitz eines Kindes?
- Wollen wir, bevor Freund*innen zu Besuch kommen, gemeinsam mit dem Kind spezielle Gegenstände, die es an diesem Tag nicht teilen will, beiseiteräumen?
- Wie lösen wir Konflikte, wenn sie aufkommen?

Wir können unseren Kindern auch nahebringen, wie man außerhalb unseres Zuhauses über das Teilen verhandelt. Wir können ihnen helfen, zu lernen, sich auf dem Spielplatz durchzusetzen. »Als Nächste oder Nächster bin ich dran. Du kannst dich hinter mir anstellen.« »Das ist mein Eimer. Du kannst ihn ausleihen, wenn ich fertig bin.« Wir sollten ihnen auch begreiflich machen, dass auf dem Spielplatz möglicherweise andere Regeln gelten als zu Hause und dass jeder mal drankommen darf. »Jetzt zählen wir von 10 bis 1, dann darf mal jemand anderes auf die Schaukel.«

Wenn jüngere Kinder sich etwas wegnehmen und eines schreit, müssen wir möglicherweise einschreiten und zwischen beiden Parteien schlichten. Zu dem anderen Kind können wir sagen: »Du bist anscheinend traurig. Das ist dein Spielzeug und du hattest noch nicht fertig gespielt? Es tut mir leid, dass mein Kind dir dein Spielzeug weggenommen hat. Es wollte dringend damit spielen, aber es ist nicht in Ordnung, dir das wegzunehmen.« Zu unserem Kind können wir dann sagen: »Dieses Kind spielt noch mit dem Spielzeug,

aber bald kannst du es haben. Gib es bitte zurück, oder brauchst du dazu meine Hilfe?« Wenn unser Kind ein Spielzeug zum Spielplatz mitnehmen will, sollten wir es daran erinnern, dass dann vielleicht andere Kinder damit spielen wollen – dann kann es herausfinden, wie sich der Gedanke anfühlt.

6- bis 12-Jährige finden in der Regel ihre eigenen Lösungen, was Zusammenarbeit angeht, vor allem wenn wir das fördern und uns nicht einmischen.

Wie man höflich unterbricht

Ab dem 4. Lebensjahr kann ein Kind lernen, uns auf höfliche Weise zu unterbrechen, wenn wir gerade beschäftigt sind. Wir können mit ihm verabreden, uns die Hand auf die Schulter zu legen und zu warten, bis wir fertig sind. Dabei können wir unsere Hand auf die seine legen, zum Zeichen, dass wir gemerkt haben, dass es auf uns wartet. Wir lassen die Hand dort, bis wir bereit sind, ihm die Aufmerksamkeit zu widmen, die es braucht. Das können wir auch üben – zum Beispiel können wir so tun, als telefonierten wir, und das Kind versucht, unsere Aufmerksamkeit zu gewinnen. Wenn es vergisst, wie das geht (und das wird es), können wir schweigend auf unsere Schulter klopfen, um es zu erinnern.

Wir sollten unsererseits ebenfalls darauf achten, wie wir unser Kind unterbrechen, wenn wir ihm sagen wollen, dass wir jetzt nach Hause gehen müssen oder dass es Essen gibt, oder auch wenn wir eine Frage stellen wollen. Ist es möglich zu warten, bis es mit seiner gegenwärtigen Beschäftigung fertig ist, ehe wir etwas sagen? Wenn wir es tatsächlich unterbrechen müssen, welche Art der Unterbrechung wäre ihm recht? An die Tür klopfen? Musik spielen? Mit einem Wecker? Dass wir ihm die Hand auf die Schulter legen? Wie viel früher sollen wir ihm Bescheid geben, damit es sich auf eine Veränderung einstellen kann?

Wenn unser Kind die Angewohnheit hat, immer dazwischenzureden, können wir ihm bedeuten, zu warten, bis es an der Reihe ist, indem wir sagen: »Ich rede zu Ende, und dann kannst du reden.« Oder: »Sobald dein Bruder ausgeredet hat, hören wir uns sehr gerne an, was du zu sagen hast.«

Wie man sich entschuldigt oder etwas wiedergutmacht

Junnifa beobachtete einmal folgende Szene im Klassenzimmer: Gegen Ende des Schultags trug ein Junge sein Material zum Regal zurück, wurde durch etwas abgelenkt, das er durchs Fenster sah, und stieß mit einem Mädchen zusammen. Sie begann zu weinen und sagte: »Aslan hat mich angerempelt!« Eine Lernbegleiterin fragte ihn, ob er sich entschuldigen wolle, aber er antwortete nicht. Darauf sagte die

Lernbegleiterin: »Du hast Emame wehgetan. Magst du ein Eisstück für sie holen?« Aslam ging sofort das Eisstück holen. Als er es Emame brachte, sah er besorgt aus und half ihr, es auf der schmerzenden Stelle festzuhalten. Dann sagte er: »Ich wollte dich nicht anrempeln. Ich habe gesehen, dass meine Mutter im Auto vorbeigefahren ist, und das hat mich abgelenkt. Ich habe dich gar nicht bemerkt.« Und sie antwortete: »Ist schon okay. Jetzt geht es mir besser.« Niemand sagte: »Es tut mir leid«, aber beide Kinder hatten verstanden, was geschehen war und wie es der jeweils anderen Person damit ging; der Konflikt war gelöst und beide fühlten sich besser.

Wenn Kinder gezwungen werden, sich zu entschuldigen, dann meinen sie es oft nicht wirklich ernst und es kommt nichts an bei der Person, an die sich die Entschuldigung richtet. Statt unser Kind zu einer Entschuldigung zu zwingen, können wir die Beteiligten auffordern, ihren Konflikt zu besprechen und ihnen den Weg in Richtung einer Lösung weisen. Wenn wir eine Entschuldigung für nötig halten und unser Kind sich weigert, können wir uns im Namen unseres Kindes entschuldigen und die Sache später mit ihm besprechen. Manchmal brauchen Kinder Zeit, um ein Ereignis zu verarbeiten, ehe sie die Verantwortung dafür übernehmen können. (Mehr über Wiedergutmachung findest du auf S. 206.)

Mobbing

Wenn unser Kind drangsaliert wird: Wenn unser Kind sich beklagt, dass es schikaniert wird, sollten wir ihm zuerst den Rücken stärken, sodass es in der Lage ist, für sich selbst zu sprechen. Wir können ihm Ratschläge geben, wie es sich an die Lehrkraft oder den Lernbegleiter, die Lernbegleiterin wenden kann, wenn der Vorfall in der Schule passiert, oder wie es direkt auf die Übeltäter*innen reagieren sollte, wenn er anderswo geschieht. Wenn wir uns einmischen müssen, können wir das auf eine Weise tun, die unserem Kind vermittelt, dass es über das Verfahren bestimmt und an möglichen Gesprächen teilnimmt (z. B. können wir es fragen, ob es möchte, dass wir mit ihm zur Lehrkraft, zum Lernbegleiter oder zur Lernbegleiterin gehen, um es zur Not zu unterstützen), anstatt in die Opferrolle gedrängt zu werden (wenn wir in seinem Namen mit der Lehrkraft sprechen). In der Montessori-Schule gehen wir davon aus, dass ein Kind, das andere schikaniert, sich einfach nicht zugehörig fühlt. Vielleicht könnten wir in Zusammenarbeit mit der Schule eine Möglichkeit finden, wie das andere Kind gesehen, gehört und verstanden wird, sodass unser Kind sich sicher fühlt.

Was, wenn unser Kind andere schikaniert? Dann müssen wir diesem Verhalten zunächst auf den Grund gehen. Kinder, die andere verletzen, fühlen sich oft selbst verletzt. Vielleicht fühlt unser Kind sich unsicher und machtlos. Einerseits ist es wichtig, sich um diese Bedürfnisse zu kümmern, andererseits müssen wir unserem Kind aber auch klarmachen, dass es nicht akzeptabel ist, andere zu drangsalieren.

Es sollte die Verantwortung für sein Verhalten übernehmen und – eventuell mit unserer Hilfe – Wiedergutmachung leisten.

Wenn unser Kind herrschsüchtig oder schüchtern auftritt

Manche Kinder lieben es, allen Leuten – einschließlich den Erwachsenen – zu erklären, was sie zu tun haben und wann und wie sie etwas tun müssen. Diese Kinder besitzen womöglich ein Temperament, starke Initiative und Führungsqualitäten, die wir nicht unterdrücken wollen. Andererseits wünschen wir uns aber auch, dass sie die nötigen Fähigkeiten entwickeln, um harmonisch mit anderen zu leben und zu arbeiten – sie müssen lernen, zu warten, andere zu respektieren und ihnen zuzuhören und zu verstehen, dass jeder seinen eigenen Willen hat. Anstatt unser Kind als »herrschsüchtig« zu bezeichnen (ein Etikett, das man nur sehr schwer wieder loswird), können wir ihm helfen, die zugrunde liegenden Bedürfnisse zu identifizieren und in ihm die Fähigkeiten zu entwickeln, die es noch braucht.

Wenn unser Kind sich in fremden Situationen hinter uns versteckt, lange braucht, bis es sich für fremde Menschen erwärmt, oder nach sozialen Verpflichtungen viel Zeit für sich allein benötigt, dann sollten wir es so akzeptieren, wie es ist, es aber dennoch unterstützen, die Fähigkeiten zu entwickeln, die es für ein Leben in der Gesellschaft braucht. Wir können ihm helfen, zu lernen, wie es »Hallo« sagen kann, ohne sich dabei unwohl zu fühlen, wie es fragen kann, ob es bei einer Gruppe mitspielen darf, und wie es sich daraus wieder zurückziehen kann, wenn es ein wenig Ruhe braucht. Wir sollten aufhören, das Kind als »schüchtern« zu bezeichnen (wieder so ein Etikett, das sich selbst erfüllt), und stattdessen herausfinden, wie es sich fühlt: »Brauchst du noch etwas Zeit, um warm zu werden? Würdest du gerne sagen: ›Ich möchte erst noch ein bisschen zuschauen‹?«

Freundschaften

Bereits in der ersten Phase beginnen Kinder, Freundschaften zu pflegen. Wir können für Möglichkeiten sorgen, mit anderen zu interagieren. Außerdem beobachten die Kinder, wie wir ihnen die Komponenten, die zu einer positiven Beziehung gehören, vorleben. Wir bieten ihnen die Sprache und die Gelegenheiten für Kommunikation, zeigen ihnen, wie man sich ausdrückt, vermitteln ihnen die Stärke, respektvoll für sich einzustehen, und ermutigen sie zur Mitarbeit, zwingen sie aber nicht.

Idealerweise hat unser Kind, wenn es die zweite Entwicklungsphase erreicht, bereits ein gutes Fundament aus moralischen Werten entwickelt, die es leiten, wenn nun seine Freund*innen mehr Einfluss gewinnen. Wir können es an seine Werte erinnern und mit ihm über seine Entscheidungen sprechen. Damit solche Gespräche wirklich Wirkung zeitigen, müssen wir bis dahin eine Beziehung aufgebaut haben, die auf Verbundenheit und offener Kommunikation beruht.

Wenn unser Kind sich in Gegenwart eines bestimmten Freundes oder einer Freundin deutlich anders verhält, können wir es auf diese Veränderung aufmerksam machen und mit ihm darüber sprechen. Wir sollten uns anhören, wie es sich in Gegenwart dieses Kindes fühlt und warum es sich wohl dabei so anders benimmt. Vielleicht müssen wir mit ihm zusammen an seiner Selbstwahrnehmung arbeiten oder ihm das nötige Rüstzeug vermitteln, um dem Druck zu widerstehen, den das andere Kind womöglich ausübt. Wenn es sich nicht bessert, sollten wir versuchen, die Zeit mit diesem Freund, dieser Freundin zu begrenzen, indem wir mehr mit der Familie unternehmen oder Verabredungen mit anderen Kindern organisieren. Wir sollten Strafen vermeiden, denn das kann heftigen Widerstand und Groll auslösen. So oft wie möglich sollten wir unser Kind an die Werte erinnern, die in unserem Haus eine Rolle spielen, sodass es einen Maßstab hat, an dem es das Verhalten anderer Menschen messen kann.

Wenn etwas schiefgeht. Wenn unsere Kinder in Gegenwart anderer etwas Unangemessenes tun, ist es notwendig, Ruhe zu bewahren. Wir können warten, bis wir allein mit ihnen sind, um mit ihnen über ihr Verhalten zu sprechen. Wir müssen uns immer über unsere Motive Rechenschaft ablegen, denn unsere Kinder sollen das Richtige tun, weil es richtig ist, nicht weil wir wollen, dass sie sich anpassen, oder weil uns wichtig ist, was die anderen Leute sagen. Kinder sind sehr aufmerksam, und sie absorbieren alles, auch das Gefühl, anderen gefallen zu wollen.

Fähigkeiten im Umgang mit Freund*innen. Wenn wir beobachten, dass unser Kind hier bestimmte Fähigkeiten entwickeln sollte, können wir mit ihm spielen oder üben. Zum Beispiel:

- Wenn unser Kind gerne andere umarmt, können wir ihm nahebringen, die betroffene Person erst zu fragen, ob sie umarmt werden will.
- Wir können ihm erklären, wie man »Stopp« oder »Ich will das nicht« sagt, wenn jemand etwas tut, das sie stört, oder wenn sie eine Rauferei beenden wollen.
- Wenn unser Kind traurig ist, weil sein Freund oder seine Freundin nicht mit ihm spielen will, können wir ihm raten zu fragen, ob er oder sie vielleicht ein andermal zum Spielen kommen möchte, wir können Spiele vorschlagen, die es allein spielen kann, oder ihm zeigen, wie es sich einer anderen Gruppe anschließt. Wir sollten die Gefühle unseres Kindes aber immer ernst nehmen.
- Wir können ihm helfen, zu erkennen, wann es eine erwachsene Person um Hilfe bitten muss.

Das ehrgeizige Kind

Es ist überhaupt nicht schlimm, wenn ein Kind sich gerne mit anderen misst. Das ist nur dann ein Problem, wenn unser Kind nicht verlieren kann oder wenn sein Konkurrenzdenken einen negativen Effekt auf andere Kinder hat. Die Montessori-Pädagogik schafft eine nicht kompetitive Lernumgebung für gemeinsames Lernen. Selbst bei den jüngsten Kindern stärken wir die Zusammenarbeit in der Gemeinschaft. Wenn Zusammenarbeit statt Wettbewerb unterstützt wird, verstärkt sich das Gefühl, dass alle dazugehören und jeder seinen Beitrag leistet.

Wenn wir ein Kind haben, das zu Hause kompetitives Verhalten an den Tag legt, können wir uns Folgendes fragen:

Ermutigen wir zu Hause zu ehrgeizigem Verhalten? Fragen wir: »Wer ist als Erster fertig?«, »Wer kann mein bester Helfer sein?«, »Wer hat alles aufgegessen?«? Könnten wir stattdessen eher die Zusammenarbeit stärken? »Wir wollen mal sehen, wie schnell wir uns für die Schule fertig machen können.« Wer zuerst fertig ist, kann denen, die Hilfe brauchen, beistehen.

Wenn das Kind sich mit anderen vergleicht, können wir dann mehr auf das Individuelle abheben? Wenn unser Kind jammert: »Das ist gemein! Die haben zwei gekriegt und ich bloß eins!«, sollten wir, anstatt mit erhobenem Zeigefinger zu moralisieren – zum Beispiel: »Es läuft nicht immer so, wie man sich das wünscht« –, seine Gefühle anerkennen: »Das klingt, als hättest du wirklich gern mehr gehabt. Ich verstehe gut, dass du enttäuscht bist, dass nicht genug da war, sodass alle zwei kriegen konnten.« Wenn es prahlt: »Ich bin die Schnellste / der Stärkste!«, können wir in unserer Antwort nicht den Wettbewerb, sondern eher das Individuum ins Zentrum stellen: »Es macht dir einen Riesenspaß, schnell zu rennen / dich stark zu fühlen, stimmt's?«

Können wir die Aufmerksamkeit auf den Prozess statt auf das Ergebnis lenken? Einem Kind, das der oder die Beste sein will, kann es helfen, alle Schritte auf dem Weg dahin in den Fokus zu nehmen, nicht nur das Ergebnis. »Du hast für den Wettbewerb an diesem Wochenende wirklich hart trainiert und kein einziges Training verpasst.«

Hat unsere Familie ein Überfluss-Mindset (abundance mindset)? In einer Montessori Gruppe kann jedes Kind sein Bestes geben, aber nicht auf Kosten von jemand anderem. Es gibt genug Zeit, zu lernen, es gibt genug Platz für alle Kinder und jedes Kind wird geschätzt. Das nennt man ein Überfluss-Mindset.

Können wir sportliches Verhalten üben – gleichgültig, ob wir gewinnen oder verlieren? Wenn Kinder einen Teamsport oder ein Gesellschaftsspiel spielen, geben wir ihnen die Möglichkeit, dass sie sportliches Verhalten trainieren – und dabei einen Ausgleich schaffen zwischen ihrem Wunsch, ihr Bestes zu geben und Herausragendes zu leisten, und Konzepten wie Gerechtigkeit und Fairness. Wir können uns darauf konzentrieren, das Bestmögliche zu leisten und immer besser zu werden, statt immer gewinnen zu wollen. Wir können Anmut und Höflichkeit üben. Das bedeutet, zum Gewinner »Herzlichen Glückwunsch« zu sagen und zur Verliererin: »Nächstes Mal läuft es bestimmt besser.« Wir interessieren uns dafür, wie alle gespielt haben, statt nur dafür, wer gewonnen hat. Das muss man sehr oft wiederholen und üben. Wenn unser Kind verzweifelt ist, weil sein Team verloren hat, können wir es trösten: »Es tut weh, dich so traurig zu sehen, wenn ihr verloren habt«, oder: »Es kann ganz schön schwer sein, zu verlieren, wenn man sein Bestes gegeben hat.« Damit erhält man die Verbundenheit aufrecht, auch wenn es dem Kind gerade schlecht geht.

WIE AUS KINDERN SOZIALE MITBÜRGER*INNEN WERDEN

In unseren Montessori-Gruppenzimmern betrachten wir jedes Kind als einzigartig, wir akzeptieren jedes Kind als das, was es ist, und wir sorgen dafür, dass jedes Kind spürt, dass es zu unserer Gemeinschaft gehört. Zu Hause können wir das ähnlich machen. Antirassistische, Vorurteilslose Erziehung ist intrinsisch mit der Erziehung eines Montessori-Kinds verknüpft. Das reicht von unserer Art des Geldausgebens über unser Verhalten in unseren Gemeinschaften bis hin zu Mitteln und Wegen, wie wir im Angesicht von Ungerechtigkeit aktiv werden.

Einen hilfreichen Rahmen für diese Arbeit bieten die vier Ziele der Vorurteilsbewussten Erziehung, die von Louise Derman-Sparks und Julie Olsen Edwards entwickelt wurden.

Ziel 1: Jedes Kind versteht und schätzt seine eigene Identität. Wir bestehen alle aus einer Schnittmenge von Identitäten, wie Ethnie, Geschlecht, Religion, ökonomische Schicht, Familienstruktur, Neurodiversität, unterschiedliche Talente und Fähigkeiten, Sprachen und so weiter. 3- bis 6-jährige Kinder mit ihrem absorbierenden Geist nehmen unwillkürlich die Einstellung auf, die wir und andere Menschen in ihrer Umgebung (positiv, neutral oder negativ) gegenüber Teilen ihrer Identität haben. 6- bis 12-Jährige gehen noch weiter und fragen, inwiefern sie oder ihre Familie anderen gleichen oder sich von ihnen unterscheiden.

Um ein starkes Selbstwertgefühl aufzubauen, können wir unserem Kind zeigen, wie Teile seiner Identität (Hautfarbe, Familienstruktur, Sprache etc.) dargestellt werden in:

- Büchern und Geschichten
- Kunst, Plakaten und Fotografien
- Spielzeug wie Puppen und Puzzles
- Malsachen wie hautfarbenen Buntstiften oder Farben, mit denen sie ihre eigene Hautfarbe mischen können
- Liedern, Tänzen, Musik und Musikinstrumenten

Zum Verständnis der Kinder, wer sie sind, gehört auch ein Bewusstsein dafür, was für Privilegien sie genießen. Welche ihrer Identitäten ermöglicht ihnen Zugang, Gelassenheit oder »Unsichtbarkeit« und welche nicht?

Ziel 2: Jedes Kind versteht und schätzt die Identitäten anderer. Hier können wir auf der Arbeit aufbauen, die wir für Ziel 1 aufgewandt haben, indem wir unsere Kinder dabei unterstützen, andere Menschen in unserer Gemeinschaft durch reale Erfahrungen kennenzulernen.

Wir können nach Spielzeug, Büchern, Kunstwerken und anderen Medien suchen, die die menschliche Diversität abbilden und indigene, Schwarze und asiatische Kinder, Kinder of Color, Familien mit gleichgeschlechtlichen Eltern, Behinderte und Mitglieder der LGBTQIA+- und neurodiversen Gemeinschaft in den Mittelpunkt stellen.

> »Kinder lernen
> Vorurteile von Vorurteilen – nicht, weil
> sie etwas über die menschliche Diversität
> lernen. Vorurteile und Angst werden durch
> die Reaktionen der Menschen gegenüber
> Andersartigkeit übertragen.«
>
> Louise Derman-Sparks und Julie Olsen Edwards:
> *Anti-Bias Education for Young Children and Ourselves*

Wir können noch weiter gehen und darauf achten, dass unsere Freund*innen, Ärzte und Ärztinnen und andere Menschen in unserem täglichen Umfeld ein breites Spektrum von Identitäten repräsentieren. Wir können Ausflüge in andere Stadtviertel oder Städte unternehmen, die sich von unseren eigenen unterscheiden. Wir können wahrnehmen, was gleich und was anders ist.

Unsere 3- bis 6-Jährigen nehmen das alles mit ihrem absorbierenden Geist auf. Die 6- bis 12-Jährigen analysieren die Ähnlichkeiten und Unterschiede mit der Linse ihres moralischen Kompasses, mit ihrem weiterentwickelten Denken und ihrem Interesse, das sie am Leben der Menschen an anderen Orten und zu anderen historischen Zeiten haben.

Ziel 3: Jedes Kind kann Ungerechtigkeit erkennen und verstehen, dass sie wehtut. Wir können unser Kind dabei unterstützen, Ungerechtigkeit, mangelnde Fairness und Stereotype zu erkennen, die sich auf sie oder andere beziehen. Wir können ihm nahebringen, kritisch zu denken, indem wir Fragen stellen wie: »Wer fehlt in diesem Raum?«, oder: »Wer hat einen Nachteil davon?« Wir können dem Kind vorleben, kritische Fragen zu stellen, wenn wir etwas in den Nachrichten hören, einen Artikel oder Post in den sozialen Medien lesen, an einer Plakatwand vorbeigehen oder Kindergespräche mit anhören. Die Pädagogin für Vorurteilsbewusste Erziehung Britt Hawthorne rät, dem Kind zu verdeutlichen, dass die Probleme eher im System liegen als bei Individuen. Wenn unser Kind fragt: »Warum wohnen die Leute unter der Brücke?«, dann ist das eine Gelegenheit, über die Wohnungspreise und Lebenshaltungskosten in unserer Stadt zu sprechen und dass die Stadt nicht in bezahlbaren Wohnraum investiert hat.

Wir können unserem Kind helfen, binäre Kategorien infrage zu stellen und zu lernen, andere in den Mittelpunkt zu stellen. Es kann lernen, andere Kulturen zu schätzen, ohne in kulturelle Aneignung zu fallen. Wir können die ursprünglichen, indigenen Landbesitzer unserer Gegend benennen und darüber nachdenken, wie Einzelpersonen und die Gesellschaft die Ressourcen gerechter verteilen könnten. Sobald unser Kind lernt, wer die Macht in der Gesellschaft hat, kann es auch lernen, die Folgen dieser Verteilung kritisch zu analysieren.

Ziel 4: Jedes Kind fühlt sich stark genug, im Falle einer Ungerechtigkeit aktiv zu werden. Wir können unser Kind fragen, was es unternehmen möchte. Wir können ihm helfen, einen Brief an den Stadtrat zu schreiben. Wir können ihm Mut machen, bei Vorurteilen und Diskriminierung für sich oder jemand anderen einzustehen. »Das ist unfreundlich.« »Es tut mir/ihr/ihm weh, wenn du so etwas sagst.« In Krisenzeiten wollen Kinder vielleicht Geld spenden, das sie gespart haben, oder eigenhändig dabei helfen, Menschen in unserem Lebensumfeld, die am sozialen Rand leben, zu unterstützen.

Wir können unseren 6- bis 12-Jährigen helfen, ihren Gerechtigkeitssinn und ihre Empathie zu entwickeln. Aber diese Gespräche sollten schon viel früher anfangen: mit unseren jungen Kindern im Alter von 0–6. Wir Erwachsene müssen uns fortbilden, damit wir ihnen in diesen kritischen Gesprächen Orientierung geben können, und wir müssen beispielhaft zeigen, wie wir Menschen zu Hilfe rufen oder zurate ziehen, wenn wir Ungerechtigkeit sehen oder selbst erleiden.

Hier folgen ein paar hilfreiche Sätze aus *Speak Up at School* aus: *Learning for Justice*:

- »Das ist beleidigend.«
- »Das finde ich überhaupt nicht witzig.«
- »Es erstaunt mich, so etwas von dir zu hören.«
- »Was meinst du denn damit?«
- »Worauf willst du hinaus?«
- »Wolltest du da eben etwas Verletzendes sagen?«
- »Wenn du das Wort in negativem Sinn benutzt, dann verletzt mich das.«
- »Wenn du dieses Wort benutzt, dann fühlen sich manche hier nicht willkommen und auch nicht sicher.«

Eine Bemerkung über Bücher

Wir haben von der Pädagogin für Vorurteilsbewusste Erziehung Britt Hawthorne gelernt, dass es unterschiedliche Kategorien von Büchern gibt: bestätigende Bücher (in denen Kinder sich repräsentiert sehen), Bücher für Diversität (in denen viele Arten unterschiedlicher Kinder, Menschen und Familien porträtiert werden), Bücher für soziale Gerechtigkeit (dazu gehören auch Bücher mit schädlichen Stereotypen oder anderen Inhalten, die wir mit unserem Kind zusammen kritisch analysieren wollen) und Bücher für Aktivismus (wie andere in der Vergangenheit gehandelt haben und wie wir heute handeln können). Wir sollten uns den Zweck eines Buches und seine Brauchbarkeit für uns klarmachen, wenn wir unsere Büchersammlung erweitern oder die Bibliothek besuchen. Bei manchen Büchern sollten wir sicherstellen, dass wir sie zusammen mit unseren Kindern lesen, damit wir darüber diskutieren können, andere dürfen einfach im Regal stehen, sodass die Kinder sie allein lesen und anschauen können.

WIE WIR UNSERE EIGENE FAMILIENKULTUR ERSCHAFFEN

Wir können in unserem Zuhause bewusst eine eigene Familienkultur aufbauen. Colleen Wilkinson von *Trauma Informed Montessori* schreibt über Spiegelneuronen: »Wir sind eine soziale Spezies: Wenn ein Tier Gefahr wittert, wird die gesamte Gruppe wachsam, das kommt der Überlebensrate zugute. Ruhe, Sicherheit und Wohlbefinden sind ebenso ansteckend.« Wir sollten unseren Kindern diese Ruhe, Sicherheit und dieses Wohlbefinden bewusst bieten.

- Wir wollen, dass unsere Kinder sich zu Hause sicher fühlen, körperlich wie psychisch.
- Sie empfangen unsere Fürsorge und werden lernen, die gleiche Fürsorge anderen Familienmitgliedern angedeihen zu lassen.
- Wir können klare Familienvereinbarungen entwickeln.
- Wir können darüber sprechen, was Respekt bedeutet: zum Beispiel freundliche Worte benutzen, einander zuhören, mit dem ganzen Körper zuhören, einander Raum geben, um reden, sich bewegen und ausruhen zu können.
- Und wir können Spaß haben. Simone kennt eine 10-Jährige, die eine neue Möglichkeit fand, in ihrer Familie Verbundenheit zu schaffen, und zwar mit Pizza. Jede und jeder schrieb auf einen Zettel, welchen Belag er oder sie auf seiner persönlichen Pizza haben wollte, und warf ihn in einen Hut. Alle zogen einen Zettel heraus und machten jeweils die Pizza für jemand anderen.
- Wir müssen sicherstellen, dass jedes Familienmitglied sich als etwas Besonderes fühlt und spürt, dass es in die Familie gehört.

- *Raising Antiracist Children: A Practical Parenting Guide* von Britt Hawthorne (eine Pädagogin für Vorurteilsbewusste und Antirassistische Erziehung und Lehrerausbilderin mit Montessori-Ausbildung; das Buch enthält zahlreiche Aktivitäten, die wir mit unseren Kindern durchführen können.)
- *The Antiracist Kid: A Book About Identity, Justice and Activism* von Tiffany Jewell (ebenfalls Montessori-Lernbegleiterin; für Kinder von 8 bis 12)
- *Anti-Bias-Education for Children and Ourselves* von Louise Derman-Sparks und Julie Olsen Edwards
- *Speak Up at School* von Learning for Justice
- *Cultivating Genius: An Equity Framework for Culturally and Historically Responsive Literacy* von Gholdy Muhammad

DINÉ & ACOMA PUEBLO, NEW MEXICO, ON THE NAVAJO NATION

Joshuaa, Kaleb, Kateri
@ndnslp & Faculty of Johns Hopkins Bloomberg School of Public Health

»Ich habe mit meinen Kindern jede Menge Problemlösungs-Aktivitäten gemacht, wir sind ins Freie gegangen und haben Ursache und Wirkung anhand des Bewässerungskanals untersucht, zum Beispiel, was passiert, wenn man das Wasser hineinfüllt und er überfließt.

Ich denke auch darüber nach, wie ich den Wortschatz meiner Kinder erweitern kann, wenn wir als Pueblo-Bewohner in der Kiva (Versammlungshaus) sind oder auf die Jagd gehen. Solche Gelegenheiten nutze ich, um darüber zu sprechen, was gerade geschieht, und durch Gespräche in realen Lebenssituationen den Spracherwerb zu unterstützen.

Montessori bedeutet für mich Lernen im wirklichen Leben. Lernen durch Tun, lernen durch Erfahrung, Lernen durch Fühlen und Essen, auch durch Sehen. So würde ich eigentlich Montessori erklären, aus indigener Perspektive würde ich sagen, dass es bei uns immer um Verbundenheit geht. Verbundenheit ist der Schlüssel unserer Existenz als Menschen, sie ist die Verbindung von uns zu unseren Kindern und umgekehrt, die Verbindung zu unseren Eltern und sogar zu allem, das uns umgibt, Lebendiges, nicht Lebendiges, die Erde, alles.

Kinder, die früh die Möglichkeit haben, eine Fertigkeit zu erlernen, z. B. Feuer machen, und Respekt davor zu haben, zu erfahren, warum wir das machen und wie wir es nutzen, solche Kinder fangen irgendwann an, diese Dinge auf eigene Faust zu machen. Ein Feuer aufbauen, wissen, was getrocknet werden muss, mit kleinen Holzstückchen anfangen und wann man dann ein großes Holzscheit drauflegt.

Für mich als Sprachtherapeut und als Vater funktioniert diese Herangehensweise hervorragend für junge indigene Kinder, die auf ganz besondere Weise lernen und gerade in der Phase sind, wo sie mehr über ihre Kultur lernen, ihre Sprache neu lernen, andererseits aber auch ein generationenübergreifendes Trauma und die Nachteile ungenügender Lernorte abarbeiten müssen, was beides zu vermehrten Angstzuständen und mangelnder Selbstbefähigung bezüglich des akademischen Lernens geführt hat.

DIE UMSETZUNG IN DIE PRAXIS

7

TEIL EINS

MONTESSORI-PRINZIPIEN IM ALLTAG ANWENDEN

TAGESRHYTHMEN

Kindern ist es enorm wichtig, zu wissen, was als Nächstes kommt, denn das gibt ihnen ein gewisses Maß an Kontrolle über ihre ansonsten schwer berechenbaren Tage. In Forschungsstudien wurde nachgewiesen, dass Kinder sich kognitiv und psychosozial besser entwickeln, wenn sie in ihrem Alltag über Entscheidungs- und Kontrollmöglichkeiten verfügen, und wenn täglich Wiederkehrendes wie Anziehen, Mahlzeiten und Bettruhe zu vorhersehbaren Zeiten stattfinden.

Oft fühlen wir uns vom Leben einfach davongetragen. Es kann aber nicht schaden, unsere Tage, Wochen und Monate bewusst zu gestalten. Statt der Begriffe »Routine« oder »Stundenplan« verwenden wir gerne das Wort »Rhythmus«, das wir von Eloise Rickman, der Autorin von *Extraordinary Parenting*, gelernt haben. Rhythmen beinhalten eine gewisse Flexibilität, die es erlaubt, sich nach dem Tempo des Kindes zu richten. Mit ihrer Hilfe sehen wir aber auch voraus, was als Nächstes kommt und wie es vonstattengeht.

Die meisten Kinder möchten gerne wissen, was für den Tag geplant ist. Während des Frühstücks können wir mit der ganzen Familie besprechen, wie der Tag aussehen wird. In den Ferien oder am Wochenende kann solch eine Morgenbesprechung unseren Kindern auch helfen, ihre eigenen Aktivitäten zu planen. Wenn wir am Nachmittag etwas unternehmen, dann wissen sie, dass sie über den Vormittag verfügen können. Wenn wir den ganzen Tag freihaben, fangen sie vielleicht mit einem größeren Projekt an, das mehr Zeit und Platz braucht. Damit haben sie eine gewisse Entscheidungsfreiheit und Kontrolle über ihre Zeit.

Wenn Pläne über den Haufen geworfen werden müssen (und das wird geschehen), können wir sie aufmuntern. »Wir hatten ja vor, bald loszugehen. Jetzt habe ich gerade bemerkt, dass vor dem Mittagessen eine Lieferung kommt. Ist es okay für dich, wenn wir nach dem Mittagessen gehen?«

EIN TAGESRHYTHMUS

Ein Tagesrhythmus ist kein strenger Stundenplan, sondern eher eine Folge größerer störungsfreier Zeitblöcke für bestimmte Aktivitäten, wobei die Mahlzeiten täglich einigermaßen um die gleiche Zeit stattfinden.

Familien sind sehr unterschiedlich, sodass man kaum verallgemeinern kann. Hier folgt ein Beispiel für den Tagesrhythmus eines 3- bis 12-jährigen Kindes.

AUFWACHEN

- Liest oder spielt leise nach dem Aufwachen
- Kuschelt und liest oder redet mit den Eltern

AUFSTEHEN

- Putzt die Zähne, kämmt die Haare, wäscht das Gesicht
- Zieht sich an
- Hilft bei der Frühstücksvorbereitung und isst mit der Familie
- Packt das Pausenbrot ein
- Packt die Schultasche

DAS HAUS VERLASSEN

- Zieht die Schuhe an
- Zieht wenn nötig weitere Kleidungsschichten an – Jacke, Mütze, Handschuhe, Schal
- Cremt sich bei Bedarf mit Sonnenschutz ein
- Nimmt die Schultasche und alles andere, das an diesem Tag benötigt wird (Sportsachen, Musikinstrument, Bibliotheksbücher zum Zurückgeben etc.)

VORMITTAG

- Kindergarten- oder Schulbesuch/ morgendliche Aktivitäten
- Mittagessen in der Schule, zu Hause oder bei einem Picknick

NACHMITTAG

- Aktivitäten außerhalb der Schule wie z. B.
  - Zeit in der Natur – Besuch von Spielplatz, Park, Strand, Berg oder Wald
  - Zeit in der Gemeinschaft – Besuch bei Freund*innen oder Verwandten, freiwillige Arbeit im Stadtviertel, Bibliotheksbesuch
  - Sportverein oder Musikunterricht (nicht an zu vielen Tagen der Woche)
  - freies Spiel zu Hause – lesen, forschen, erfinden, bauen, backen

SPÄTNACHMITTAG

- Hilft bei der Zubereitung des Abendessens
- Deckt den Tisch
- Macht Hausaufgaben
- Räumt auf

ABENDESSEN

- Isst mit der Familie am Tisch (dazu gehört das Erlernen von Tischgebeten und Tischmanieren sowie die Teilnahme am allgemeinen Gespräch)

NACH DEM ABENDESSEN

- Ruhige Beschäftigung oder Familienspaziergang
- Vollbad oder Dusche
- Zähneputzen
- Schlafanzug anziehen

BETTGEHZEIT

- Lesen oder Geschichten erzählen im Bett
- Erzählt vom Tag
- Kuschelt
- Licht aus

In unserem Tagesrhythmus finden sich so viele Gelegenheiten, bei denen unser Kind seine Selbstständigkeit entwickeln, Verantwortung für sich übernehmen und eigene Entscheidungen treffen kann.

Wir müssen auch herausfinden, welche Bedürfnisse unser Kind hat. Wenn ein Kind, das lieber zu Hause bleibt, in letzter Zeit sehr viel unternommen hat, dann kann ein gemütlicher Tag im Schlafanzug ihm Zeit für Entspannung geben. Wenn unser Kind übermüdet ist, sollten wir unseren Rhythmus anschauen und uns überlegen, wie wir mehr Ruhezeiten einplanen können.

ZUM BEOBACHTEN

Haben wir einen klaren Rhythmus an Werktagen?

- Ist der Rhythmus am Wochenende ähnlich/anders?
- Haben wir genug Zeit oder sind wir ständig in Eile?
- Was können wir aus unserem Zeitplan streichen, um mehr freie Zeit in der Woche zu haben?

Wenn im Tagesrhythmus Probleme auftreten

Es kann recht frustrierend sein, wenn unser Kleinkind, das sich so sehr fürs Anziehen und Sich-alleine-Fertigmachen interessiert hat, plötzlich den Anschein von Desinteresse oder Bequemlichkeit erweckt oder erwartet, dass wir ihm helfen. Das passiert häufig im Alter zwischen 2,5 und 3 Jahren und auch noch später. Die Kinder empfinden das Ankleiden und Fertigmachen nicht mehr als spannende Herausforderung, die es zu beherrschen gilt, verlangen aber dennoch mehr Autonomie. Das kann für Erwachsene wie Kinder eine frustrierende Phase sein.

Beginne immer mit Beobachtung, um objektive Informationen zu sammeln, und suche nach täglich auftretenden Engpässen oder Hindernissen.

Möglicherweise wird das Kind, wenn es nach dem Frühstück zum Anziehen zurück in sein Zimmer gehen muss, vom Spielzeug im Wohnzimmer abgelenkt. Dann könnten wir die Reihenfolge im Ablauf ändern, sodass es sich gleich nach dem Aufwachen anzieht und dann beim Frühstückmachen hilft.

Geschwister können sich auch gegenseitig hochschaukeln und ablenken. Vielleicht müssen sie sich eine Weile getrennt anziehen, bis sie diese Fertigkeit wieder gut beherrschen, und erst dann dürfen sie sich allmählich wieder gleichzeitig anziehen.

Auseinandersetzungen durch klare Ankündigungen minimieren (wie zum Beispiel, um welche Uhrzeit wir losgehen wollen und was bis dahin zu tun ist) und die Kinder auf positive Weise zum Kooperieren bewegen, anstatt uns selbst des Problems anzunehmen.

Das Tempo verlangsamen und genug Zeit einplanen. Sowohl 3- bis 6-Jährige als auch 6- bis 12-Jährige hassen es in der Regel, gehetzt zu werden. Sie wollen das Gefühl haben, die Abläufe des morgendlichen Aufbruchs selbstbestimmt zu meistern. Für unser Kind kann es eine nützliche Übung sein, aufzuschreiben, wie lange alles dauert, bis man das Haus verlassen kann. (Ein jüngeres Kind braucht dabei wahrscheinlich unsere Hilfe.) Dann können wir fünf Extraminuten zugeben, für den Fall, dass jemand seine Handschuhe nicht findet oder etwas Unvorhergesehenes passiert.

Eine Checkliste anlegen oder Routinekarten benutzen. Bei Kindern zwischen 3 und 6 kann man die Morgen- und Abendphasen relativ leicht entzerren, indem man zusammen eine Checkliste aller notwendigen Arbeitsschritte anlegt. (Für das Erstellen der Liste sollten wir unbedingt einen neutralen Zeitpunkt wählen, nicht den Moment, wenn wir versuchen, aus der Tür zu hasten, oder wenn die Kinder im Schlafanzug herumhüpfen, um nicht ins Bett zu müssen.)

Wir können uns zusammen alle notwendigen Schritte überlegen und sie schriftlich festhalten. Wir können eine Liste schreiben, eine Tabelle mit einfachen Zeichnungen machen, ein paar Routinekarten ausdrucken oder Fotos aufhängen, die unser Kind bei jedem Schritt zeigen. Diese optischen Spickzettel können mit Klebestreifen an der Wand, mit Wäscheklammern an einer Schnur oder an einem Magnetbrett aufgehängt werden, sodass das Kind über die Abfolge entscheiden und sie gegebenenfalls auch ändern kann. Dann brauchen wir nicht an ihm herumzunörgeln, sondern können einfach auf das Schaubild zeigen und fragen: »Was kommt als Nächstes?«, und ihm dann die Verantwortung überlassen, rechtzeitig fertig zu werden. So arbeiten wir zusammen. Oft genügt eine Woche, bis der Rhythmus etabliert ist, und dann braucht das Kind die Checkliste gar nicht mehr so dringend.

Bei Kindern zwischen 6 und 12 sollten wir bei unserem Familienmeeting über Ideen diskutieren, die allen Familienmitgliedern helfen können, am Morgen pünktlich loszukommen. Vielleicht wollen die Kinder mehrere Wecker stellen, früher ins Bett gehen, alles schon am Vorabend zusammenpacken, oder sie bitten uns, nachzuschauen, ob sie wirklich wach sind. Dann können wir einen Termin ausmachen, an dem berichtet wird, wie der neue Plan funktioniert.

UM PÜNKTLICH AUS DER TÜR ZU KOMMEN, SOLLTE MAN FOLGENDES BEACHTEN

- Ist es einfach für das Kind, Kleider herauszusuchen?
- Sind Schränke und Schubladen zu voll, sodass es nicht gut erkennen kann, was vorhanden ist?
- Sollten wir Kleidung, die nicht der Jahreszeit entspricht, aussortieren und wegräumen, damit es geeignete Kleider auswählt?
- Braucht es einen speziellen Sitzplatz, um sich anzuziehen?
- Fände das Kind es lustig, am Vorabend schon die Kleider auszusuchen und sie auf dem Boden in Form einer Person auszulegen?
- Ist alles, was für den Aufbruch nötig ist, vorne an der Wohnungstür? Schuhe? Taschen? Sonnencreme in wärmeren Monaten? Handschuhe und Mützen in kälteren Jahreszeiten?
- Wäre eine Checkliste nützlich für alles, was sie in die Schultasche packen müssen, inklusive Sportsachen und Musikinstrumente?

Die Umgebung vorbereiten. Wir können uns die Prinzipien aus Kapitel 4 noch einmal anschauen, um die Wohnumgebung so einzurichten, dass das Kind weiß, wo es alles finden kann, und dass alles attraktiv aussieht und weniger Hilfe vonnöten ist. Kinder unter 6 mögen es, alles immer an derselben Stelle zu finden, wenn sie danach suchen; 6- bis 12-Jährige brauchen eine gewisse Ordnung in ihrer Umgebung, die ihnen von allein nicht selbstverständlich ist.

Hilf dem Kind, es selbst zu tun. Zwar dauert es zunächst ein wenig länger, dem Kind beizubringen, wie man die Schuhe anzieht und die Schnürsenkel bindet, und diese Aufgabe in kleine Schritte einzuteilen, die es üben kann. Aber auf lange Sicht haben wir dann ein Kind, das diese Dinge allein bewältigt und unsere Hilfe nicht mehr braucht.

Hilf so wenig wie möglich (und so viel wie nötig). Zu Beginn unterstützen wir die Fertigkeiten des Kindes noch. Wir können das stützende Gerüst aber entfernen, wenn es nicht mehr gebraucht wird.

Wenn ein etwa 5-jähriges Kind weiter erinnert werden muss: »Jetzt musst du die Schuhe anziehen«, dann haben wir vielleicht vergessen, das stützende Gerüst abzubauen. Wenn wir unsere Hilfestellung reduzieren, fehlt uns möglicherweise eine Beschäftigung. Unsere Aufgabe ist jedoch, das Kind zu unterstützen, nicht alles zu veranlassen. Wir sind verantwortlich dafür, dass unser Kind saubere Kleidung zur Verfügung hat und dass im Kühlschrank gesunde Lebensmittel zu finden sind. Dann können wir uns darauf verlassen, dass es unserem Kind gelingt, sich fertig zu machen, und dass es nur ganz wenig Hilfe braucht, wie zum Beispiel, dass wir »Ranzen« sagen, wenn wir es ohne ihn zur Tür hinausgehen sehen.

Lass die Kinder aus der Erfahrung natürlicher Konsequenzen lernen. Ein Kind, das das Haus ohne Jacke verlässt, wird frieren. Ein Kind, das ständig in Pfützen springt, wird lernen, dass seine Füße nass werden. Ein Kind, das es nicht geschafft hat, sich rechtzeitig anzuziehen, geht vielleicht im Schlafanzug in die Schule – es empfiehlt sich, Bescheid zu sagen, damit man dort so tut, als sei alles völlig normal, um das Kind nicht zu beschämen. Aber dennoch wird das Kind aus den Konsequenzen lernen. Wir brauchen keinen Moralvortrag zu halten (zu vermeiden ist: »Siehst du? Das habe ich doch gesagt.«); wir können die Konsequenzen für sich sprechen lassen.

Hole die Zustimmung des Kindes ein. Kündige klar an, wann die Aufbruchszeit ist, und frage das Kind, ob es von dir etwas braucht, damit das klappt. Sag ihm fünf Minuten vor dem Aufbruch nochmals Bescheid. Statt aus einem anderen Zimmer zu rufen, solltest du zu deinem Kind gehen und es, so weit das möglich ist, nicht unterbrechen. Warte, bis es seine Aktivität beendet hat, damit es dich auch wirklich hört. Wenn es so aussieht, als sei nicht genug Zeit, damit das Kind seine Arbeit vollenden kann, könntest du sagen: »In fünf Minuten müssen wir los. Willst du allmählich dein Spiel beenden? Oder willst du es irgendwo hinstellen, damit du es fertig machen kannst, wenn wir zurückkommen?«

Ein paar letzte Tipps

- Ein spielerischer Wink (»Fünf Minuten, ihr Bäcker!«, falls die Kinder je eine Kochshow gesehen haben) ist unter Umständen weniger stressig als eine Aufforderung, sich zu beeilen.
- Gib dem Kind Zeit, Aufforderungen zu verarbeiten. Es lohnt sich, im Kopf bis zehn zu zählen (nicht laut, denn das könnte das Kind unter Druck zu setzen), ehe wir den Satz wiederholen. Wir glauben möglicherweise, wir würden ignoriert, aber das Kind denkt vielleicht immer noch darüber nach, was wir gesagt haben.
- Um möglichst entspannt in den Tag zu kommen, kannst du eine halbe Stunde früher aufstehen. Am besten, bevor die übrige Familie aufwacht – dann hast du Zeit für dich, um zu duschen, dich anzuziehen und bereit zu sein, anderen zu helfen, wenn das nötig ist.
- Decke gleich in der Frühe den Emotionsbedarf des Kindes – mit Kuscheln im Bett, Bücher anschauen, Umarmen und Kitzeln. Diese schönen Minuten, in denen wir die Verbundenheit mit unserem Kind erleben, zahlen sich in Form von Kooperation während der Morgenroutine aus.
- Am Vorabend alles vorbereiten – es kann sehr hilfreich sein, die Pausenbrote zu schmieren, die mögliche Kleiderauswahl herauszulegen und den Wetterbericht anzuschauen. So sind wir ganz schnell nach dem Aufwachen schon fertig.
- Wenn ein Kind sich weigert, zur Schule zu gehen, können wir einerseits klipp und klar sagen, dass das nicht infrage kommt, andererseits aber empathisch reagieren. »Das klingt, als wäre irgendetwas passiert, sodass du nicht in die Schule willst. Wir kriegen das zusammen hin und machen es so leicht wie möglich für dich, in die Schule zu gehen.«

WIE MAN REDEN KANN, SODASS DIE KINDER ZUHÖREN

Lass das Kind wählen	• »Was willst du zuerst anziehen: Jacke oder Schuhe?«
Bring das Kind zum Nachdenken	• »Was müssen wir machen, ehe wir weggehen?« • »Wo bewahren wir deine Schuhe auf?«
Beschreibe das Problem (ohne zu werten) Und lass das Kind den Rest selbst herausfinden	• »Ich sehe, dass du barfuß bist, aber wir gehen jetzt gleich raus.«
Benutze ein Wort statt langer Erklärungen	• »Schuhe« (wenn es die Schuhe anziehen soll). • »Licht« (als Erinnerung, das Licht auszuschalten). • »Teller« (wenn es vergisst, den Teller zur Spüle zu bringen).
Flüstern	• Das ist eine überraschend gut funktionierende Methode, sie auf dich aufmerksam zu machen und das Energieniveau im Haus herunterzubekommen.
Einen Zettel schreiben	• »Vergiss mich bitte nicht« (an die Schuhe geheftet). • (Selbst wenn ein Kind noch nicht lesen kann, wird es fragen, was das bedeutet.)
Eine Uhr oder einen Wecker benutzen	• »Wir wollen mal sehen, ob wir fertig sind, bevor der große Zeiger auf der 12 steht / der Wecker klingelt.« Wir können feststellen, wie schnell die ganze Familie ist (ein Wettstreit zwischen Kindern sollte vermieden werden), und wer zuerst fertig ist, kann den Langsameren helfen, sogar uns, den Erwachsenen, wenn wir die Letzten sind, die fertig werden.

Wenn der Widerstand nicht nachlässt …

- Beginne keinen Machtkampf.
- Bleibe ruhig.
- Kündige mit freundlicher, klarer Stimme an, dass es Zeit zum Gehen ist: »Wir müssen jetzt los, und es ist wichtig, dass wir zusammen gehen.« Bitte drohe dem Kind nicht (»Dann gehe ich eben ohne dich.«) Das nagt an der Verbundenheit, die wir aufbauen wollen.
- Hilf bei Bedarf einem jüngeren Kind: »Du hast versucht, ganz allein die Schuhe anzuziehen. Heute sind wir spät dran, deshalb helfe ich dir, fertig zu werden; morgen kannst du es noch mal versuchen.«
- Wenn das Kind wütend wird, können wir es umarmen und über seine möglichen Gefühle sprechen. Aber so schwer es fällt, wir müssen weitermachen. Wir könnten sagen: »Es sieht so aus, als hättest du gerne mehr Zeit, um das fertig zu kriegen«, während wir zusammen Richtung Tür gehen.

Wir können die Mitarbeit des Kindes loben, indem wir beschreiben, was es getan hat. »Da ist ja jemand schon ganz fertig und bereit, raus in den Park zu gehen. Du hast die Schuhe an, die Jacke zugeknöpft und Mütze und Handschuhe an, damit dir warm ist. Das war eine große Hilfe, dass du dich fertig gemacht hast, während ich unsere Tasche gepackt habe. Wir sind ein gutes Team, stimmt's?«

DER RHYTHMUS DER JAHRESZEITEN

Wer erinnert sich noch an den Duft seines Lieblingsessens, das nur in einer bestimmten Jahreszeit gekocht wurde? Oder an das Rascheln trockener Herbstblätter? Oder eine Schatzsuche, um erste Frühlingsboten zu finden?
An den Salzgeschmack auf unseren Lippen am Meer? An die Berührung des kalten Schnees an der Zunge oder den Händen? Der Rhythmus der Jahreszeiten schafft grundlegende Erinnerungen für unser Kind.

Unser Jahreszeitenrhythmus hängt von unserem Wohnort und von den Orten ab, die wir besuchen. Er spiegelt auch unsere Kultur und unseren Glauben. Wir sollten nicht vergessen, dies in den Wechsel der Jahreszeiten einzubauen. Wir können uns überlegen, welche Musik wir spielen, was wir kochen und essen, welche Lieder wir singen, welche Tänze wir lernen, welche Kunstwerke an unseren Wänden hängen, welche Gedichte wir lesen, welche heiligen Stätten wir besuchen und welche Geschichten wir erzählen. Keine Montessori-Familie ist wie die andere, aber unsere Jahreszeitenrhythmen können unsere Vergangenheit, unsere Gegenwart und unsere Zukunft spiegeln.

Junnifas Familie liest jeden Abend in der Bibel und betet zusammen. An Ostern und im Dezember reisen sie in die Heimatstädte der verschiedenen Familienmitglieder, um die Ferien mit der Verwandtschaft zu verbringen. Am ersten Weihnachtsfeiertag kochen und backen alle und teilen das Essen mit den Gemeindemitgliedern, die nicht die Mittel für ein Weihnachtsessen haben.

Rituale

Rituale lassen sich in unsere Tages-, Wochen- und Monatsrhythmen einbauen, von einem gemütlichen Sonntagsfrühstück bis hin zu Geburtstagstraditionen und kulturellen Festtagen wie Sabbat, Eid, Weihnachten und Holi. Wie bei den Rhythmen genießen Kinder die Vertrautheit von Ereignissen, die jedes Mal auf die gleiche Weise ablaufen, und prägen sie ihrer Seele ein.

Wir können auch mal eine überraschende Neuigkeit einführen – das Kinderzimmer am Geburtstag mit Luftballons füllen, ein Gedicht in die Brotbox schmuggeln oder uns schick anziehen, um den Nachmittagstee auswärts einzunehmen.

Geburtstagsfeiern

Geburtstagsfeiern sind eine wunderbare Gelegenheit, Familienrituale zu schaffen. Unser Kind braucht nicht viel, um sich an seinem großen Tag als etwas Besonderes zu fühlen. Hier folgen ein paar Ideen für den Anfang:

- Eine Geburtstagskrone aus Filz, auf der steht, wie alt es wird.
- Ein hölzerner Kerzenständer, in den man jedes Jahr eine Kerze mehr stecken kann.
- Den Lieblingskuchen backen.
- Geburtstagsbeflaggung oder Girlanden aufhängen.
- Essen gehen in einem bevorzugten örtlichen Café oder Restaurant.
- Eine Party für ein paar enge Freund*innen veranstalten – ein guter Tipp ist, so viele davon einzuladen, wie das Kind alt wird.
- Die besten Partys finden oft zu Hause statt, entweder ohne Programm oder mit Erkundungsaktivitäten oder einer Schatzsuche.

GESCHENKE

Wir wollen unseren Kindern bewussten Konsum nahebringen. Statt neuem Spielzeug können wir auch ein Erlebnis schenken, wie eine Jahreskarte für ein Museum oder eine Kunstgalerie oder einen Besuch im Erlebnisbad mit ein oder zwei Freund*innen.

Schwieriger ist der Umgang mit Geschenken anderer Menschen, die sich vielleicht noch nicht mit Montessori-Pädagogik auseinandergesetzt haben. Wenn es sich um erwartbare Präsente wie bei Geburtstagen oder dem Schulabschluss handelt, können wir Probleme vermeiden, indem wir vorweg einen Wunschzettel oder eine Liste mit Tipps verschicken. Wir können dabei vorsichtig und höflich sein, indem wir dazusagen, dass wir auf diese Dinge sparen. Wenn es ein Thema gibt, dann hilft das den Schenkenden, sich auf willkommene Dinge zu beschränken: zum Beispiel Utensilien für den Garten, Kristalle oder Steine, Tierfiguren für die Sammlung unseres Kindes oder Objekte, die etwas mit dem Sonnensystem zu tun haben. Hilfreich sind Posten in verschiedenen Preisklassen und Vorschläge sowohl für Materielles wie auch für Aktivitäten – zum Beispiel Bücher, Spielsachen, Sport und Ausflüge.

Wenn unser Kind ein Geschenk erhält, das nicht zu unseren Werten passt:

- Wir sollten bedenken, dass Familienmitglieder oder Freund*innen ein Geschenk mit gutem Vorsatz und der Überzeugung aussuchen, dass es unserem Kind gefallen wird.
- Wichtig ist, sich dennoch über das Geschenk zu freuen und unseren Kindern Dankbarkeit beispielhaft vorzuleben. Die Kinder können anrufen oder einen Dankesbrief schreiben.
- Anschließend können wir uns überlegen, was wir mit dem geschenkten Gegenstand machen.
- Manches kann man eine Weile behalten und dann aus der Rotation herausnehmen.
- Andere Geschenke kann man ummodeln, sodass sie sich »Montessori-freundlicher« benutzen lassen; beispielsweise können batteriebetriebene Spielsachen passiv gemacht werden, indem man die Batterien gar nicht erst hineinsteckt. Wenn ein Gegenstand auseinandergebaut wird, kann ein Teil für einen anderen Zweck umgewidmet werden.
- Was nicht altersgerecht ist, können wir für später aufheben. Wenn es sich um etwas handelt, das nicht zum jeweiligen Alter passt, wie ein iPad oder ein Handy, dann können wir erklären, dass das Kind dafür noch nicht alt genug ist, und eine Alternative vorschlagen.
- Was vielleicht jemand anderes brauchen könnte, können wir weiterverschenken oder spenden.
- Wenn das Geschenk völlig inakzeptabel oder unpassend ist, können wir es spenden oder entsorgen.

ESSEN UND MAHLZEITEN

Wir sollten unseren Kindern in Bezug auf Essen ein paar wichtige Prinzipien vermitteln.

Wir haben Achtung vor Nahrungsmitteln.
Kinder lernen, Essen zu respektieren, wenn sie erleben, wie viel nötig ist, damit sie frische Nahrungsmittel für ihre Mahlzeiten zur Verfügung haben. Wir können an den Waren auf dem Markt schnuppern und uns an der köstlichen Auswahl begeistern, die unsere örtlichen Geschäfte anbieten. Wir können davon erzählen, wer die Lebensmittel angebaut hat und welche Schritte notwendig waren, um sie bis zu uns zu bringen. Wir sollten nur so viel kochen, wie wir essen, damit nichts verschwendet wird. Wir können bei den Mahlzeiten deutlich vermitteln, dass man mit Essen nicht spielt; es dient zur Nahrung. Wir können Dankbarkeit für unser Essen zeigen. Wir können selbst Nahrungsmittel anbauen, damit unsere Kinder sehen, wie viel Zeit und Arbeit es kostet, für Nahrung zu sorgen.

Mahlzeiten dienen der Verbundenheit in der Familie. Mahlzeiten sind ein soziales Ereignis, nicht nur eine Zeit für Nahrungsaufnahme. Wenn wir täglich in Verbundenheit um den Esstisch sitzen, zeigen wir, wie wichtig uns diese Verbundenheit und unsere Beziehung sind, auch wenn unsere Kinder älter werden. Wir erzählen Geschichten, erfahren von allen, was gerade los ist, lernen, zuzuhören und uns im Gespräch abzuwechseln, entwickeln Familienwitze und schaffen Erinnerungen. Die Forschung hat nachgewiesen, dass es Kindern enorm zugutekommt, wenn in ihrer Familie gemeinsam gegessen wird; es geht ihnen körperlich wie mental besser.

Soweit es unser Rhythmus zulässt, sollten wir so viele Familienmahlzeiten wie möglich haben. Wenn unsere Kinder größer werden und am Wochenende erst spät aufwachen, können wir uns mit einer Tasse Kaffee oder Tee (oder für ein zweites Frühstück) zu ihnen an den Frühstückstisch setzen.

Wir lernen, auf unseren Körper zu hören. Statt zu verlangen, dass unser Kind seinen Teller vollständig leer isst, sollten wir es dabei unterstützen, auf die Hunger- und Satt-Signale seines Körpers zu achten. Statt alles gleich auf Tellern zu servieren, stellen wir besser Schüsseln auf, aus denen sich jeder selbst bedienen kann. Man kann sich so viel nehmen, wie man essen will (dabei aber natürlich an die anderen denken), und bei mehr Appetit noch einmal nachnehmen.

Mahlzeiten sind Gelegenheiten, Anmut und Höflichkeit zu üben. Wir können bei jeder Mahlzeit ein Vorbild an Anmut und Höflichkeit sein. Das tun wir, indem wir immer »bitte« sagen, wenn wir möchten, dass uns jemand etwas herüberreicht, und »danke«, wenn er oder sie es tut; indem wir mit geschlossenem Mund kauen, herunterschlucken, bevor wir etwas sagen, nicht dazwischenreden, am Tisch sitzen bleiben und lernen, wie wir um Entlassung bitten, für die Mahlzeit danken, das Besteck korrekt benutzen und fragen, ob jemand noch etwas möchte, ehe wir uns die letzte Portion nehmen.

Wir können unser Kind auch respektvoll an angemessenes Benehmen erinnern. Wenn es zum Beispiel mit vollem Mund redet, können wir sagen: »Ich habe dich nicht gut verstanden. Kannst du das noch mal sagen, wenn du runtergeschluckt hast?«

Kinder essen besonders gerne, wenn sie bei der Zubereitung der Mahlzeit geholfen oder sie sogar ganz allein gekocht haben. Junnifas Familie hat schon viele andere Familien dazu angeregt, eigene Omeletts zu backen. Bei der Arbeit am Herd ist eine erwachsene Aufsichtsperson vonnöten, die den Kindern zeigt, wie man den Herd gefahrlos benutzt, eine heiße Pfanne anfasst, Gemüse schnippelt und mit welchen Utensilien man das Omelett umdreht. Für jüngere Kinder kann man den Ablauf vereinfachen, älteren Kindern kann man erlauben, immer mehr allein zu machen. Wir müssen aber bereit sein zu helfen, wenn das nötig ist.

In Simones Familie war es Oliver, der mit etwa 10 Jahren beschloss, sonntags das Abendessen zu kochen. Er suchte im Kochbuch ein Rezept aus (ein einfaches, wohlschmeckendes mit nicht zu vielen Zutaten), schrieb zusammen mit den Erwachsenen eine Einkaufsliste und kaufte die Zutaten ein. Alle lasen das Rezept gemeinsam durch, um herauszufinden, ob es irgendwelche Unsicherheiten gab, und Simone spielte den Sous-Chef (auch wenn Oliver nie sonderlich viel Hilfe brauchte). Seine Kochkünste entwickelten sich in diesem Jahr enorm, und das machte ihn sehr stolz.

6- bis 12-Jährigen kann es sehr viel Spaß machen, mit Freund*innen zusammen zu kochen. Manche besuchen Kochkurse mit Freund*innen, wo sie Kochen oder Backen lernen; manche lernen es bei den Pfadfindern und andere bei Verwandten – besonders wenn die Eltern nicht gerne kochen.

Lebensmittel bieten viele Lernmöglichkeiten. Wenn wir Nahrungsmittel gemeinsam vorbereiten und essen, können unsere Kinder viel lernen. Im Anhang für Aktivitäten finden sich viele Vorschläge, wie Kinder den nötigen Wortschatz erlernen, fein- und großmotorische Fertigkeiten und Fähigkeiten für das tägliche Leben entwickeln und sensorische Erfahrungen machen. Außerdem gibt es dort Informationen darüber, wie und wo das Essen wächst, wie der Körper funktioniert, wie ausgewogene Ernährung aussieht und was dem Körper beim Wachsen hilft.

Nahrung kann kulturelle Erfahrungen vermitteln. Für Kinder ist es beim Vorbereiten der Mahlzeiten mit am wichtigsten, dass sie die Familienkultur kennenlernen. Wir können zu Hause Rezepte, traditionelle Lebensmittel, Arten und Weisen des Essens sowie Essensrituale aus unserer Kultur zelebrieren. Das kann die Zubereitung eines Challah-Zopfs für den Sabbat sein, dass wir Essstäbchen benutzen oder für ein Essen mit Freund*innen eine Paella kochen. Damit geben wir kulturelles Erbe und Traditionen weiter. Wir können auch durch Restaurantbesuche etwas über andere Kulturen lernen oder indem wir Freund*innen aus einer anderen Kultur besuchen oder, wenn unsere Mittel das zulassen, indem wir reisen und das Essen in anderen Ländern probieren, von Berber-Pfannkuchen in Marokko bis Roti Canai (ein typisches Fladenbrot) in Malaysia.

Kinder absorbieren unsere Haltung und unser Verhältnis zum Essen. Wenn wir ständig darüber reden, dass wir zu dick oder zu dünn sind, häufig Diäten machen oder eine Essstörung haben, werden unsere Kinder das aufnehmen – 3- bis 6-Jährige mit ihrem absorbierenden Geist, aber sogar 6- bis 12-Jährige mit ihrem Verstand. Möglicherweise müssen wir daran arbeiten, unser Verhältnis zu Essen zu heilen, damit unsere Kinder ein gesundes Essverhalten entwickeln.

Zeit einplanen und die Erwartungen anpassen. Das ist leichter gesagt als getan. Das Kochen mit Kindern hat viele Vorteile, aber Schnelligkeit und Sauberkeit gehören nicht unbedingt dazu. Wenn wir einen Fulltime-Job haben, wollen wir vielleicht zunächst lieber am Wochenende mit den Kindern kochen, um mehr Zeit für die Vorbereitung des Familienessens zu haben. Vielleicht bereiten wir ein besonderes Sonntagabend-Menü mit selbst gebackener Pizza zu, mit Wraps und verschiedenen Soßen, sodass jeder sich selbst bedienen kann, oder mit selbst gemachtem Sushi.

Probleme bei den Mahlzeiten

Wenn wir uns Sorgen machen, was/wie viel unsere Kinder essen

Wenn wir uns Sorgen machen über die Menge, die unser Kind isst, können wir eine Woche lang ein Beobachtungs-Tagebuch führen, in dem wir Folgendes notieren:

- Was und wann es isst und trinkt, einschließlich Zwischenmahlzeiten und Getränken, während es unterwegs ist.
- Wo es isst. Sitzt es am Tisch? Oder spielt es gleichzeitig?
- Mit wem es isst. Isst es allein oder zusammen mit anderen?
- Wie die Essenszeit aussieht. Finden sich auf dem Esstisch Dinge, die nicht zum Essen gehören? Ist er schön gedeckt, vielleicht mit Blumen und Kerzen? Ist er frei von Bildschirmen, einschließlich unseres eigenen Handys?

So können wir erkennen, ob Kinder zwischen den Mahlzeiten zu viele Snacks oder Softdrinks konsumieren, wie ihr Appetit sich über die ganze Woche entwickelt, was sie gerne essen und welche Lebensmittel wir ihnen gerne nahebringen würden.

Wir können ein Kind nicht zwingen, sein Essen herunterzuschlucken. Wir können entscheiden, um welche Zeit gegessen wird, was es zu essen gibt und wo wir bei der Mahlzeit sitzen. Das Kind entscheidet, wie viel es isst, und wir sind da, um ihm bei Bedarf Orientierung zu geben. »Du bist anscheinend fertig. Soll ich dir helfen, deinen Teller in die Küche zu tragen?«

Wenn das Kind sich weigert, etwas Neues zu probieren, können wir ihm dieses Lebensmittel ohne große Erwartungen und ohne viele Worte immer wieder anbieten. Wenn wir Kinder ermuntern, etwas zu probieren, dann machen wir häufig eine große Sache daraus und schüren damit ihren Argwohn. Kinder haben ein gutes Empfinden dafür, ob man sie manipulieren will. Stattdessen sollten wir dafür sorgen, dass das Essen appetitlich aussieht; wir können es in allen Regenbogenfarben anbieten, die Kinder einladen, beim Kochen zu helfen – und vor allem bei den Mahlzeiten entspannt sein.

Wenn wir uns große Sorgen über das Essverhalten eines Kindes machen, sollten wir Hilfe bei einer Ernährungsberatung oder dem Arzt oder der Ärztin suchen.

Wenn wir vermeiden wollen, das Kind mit Nachtisch zu bestechen

Wenn wir wollen, dass unser Kind mehr Gemüse isst, oder uns Sorgen machen, dass es in der Nacht vor Hunger aufwacht, weil es sein Abendessen nicht gegessen hat, suchen wir oft unser Heil in Bestechung: »Wenn du aufisst, kriegst du auch Nachtisch.« Diese Strategie erlaubt unserem Kind aber nicht, selbst zu spüren, ob es satt ist. Wie Megan McNamee und Judy Delaware von *Feeding Littles* erklären, stellen wir damit unbewusst auch eine Rangfolge der Nahrungsmittel her, weil wir den Nachtisch als etwas ganz Besonderes anpreisen. Stattdessen können wir unserem Kind helfen, zu lernen, dass wir alle möglichen Lebensmittel essen – manchmal Plätzchen, manchmal Joghurt, manchmal Obst. Oder wir können es fragen, ob es fertig ist: »Bist du satt? Hast du noch Platz für Joghurt oder Obst?«

Wenn unser Kind sich weigert zu essen, was wir gekocht haben, und etwas anderes verlangt

Wenn unser Kind etwas anderes essen will, protestiert es vermutlich, wenn wir freundlich und bestimmt sagen: »Heute essen wir dieses Essen. Das andere können wir ein andermal essen.« Wir können ruhig bleiben, denn wir wissen, was wir uns zu kochen entschieden haben und dass das Kind selbst bestimmen kann, wie viel es isst. Vielleicht isst es gar nichts, so schwer uns das auch trifft. Wenn wir aber jedes

Mal auf die gleiche, vorhersehbare Weise antworten, lernt das Kind schließlich, dass wir unsere Meinung nicht aufgrund seiner Wünsche ändern. Manche Kinder haben gerne eine Auswahl, und die können wir ihnen bei der Essensvorbereitung anbieten. »Möchtest du heute Abend Erbsen oder Karotten oder beides?« Vielleicht möchten sie auch beim Erstellen des Speiseplans und beim Einkaufen helfen. Oder wir stellen eine kleine Auswahl an Speisen auf den Tisch, mit der wir uns wohlfühlen.

Wir können auch einmal ihren Blickwinkel einnehmen und zu ihnen sagen: »Ich höre dich sehr gut. Es klingt, als hättest du dir heute zum Abendessen wirklich etwas anderes gewünscht. Vielleicht machen wir das morgen.« Wir können den Wunsch auf einen Zettel schreiben, sodass sie sehen, dass wir verstanden haben, und dann richten wir es so ein, dass wir dieses Essen bei nächster Gelegenheit kochen.

Wenn die Kinder den Tisch verlassen wollen, sobald sie mit dem Essen fertig sind

Ein 3-jähriges Kind will wahrscheinlich nicht am Tisch sitzen bleiben, wenn es aufgegessen hat. Wir können mit ihm verabreden, dass es aufstehen und seinen Teller in die Küche bringen darf, während die anderen noch essen. Ältere Kinder können lernen, am Tisch sitzen zu bleiben, bis alle fertig sind – wobei wir allerdings interessante Geschichten erzählen und gute Fragen stellen müssen, damit sie sich weiter am Gespräch beteiligen.

Simone hat die selbst eingestandene Schwäche, bei den Mahlzeiten immer wieder aufstehen und etwas aus der Küche holen zu müssen. Wenn unserem Kind das Sitzenbleiben schwerfällt, sollten wir vielleicht achtgeben, wie oft wir selbst während der Mahlzeiten aufstehen. Wir können alles Benötigte gleich auf den Tisch stellen, sodass wir bei der Mahlzeit sitzen bleiben können und damit ein gutes Beispiel abgeben.

Wenn unser Kind beim Essen herumalbert

Am Ende eines langen Tages wollen wir uns entspannen und einigermaßen in Ruhe essen. Unsere Kinder andererseits sind vielleicht schon etwas müde und albern. Ein Kind schaukelt das andere hoch, bis alle Quatsch mit ihrem Essen machen oder einen Lachanfall bekommen und deshalb nicht mehr essen können.

Um ganz ehrlich zu sein: Das gehört zum Familienleben dazu. Junnifa beobachtet die Situation in solchen Fällen erst einmal, und wenn die Kinder fröhlich sind und nicht frech, dann lässt sie sie. Sind wir genervt, sollten wir vielleicht den Raum verlassen und ein Glas Wasser holen, durchatmen und überlegen, warum uns das Verhalten der Kinder so auf die Palme bringt. Wir können warten, bis das Gelächter allmählich nachlässt (solange wir wissen, dass alle sicher sind). Vielleicht finden wir unseren Humor wieder, kommen zurück und lachen mit. Wenn die Kinder sich allerdings unangemessen benehmen oder aggressiv werden, erinnert Junnifa sie daran, dass wir uns selbst, alle anderen und das Essen respektieren, und bittet sie, sich zu beherrschen.

Wenn wir Bildschirme und andere Ablenkungen beim Essen vermeiden wollen

Um das Essen wirklich zu schmecken und all die sozialen und sensorischen Aspekte einer Mahlzeit zu genießen, nehmen wir Spielzeug, Handys und andere Bildschirmgeräte nicht mit zum Tisch. Das mag zunächst etwas Protest auslösen, aber unsere Kinder lernen schnell, die Verbundenheit und die Gespräche zu schätzen. Möglicherweise fällt es den Erwachsenen besonders schwer, während des Essens ihre Handys stumm geschaltet in einem Korb oder einem anderen Zimmer zu lassen. Aber unsere Kinder beobachten uns und wir sind ein wichtiges Vorbild für sie.

Wenn unser Kind immer noch gefüttert werden will

Wenn unser Kind gewöhnt ist, gefüttert zu werden, sollten wir in einem neutralen Moment das Gespräch mit ihm suchen (nicht während der Mahlzeit). Wir können ihm erklären, dass wir es gefüttert haben, als es noch jung war, es jetzt aber lernen kann, selbst zu essen. Sein Bedürfnis kann ein Schrei nach Verbundenheit sein, darum sollten wir beim Essen für muntere Gespräche sorgen, an denen das Kind auch teilnehmen kann. Möglicherweise isst es zunächst weniger, als wenn wir es füttern würden. Es muss noch lernen, auf seinen Körper zu hören. Oft klappt es jedoch leichter als erwartet, wenn wir mit dem Füttern aufhören. Vielleicht war unser eigenes Bedürfnis, das Kind zu füttern, größer als sein Bedürfnis, gefüttert zu werden, weil wir auf diese Weise sicher sein konnten, dass es genug zu essen bekommen hatte.

Wenn die Kinder Essen herumwerfen

Wenn wir unseren Kindern vorleben, das Essen zu achten (siehe »Wir haben Achtung vor Nahrungsmitteln« auf S. 169), dann zeigen wir ihnen, die Mahlzeiten zu würdigen, die wir zu Hause kochen. Kinder über 3 Jahre können lernen, dass Essen nicht zum Werfen da ist. Wenn sie mit dem Essen fertig sind, können 3-Jährige sagen, dass sie satt sind und aufstehen möchten, um ihren Teller in die Küche zu bringen. Wir können ihnen anbieten, dass sie alles, was ihnen nicht schmeckt, an den Tellerrand schieben sollen (oder wir holen eine Schüssel, wo sie es hineinfüllen können, wenn sie es auf ihrem Teller nicht haben können).

Wenn unsere Kinder sich schwertun, können wir ihre Gefühle akzeptieren, aber dennoch freundlich und bestimmt eine Grenze setzen: »Ich habe den Eindruck, du bist fertig. Ich helfe dir aus dem Stuhl, dann kannst du deinen Teller in die Küche bringen.«

- Die *Feeding Littles* Website (feedinglittles.com)
- *First Foods to Family Meals* von Sarah Moudry

SCHLAFEN

Montessori-Kinder dürfen nicht aufbleiben, solange sie wollen. Unsere Aufgabe ist es, beim Wo, Wann und Wie zu helfen. Aber wir können unserem Kind nicht die Augen zudrücken, damit es einschläft.

WO

- Eine ruhige Schlafumgebung
- Ein immer gleicher, gemütlicher Schlafplatz

WANN

- Eine gleichbleibende Schlafenszeit für 3- bis 6-Jährige
- Eine gemeinsam abgesprochene gleichbleibende Schlafenszeit für 6- bis 12-Jährige

WIE

- Ein gleichbleibendes Bettgehritual – dazu gehört Vorlesen, sogar für Schulkinder
- Klare Verabredungen – zum Beispiel, was zu geschehen hat, wenn sie mitten in der Nacht oder sehr früh morgens aufwachen
- Indem wir uns selbst klarmachen, welche Einstellung wir dem Schlaf gegenüber haben und wie energisch wir beim Zubettgehen auftreten: Können wir uns zum Beispiel vorstellen, dass unsere Kinder fröhlich ins Bett gehen, oder erwarten wir einen Kampf? Wie können wir sie noch am Ende des Tages, wenn wir selbst erschöpft sind, ruhig und bestimmt anleiten? Können wir die feste Bettgehzeit so legen, dass wir selbst genug Ruhe bekommen?
- Durch klar geäußerte Erwartungen – indem wir freundlich und bestimmt einschreiten, wenn sie einen Heidenlärm machen oder das Licht an- und ausschalten.

PROBLEME BEIM ZUBETTGEHEN

Wenn unser Kind wieder aufsteht, Probleme hat, einzuschlafen, sich weigert, ins Bett zu gehen, oder das Zubettgehen hinauszögert, zu früh aufwacht oder andere Schlafprobleme hat, können wir beobachten:

- Wie das Bettgehritual aussieht.
- Was ihm hilft, zu entspannen.
- Was es munter oder überdreht macht.
- Wie es einschläft und wie es aufwacht.
- Um welche Zeit es sich ins Bett legt und ob es im Bett redet oder liest und wie lange.
- Um welche Zeit es einschläft.
- Wie die Schlafumgebung aussieht.

Wir können mit dem Kind zusammen eine Lösung suchen und einen Modus finden, mit dem wir alle leben können. Wir können Folgendes überlegen:

- **Was hat das Kind zu verdauen?** Nicht nur das Essen, sondern alles, was es aufnimmt: die Musik, die es hört, die Medien, die es konsumiert, die Bücher, die es liest, die Freund*innen, mit denen es Zeit verbringt, und die Atmosphäre zu Hause und in der Schule. All das kann zu schlechtem Schlaf, Albträumen oder Angst vor Dunkelheit oder Ungeheuern führen.
- **Ist das Kind genug draußen?** Frische Luft fördert den Schlaf.
- **Gibt es verlässliche Methoden, das Kind zum Schlafen zu bringen?** Manchen Kindern hilft Weißes Rauschen. Wenn man jeden Abend dasselbe Hörbuch anhört, kann sich das Gehirn auf etwas konzentrieren, während der Ablauf so vertraut ist, dass das Kind nicht überreizt wird. Ältere Kinder können vielleicht Entspannungstechniken oder eine Meditation lernen, die wir mit ihnen zusammen machen. Manche Kinder brauchen eine Druckmassage oder eine Gewichtsdecke, die ihnen hilft, zu entspannen. Andere merken, dass Ringen vor dem Schlafengehen die letzten Energien abbaut.
- **Hat das Kind Atemprobleme, die seinen Schlaf beeinträchtigen?** Das kann in einem Schlaflabor abgeklärt werden.
- **Wie verarbeitet das Kind seinen Tag?** Ein Gespräch im Bett kann ihm helfen, die Ereignisse des Tages loszulassen. Ältere Kinder schreiben oder malen vielleicht gerne in ein Tagebuch.

- **Können wir Dankbarkeit ins Bettgehritual integrieren?** Es kann beruhigend wirken, den Tag mit Gedanken an die Dinge zu beenden, die wir schön fanden – von einem guten Essen bis zu einer Freundlichkeit, die jemand uns erwiesen hat.
- **Woran kann das Kind erkennen, wann es morgens aufstehen darf?** Eine Uhr, die zu einer bestimmten eingestellten Zeit aufleuchtet, kann bei jungen Kindern gut funktionieren; bei älteren Kindern eignet sich ein normaler Wecker.
- **Wie sieht der Wochenendrhythmus aus?** Ab etwa 5 Jahren macht es Kindern normalerweise nichts aus, uns länger schlafen zu lassen. Sie stehen auf und spielen und holen sich bei Hunger ein Stück Obst, während sie auf das Frühstück im Familienkreis warten. Wir können einen Zettel an die Tür hängen als Erinnerung, uns nicht zu wecken: »Bitte spielt leise bis 9 Uhr. Nehmt euch Obst, wenn ihr Hunger habt!«
- **Stört das Licht in den Sommermonaten?** Die Vorhänge im Wohnzimmer nach dem Abendessen zuzuziehen, ist ein hilfreiches Zeichen, dass wir jetzt allmählich zur Ruhe kommen und uns dem Bettgehritual nähern, egal wie hell es draußen ist. Auch eine Investition in Verdunkelungsvorhänge lohnt sich.
- **Erschwert die Dunkelheit der Wintermonate das Aufwachen?** Dann kann ein Wecker mit Wecklicht von Nutzen sein, oder unser Kind hat eine eigene Idee, wie es das Problem lösen kann.

Anmerkung. Wenn ein Kindergartenkind immer noch einen Schnuller zum Einschlafen braucht, sollten wir andere Entspannungsmethoden für sein Nervensystem finden, zum Beispiel Joghurt durch einen Strohhalm saugen, Seifenblasen machen, ein Buch oder weiches Spielzeug im Arm halten, nach dem Bad fest mit dem Handtuch abrubbeln, feste Umarmungen, Teig kneten, Badespielzeug drücken oder eine langsame, feste Rückenmassage. Macht einen Termin aus, zu der ihr dem Schnuller Lebewohl sagt; man kann ihn zum Beispiel einer Familie mit einem neuen Baby vererben. Dann müssen wir geduldig bei der Umgewöhnung helfen. Meist geht das glatter vonstatten als erwartet und wir sehen, dass wir genauso am Schnuller hingen wie das Kind.

ZUR TOILETTE GEHEN UND NACHTS TROCKEN BLEIBEN

Lernen, die Toilette zu benutzen

Hat unser Kind noch nicht gelernt, die Toilette zu benutzen, können wir ihm bei dieser Transition helfen. Hier folgen einige Schritte, um die dafür benötigten Fähigkeiten zu unterstützen:

- Einen Ort einrichten, wo das Kind seine Unterwäsche und Kleider findet, wenn es sich nass gemacht hat; Waschlappen, Seife und Handtuch in Reichweite, mit denen es sich sauber machen kann; einen Eimer im Bad für die nassen Kleider.
- Mit dem Kind üben, die Hose herunter- oder den Rock heraufzuziehen und die Unterwäsche herunterzuschieben; dann in der umgekehrten Reihenfolge wiederholen.
- Kleider auswählen, die das Kind beim Toilettengang leicht selbst an- und ausziehen kann (Overalls, enge Jeans etc. sind eher zu vermeiden).
- Bei jedem Windelwechsel das Töpfchen anbieten, sodass es sich daran gewöhnt, auf dem Topf zu sitzen.
- Den Topf regelmäßig anbieten, zum Beispiel nach dem Aufwachen, nach den Mahlzeiten, vor dem Weggehen und nach dem Heimkommen, vor dem Baden und vor dem Zubettgehen.
- Das Abspülen und Händewaschen zeigen.
- Man kann das Kind im Geschäft Unterwäsche aussuchen lassen, die ihm gefällt.
- Zu Anfang können Kinder unter der Windel eine Unterhose tragen, sodass sie spüren, dass sie nass werden, wenn sie ein großes oder kleines Geschäft machen, oder sie können Übungsunterhosen (gepolsterte Unterhosen) tragen.
- Das Kind kann ein Datum auf dem Kalender auswählen, an dem es aufhören will, Windeln zu benutzen.
- Am verabredeten Datum sagen wir Danke zu den Windeln, geben übrige Windeln an eine Familie weiter, die ein Baby hat, und fangen an, Unterhosen zu tragen.
- Weiterhin sollte das Töpfchen regelmäßig angeboten werden.
- Unser Kind spürt irgendwann, wenn es Wasser lässt oder gerade Stuhlgang hat; danach erst lernt es, zu spüren, dass es dringend muss, und schließlich wird es selbstständig den Topf oder die Toilette aufsuchen, ohne dass man es daran erinnert. Das ist ein Prozess und er kann je nach Kind unterschiedlich lange dauern.

- Zeig deinem Kind, wie es das Toilettenpapier falten und von vorne nach hinten wischen soll. Zunächst darf es sich selbst abwischen, und wir können ihm anbieten, den Rest zu machen. Im Lauf der Zeit schafft es das Kind zunehmend allein.
- Wenn ein Kind sich nass gemacht hat, sollten wir es nicht beschämen. Wir behandeln es mit Respekt, genauso, wie wir in einem solchen Fall behandelt werden wollen. Wir warten, bis das Kind mit seiner Beschäftigung fertig ist, und sagen dann: »Ich sehe, dass deine Kleider nass sind. Du kannst dich umziehen und dann wiederkommen und sauber machen.« Das Kind kann sich selbst und anschließend den Boden reinigen. Zunächst können wir ihm vielleicht ein wenig zur Hand gehen, aber dann übernimmt es den gesamten Ablauf, was durchaus eine Viertelstunde dauern kann. Wir dürfen das Kind nicht hetzen, denn diese Zeit, in der es etwas über Körperpflege lernt, ist kostbar. Wir können aber unsere Hilfe anbieten, wenn wir merken, dass es Schwierigkeiten hat. Hier verhalten wir uns genauso, wie wenn einmal ein Teller zu Bruch geht: Wir zeigen dem Kind, wie es die Sache wieder in Ordnung bringen kann, und verlieren weiter keine Worte darüber.
- Wenn ein Kind gerade tief in eine Beschäftigung versunken ist, kann das Trockenbleiben extrem schwierig sein. Das Kind ist hin- und hergerissen zwischen dem Wunsch, seine Arbeit nicht zu verlassen, und dem Bedürfnis, auf die Toilette oder den Topf zu gehen. Das gibt sich mit zunehmender Reife; wenn es in der Lage ist, länger einzuhalten, kann es wählen, ob es seine Arbeit kurz verlässt und dann wiederkommt oder ob es erst alles fertig macht und danach immer noch rechtzeitig die Toilette oder den Topf erreicht.

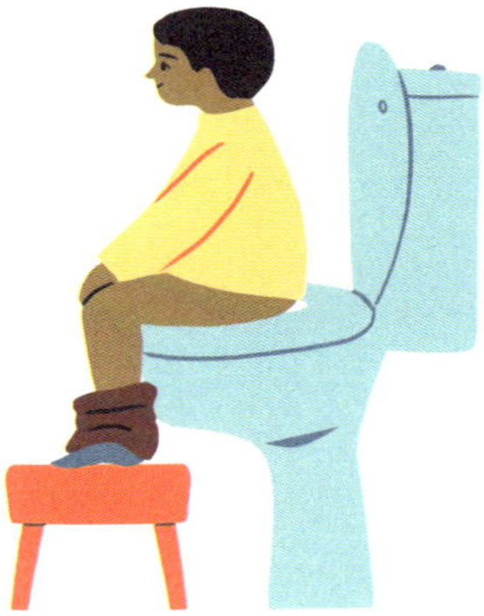

Nachts trocken bleiben

Ein Kind kann etwa zur gleichen Zeit, da es lernt, die Toilette oder den Topf zu benutzen, auch dazu übergehen, nachts nur Unterwäsche zu tragen.

- Es empfiehlt sich, die Matratze mit einem Nässeschutz zu beziehen, ein Handtuch über das Laken zu spannen oder Zellstoffeinlagen zu benutzen, um eventuell auftretende Nässe aufzufangen.
- Das Kind kann lernen, unmittelbar vor dem Schlafen und gleich nach dem Aufwachen auf die Toilette zu gehen.
- Wir zeigen ihm, wie es die Laken abziehen und das Fenster öffnen kann, wenn es sich in der Nacht eingenässt hat.

- Wenn ein Kind immer wieder das Bett nässt, sollten wir beobachten, wann und wie oft das geschieht, um irgendwelche Muster zu erkennen. Wiederum beschämen wir das Kind nicht, sondern befähigen es, die Ursache des Problems zu bearbeiten, und ermächtigen es durch Lösungsansätze. Das kann ein Wecker sein, den es sich stellt, um in der Nacht aufzustehen und die Toilette aufzusuchen, oder es trinkt am Abend weniger. Oder wir merken beispielsweise, dass es sich vor allem in kalten Nächten einnässt, dann können wir auf das Wetter achten und anbieten, es in der Nacht zu wecken.

Wenn wir uns ernsthafte Sorgen machen, dass unser Kind nicht lernt, die Toilette zu benutzen oder nachts trocken zu bleiben, können wir einen Spezialisten oder eine Spezialistin zurate ziehen.

- *Toilet Awareness* von Sarah Moudry

ZAHNPFLEGE

Wenn die Kinder mit etwa 3 Jahren die zweite Hälfte der ersten Entwicklungsphase erreichen, werden sie zunehmend Verantwortung für ihre Mundhygiene übernehmen. Die Pflege der Milchzähne legt den Grundstein für die ihrer bleibenden Zähne. Wir sollten beim Putzen danebenstehen und das Kind beobachten. Möglicherweise müssen wir auch noch ein wenig nachputzen, aber den Rest können die Kinder selbst erledigen.

Das kindliche Verantwortungsgefühl lässt sich hier unterstützen, indem wir Bücher über das Zähneputzen lesen, die vermitteln, warum die Pflege von Zähnen und Zahnfleisch so wichtig ist. Vielleicht putzen wir unsere Zähne gleichzeitig mit unseren Kindern. Wenn sie keine rechte Lust haben, können wir ein Lied singen, während sie die Zähne schrubben (»Soooo putzen wir die Zähne…«). Oder eine Sanduhr oder Spieluhr gibt ihnen optisch beziehungsweise akustisch vor, wie lange sie die Zähne putzen sollen.

Der erste Zahnarztbesuch sollte eher beiläufig stattfinden. Wir können unser Kind zu unserem nächsten eigenen Zahnarzttermin mitnehmen und es bei unserer Zahnreinigung zuschauen lassen. Vielleicht erlaubt ihm der Zahnarzt oder die Zahnärztin, sich in den Stuhl zu setzen, und fährt es ein wenig auf und ab. Er oder sie kann es auffordern, den Mund zu öffnen, und hineinschauen. Das genügt bereits für einen ersten Besuch. Auch Bücher über Besuche in der Zahnarztpraxis können dem Kind helfen, sich vorzubereiten und die Vorgänge dort zu verstehen.

Wenn ein Kind häufig vergisst, die Zähne zu putzen, können wir gemeinsam überlegen, wie es sich selbst daran erinnern kann – von einem Post-it am Badezimmerspiegel bis hin zu einer immer gleichen Abfolge des Morgen- und Abendrhythmus, damit die Zahnpflege sich automatisiert.

Wenn ein älteres Kind sich weigert, die Zähne zu putzen, sollte man an seinen rationalen Verstand appellieren und gemeinsam erkunden, wie wichtig Zahnpflege ist. Dann können wir einen Plan machen, menschliche Zähne und die Zähne verschiedener Tiere zu untersuchen. Dabei schauen wir, wie Menschen ihre Zähne pflegen, und was Tiere für die ihren tun. In der Bibliothek lassen sich Informationen darüber finden, was passiert, wenn wir unsere Zähne nicht putzen. Was der Zahnarzt oder die Zahnärztin bei den regelmäßigen Untersuchungen sagt, wird allerdings eher akzeptiert werden als Informationen von uns. Er oder sie ist schließlich Expert*in. Das Kind kann hier auch Extratipps erhalten, wie es schwer erreichbare Stellen reinigt oder was es bei Zahnfleischentzündungen macht.

Regina Lulka, die viele Jahre lang eine Montessori-Schule in Toronto leitete, hat eine schöne Idee für Kinder, die gerade die zweite Entwicklungsphase erreichen und den ersten Zahn verlieren: Es hilft, unterschiedliche kulturelle Traditionen bei diesem Ereignis kennenzulernen; zum Beispiel kann man *Throw Your Tooth on the Roof: Tooth Traditions from Around the World* von Sally B. Beeler lesen und dabei erfahren, dass Kinder in Botswana ihren Zahn auf das Dach werfen, während sie in Afghanistan ihren ersten Zahn in ein Mauseloch fallen lassen!

TEIL ZWEI

PRAKTISCHE FRAGEN

WANN WIR UNSEREN KINDERN HELFEN … UND WANN NICHT

Wann wir eingreifen

Viele Menschen glauben, »Montessori-Kinder« könnten tun, was sie wollen. Maria Montessori machte aber unmissverständlich klar, dass wir eingreifen und sie aufhalten, wenn sie

- sich selbst verletzen,
- andere verletzen,
- die Umwelt verletzen.

Das gilt für verbale wie physische Schäden (ob sie nun absichtlich geschehen oder nicht) sowie für drastische Störungen.

Um solche Situationen müssen wir uns sofort kümmern, ohne allerdings das Kind zu beschämen; doch müssen wir ihm klarmachen, wie man sich besser verhält; zum Beispiel können wir sagen:

- »Ich kann nicht zulassen, dass du mit deinem Kopf gegen ____________ schlägst. Du siehst verärgert aus. Kannst du es mir hier auf diesem Papier mit dem Bleistift zeigen?«
- »Ich kann nicht zuschauen, wie du deinen Freund schlägst. Ich helfe dir, dich zu beruhigen, und dann fallen uns bestimmt Wörter ein, mit denen du ihm sagen kannst, warum du wütend bist.«
- »Diese Blumen sind empfindlich. Ich zeige dir, wie man sich um sie kümmert.«

Wann wir abwarten und beobachten

Viel öfter können wir aber abwarten und beobachten, damit das Kind aus Erfahrung klug wird.

Wir können beobachten und noch ein Weilchen zuwarten, wenn das Kind

- aus den natürlichen Konsequenzen lernen wird,
- versucht, eine Fähigkeit zu erlernen,
- eine neue Methode für einen Vorgang ausprobiert,
- seine Gefühle ausdrückt,
- seine körperlichen Grenzen austestet.

In solchen Augenblicken versuchen wir, weder zu kommentieren noch zu reagieren. Solange keine Notsituation entsteht, können wir warten und bei anderer Gelegenheit eine Erklärung nachliefern, wenn das Kind empfänglicher für unsere Worte ist.

Hier ein paar Beispiele:

1. Wenn ein Kind anfängt zu schreiben, korrigieren wir nie seine Rechtschreibung. Wir schreiben nur weiterhin korrekt und sorgfältig, wenn wir für das Kind etwas aufschreiben.
2. Wenn ein Kind voller Wut eine Tür zuschlägt, sollten wir uns vornehmen, ihm später humorvoll vorzuführen, wie wir eine Tür langsam und leise schließen. »Könntest du das bitte so leise wie möglich machen? Hörst du das?«

Wann wir unserem Kind helfen

Manchmal besteht die Hilfe darin, nur den geringstmöglichen Beistand zu leisten, sodass das Kind danach allein weiterkommt.

Hilfe kann sich folgendermaßen ausdrücken:

- In einem Stichwort.
- In der Frage, ob wir helfen sollen.
- In dem Angebot, jederzeit zu helfen, wenn das Kind darum bittet.
- In der Frage, ob wir ihm kurz etwas zeigen können. Anschließend ziehen wir uns aber zurück, um zu sehen, ob das Kind selbst weiterkommt.
- Im Aufbau einer Aktivität, mit der es eine fehlende Fertigkeit lernen kann.

Stell dir vor, ein 6-jähriges Kind schneidet ein Papierhaus aus einem Bastelbogen aus. Du siehst, dass es drauf und dran ist, ein wichtiges Teil abzuschneiden. Kann man da warten, ob es sich selbst korrigiert? Kann man warten, ob es das Stück abschneidet und dann überlegt, wie es die Sache wieder in Ordnung bringen kann? Oder man gibt ein Stichwort: »Ich sehe, dass dieser Streifen wohl gleich abgeschnitten wird«, und wartet ab, was es mit dieser Information anfängt.

Je älter die Kinder werden, desto mehr schaffen sie allein. Folgende Fragen der Soziologin, Autorin und Referentin Christine Carter können hilfreich sein:

- Was ist dein Plan?
- Du willst das später machen? Wie soll das aussehen?
- Was willst du tun, damit du es nicht vergisst?
- Was soll ich machen, wenn du deinen Wecker ignorierst?

STATT »SUPER!« ODER »TOLL!«

Viele Erwachsene glauben, wenn wir unsere Kinder loben (»Toll«, »Bravo«, »Gut gemacht«) oder sie belohnen, motiviert sie das, zu lernen oder sich angemessen zu benehmen. Durch das Lob bringen wir ihnen jedoch bei, ihre Motivation außerhalb ihrer selbst zu suchen, statt ihre eigene intrinsische Motivation zu entwickeln. Wer mehr über die Auswirkungen von Lob erfahren möchte, dem empfehlen wir Alfie Kohns Aufsatz *»Five Reasons to Stop Saying ›Good Job!‹«*.

Aber was sollen wir stattdessen sagen? Wir können unseren Kindern mit objektiven Formulierungen Feedback geben, sodass sie in die Lage versetzt werden, ein Selbstbild aufzubauen. Adele Faber und Elaine Mazlishs Buch *How to Talk so Kids Will Listen & Listen so Kids Will Talk* wartet mit hilfreichen Vorschlägen auf:

- Beschreiben, was das Kind geleistet hat: »Sieh mal an! Du hast den Wassereimer den ganzen Hügel hinaufgetragen, um den Graben zu füllen, den du gebaut hast.« (Anstatt zu sagen: »Super!«)
- Seine Bemühungen beschreiben: »Du hast jeden Nachmittag an dem Referat gearbeitet, und jetzt ist es fast fertig.« (Statt darauf herumzureiten, dass es noch nicht fertig ist.)
- Beschreiben, was es vermutlich fühlt: »Du siehst richtig begeistert/erfreut/stolz aus.« (Statt zu sagen: »Ich bin stolz auf dich.«)
- Den Sachverhalt mit einem Wort zusammenfassen: »Du hast Oma die ganze Treppe heraufgeholfen. Das nenne ich mal aufmerksam/freundlich/geduldig!« (Statt zu sagen: »Gut gemacht!«)
- Sagen, was man selbst fühlt: »Es macht Spaß, mit dir zusammen zu kochen.« (Statt zu sagen: »Das machst du toll.«)

Terrence Miller (ein erfahrener Lernbegleiter an einer Montessori-Grundschule und Ausbilder) bringt ältere Kinder zur Selbstreflexion, indem er in einem solchen Zusammenhang Fragen stellt wie zum Beispiel: »Mir ist aufgefallen, dass du ______. Wie hast du dich dabei gefühlt?«

WIE MAN SELBSTSTÄNDIGKEIT UNTERSTÜTZT

Wir haben bereits mehrfach in diesem Buch erwähnt, wie nützlich es ist, wenn Kinder sich um sich selbst kümmern und selbst denken können. Wehren sie sich und verlangen, dass wir immer weiter Dinge für sie tun, können wir ihre Fähigkeit zur Selbstständigkeit durch unsere Anwesenheit stützen. Vielleicht räumt ein Kind nie auf oder es weigert sich, den Po abzuwischen oder sich die Hose hochzuziehen. Manche Kinder erwarten, dass wir neben ihnen sitzen, wenn sie spielen.

Wie gesagt, je mehr wir sie zwingen, desto mehr werden sie Widerstand leisten. Stattdessen folgen hier ein paar Tipps, um Mut zur Selbstständigkeit zu machen:

- **Inspiriere dein Kind.** Mach die Aufgabe interessant und verlockend, folge den Interessen des Kindes, wecke seine Begeisterung.
- **Suche etwaige Hindernisse und entferne sie.** Halte Ausschau nach Ablenkungen und materiellen Hindernissen (einschließlich dir selbst) und räume sie aus dem Weg.
- **Beobachte.** Wie lange kann das Kind allein spielen? Wie nah musst du ihm sein? Welche Körperpflegetätigkeiten kann es schon selbst erledigen? Musst du dich im selben Raum mit irgendetwas beschäftigen, damit es seiner Pflicht nachkommt?
- **Wenn dem Kind etwas schwerfällt, dann macht es zunächst gemeinsam.** Beim nächsten Mal kannst du ihm helfen, den Anfang zu machen, und es dann allein weitermachen lassen.
- **Arbeite dich langsam vor.** Gewöhne das Kind daran, das Spiel zu bestimmen. Geh nach einem Weilchen in ein anderes Zimmer, um etwas zu erledigen, und kehre danach zurück. Verlängere kontinuierlich die Zeit, in der es allein spielt.
- **Lass das Problem beim Kind.** Höre einfach auf, es immer zu retten. Wir können die Umgebung einrichten, wir können ihm helfen, einen Plan zu machen, und dann muss es die natürlichen Konsequenzen erfahren.
- **Stelle fest, ob dein Kind über die nötigen Fertigkeiten verfügt.** Wie kannst du es unterstützen, sodass es sie lernt? Kann man die Aktivität in kleinere Schritte zerlegen, die es schafft?
- **Stelle altersgemäße Aufgaben und unterstütze das Erlernen einer Fertigkeit durch deine Anwesenheit.** Beispielsweise lassen wir kein junges Kind allein mit dem Fahrrad in der Stadt herumfahren. Es fängt im Park an, während wir nebenherlaufen. Dann kann es vielleicht bald schon auf einem Radweg oder auf dem Gehsteig allein fahren. Wenn es zunehmend geschickter wird, lernt es, auf der Straße zu fahren, während wir auf unserem Rad neben ihm oder hinterherfahren. Dann fahren wir jahrelang gemeinsam durch die Stadt, damit es immer erfahrener wird. Kommt es dann in die höhere Schule, ist es so sicher, dass es allein fahren kann, mit einem Handy für den Notfall.

Wenn unser Kind Hilfe einfordert

Wenn unser Kind schreit: »Das kann ich nicht!«, oder verlangt: »Du musst das machen, ich will nicht!«, können wir beobachten, ob irgendein Hindernis im Weg ist, das entfernt werden sollte. Vielleicht versucht das Kind gerade Verbundenheit herzustellen (wir können ein wenig Hilfe anbieten und es dann alleine weitermachen lassen, indem wir zum Beispiel sagen: »Ich mache dies hier und du machst dann das.«). Oder es fühlt sich gehetzt (dann sollten wir uns überlegen, wie sich der Morgen umstrukturieren lässt, damit es mehr Zeit hat), oder es hat über zu viele Dinge keine Kontrolle (wie können wir ihm die über größere Teile des Tages einräumen?).

Das Schreien brauchen wir allerdings nicht zu akzeptieren. Wir können dem Kind ruhig und bestimmt vermitteln, wie es uns um Hilfe bitten kann, statt fordernd aufzutreten. Sehr gut gefällt uns ein Satz in Jane Nelsens und Chip DeLorenzos Buch *Positive Discipline in the Montessori Classroom:* »Würdest du bitte so fragen, dass ich dich hören und verstehen kann?« Wir können dem Kind versichern, dass wir unser Bestes tun, um es zu unterstützen, und dass wir zur Verfügung stehen, wenn es nicht weiterkommt (wir sollten hier auch selbstkritisch überlegen, ob wir vielleicht zu viel für unser Kind erledigen).

Mehr Vorschläge finden sich ab S. 72 »Unabhängigkeit und Verantwortungsgefühl stärken«.

ALLEIN ZU HAUSE BLEIBEN

Es wird noch einige Zeit dauern, ehe wir unser Kind allein zu Hause lassen. In vielen Staaten der USA gibt es dafür ein gesetzliches Mindestalter; in manchen Staaten ist das 12 Jahre. Inzwischen können wir aber die Fähigkeiten entwickeln, die es dafür braucht.

Einiges muss bedacht werden:

- **Sicherheit.** Was soll das Kind tun im Falle eines Feuers, Unfalls oder einer anderen Notsituation? Zeige ihm, wie man einen Notruf tätigt. Wichtige Telefonnummern sollten leicht zugänglich sein.
- **Fremde.** Was soll das Kind tun, wenn jemand an der Tür klingelt oder wenn das Telefon läutet?
- **Essen.** Was kann das Kind essen, während wir außer Haus sind?

- **Sicherheit.** Alkohol, Putzmittel, Streichhölzer und Feuerzeuge müssen weggeräumt werden.
- **Entfernung.** Wie weit weg sind wir?
- **Kontaktmöglichkeiten.** Sind wir telefonisch erreichbar?
- **Zeit.** Wie lange fühlt das Kind sich allein wohl?
- **Soziales Umfeld.** Welches soziale Umfeld haben wir? Kennen wir unsere Nachbar*innen? Können sie das Kind im Auge behalten? Leben wir in einer Großstadt?

Wenn unser Kind mit jemandem befreundet ist, der oder die allein zu Hause sein darf, und wir uns nicht wohlfühlen bei dem Gedanken, dass unser Kind dort spielt, sollten wir das mit den Eltern des Kindes besprechen oder ihr Kind stattdessen zu uns einladen.

Wenn Kinder etwa 6 Jahre alt sind, wollen sie unabhängiger sein und mehr ausprobieren. Daher sollten wir Möglichkeiten finden, sie unter weniger Aufsicht spielen zu lassen. Wir können sie zum Beispiel zu einem Abenteuerspielplatz in unserer Nähe mitnehmen und uns in der Cafeteria aufhalten, während sie herumsausen, klettern und in einer kontrollierten Umgebung größere Wagnisse eingehen. Vielleicht gibt es auch örtliche Gruppen wie die Pfadfinder, wo sie fortgeschrittenere Aktivitäten üben können wie Feuer machen und unter freiem Himmel schlafen.

MIT KINDERN REISEN

Wenn wir das Glück haben, uns Reisen mit Kindern leisten zu können, dann sollten wir auch die Montessori-Prinzipien im Reisegepäck mitnehmen.

- **Wir sollten die Kinder gleich in die ersten Planungen einbeziehen.** Vielleicht dürfen sie nicht das endgültige Reiseziel bestimmen, aber wir können ihnen eine Auswahl vorlegen oder sie zwischen zwei Unterkünften entscheiden lassen. Wir können außerdem vor Reiseantritt gemeinsam in die Bibliothek gehen und uns über Land und Leute, die Küche und Kultur unseres Reiseziels informieren.
- **Wir besorgen eine analoge Landkarte unserer Umgebung.** Sie macht es für Kinder leichter, konkret zu verstehen, wo wir wohnen und welche Orte wir besuchen werden, und die Kinder können uns mit einem Fahrplan der öffentlichen Verkehrsmittel helfen, Routen zu bestimmen. Auf der Landkarte können sie auch besondere Sehenswürdigkeiten mit farbigen Aufklebern markieren oder Eintritts- und Fahrkarten aus der Zeit des Aufenthalts aufkleben.

- **Kinder wollen Bescheid wissen und an den Planungen beteiligt werden.** Wir sollten unsere Kinder am Vorabend über die Pläne für den folgenden Tag in Kenntnis setzen und Vorschläge einholen, was sie vielleicht noch ergänzen wollen, damit wirklich alle ein Mitspracherecht haben. Wir können auch einen Bilderkalender für die kommenden Tage basteln, wenn ihnen das hilft.
- **Es kann sich lohnen, ein Reisetagebuch zu führen.** Das kann ein gemeinsames Familientagebuch sein oder ein Tagebuch mit Schloss, in dem jedes Kind Ereignisse und Inspirationen von seinen Reisen festhält. Wenn wir heimkehren, können wir auch noch Fotos hinzufügen.
- **Wertschätzen statt aneignen.** Um unsere Zeit und unser Geld bewusst einzusetzen, können wir Touren bei Einheimischen buchen statt bei großen Reiseveranstaltern. Wir sollten auch keinen billigen Kram auf dem Markt kaufen, sondern lieber weniger, aber dafür qualitätvolle und authentischere Gegenstände, die von einheimischen oder indigenen Handwerker*innen hergestellt wurden. Wir können unseren Kindern vermitteln, dass kulturelle Aneignung da beginnt, wo Menschen aus den Dingen, die sie auf ihren Reisen sehen, lernen oder kaufen, Profit schlagen.
- **Zeit für Entspannung sollte auch eingeplant werden.** Wir müssen überlegen, wie wir auch unverplante Zeit in die Reise integrieren können. Vermutlich werden ein oder mehrere Familienmitglieder auf der Reise auch einmal Zeit brauchen, um Spannung abzubauen. Man kann einmal einen Vormittag im Bett verbringen, einen Tag freinehmen, jeden Nachmittag Zeit finden zum Lesen und Spielen oder zwischen Museumsbesuchen einen Park oder Spielplatz aufsuchen, um die Großmotorik nicht zu kurz kommen zu lassen. Es schadet auch nicht, das gerade bevorzugte Brettspiel der Familie einzupacken.
- **Das Gepäck.** Jedes Kind kann ein Gepäckstück in passender Größe transportieren. Ein 3-jähriges Kind kann seinen eigenen Rucksack packen und auch tragen. Eine 10-Jährige kann alles herauslegen, was es braucht, sodass wir die Sachen kontrollieren und Feedback geben können. Anschließend kann sie ihre eigene Tasche packen. Die Kinder könnten ihre eigenen Packlisten anlegen oder gefragt werden, wie viel Unterwäsche, wie viele Socken und Kleidungsstücke sie brauchen.
- **Das Essen nicht vergessen.** Eine Unterkunft mit Küche kann sehr nützlich sein, um Proviant für den Tag vorzubereiten. Oder wir markieren auf dem Stadtplan oder der Landkarte ein paar Cafés in der Nähe der zu besichtigenden Orte, damit die Kinder nicht hungrig und müde werden.
- **Wir befassen uns vor der Ankunft mit der Landessprache.** Wir lernen ein paar Ausdrücke, um Leute zu begrüßen, uns zu bedanken und uns zu verabschieden. Wenn wir einen langen Aufenthalt im Ausland planen, sollten wir in Betracht ziehen, zusammen mit den Kindern einen Sprachkurs zu machen oder mit einer Person zu üben, die die Sprache spricht.

- **Alternativen zu Bildschirmen vorsehen.** Möglicherweise erlauben wir unseren Kindern an den Reisetagen, am Bildschirm zu spielen. Dennoch sollten wir für möglichst viele analoge Aktivitäten sorgen, die in die Rucksäcke der Kinder oder in die Koffer passen. Wenn möglich sollten wir ein Notizbuch und Stifte, eine Secondhand-Kamera, ein Kartenspiel, ein Buch und vielleicht einen Farbkasten mitnehmen.
- **Und wir sollten nicht vergessen, unseren CO_2-Fußabdruck auf Reisen zu minimieren.** Mit der Bahn erreichbare Reiseziele sind Langstreckenflügen vorzuziehen; man kann auch etwas seltener verreisen, umweltfreundliche Unterkünfte buchen, wiederverwendbare Flaschen und Besteck benutzen und vermeiden, Wegwerfprodukte als Andenken zu kaufen, die zu Hause nur Staubfänger sind.

ZWEI- UND MEHRSPRACHIGKEIT

3- bis 6-jährige Kinder schnappen mit ihrem absorbierenden Geist jede Sprache auf, die in unserem Zuhause benutzt wird. Man kann die Zweisprachigkeit so handhaben, dass jedes Elternteil eine Sprache spricht oder dass bestimmte Örtlichkeiten oder Zeiten mit einer bestimmten Sprache verknüpft werden. Im ersten Fall kommuniziert jedes Elternteil in seiner Muttersprache mit dem Kind, während eine Familiensprache für die Kommunikation zwischen den Eltern festgelegt wird. Im zweiten Fall werden festgelegte Zeiten (z. B. ein bestimmter Wochentag oder die Mahlzeiten) und/oder Orte (z. B. zu Hause oder außerhalb von zu Hause) bestimmt, die für die jeweiligen Sprachen vorgesehen sind.

Etwa 30 Prozent der Wachzeit eines Kindes müssen von einer Sprache erfüllt sein, damit sie zu einer Schriftsprache wird (das heißt, dass das Kind sie gut genug beherrscht, um in dieser Sprache lernen und studieren zu können). Wir können den Einfluss einer Sprache erhöhen, indem wir zusätzliche Wegbegleiter engagieren, die die gewünschte Sprache sprechen. Das kann eine Nachbarin sein, wir bitten, Bücher mit unserem Kind zu lesen. Oder wir planen längere Ferienreisen in unser Heimatland.

Auch Kinder zwischen 6 und 12 Jahren können eine neue Sprache lernen, doch sie haben nicht mehr die Unterstützung des absorbierenden Geistes oder der sensiblen Phase für den Spracherwerb. Vielmehr setzen sie ihren logischen, rationalen Verstand ein. Wir können ihnen den Spaß und den Nutzen des Sprachenlernens nahebringen, indem wir beispielsweise in der neuen Sprache einen Film drehen oder Gedichte schreiben oder Übersetzungen ihrer Lieblingsbücher lesen.

Mehr über dieses Thema findet sich in dem Buch *Bilingual Families: A Practical Language Planning Guide* von Eowyn Crisfield.

MONTESSORI FÜR KINDER MIT BEHINDERUNG ODER NEURODIVERGENZ

Wie wir im ersten Kapitel bereits angedeutet haben, ist die Montessori-Pädagogik für alle Kinder da. Wir holen jedes Kind da ab, wo es steht, und nehmen bei Bedarf Anpassungen vor. Heutzutage gibt es Montessori-Kurse für Kinder mit Behinderungen, und auch wenn es den Umfang dieses Buches sprengen würde, dieses Thema umfassend zu behandeln, folgen hier ein paar allgemeine Beispiele für den Anfang:

- Kinder mit einer körperlichen Behinderung haben oft die gleichen kognitiven Fähigkeiten wie Gleichaltrige. Wir können uns und unsere Umgebung so anpassen, dass das Kind die Möglichkeit bekommt, dieselben Fähigkeiten wie andere Kinder zu erwerben, auch wenn es vielleicht auf manchen Gebieten zusätzliche Hilfe braucht. Beispielsweise wird ein Kind mit geringem Muskeltonus vielleicht nicht in der Lage sein, ein Tablett zu tragen oder zu sprechen. Also überlegen wir uns, wie es Zugang zu den Materialien bekommt (indem zum Beispiel alles auf dem Boden liegt) oder sich ausdrücken kann (zum Beispiel mithilfe eines Computerassistenten).
- Ein hörgeschädigtes Kind hat das Bedürfnis zu kommunizieren, und wir wollen dem Kind die Möglichkeit geben, sich auszudrücken und andere zu verstehen. Wir können ihm mithilfe von Zeichensprache und gesprochener Sprache ab der Geburt reichhaltige Spracherfahrungen ermöglichen. Wir müssen es vor jeder Kommunikation auf uns aufmerksam machen sowie mit Körpersprache und Gesten alles verdeutlichen. Außerdem müssen wir in unseren Räumen auf Akustik und Beleuchtung achten.
- Bei einem blinden Kind müssen wir das Zimmer sehr bewusst einrichten und dürfen die Einrichtung nicht einfach ändern. Wir können Bücher in Blindenschrift besorgen und abtastbare Etiketten oder solche in Blindenschrift anbringen, wo das nötig ist. Die Geschwister können lernen, das blinde Kind zu führen.

Und wir können zusätzliche Zeit einrechnen, damit das Kind allein in unseren Räumen zurechtkommt.

- Ein neurodiverses Kind braucht in manchen Lernfeldern möglicherweise mehr Übung, seien es Motorik, Sprache, sensorische Verarbeitung oder emotionale Regulierung. Wir können seine Stärken besonders in den Mittelpunkt rücken und für Gelegenheiten sorgen, die entsprechenden Fähigkeiten zu üben. Außerdem finden wir bei Expert*innen und Therapeut*innen zusätzliche Hilfe.
- Ein Kind mit ADHS profitiert von einer Umgebung mit weniger Dingen und Ablenkungsmöglichkeiten. Wir sollten herausfinden, welche Aktivitäten ihm bei der Selbstregulation helfen; dazu gehören viele der praktischen Alltagstätigkeiten.
- Ein autistisches Kind hat in der Regel ein sehr starkes Bedürfnis nach Ordnung in seiner Umgebung und in seinem Tagesverlauf, und wir sollten alles so vorhersehbar wie möglich organisieren (und ihm helfen, Fähigkeiten zu entwickeln, die ihm den Umgang mit Unsicherheit und Veränderung ermöglichen). Manche Kinder profitieren von zusätzlichen Lernangeboten für soziale Situationen und Kommunikation. Wir beobachten das Kind und nehmen auf der Basis seiner besonderen Bedürfnisse Anpassungen vor.

Erwachsene, die für ein Kind mit besonderen Bedürfnissen sorgen, dürfen nicht vergessen, auch für sich selbst zu sorgen. Es kostet eine Menge Energie, sich für sein Kind einzusetzen, ihm so wenig wie möglich, aber so viel wie nötig zu helfen, es zu Extraterminen und Untersuchungen zu bringen und seine emotionale Reise zu begleiten. Schaffe dir ein hilfreiches Umfeld aus Gleichgesinnten und ermögliche dir genügend Ruhezeit, Auszeiten, sportliche Betätigung und gute Ernährung.

Jedes Kind hat ein anderes Entwicklungstempo. Wir werden mit individuellen Herausforderungen umgehen müssen. Alle Kinder verdienen es, als das wunderschöne Menschenkind behandelt zu werden, als das sie auf die Welt gekommen sind. Wir wollen ihre Kompetenzen erkennen und ihnen helfen, ihre Fähigkeiten zu entwickeln. Wo nötig, müssen wir uns selbst und die Umgebung anpassen.

- Für Familien mit neurodivergenten Kindern empfehlen wir *Differently Wired* von Deborah Reber.
- Über die Community, die über Zeichensprache kommuniziert, kann man sich auf der Website *What Dad Did* mit Ashton Jean-Pierre informieren (whatdaddit.com.au).

TEIL 3

WENN SCHWIERIGKEITEN AUFTRETEN

Wenn man seine Kinder nach Montessori-Prinzipien erzieht, bedeutet das nicht, dass keinerlei Auseinandersetzungen auftreten; vielmehr lernen unsere Kinder, mit anderen zusammenzuarbeiten und Konflikte auf respektvolle Weise zu lösen. Damit wir ihnen in solch schwierigen Situationen den Weg weisen können, müssen wir selbst herausfinden, wann uns etwas auf die Palme bringt und wie wir uns selbst regulieren können (siehe Kapitel 8 über unsere eigene Vorbereitung).

KOOPERATION UND MITHILFE STÄRKEN

Vielleicht sagen wir manchmal: »Das Kind will einfach nicht hören!« Es ist müde, sein Leben ist zu sehr durchgeplant, es möchte die Dinge erledigen, wie und wann es will, und es will nicht, dass wir an ihm herumkritteln. Gerade in solchen Momenten passiert manchmal etwas Gutes.

Wir wollen das als Möglichkeit sehen,

- die familiäre Zusammenarbeit zu pflegen.
- dem Kind zu ermöglichen, etwas Neues über sich und andere zu erfahren.
- ihm bei der Entwicklung der Fähigkeit zu helfen, sich schwierigen Situationen zu stellen.
- die Beziehung zu unserem Kind, die wir aufgebaut haben, zu erhalten.

Du sollst wissen, dass es nicht zu spät ist, neue Methoden zur Förderung von Kooperation und Mithilfe zu erlernen. Wir können noch heute anfangen, respektvoller mit unserem Kind umzugehen. Wir können ihm erklären, dass wir uns neue Fähigkeiten angeeignet haben und dass wir uns eine bessere Beziehung wünschen. Unsere Kinder brauchen in der Regel nicht lange, um diese neue Herangehensweise schätzen zu lernen. Schließlich arbeiten wir nun zusammen, Seite an Seite. Und nicht gegeneinander.

WENN UNSER KIND NICHT HELFEN WILL UND NICHT KOOPERIERT

Wir wollen lernen, unseren Kindern proaktiv den Weg zu weisen, statt Chef oder Dienstbotin zu spielen. Wenn wir die Zusammenarbeit mit unserem Kind entwickeln wollen, sollten wir uns die folgenden acht Fragen stellen:

1. Was können wir beobachten / Welche objektiven Informationen können wir sammeln?

Oft haben wir das Gefühl, dass unser Kind nie auf uns hört, nie aufräumt, nie rechtzeitig ins Bett geht. Was können wir beobachten, um die Situation klarer zu sehen?

Zum Beispiel:

- Zu welcher Zeit geschieht das?
- Wie oft geschieht es?
- Ist das Kind müde oder hungrig?
- Gibt es irgendwelche Veränderungen in der Familie?
- In welcher Form kommuniziert das Kind?
- Was tut es, wenn das vorkommt?
- Ist sonst noch jemand beteiligt?

2. Was braucht das Kind / Was brauche ich?

Gewaltfreie Kommunikation kann in der Montessori-Familie ein sehr wertvolles Werkzeug sein. Wir wollen das Kind respektieren und mit ihm zusammen Probleme lösen, und wir wollen Lösungen finden, die für alle funktionieren.

Ein wichtiger Aspekt der Montessori-Pädagogik ist es, »dem Kind zu folgen«, es sich auf seine eigene, besondere Weise entwickeln zu lassen. Das kann dahingehend missverstanden werden, dass sich alles nur um das Kind drehen soll. Vielleicht werden unsere Gespräche mit Freund*innen oder unserem Partner oder unserer Partnerin ständig durch das Kind unterbrochen, vielleicht stricken wir alle Pläne um die Kinder herum, ohne Zeit für eigene Interessen und Hobbys einzuplanen, und vielleicht vergessen wir, für uns selbst zu sorgen und uns auch einmal etwas zu gönnen. Eine Montessori-Familie sorgt aber für die Bedürfnisse des Kindes, ohne dass die Bedürfnisse der Eltern ins Hintertreffen geraten. Hier folgen ein paar Beispiele:

> »Das klingt, als wäre es dir wirklich wichtig, mit deinen Freund*innen rauszugehen. Ich bin aber dafür verantwortlich, dass dir nichts passiert. Meinst du, wir könnten vielleicht einen Plan schmieden, der meine Sorgen bezüglich deiner Sicherheit berücksichtigt, dir aber trotzdem ermöglicht rauszugehen? Wenn nicht, muss ich leider Nein sagen, aber ich wüsste wirklich gerne, ob uns etwas einfällt.«
>
> »Du hast anscheinend große Lust, laut zu singen, aber ich habe Kopfschmerzen. Wie können wir das Problem lösen?« (Das Kind hilft uns, uns mit einer Tasse Tee auf das Sofa zu legen, geht in sein eigenes Zimmer und singt mit Kopfhörern.)

Selbst wenn die Kinder uns noch zu jung dafür erscheinen, können wir sie in die Lösungssuche einbeziehen, indem wir fragen: »Wie können wir dieses Problem lösen?« Es ist erstaunlich, auf was für kreative Ideen sie manchmal kommen.

3. Wie können wir die Sicherheit des Kindes gewährleisten, wenn es seinen Freiheitsdrang ausleben will?

Wir können am Ladeneingang stehen bleiben, während das Kind ganz allein etwas kauft; wir können es ermuntern, seine Freund*innen zu sich nach Hause einzuladen, um zu feiern; oder wir schauen uns ein Spiel, ein Buch oder einen Film zunächst selbst an, damit wir das Kind notfalls durch gruselige oder nicht ganz jugendfreie Teile geleiten können.

4. Wie können wir in dieser Situation einen Weg finden, mit dem Kind zusammenzuarbeiten (statt Bestechung, Drohungen, Strafen oder einer Moralpredigt?

In seinem Buch *Unconditional Parenting* spricht Alfie Kohn darüber, dass man Kinder dazu bringen sollte, bei der Problemlösung zu helfen (»zusammenarbeiten«), statt extrinsische Mittel einzusetzen, wie Bestechung, Strafen oder Drohungen (»oktroyieren«). Wenn wir mit unserem Kind zusammenarbeiten, dann sollte das so ablaufen, dass wir zwar etwas von unserem Kind verlangen, sich das aber mit den Wünschen unseres Kindes vertragen muss (siehe das Venn-Diagramm unten, das diesen Sweet Spot, den optimalen Punkt, illustriert). Wenn das Kind an diesem Prozess beteiligt wird, fühlt es sich gestärkt und kompetent.

Je nach Alter des Kindes kann das ein gemeinsames Brainstorming sein, bei dem wir seine Ideen aufschreiben. Oder wir machen ein paar Vorschläge, aus denen es wählen kann – und die vielleicht auch als Sprungbrett für seine eigenen Einfälle dienen. Einem 2,5-jährigen Kind müssen wir vielleicht helfen, eine Bilderfolge für das Bettgehritual zu erstellen, nach der es sich richten kann. Ein 10-jähriges Kind muss man eher sanft erinnern, dass es schon 3 Minuten nach 8 Uhr ist und man die Dusche immer noch nicht rauschen hört.

5. Unterstützen wir die Entwicklung des Kindes?

Diese Frage zu stellen, haben wir von Alison Awes gelernt, und es ist von großem Nutzen, darüber nachzudenken. Wir können uns anschauen, in welche Richtung sich unser Kind bewegen will und welche Fähigkeiten es braucht, um dabei voranzukommen. Zwar müssen wir möglicherweise manche Fähigkeiten durch tätige Hilfe unterstützen, aber wir sollten das Kind nicht in einer Entwicklungsphase festhalten, aus der es herausgewachsen ist. Wir müssen uns fragen, ob wir selbst es in einer früheren Phase festhalten oder ob das Kind etwas tut (zum Beispiel übermäßiger Technologiekonsum), das seine Entwicklung hemmt.

6. Wie kann ich wenn nötig freundlich und bestimmt eine Grenze setzen?

Wir weisen dem Kind den Weg. Wir geben ihm Freiheit innerhalb bestimmter Grenzen. Wir können es an gemeinsam getroffene Vereinbarungen erinnern und ihm helfen, sie einzuhalten (siehe S. 202 über das Setzen von klaren Grenzen).

7. Was kann das Kind (und was können wir) aus dieser Situation lernen?

Auch wenn es für uns nicht einfach ist, zuzusehen, wenn unser Kind sich mit etwas schwertut, so wächst es doch an solchen Erfahrungen. Vielleicht lernt es, Ängste zu überwinden, Pläne zu machen und sich dann auch nach ihnen zu richten, sich emotional zu regulieren, wenn es ängstlich oder besorgt ist, oder es merkt, dass es Probleme lösen kann. Mit großer Wahrscheinlichkeit lernen wir dabei eine Menge über unser Kind und auch über uns selbst.

8. Wie kann ich in dieser Situation die Verbundenheit mit meinem Kind erhalten?

Wenn wir unser Kind dabei unterstützen wollen, zu kooperieren, können wir nur wiederholen, wie wichtig Verbundenheit ist. Wir versuchen, nicht frustriert zu werden. Wir versuchen, das Kind ruhig und bestimmt zu leiten. Wenn wir dennoch einmal frustriert reagieren, können wir uns entschuldigen und noch einen Anlauf nehmen. »Ich hätte eigentlich __________ sollen.« »Ich hätte lieber __________ sagen sollen.« »Wir fangen noch mal von vorne an.«

Wenn die Kinder nicht hören wollen

Anstatt den Kindern die Schuld zu geben, dass sie uns nicht zuhören, sollten wir so kommunizieren, dass wir gehört werden. Dazu gibt es ein passendes Zitat von Walter B. Barbe: »Wenn du es einem Kind tausendmal erklärt hast, und es versteht immer noch nicht, dann ist es nicht das Kind, das langsam im Kopf ist.«

Hier sind ein paar Ideen, die wir in unseren Klassenzimmern befolgen; viele davon stammen aus dem Buch *How to Talk So Kids Will Listen & Listen So Kids Will Talk* (Wie man spricht, sodass Kinder zuhören & wie man zuhört, sodass Kinder sprechen) von Adele Faber und Elaine Mazlish.

Beteilige dein Kind an der Lösungssuche. Rege mit Fragen sein Denken an: »Was könntest du tun?«, oder: »Was könntest du versuchen?«, oder: »Was haben wir über ___________ ausgemacht?«

Gib ihm Zeit, deine Bitte zu verarbeiten. Wir alle brauchen Zeit, um von einer Aktivität in eine andere zu wechseln. Daher sollten wir idealerweise warten, bis unser Kind seine Beschäftigung beendet hat, oder ihm Zeit geben, unsere Bitte zu verarbeiten (»Wartezeit«). Es hilft, im Kopf bis 10 zu zählen (auf keinen Fall laut). Probiere es einmal aus. Häufig beendet es seine Aktivität und ist bereit, zuzuhören oder zu antworten, wenn wir gerade erst bis 8 gekommen sind.

Drücke dich positiv aus und erkläre dem Kind, wie es helfen kann. Wenn wir »nein« oder »nicht« sagen, hört das Kind zuallererst, was es nicht tun soll. Dann muss es herausfinden, was es stattdessen tun soll (falls es das überhaupt herausfindet). Es ist aber immer möglich, unser Anliegen positiv zu formulieren und dem Kind zu sagen, was es tun, nicht, was es lassen soll. Beispielsweise kann man sagen: »Sei lieb zum Baby!« statt »Nicht schlagen!«; »Nimm beide Hände!« statt »Verschütte aber nichts!«; und: »Bleib bitte am Tisch sitzen!« statt »Du sollst noch nicht aufstehen.«

Statt Nein zu sagen, können wir sagen: »Ja, wenn …« Zum Beispiel: »Ja, du kannst noch einen Keks bekommen, wenn du diesen hier aufgegessen hast.« Wenn die Kekse alle sind, können wir sagen: »Ja, wenn wir morgen einkaufen waren, dann kannst du wieder einen Keks bekommen.«

Wir können sagen: »Das muss ich mir noch überlegen.« Manchmal sagen wir automatisch Nein, wenn unser Kind uns um etwas bittet. Stattdessen können wir sagen, dass wir darüber nachdenken, wie wir das hinkriegen (wir sollten allerdings nicht vergessen, dann wirklich noch einmal mit dem Kind darüber zu sprechen.)

Taten sprechen lauter als Worte. Lange Erklärungen oder Anweisungen vom anderen Ende des Zimmers blenden Kinder gerne aus. Wir sollten aufstehen und zu ihnen gehen oder ihnen zeigen, wo etwas hingehört, indem wir auf das Regalfach tippen und sagen: »Hier gehört das hin.«

Informiere das Kind. Wir können respektvoll sagen: »Diego, die Tür ist offen«, »Da steht eine Brotdose auf dem Tisch«, oder: »Milch wird schlecht, wenn man sie nicht in den Kühlschrank zurückstellt.« Dann kann das Kind herausfinden, was getan werden muss. Wir vermeiden es, herablassend oder sarkastisch zu klingen, denn wir leben respektvolles Verhalten vor.

Biete altersgerechte Wahlmöglichkeiten an. Ein Kind zwischen 3 und 6 kann aus mehreren gesunden Optionen aussuchen, was es aufs Pausenbrot haben möchte. Ein 6- bis 12-jähriges Kind kann entscheiden, ob es erst spielen und dann die Hausaufgaben machen will oder umgekehrt. Hauptsache, sie werden erledigt.

Benutze nur ein Wort. Wenn wir unser Kind an etwas erinnern müssen, das es bereits sehr gut weiß, bringt ein Vortrag oder ständiges Meckern wenig, denn das wird überhört. Wenn man stattdessen freundlich »Pausenbrot« oder »Schuhe« sagt, dann veranlasst dies das Kind, nachzuschauen, ob es etwas vergessen hat, oder es wird sanft an den nächsten Schritt erinnert. Auch hier wird es aufgefordert, selbst zu denken, statt passiv Anweisungen zu empfangen.

Erkläre, was du fühlst. Du kannst deinem Kind klar eine Grenze setzen (ohne Schuldgefühle haben zu müssen). »Das tut weh, wenn du mich haust. Ich setze mich jetzt weg. Ich will, dass du lieb zu mir bist.«

Gib es deinen Kindern schriftlich. Wenn etwas aufgeschrieben wird, bekommt es eine gewisse Autorität. Setze diese Möglichkeit sparsam ein, aber nutze sie. »Bitte räume mich auf« auf einem Experiment, das auf dem Tisch stehen gelassen wurde; »Bitte lasst uns bis 9 Uhr schlafen!« an der Schlafzimmertür; »Bitte auf Zehenspitzen gehen« an der Flurwand, wo die Nachbarn aus dem Untergeschoss über Getrampel klagen; solche Zettel können sehr wirkungsvoll sein. Für Kinder, die noch nicht lesen können, lässt sich zusätzlich ein Bild anbringen, oder wir erklären ihnen, was da steht. »Da steht ›Zerbrechlich‹. Mit der Glasvitrine muss man sehr vorsichtig sein.« »Da steht ›Privat‹. Ich glaube, dein Bruder will ein bisschen allein sein. Wollen wir etwas zusammen machen?« Oder: »Jetzt müssen wir den Backofen einschalten. Wir hängen ein Schild dran, auf dem ›Heiß‹ steht, damit wir das nicht vergessen.«

Sei humorvoll. Ein wenig Humor trägt weit. Bei einem jüngeren Kind, das sich weigert, die Schuhe anzuziehen, können wir so tun, als wollten wir seinen Schuh über unseren Fuß ziehen, und dann sagen: »Ach, der ist zu klein. Was ist denn da los? Warum passt der denn nicht?« Oder wir können die falsche Bezeichnung oder

Farbe sagen, sodass unser Kind uns korrigieren kann. Das wird es mit Begeisterung tun. »Die Schuhe sind doch nicht blau! Die sind lila!« Das kann die Laune heben und dann ist das Kind vielleicht eher bereit, die Schuhe anzuziehen. Bei einem älteren Kind können wir auf eine Lieblingsmelodie einen eigenen lustigen Text erfinden oder Musik auflegen, um zusammen aufzuräumen.

WENN UNSER KIND AUFGEWÜHLT IST

Alle Gefühle zulassen

Die Gefühle unseres Kindes helfen ihm (und uns), zu verstehen, was ihm wichtig ist und wie es eine Situation beurteilt. Sie helfen ihm, Empathie für andere zu empfinden und die Welt um sich herum zu begreifen. Wenn wir den Gefühlen unseres Kindes Raum geben, lernen wir, die Dinge aus seinem Blickwinkel zu sehen, ohne sofort einzugreifen und seine Probleme zu lösen. Unsere Aufgabe als Eltern ist nicht, unseren Kindern jede Schwierigkeit aus dem Weg zu räumen. Unsere Aufgabe ist es, anwesend zu sein, um sie in Freud und Leid zu unterstützen. Wir müssen sie ihre eigenen Erfahrungen machen lassen.

Wenn unser Kind große Gefühle hat, können wir ihm helfen, indem wir:

Mögliche Gefühle benennen. Wenn wir so reagieren, zeigen wir unserem Kind, dass wir bereitstehen, um ihm zu helfen, auch wenn es gerade aufgewühlt ist. Wir erklären ihm nicht, dass es wütend ist – das Kind wird sonst nur mit einem wütenden »Ich *bin* nicht wütend« antworten. Aber wenn jemand das Gefühl erahnt, das wir empfinden, dann fühlen wir uns gesehen und unterstützt.

Hier folgen einige unserer bevorzugten Satzanfänge für solche Fälle:

- »Das klingt, als würdest du __________ .«
- »Fühlst du dich vielleicht __________ ?«
- »Wünschst du dir eigentlich, du könntest __________ ?«
- »Ich kann gut verstehen, wenn du dich jetzt __________ fühlen würdest.«
- »Wenn __________ passiert ist, kann einen das ganz schön wütend machen.«
- »Natürlich würdest du __________ fühlen.«
- »Das verstehe ich gut. Ich kann mir vorstellen, dass das ganz schön __________ war.«
- »Das ergibt Sinn. Ich kann verstehen, warum du dich __________ fühlst.«

Dem Kind helfen, seine Emotionen zu verarbeiten. Wenn wir versuchen, unser Kind abzulenken oder schnell aufzumuntern, ehe es alles verarbeitet hat, wirkt das wie ein Pflaster. Wird das Pflaster entfernt (d.h., etwas anderes geschieht), ist die Wunde aber immer noch da und die Emotionen kommen wieder hoch. In *The Whole Brain Child* sprechen Daniel Siegel und Tina Payne Bryson darüber, etwas »zu benennen, um es zu zähmen«. Wir können unserem Kind helfen, seine Gefühle (aus der rechten Hirnhälfte) zu verarbeiten, indem es darüber spricht (mithilfe der linken Hirnhälfte), während wir es zum Beispiel unterstützen, noch einmal zu erzählen, was passiert ist. Ebenso wollen wir die Ängste und Sorgen unserer Kinder ernst nehmen und nicht einfach abtun; wir versuchen, sie zu verstehen und sie dann für unser Kind beherrschbar zu machen. (Mehr über die Beherrschung von Ängsten findest du auf S. 209.)

Dem Kind helfen, sich zu regulieren. Es gibt Momente, in denen unser Kind von einer Sekunde auf die andere plötzlich keinen Zugang mehr zu seinem präfrontalen Cortex hat (dem Teil des Gehirns, der für rationale Entscheidungen, Planung, Selbstkontrolle und Kontrolle über Emotionen zuständig ist). Das Reptilienhirn (das Siegel und Payne Bryson als »Untergeschoss des Hirns« bezeichnen und das aus Stammhirn, limbischem System und Amygdala besteht) hat übernommen und das Kind gerät völlig aus dem Häuschen. Das sieht dann wie ein Wutanfall aus oder als hätte das Kind vollständig die Kontrolle über seine Emotionen verloren. In solch einer Situation wird es uns erst dann überhaupt hören können, wenn es sich wieder beruhigt hat.

Zunächst helfen wir unserem Kind, sich wieder zu regulieren, und dann – aber erst, wenn es wieder ruhig ist – reden wir mit ihm darüber, was passiert ist, und helfen ihm, wenn nötig die Verantwortung zu übernehmen.

Ideen für die Selbstregulierung:

- Das Kind beschließt, in sein Zimmer zu gehen, wenn es aufgewühlt ist.
- Es beschließt, seinen Ruheort aufzusuchen (siehe S. 200).
- Es erlaubt uns, gemeinsam herunterzukommen (z.B. es fest in den Arm zu nehmen, seinen Rücken zu streicheln, mit ihm zu atmen). Wenn wir selbst reguliert sind, können wir uns vorstellen, wir würden ihm unser Nervensystem »leihen«.
- Es schaukelt oder wiegt seinen Oberkörper hin und her oder es summt.
- Es bewegt seinen Körper (macht zum Beispiel Hampelmänner, rennt oder putzt).
- Es macht eine Atemübung (z.B. atmet es ein, als röche es an einer Blume, und bläst bei der Ausatmung eine imaginäre Kerze aus, oder es atmet 3 Sekunden ein, hält 3 Sekunden die Luft an und atmet 6 Sekunden aus).
- Ein älteres Kind kann sich 5 Dinge suchen, die es sieht, 4, die es berühren kann, 3, die es hören, 2, die es riechen und 1 Ding, das es schmecken kann.

Self-Reg: How to Help Your Child (and You) Break the Stress Cycle and Successfuly Engage with Life von Stuart Shanker

Ruhig bleiben. Es gibt Momente, in denen unser Kind wirkt, als habe es die Kontrolle verloren, aber gleichzeitig benutzt es das, was Siegel und Payne Bryson als »Obergeschoss des Hirns« bezeichnen (einschließlich des präfrontalen Cortexes). Zum Beispiel beobachten wir möglicherweise, dass es mit dem Weinen aufhören kann, streitet oder redet. Dann können wir fest bleiben – wir gehen nicht auf Verhandlungen ein –, während wir gleichzeitig zugeben, dass es schwer für das Kind ist, ein Nein zu hören. Wir sind freundlich und bestimmt.

Jedes Verhalten ist Kommunikation, und unser Kind drückt vielleicht ein Bedürfnis nach Aufmerksamkeit oder Zuneigung oder etwas anderem aus. Auch da bleiben wir fest, wir ändern nicht unsere Meinung, aber wir suchen nach den zugrunde liegenden Ursachen, um zu verstehen, was los ist.

Einen Ruheort schaffen. Ein Ruheort kann sehr hilfreich sein, wenn ein Kind aus der Haut fährt (die Idee stammt aus Jane Nelsons Büchern über *Positive Discipline*). Wir können mit einem Kind ab 2,5 bis 3 Jahren in unserem Zuhause gemeinsam einen Ort einrichten (normalerweise in einem kollektiv genutzten Teil des Hauses), wo es sich zurückziehen und beruhigen kann, wenn es innerlich aufgewühlt ist. »Was gibt dir ein gutes Gefühl, wenn du aufgeregt bist?« Vielleicht möchte es an diesem Ort ein paar Bücher haben, ein Kuscheltier, ein paar Leuchtsterne, Kissen, eine Eisenbahn oder Autos; alles Mögliche, das ihm guttut. Das ist etwas anderes als eine *time-out* (Auszeit), während der das Kind zur Strafe weggeschickt wird. Der Ruheort wird manchmal im Englischen als *time-in* bezeichnet. Das Kind kann sich entscheiden, ihn aufzusuchen, um sich zu beruhigen, und so lange (oder so kurz) bleiben, wie es will. Wenn die Gefühlswogen hochgehen und es sich weigert, sich an seinen Ruheort zurückzuziehen, können wir immer selbst zu diesem Ort gehen, um uns zu beruhigen, oder wir können uns mit ihm zusammen dorthin begeben. Das Kind lernt, wie es wieder ruhig werden kann.

Für jedes Kind ein Notizbuch bereithalten. Eine andere Art, Kindern zu vermitteln, dass sie bei großen Gefühlen gehört werden, ist, uns zu diktieren, weshalb sie so aufgeregt sind. Wenn wir es aufschreiben, fühlt sich das für sie sehr bedeutend an; sie fühlen sich bestätigt. Wenn ein Kind Orangen auspressen will, aber keine mehr da sind, können wir das aufschreiben, damit wir ihm Bescheid sagen können, wenn wir wieder welche haben. Ältere Kinder können wir ermuntern, alles, woran sie sich erinnern wollen, in ihr eigenes Notizbuch zu schreiben. (Das funktioniert auch gut, wenn sie in einem Geschäft unbedingt etwas haben möchten. Wir können es in unser Notizbuch schreiben als Idee für einen Geburtstag oder einen anderen besonderen Anlass.)

Hilf deinem Kind, zu sprechen

Manchmal ist es für ein Kind schwierig, mit uns zu reden. Wie wir weiter oben erwähnt haben, gelingen einige der schwierigsten Gespräche dann besonders leicht, während wir gleichzeitig etwas anderes tun, wie Hausarbeit erledigen (»Komm, lass uns reden, während wir die Wäsche zusammenlegen«), nebeneinander im Bus sitzen, Lego bauen oder Ball spielen.

Wir können das Kind fragen, wie es gerade bei ihm läuft und was es braucht (nicht was es will). Seine Fähigkeit, seine Bedürfnisse zu artikulieren (z. B. Beruhigung, eine Umarmung, Platz, Verbundenheit), wird sich verbessern, wenn wir das mit ihm üben.

Amanda Morin, Autorin des Buchs *What Is Empathy?*, vergleicht es mit Detektivarbeit, wenn wir Informationen sammeln, uns vergewissern, dass wir die Situation richtig verstehen, zuhören und die Gefühle des Kindes validieren.

- »Du hast irgendwie mürrisch ausgesehen, und ich wüsste gerne, wie du dich jetzt fühlst.«
- »Ich höre da heraus, dass ________________. Stimmt das?«
- »Erzähl mir, was ich wissen sollte / was du mir mitteilen willst.«
- »Kann ich dir bei irgendetwas helfen?«

Wenn ein Kind ausfällig wird, können wir Morin zufolge unmissverständlich antworten:

- »Ich finde es unangenehm, wenn du mich anschreist.«
- »Ich kann das nicht für dich in Ordnung bringen, aber ich kann die Person sein, mit der du darüber redest.«

Denk daran, nichts persönlich zu nehmen, besonders bei 6- bis 12-Jährigen, die notorisch widersprechen und sich unhöflich verhalten. Sie suchen geistige Unabhängigkeit und zeigen uns, dass sie selbst denken können. Wir lassen sie wissen, welche Wortwahl wir akzeptieren und welche nicht. Vielleicht kommen wir später wieder auf die Situation zurück, wenn alle Beteiligten sich beruhigt haben.

BEI BEDARF FREUNDLICH UND BESTIMMT GRENZEN SETZEN

Wenn eine Situation eskaliert oder jemand körperlich oder psychisch verletzt zu werden droht, müssen wir Erwachsene als präfrontaler Cortex des Kindes fungieren. Dabei können wir den Satz verwenden, den wir schon früher gelernt haben: »Es ist meine Aufgabe, für eure Sicherheit zu sorgen.« Er ist ruhig und klar und markiert unsere Verantwortung als Erziehungsberechtigte/Betreuungspersonen.

Anschließend können wir auf eine unserer Vereinbarungen hinweisen: »Wir haben ausgemacht, dass es hier kein Beißen, Schlagen oder Hänseln gibt«, oder: »Wir haben ausgemacht, dass am Tisch gegessen wird.«

Manchmal protestiert das Kind dann: »Das ist unfair! ____________ darf immer ____________.« In diesem Augenblick verhandeln wir nicht über unsere Vereinbarungen. Wir können das Thema aber auf unsere Liste setzen, um in einem neutralen Moment oder beim nächsten Familienmeeting darüber zu diskutieren, um das Für und Wider erwägen und zu einer ausgewogenen Entscheidung kommen zu können. »Das klingt, als wäre es dir wichtig, diese Vereinbarung noch einmal zu überdenken. Lass uns das aufschreiben, damit wir am ____________ darauf zurückkommen können.«

Notfalls können wir dem Kind respektvoll zwei Alternativen vorschlagen (»Wir haben ausgemacht, dass dieses Wochenende keine Bildschirme angemacht werden. Möchtest du den Fernseher abschalten oder soll ich es tun?«), und wenn es nicht reagiert, ziehen wir Letzteres freundlich und bestimmt durch.

> »Wenn du es sagst, musst du es so meinen, und wenn du es so meinst, musst du danach handeln.«
>
> Jane Nelsen und Kelly Gfroerer: *Positive Discipline Tools for Teachers*

Wir müssen aufpassen, in welchem Ton wir etwas sagen, damit es nicht als Drohung aufgefasst wird, aber wir müssen gleichermaßen achtgeben, nicht unentschlossen zu wirken. (»Sollen wir das wegräumen?« klingt zu vorsichtig.) Vielmehr müssen wir freundlich und bestimmt sprechen und danach handeln. (»Ich erwarte, dass bis zum Abendessen der Boden von Matschspuren gesäubert ist.«)

Falls ein Kind wütend wird, wenn wir eine Grenze setzen, können wir ihm helfen, sich zu beruhigen, wie wir es oben gelernt haben. Wir lassen es spüren, dass wir seinen Kampf sehen, wir uns aber von seiner unangenehmen Lage nicht überwältigen lassen (was das Kind auch nicht tun sollte). Möglicherweise schreit es uns an: »Ich hasse dich!« Oder es geht türenschlagend in sein Zimmer. Wir müssen damit klarkommen, dass es uns im Augenblick nicht leiden kann, und falls notwendig Mittel und Wege finden, uns selbst zu regulieren.

Wenn alle sich beruhigt haben, können wir uns wieder versöhnen (siehe »Wiedergutmachung« auf S. 206).

Die Phase zwischen 6 und 12 Jahren ist, wie wir bereits erwähnt haben, stabiler. Wenn wir Kindern in dieser Altersgruppe Grenzen setzen, können wir an ihr rationales Denken und ihre moralische und soziale Entwicklung appellieren. Wenn wir nicht wollen, dass sie im Haus rennen, sollten wir ihnen ein oder zwei Gründe nennen. »Wenn du hier drinnen rennst, dann rumpelst du vielleicht gegen den Tisch, wo die Vase von Großmama steht, an der ich sehr hänge, und es macht auch zu viel Krach für deinen Bruder, der morgen eine Prüfung hat und dafür lernt.« Das macht die Kinder zwar nicht glücklich, aber sie werden es respektieren.

Wenn wir Montessori schon länger praktizieren, wissen unsere Kinder außerdem, dass »ja« bei uns »ja« und »nein« nein heißt. Sagen wir »Mal sehen«, können sie sich darauf verlassen, dass wir noch ein wenig darüber nachdenken.

Kinder, die nach Montessori aufwachsen, dürfen nicht alles machen, was sie wollen. Sie haben viele Freiheiten, aber wir sind da, um ihnen den Weg zu weisen, bei Bedarf klare Grenzen zu setzen und darauf zu achten, dass ihnen nichts passiert.

GEMEINSAME PROBLEMLÖSUNG

Manchmal müssen wir uns zusammensetzen, um ein wiederkehrendes Problem zu lösen.

Wenn in einer Montessori-Schule ein Kind wiederholt zu spät kommt, wird es nicht bestraft. Stattdessen bespricht es sich mit seiner Lernbegleiterin oder seinem Lernbegleiter, um der Verspätung auf den Grund zu gehen. Hat es Schwierigkeiten, morgens aus dem Bett zu kommen? Ist in der Familie irgendetwas los? Was können wir dazu beitragen, damit es rechtzeitig kommt? Die Lernbegleiterin oder der Lernbegleiter arbeitet mit dem Kind zusammen, um eine Möglichkeit zu finden, dass es rechtzeitig zur Schule kommt, statt es zu bestrafen, sodass es danach überhaupt keine Lust mehr hat, in die Schule zu gehen.

Zu Hause können wir ähnlich vorgehen, wenn unser Kind Mühe hat, rechtzeitig für den Schulbesuch aufzustehen. Wir können ein Familienmeeting mit Brainstorming abhalten und eine Liste von Ideen (auch albernen) aufschreiben, wie zum Beispiel:

- Einen Wecker stellen.
- Mehrere Wecker stellen.
- Den Wecker ans andere Ende des Zimmers stellen, sodass das Kind aufstehen muss, um ihn auszustellen.
- Gar nicht in die Schule gehen.
- Ein Elternteil schaut morgens nach, ob das Kind aufsteht.

Sobald wir eine lange Liste mit Vorschlägen von allen Beteiligten haben, können wir sie durchgehen und die Punkte streichen, die definitiv nicht funktionieren werden (»Nicht in die Schule gehen kommt nicht infrage, also streichen wir das mal durch.«). Dann suchen wir einen aus, den wir ausprobieren wollen.

Danach können wir einen Kontrolltermin verabreden (für gewöhnlich eine Woche später), um zu sehen, was funktioniert oder ob irgendetwas verändert werden muss.

KONFLIKTE ZWISCHEN ZWEI PARTEIEN LÖSEN

Wenn unser Kind mit einer anderen Person einen Konflikt hat, können wir ihm zunächst den Raum geben, den Konflikt selbst zu lösen. Wir stehen aber bereit, wenn es Unterstützung braucht. In diesem Fall ist Erfahrung die beste Lehrmeisterin. In *Das kreative Kind* schreibt Maria Montessori: »Abgesehen von außergewöhnlichen Fällen, sollten wir solche Probleme den Kindern überlassen. Dann können wir objektiv ihr Verhalten studieren. Durch solche alltäglichen Erfahrungen entsteht eine soziale Ordnung.«

Wann unsere Unterstützung gebraucht wird

Im Aufsatz »*Did You Say ›Sorry‹?: Seeing Through Montessori Eyes*« (»Hast du gesagt, dass es dir leidtut?«: Der Blick durch Montessori-Augen) verzichtet Donna Bryant Goertz darauf, ein Kind zu einer Entschuldigung zu drängen. Die Kinder werden angeleitet, sich gegenseitig zuzuhören, zu verstehen, was das andere Kind so gestört hat, und zu einer für beide funktionierenden Lösung zu kommen. Das Kind, das den Konflikt ausgelöst hat, wird nicht als Problem gesehen, sondern dabei unterstützt, das Richtige zu tun, sodass es sich zugehörig fühlt.

Wenn wir sehen, dass unsere Kinder nicht miteinander auskommen, können wir sie in den Problemlösungsprozess einbeziehen. Sie hören einander zu, und wir sind in neutraler Leitfunktion dabei, falls das notwendig wird. Die Kinder finden aber eine eigene Lösung. Daraufhin werden sie sich unterstützt und geliebt fühlen und ein größeres Interesse daran haben, die Lösung auch umzusetzen. Es kann durchaus sein, dass der Prozess revidiert, angepasst oder verfeinert werden muss, aber die Kinder sind beteiligt und übernehmen Verantwortung für die Lösung.

Wenn die nötige Vertrauensgrundlage vorhanden ist, fragt Bill Conway, lange Jahre Vorstand von *Montessori East* in Sydney, Australien, die älteren Kinder gerne: »Was meinst du, was du in dieser Situation hättest anders machen können?« Oft ist den Kindern nur zu bewusst, was sie besser hätten machen können und was sie tun müssen, um sich mit den anderen Beteiligten wieder zu versöhnen.

Selbstständig Probleme lösen

Wenn unsere Kinder im Konfliktelösen bereits geübter sind, können wir das Gerüst unserer Unterstützung entfernen. Wir können jungen Kindern die Möglichkeit geben, das Problem selbstständig zu lösen: »Der eine will spielen, die andere will allein sein, jetzt bin ich gespannt, wie ihr das löst.«

Ältere Kinder werden ihre Zwistigkeiten zunehmend selbst lösen und uns danach davon erzählen. Wenn wir einen Streit hören, können wir aber auch aus einigem Abstand beobachten, sodass die Kinder sehen, dass eine erwachsene Person zuschaut. Bei Bedarf können wir Hilfe anbieten. »Ihr klingt beide ziemlich wütend. Sagt Bescheid, wenn ihr Hilfe braucht.«

WIEDERGUTMACHUNG

Wenn ein Kind etwas kaputt macht oder jemandem körperlich oder verbal wehtut, können wir ihm die Gelegenheit geben, in Würde Wiedergutmachung zu leisten (diesen Ausdruck haben wir beim Nautilustraining bei *Montessori in Public Action* gelernt). Das vermittelt dem Kind das Bewusstsein: Ich weiß, wie man zerbrochene Dinge wieder heil macht, und die andere Partei bekommt die Zuwendung, die sie braucht. Wenn das Kind nicht die Verantwortung übernimmt, fühlt sich das Opfer vielleicht weiterhin verletzt und das Kind trägt weiter Schuld oder auch Scham mit sich herum.

Zuerst müssen alle Beteiligten sich beruhigen. Dann können wir den Kindern helfen, die Angelegenheit wiedergutzumachen. Das kann so aussehen, dass einem geschubsten Kind ein Taschentuch oder ein nasser Lappen gebracht wird; ein zerbrochenes Spielzeug wird repariert oder ein Bild oder eine Karte werden gemalt. Diese Form der Wiedergutmachung ist bedeutungsvoller als ein dürres »Es tut mir leid«.

Für Kinder zwischen 3 und 6 ist es am besten, etwas sofort wiedergutzumachen, während das Vorgefallene noch frisch in ihrem Gedächtnis ist. Bei Kindern zwischen 6 und 12 können wir auf einen neutraleren Augenblick später am Tag warten. Wir können sagen: »Erinnerst du dich, wie du vorhin ____________ zu mir gesagt hast?« Häufig werden sie mit einer spontanen Entschuldigung antworten: »Das tut mir leid. Ich weiß überhaupt nicht mehr, wieso ich so wütend war.«

Junnifa versucht in ihrer Familie, die Kinder nicht zu einer Entschuldigung zu zwingen. Wenn nötig unterstützt sie sie mit Vorschlägen und Ermutigungen, aber sie gibt ihnen Zeit, über die Angelegenheit nachzudenken und von selbst auf die nötigen Erkenntnisse zu kommen, denn nur dann sind sie willens, ehrlich um Entschuldigung zu bitten.

In Simones Familie wurde bei Streitereien darüber diskutiert, wie die andere Person entschädigt werden könnte. Einmal spielte Oliver seiner Schwester Emma und ihrer Freundin, die bei ihr übernachtete, einen Streich: Er stellte ihren Wecker auf vier Uhr morgens. Um sich mit den Mädchen zu versöhnen, erklärte er sich bereit, ihnen Arme Ritter zum Frühstück zu machen. Die beiden freuten sich und er war stolz darauf, dass er die Sache wiedergutgemacht hatte. Und außerdem spielte er ihnen nie wieder einen Streich.

Wenn kein anderes Kind beteiligt ist, kann unser Kind durch natürliche Konsequenzen lernen, Verantwortung zu übernehmen. Natürliche Konsequenzen sind zum Beispiel, dass ihm draußen kalt ist, wenn es sich weigert, seine Jacke anzuziehen. Wenn es gleich morgens in der Früh seinen Snack aufisst, dann ist später kein Snack mehr da. Vergisst es seinen Turnbeutel, kann es nicht am Sportunterricht teilnehmen oder seine Lehrkraft oder sein Lernbegleiter oder seine Lernbegleiterin ist verärgert.

Manchmal können wir selbst freundlich und bestimmt eine logische Konsequenz einsetzen. Wenn ein Kind sich unser Werkzeug ausgeliehen und dann draußen im Regen liegen gelassen hat, wird es möglicherweise beim nächsten Mal ein Schloss an der Werkzeugkiste vorfinden. Wenn es im Haus Fußball spielt, wird ihm der Ball abgenommen, bis wir in den Park gehen. Wir können ihm stattdessen anbieten, gegen einen Punchingball zu kicken oder auf einem Innenraumtrampolin zu springen. Wenn die Kinder im Auto streiten, können wir an den Rand fahren, bis es so still geworden ist, dass der Fahrer oder die Fahrerin sich auf den Verkehr konzentrieren kann. Wir können gemeinsam besprechen, wie wir diese Situationen beim nächsten Mal gestalten, sodass sie irgendwann wieder unser Werkzeug benutzen und den Ball irgendwo im Haus lassen dürfen oder sich im Auto so beschäftigen, dass die Fahrerin sich konzentrieren kann.

Dies alles geschieht nie auf beschämende Weise (»Siehst du, ich habe doch gesagt, dass du frieren wirst!«) oder mit Drohungen (»Wenn du das noch einmal machst, dann ____________.«). Wenn die Kinder ihre Erfahrungen gemacht haben, müssen auch wir die Sache gut sein lassen. **Die Kinder lernen, Verantwortung zu übernehmen, nicht, ein schlechtes Gewissen zu haben.** Wenn die gleiche Situation wieder auftritt, können wir sie daran erinnern, was beim letzten Mal passiert ist, damit sie es diesmal besser machen können.

Ein Grund dafür, dass ein Partner oder Familienmitglied vielleicht denkt, die Montessori-Methode sei zu lasch oder die Kinder dürften dabei tun und lassen, was sie wollen, ist, dass dieser Schritt der Wiedergutmachung oft nicht gesehen wird. Wir dürfen ihn auf keinen Fall auslassen. Wir müssen den Kindern helfen, Wiedergutmachung zu leisten und die Verantwortung für ihre Handlungen zu übernehmen – daran wachsen sie.

EINIGE HÄUFIGE PROBLEME

Wenn das Kind Dinge herumwirft, schlägt, beißt oder sich gemein verhält

Wenn unser Kind wütend ist, können wir nicht zulassen, dass es sich selbst oder andere verletzt oder sich an einem Gegenstand in unserem Zuhause oder draußen vergreift. Wenn ein Kind Dinge herumwirft, schlägt, beißt oder sich gemein verhält:

- Wir nehmen Kontakt zu ihm auf und unterbinden das gefährliche Verhalten. Wenn es jemandem körperlich wehtut, sagen wir: »Ich kann nicht zulassen, dass du ihr/ihm wehtust«, und trennen die beiden. Wenn es einen Gegenstand haut, können wir lächeln und sagen: »Du machst diesem Ding ja ganz schön zu schaffen. Kommst du mal einen Augenblick rein, damit ich dir etwas sagen kann?«
- Wir versuchen, das Kind zu verstehen, und helfen ihm, Mittel und Wege zu finden, seine Bedürfnisse zu befriedigen oder fehlende Fähigkeiten zu entwickeln. Zum Beispiel:
  - Braucht es körperliche Bewegung, um sich auszutoben oder Frust loszuwerden?
  - Hat es Schwierigkeiten, sich verbal auszudrücken? Können wir es fragen, ob es Hilfe braucht, um mit seinem Freund oder Geschwister zu reden? Oder können wir das in neutralen Momenten üben, bis das Kind es verinnerlicht hat?
  - Fühlt es sich gesehen und zugehörig? Wenn nicht, sucht es vielleicht nach anderen Wegen, gesehen zu werden und zur Familie oder Gruppe zu gehören.
  - Wenn es zu Hause Einzelteile seiner Aktivitäten herumwirft: Entsprechen die Aktivitäten seinen Bedürfnissen? Sind sie zu schwierig oder zu leicht? Wofür interessiert sich das Kind gerade?
- Wir helfen ihm im Bedarfsfall, die Sache wiedergutzumachen.

Wenn ein Kind quengelt

Ein quengelndes Kind teilt uns etwas mit – wir müssen wie ein Detektiv oder eine Detektivin herausfinden, was los ist. Simone hatte als Kind den Spitznamen Moany Maccaroni, was so viel wie »nörgelnde Makkaroni« heißt, weil sie sich immerzu beklagte. Ihre Eltern hatten einen eigenen Laden, und eines Tages langweilte sie sich fürchterlich. Sie lag hinter der Kasse und strampelte vor Wut. Sie wollte nur raus. Im Lauf der Zeit lernte Simone, Bücher und ein Strickzeug einzupacken, um sich zu beschäftigen. Außerdem übertrugen ihre Eltern ihr Arbeiten im Laden, sodass sie das Gefühl bekam, etwas beitragen zu können.

Wir müssen unser Kind beobachten. Wann quengelt es und warum? Fehlen ihm irgendwelche Fähigkeiten? Können wir ihm zeigen, wie man auf höfliche Weise unterbricht? (Siehe S. 145) Erkennen wir irgendwelche Bedürfnisse, die nicht befriedigt werden? Gibt es Momente, in denen das Kind beschäftigt ist und ruhig kommunizieren kann? Könnte man in neutralen Momenten üben, wie es um Hilfe bitten sollte? Finden wir genug Zeit, sodass es uns von seinen Kümmernissen erzählen kann?

Eine Mutter in Simones Klasse bietet ihren drei Kindern »Beschwerdezeiten« an, wo sie über Dinge reden können, die sie stören, besonders bezüglich ihrer Geschwister. Das hilft ihnen, ihre Frustration loszuwerden, und manchmal sogar, eine Lösung zu finden.

Der Umgang mit Ängsten

Kindergartenkinder haben manchmal Angst vor Ungeheuern unter dem Bett, vor Dunkelheit, vor Hunden oder davor, Fahrradfahren oder Schwimmen zu lernen. Kinder zwischen 6 und 12 beginnen oft, sich davor zu fürchten, dass den Menschen, die sie lieben, etwas zustößt oder dass andere Kinder sie nicht mögen.

Möglicherweise gelingt es uns nicht, ihre Ängste zu beseitigen. Aber wir können ihnen helfen, damit umzugehen, indem wir

- einen geschützten Raum bieten, wo sie über ihre Ängste sprechen können. Wir sollten all ihre Gefühle zulassen und sie anhören, ohne ihre Angst zu bestärken (beispielsweise spielen wir das Spiel nicht mit und spritzen Wasser unters Bett, um die Monster zu vertreiben).
- mit dem Kind zusammen praktische Lösungen finden, um die Angst zu beherrschen (z. B. ein Nachtlicht anbringen und die Tür offen lassen, wenn ein Kind sich vor der Dunkelheit fürchtet).
- die Dinge ausfindig machen, die seine Ängste verstärken (z. B. Fernsehsendungen oder Bücher wie Märchen mit Hexen oder Ungeheuern).
- ihm beistehen, langsam praktische Fähigkeiten aufzubauen. Wir können zum Beispiel mit einem Kind, das sich vor Hunden fürchtet, regelmäßig einen Hundepark besuchen, sodass es aus sicherer Entfernung etwas über Hunde lernt; ein Kind, das Angst vor dem Wasser hat, darf ein paar Wochen lang am Beckenrand sitzen und beim Schwimmkurs zuschauen; und wir können ein Laufrad finden, sodass das Kind, das Angst vor dem Radfahren hat, den Boden mit den Füßen berührt und allmählich lernen kann, frei zu rollen, wenn es bereit ist, die Füße anzuheben.
- selbst ruhig bleiben. Wenn wir unser Kind bei jedem lauten Geräusch hochheben oder uns selbst unsicher fühlen, wird unser Kind das spüren. Wir können ihm

zeigen, wie wir selbst uns einem Hund nähern, oder ihm erzählen, wie wir selbst eine bestimmte Angst überwunden haben.

- ihm einen Schutzgegenstand anbieten. Vielleicht möchte es mit einem Kuscheltier oder einer Kuscheldecke schlafen, wenn es Angst vor der Dunkelheit oder vor Ungeheuern hat.
- gemeinsam forschen. Wenn ein Kind Angst vor Gewittern hat, können wir herausfinden, wie Gewitter entstehen und welche Sicherheitsvorkehrungen man bei einem Gewitter treffen sollte.
- das Regenbogenritual anwenden, damit das Kind sich nachts oder wenn es sich nicht von uns trennen kann mit uns verbunden fühlt. Wir schicken die Farben des Regenbogens von unserem Herzen zu seinem Herzen (»Ich schicke dir die Farbe Rot – die Farbe der Erdbeeren, Tomaten, Rosen und Feuerwehrautos – von meinem Herzen zu deinem Herzen. Jetzt die Farbe Orange…«). Dieses Regenbogenritual wurde von der australischen *Quest for Life Foundation* entwickelt, um Kindern nach traurigen oder schwierigen Nachrichten beizustehen. Ein Kind fühlt sich durch diesen Regenbogen mit uns verbunden, denn er kann sich für ein junges Kind sehr konkret anfühlen.

TEIL VIER

SENSIBLE THEMEN BESPRECHEN

Die meisten von uns würden behaupten, dass sie es wichtig finden, ehrlich zu sein und immer die Wahrheit zu sagen. Aber Kinder stellen verzwickte Fragen, und manchmal wissen wir nicht so recht, was wir darauf sagen sollen. Über Sex oder Tod zu reden, wenn Kinder etwas darüber wissen wollen, kann zu den schwierigsten Gesprächen überhaupt gehören – nicht für die Kinder, aber für uns. Diese Themen können schambehaftet sein, vielleicht erinnern wir uns an peinliche Momente in unserer Kindheit oder wissen nicht, wie wir reagieren sollen. Wenn wir aber den Fragen unserer Kinder über Sex, Gender, Hautfarben und andere delikate Themen ausweichen, dann lernen sie, dass man über solche Dinge nicht spricht oder dass sie irgendwie peinlich sind.

Was sollen wir also tun?

Vorbildhaft ehrlich sein

Zwischen unserer Erwartung, dass unsere Kinder immer die Wahrheit sagen, und unserem eigenen Umgang mit dieser besteht zuweilen eine gewisse Diskrepanz. Hören unsere Kinder zum Beispiel ab und zu eine Notlüge von uns? Sie absorbieren unser Vorbild. Und das, was wir tun, wirkt stärker als das, was wir sagen.

Anstatt zu sagen: »Wir erzählen dem Schaffner einfach, dass du erst fünf bist, dann brauchen wir keine Fahrkarte für dich zu lösen«, sollten wir ehrlich sein: »Jetzt bist du sechs, jetzt müssen wir eine Kinderkarte für dich kaufen.«

Altersgemäße Antworten geben oder gemeinsam nachschlagen

In der Montessori-Pädagogik wollen wir die Fragen der Kinder mit korrekten Tatsachen beantworten. Wir müssen ihnen nicht sofort sämtliche Informationen geben. Es genügt meist, die Frage eines 3- bis 4-jährigen Kindes mit einem einfachen, klaren Satz zu beantworten. Auf die Frage: »Warum gibt es bei denen keinen Papa im Haus?«, können wir antworten: »Manche Kinder haben zwei Mamas, manche zwei Papas, manche eine Mama und einen Papa, manche haben nur einen Elternteil, und es gibt noch eine Menge anderer Familienformen.« Wenn das Kind für den Augenblick keine weiteren Fragen stellt, können wir das Thema später noch einmal aufgreifen und herausfinden, ob es weitere Fragen hat.

Bücher sind eine großartige Möglichkeit, diese Unterhaltungen leichter zu machen. Wenn wir kein passendes Buch dahaben, können wir unserem Kind einen Besuch in der Bibliothek versprechen, um nachzusehen, ob es dort ein Buch zum fraglichen Thema gibt. Wir können uns eine Notiz machen, damit wir das nicht vergessen.

Ältere Kinder treten mit detaillierteren Fragen an uns heran. Sei offen, sei ehrlich, beschäme die Kinder nicht und sei nicht verlegen. Wir wollen, dass unsere Kinder die Erfahrung machen, uns alles vertrauensvoll fragen zu können, damit sie weiterhin zu uns kommen und sich die Antworten nicht aus weniger verlässlichen Quellen besorgen.

Wenn die Zeit für ein Gespräch gerade nicht geeignet ist, dann plant einen Termin, an dem ihr auf die Frage zurückkommen wollt

Wenn wir nicht unmittelbar die Zeit oder das Wissen für eine Antwort haben, können wir immer sagen, dass wir über die Frage nachdenken oder uns noch ausführlicher informieren wollen. Noch besser ist es, die Antwort gemeinsam zu suchen. Dann dürfen wir aber nicht vergessen, wirklich auf die Frage zurückzukommen, damit das Kind erkennt, dass wir sein Anliegen wichtig nehmen und uns nicht vor einer Antwort drücken.

Neugierig reagieren, wenn wir etwas hören, das unfreundlich oder unangemessen klingt

Wenn wir etwas hören, das rassistisch klingt oder unfreundlich, sollten wir zunächst mit Neugier reagieren. Dabei kann es sich um einen unschuldigen Fehler handeln. Oder aber wir müssen dem Kind erklären, dass es nicht akzeptabel ist, jemanden aufgrund seines Aussehens auszuschließen.

Die Situation mag zwar unangenehm sein, aber wenn wir nichts sagen, entgeht den Kindern eine Lernmöglichkeit. Wir können den Kindern auch den Rücken stärken, damit sie sich für sich selbst oder andere einsetzen. »Es verletzt mich, wenn du __________ sagst«, oder: »Es ist sehr unfreundlich, __________ zu sagen.«

Sehr empfehlenswert ist Britt Hawthornes Buch *Raising Antiracist Children* und *Anti-Bias Education for Young Children and Ourselves* von Louise Derman-Sparks und Julie Olsen Edwards. In beiden finden sich nützliche Beispiele für Gespräche mit Kindern über Hautfarbe, Gender, Klassismus und Behinderungen. Mehr darüber in Kapitel 6.

Ebenso hilfreich ist ein Hinweis auf der Website von Lucy und James Catchpole, dass Erwachsene mit Behinderung nicht als Anschauungsmaterial genommen werden dürfen. Sie verdienen dieselbe Privatsphäre und Höflichkeit wie alle anderen Menschen. Wenn also unser Kind einen Rollstuhlfahrer etwa fragt: »Was ist denn dir passiert?«, sollten wir ihn um Verzeihung bitten und dann das Kind daran erinnern, dass wir an Menschen, die wir nicht kennen, keine persönlichen Fragen richten.

GIBT ES DEN WEIHNACHTSMANN?

Für manche Menschen, die Weihnachten feiern, bedeutet radikale Ehrlichkeit gegenüber den Kindern, dass sie zwar über den Weihnachtsmann oder das Christkind als kulturelles Symbol sprechen, aber bewusst die Wahrheit sagen, wer die Geschenke bringt. Weihnachten kann trotzdem eine gemütliche Feier voller Überraschungen und Staunen sein, genau wie auch Geburtstagsfeiern zauberhafte Anlässe sind. Für diejenigen, die gerne ihre Kindheitserinnerungen wachhalten und weiterhin vom Weihnachtsmann oder dem Christkind sprechen wollen, hat Simone einen Tipp: Sie hörte einst eine Mutter auf die Frage, ob Feen und der Weihnachtsmann wirklich existierten, antworten: »Ich selbst habe sie noch nie gesehen. Du vielleicht?«

Wenn wir in unserem Zuhause an den Weihnachtsmann glauben, müssen wir achtgeben, nie damit zu drohen, dass der Weihnachtsmann nicht komme, wenn die Kinder nicht brav seien. Wir sollten nicht sagen, auf dem Regal säße eine Fee, die alles sehe, was das Kind tue (*Elf on the Shelf*). Solch leere Drohungen sowie alle Formen der Bestechung stehen im Widerspruch zum Ziel der Montessori-Pädagogik, dass die Kinder Selbstdisziplin entwickeln und sich nicht bloß deshalb gut benehmen sollen, weil sie etwas dafür bekommen.

In sensiblen Bereichen Grenzen setzen

Eltern und Pädagogen und Pädagoginnen fragen uns häufig, wie sie es mit dem Grenzen-Setzen bei sensiblen Themen handhaben sollen. So schwer es uns fallen mag, wir treten auch auf diesen Gebieten mit dem gleichen freundlichen, aber bestimmten Ton auf. Dabei darf das Kind nicht beschämt werden; wir geben ihm die nötigen Erklärungen auf altersgemäße Weise, und wir respektieren unsere Grenzen auch selbst und leben sie vor.

Ebenso selbstverständlich, wie wir sagen können: »Wir essen am Tisch. Du findest deinen Keks hier, wenn du mit Spielen fertig bist«, können wir auch in sensiblen Bereichen eine klare Grenze setzen. Zum Beispiel: »Du kannst dich gerne da anfassen, aber das macht man lieber ohne Zuschauer. Magst du in dein Zimmer oder ins Bad gehen?«

- *Little Parachutes*-Bücher für Kinder über sensible Themen wie Trauer, Scheidung und Behinderungen

ÜBER DEN TOD SPRECHEN

Ein Familienmitglied, einen Freund oder ein Haustier zu verlieren, gehört zu den schlimmsten Erfahrungen, die wir Menschen machen können. Unsere Kinder sehen, dass wir traurig sind, und stellen Fragen. Das Beste, was wir tun können, ist, ehrliche, korrekte und altersgemäße Antworten zu geben. Hier folgen ein paar Vorschläge:

- Statt dem Kind zu erzählen, der oder die geliebte Verstorbene würde nun lange schlafen, sollten wir uns an die Wahrheit halten und sagen: »Er/Sie ist gestorben.« Oder wir verwenden Begriffe, die in unserer Kultur üblich sind, wie »er oder sie hat die körperliche Welt verlassen«.
- Wenn Kinder fragen, was passiert, wenn wir sterben, können wir antworten: »Manche Leute glauben __________ und andere glauben __________. Was denkst du, was passiert?«
- Wenn ein Haustier stirbt, haben wir möglicherweise das Bedürfnis, unser Kind aufzuheitern, indem wir sofort ein neues besorgen. Aber wenn das Kind trauert, kann es über die gemeinsame Zeit mit dem Tier nachdenken und begreifen, dass das Leben einen Anfang, eine Mitte und ein Ende hat. Wir zeigen ihm unser Mitgefühl und Verständnis und lassen zu, dass es all seine Gefühle auslebt.

Wir können ein Fotoalbum, ein Erinnerungsbuch oder ein Video über die verstorbene Person oder das Tier machen, um ihr oder sein Leben zu feiern. Wir können ihnen Ehre erweisen, indem wir ihr Lieblingsessen kochen, ihre Lieblingsmusik spielen oder Fotos von Orten machen, die sie geliebt haben. Beziehe dein Kind, so weit es Lust hat, in diese Aktivitäten mit ein. Auch passende Kinderbücher können dem Kind helfen, seine Gefühle zu verarbeiten.

Wenn ein Kind viel über den Tod spricht, sucht es vermutlich Antworten auf die Fragen des Lebens oder versucht, seine Gefühle zu verarbeiten. Wir können zuhören, unsere eigenen Erfahrungen beitragen und uns nötigenfalls an einen Experten oder eine Expertin wenden.

Da junge Kinder sehr stark im gegenwärtigen Moment leben, reden sie möglicherweise kaum über den Tod der geliebten Person. Wenn ein Elternteil gestorben ist und wir die Erinnerung an diese Person wachhalten wollen, können wir Mittel und Wege finden, sie zu feiern, sodass das Kind eine starke Erinnerung an sie behält. Dafür können wir Gelegenheiten nutzen, die sich im Alltag ergeben, zum Beispiel, wenn wir ihr Lieblingsgemüse im Supermarkt sehen. Aber wir können solche Momente auch bewusst herbeiführen, indem wir ihre Lieblingsorte besuchen oder Fotos aufstellen, ein einfaches Buch über sie basteln, das wir beim Ins-Bett-Gehen lesen, und indem wir ihren Geburtstag oder andere besondere Tage feiern und zusammen eine Karte für sie gestalten.

ÜBER SEX SPRECHEN

Über Sex redet man nicht nur einmal und ist damit für immer fertig. Durch einen ehrlichen und offenen Dialog mit unseren Kindern helfen wir ihnen, eine gesunde Beziehung zu ihrem Körper zu haben und die Körper anderer zu respektieren, und wir können dabei selbst Traumata verarbeiten, die wir in unserer Kindheit möglicherweise erlitten haben. Zusätzlich zur Montessori-Ausbildung hat uns persönlich die Arbeit von Melissa Pintor Carnagey von der Organisation *Sex Positive Families* sehr geholfen, solchen Gesprächen mit unseren Kindern die richtige Form zu geben. Auch unsere Kultur und unsere Glaubensüberzeugungen spielen in diesen Unterhaltungen eine Rolle.

Kinder erfahren aus vielen Quellen etwas über Sex und Beziehungen. Ob es uns gefällt oder nicht, sie sind unweigerlich Informationen, Bildern und Gesprächen über Sex ausgesetzt. Wenn wir der erste Anlaufpunkt für unsere Kinder sind, die ersten, die sie in dieses Thema einführen, werden unsere Kinder wahrscheinlich eher die Dinge, die sie irgendwo aufschnappen, mit dem abgleichen, was wir ihnen erzählt haben, als andersherum. Außerdem haben wir so die Möglichkeit, Sex und Beziehungen in Übereinstimmung mit unserem Wertesystem darzustellen. Hier folgen einige Aspekte, die man bedenken sollte:

Die Kinder müssen über das Prinzip der Einvernehmlichkeit Bescheid wissen. Das beginnt bereits im ersten Lebensjahr, wenn wir sie um Erlaubnis fragen, bevor wir etwas mit ihrem Körper machen, zum Beispiel: »Ich hebe dich jetzt hoch.« Dann warten wir, bis sie diese Information verarbeitet haben und uns die Erlaubnis geben. Wir berühren ihren Körper sanft und respektvoll. Wir fragen unser Kind, ob es in den Arm genommen oder geküsst werden will, und leben so die Einwilligung ab dem frühesten Kindesalter vor. Wir schnallen sie mit sanften Händen im Autositz fest. Wir führen sie, statt sie an der Hand hinter uns herzuzerren.

Wenn wir Babys und Kinder waschen, berühren wir alle Körperteile gleich sanft, einschließlich der Vulva, des Penis und des Pos. Das hilft ihnen, ihr Körperschema – die Vorstellung vom Bau ihres Körpers – zu vervollständigen.

Simone hatte in ihrem Zuhause zusätzlich folgende Regel: »Raufen nur im gegenseitigen Einvernehmen«. Wenn jemandem das Raufen keinen Spaß machte, musste er bloß »Stopp« sagen und das Spiel war zu Ende. Wenn Simone mitbekam, dass jemandem das Raufen nicht gefiel, fragte sie immer: »Möchte jemand Stopp sagen?«, oder sie rief notfalls: »Ich habe jemanden Stopp sagen hören!«

Alle Körperteile korrekt bezeichnen. Wenn wir die Körperteile unseres Kindes beschreiben, sollten wir die korrekten Bezeichnungen verwenden; zum Beispiel »Vulva« (für die äußeren Geschlechtsorgane Klitoris, Vaginalöffnung, Harnröhre, innere und äußere Schamlippen), »Vagina« (für den Kanal, der von der Vulva zur Cervix und zur Gebärmutter führt) und »Penis«.

Damit geben wir unseren Kindern das Vokabular, mit dem sie sich vertrauten Erwachsenen (Eltern, Arzt oder Ärztin, Betreuungsperson) bei Problemen mitteilen können. Und wenn sie älter werden, entstehen keine peinlichen Situationen, wenn sie bereits die korrekte Terminologie für ihre Körperteile benutzen.

Babys wachsen nicht im Bauch. Sie wachsen im Uterus / in der Gebärmutter. Diese Begriffe können wir durchaus gegenüber unseren Kindern gebrauchen, die, wie wir wissen, Sprachen leicht lernen.

Der Umgang mit dem Partner oder der Partnerin. Junge Kinder beobachten, wie wir miteinander reden, wie wir unserer Liebe Ausdruck verleihen, wie wir uns gegenseitig berühren und wie wir gegebenenfalls Konflikte lösen. Sie lernen, gesunde Beziehungen zu führen, wenn sie gesunde Beziehungen erleben.

Dem Interesse der Kinder an Tierbabys folgen. Auf dem Bauernhof können unsere Kinder Tierbabys sehen und füttern und manchmal sogar erleben, dass ein Tierbaby geboren wird. In niederländischen Schulen wird vor 5- bis 6-Jährigen vom »lentekriebels« (»Frühlingsfieber«) der Tiere gesprochen. Das ist eine natürliche Möglichkeit, darüber zu sprechen, woher die Babys kommen. 6- bis 9-Jährige interessieren sich bereits für Fortpflanzung und Biologie. Wir können unsere Kinder in die menschliche Fortpflanzung genauso einführen, wie wir es bei den Fortpflanzungsmustern von Insekten, Vögeln, Kaninchen oder Haustieren machen würden.

Die Gespräche sollten deutlich vor der Pubertät beginnen. Lieber spricht man früher mit den Kindern als später, denn sobald ein Kind die Pubertät erreicht, wächst sein körperliches Schamempfinden vielleicht und es geniert sich mehr, wenn es mit uns reden soll.

Gender-inklusive Sprache und Gedanken verwenden. Gender (Geschlecht) bezieht sich auf den Körper, den Ausdruck und die Identität einer Person. Zwar sind viele von uns mit den binären Kategorien von männlich und weiblich aufgewachsen, aber Gender kann sich auf viele Weisen ausdrücken: unter anderem als gender-fluid, non-binär und transgender.

Wir wollen, dass jedes Kind sich so akzeptiert fühlt, wie es ist, wie auch immer es sich darstellt. Niemand kann einem Kind erklären, wie es sich fühlt. Unser Kind oder seine Klassenkamerad*innen verorten sich vielleicht außerhalb der Geschlechterbinarität. Damit alle sich in ihrer Geschlechtsidentität bestätigt fühlen, können wir darauf achten,

- unsere Sprache geschlechtsneutral zu halten, indem wir zum Beispiel sagen: »Du wirst erwachsen« (statt »Du wirst jetzt eine Frau / ein Mann«).
- unsere Pronomina zu nennen, wenn wir uns vorstellen: »Ich heiße Simone, und meine Pronomina sind sie/ihr.« Das macht deutlich, wie wir uns in unserer Identität bestätigt fühlen, und hilft anderen, sich darüber klarzuwerden, durch welche Pronomina sie selbst sich in ihrer Identität bestätigt fühlen.
- die Idee infrage zu stellen, dass Rosa für Mädchen und Blau für Jungen ist, dass Spielwarenläden Spielzeug für Mädchen und für Jungen anbieten und dass Bekleidungsgeschäfte unterschiedliche Kleider für Jungen und Mädchen führen.
- dass Kinder jedweder Genderidentität ihre Emotionen ausleben dürfen, sich mit den Kleidern ihrer Eltern verkleiden, Kleider tragen, in denen sie sich wohlfühlen oder mit denen sie experimentieren wollen, Sport treiben oder nicht und jeden Beruf ergreifen, zu dem sie sich hingezogen fühlen.

Die Fragen der Kinder beantworten oder die Antwort gemeinsam herausfinden. Möglicherweise haben Kinder Fragen zu ihrem Körper, weil sie wissen wollen, ob sie normal sind. Oder sie sehen etwas und stellen uns eine Frage dazu. Simone ging einmal auf dem Weg zu einem Café mit ihrer Familie durch das Rotlichtviertel von Amsterdam. Oliver – damals etwa 10 Jahre alt – fragte, warum in den Fenstern lauter Frauen in Unterwäsche ständen. Simone wich der Frage nicht aus, sondern gab ihm eine einfache Erklärung über Prostitution. Er fragte nicht weiter und sie setzten den Weg zum Café fort.

Wenn wir die Fragen unseres Kindes überhören oder verlegen reagieren, lernt es, dass man über dieses Thema nicht spricht. Wenn wir befangen sind, sollten wir das ehrlich zugeben. »Ich merke gerade, dass mir das Thema peinlich ist. Ich hatte nie jemanden, mit dem ich über solche Sachen reden konnte. Aber ich will, dass du dich immer dabei wohlfühlst, wenn du mich etwas fragst. Ich würde gerne noch mehr darüber herausfinden, bevor wir darüber reden. Können wir uns vornehmen, morgen nach der Schule darüber zu sprechen?«

Alle Kinder sollten über die Menstruation Bescheid wissen. Manche Menschen haben kein Problem damit, wenn all ihre Kinder, unabhängig vom Geschlecht, im Badezimmer sind, während sie ihre Menstruation haben, zum Beispiel wenn sie eine Binde, ein Tampon oder die Menstruationstasse wechseln – sodass alle Kinder lernen, dass die Menstruation ein natürlicher Zyklus ist. Andere Familien erwähnen möglicherweise, dass jemand seine Periode hat, wenn diese Person Ruhe braucht oder sehr empfindlich ist. Wir alle leben in einem sozialen Umfeld, wo Menschen menstruieren, und unsere Kinder werden auf natürliche Weise davon erfahren.

Die Kinder können aus unseren Geschichten lernen. Wenn unser Kind älter wird, können wir unsere Verletzlichkeit zeigen und von unseren eigenen Erfahrungen erzählen. Auch wenn diese nicht vollkommen waren, können wir darüber sinnieren, dass wir uns wünschen, sie wären besser gewesen. Wenn wir gegenüber unseren Kindern offen sind, merken sie, dass wir uns damit wohlfühlen, wenn sie Gespräche über Sex, Sexualität oder Gender suchen oder Fragen haben.

Unsere Kinder sollten eine große Bandbreite an Lebensentwürfen kennenlernen. Wenn wir in einer cisgender heteronormativen Familie leben, hat unser Kind das in seinen ersten 6 Jahren als normal absorbiert. Unabhängig von unserer Familienkonstellation können wir ihm nahebringen, alle Arten von Familien zu respektieren. Wir können Bücher über unterschiedliche Familienformen besorgen, überlegen, ob wir in unserem Freundeskreis verschiedene Familientypen finden, oder Mittel und Wege suchen, unsere soziale Umgebung diverser zu machen, vielleicht durch die Aktivitäten der Kinder. Unser Kind will allerdings auch die eigene Familienkonstellation in den von uns angebotenen Büchern, Medien und Internetseiten finden, um sich bestätigt zu fühlen.

Bonus (für das ältere Kind). Sex hat man mit jemandem, den man liebt, und er macht einen Riesenspaß. Viele von uns haben gelernt, dass Sex dazu dient, Babys zu machen. Bei der Sexualerziehung in den Niederlanden geht es auch darum, dass die Menschen Sex zum Vergnügen haben, wie man safer Sex hat und wie man verhütet. Die Rate der Teenager-Schwangerschaften in den Niederlanden ist eine der niedrigsten in der ganzen Welt.

- The Sex Positive Family Website (sexpositivefamilies.com)
- *What Makes a Baby* von Cory Silverberg für jüngere Kinder enthält inklusive und informative Erklärungen, wo die Babys herkommen.
- *Sex Is a Funny World* von Cory Silverberg richtet sich an ältere Kinder zwischen etwa 7 und 11 und handelt von Berührungen (von anderen und von sich selbst) und Einvernehmlichkeit.
- *Making a Baby* von Rachel Greener

ÜBER KÖRPER SPRECHEN

Zusätzlich zu den Informationen, die wir unseren Kindern über ihren sich wandelnden Körper und über Sex geben, wollen wir ihnen auch helfen, ihren Körper und überhaupt alle Körper in ihrer Verschiedenheit zu akzeptieren. Das beinhaltet auch die Haarstruktur, Hautfarbe, Körpergröße und -form. Kinder suchen fortwährend die Antwort auf die Frage: »Bin ich richtig so, wie ich bin?«

Hier sind ein paar Ideen, die Junnifa und Simone in ihrem Zuhause und im Klassenzimmer anwenden:

- Von Geburt an bis zum Alter von 3 bis 6 Jahren und auch noch bis in die zweite Entwicklungsphase hinein arbeiten wir daran, die Ich-Identität der Kinder aufzubauen. Dazu gehört, dass sie ein gewisses Verständnis für ihre Kultur haben (Abstammung, Ethnie, Familiengeschichte etc.) und sich selbst in ihrer Umgebung repräsentiert finden, in Büchern, Kunst und Medien. (Mehr Einzelheiten über die Entwicklung der Identität finden sich in Kapitel 6.)
- Wir üben Körperpflege zu Hause und im Klassenzimmer – die Kinder lernen, sich um ihren Körper zu kümmern.
- Wir sind dankbar für unseren Körper – wir staunen über die Aufgabe jeder Zelle in unserem Körper und erfahren mehr darüber.
- Wir bemühen uns, nicht nur auf das Äußere zu achten; wenn wir zum Beispiel ein Kind kennen-

lernen, sagen wir nicht: »Oh, was für ein schönes Kleid!«, sondern zum Beispiel: »Ich freue mich sehr, dich kennenzulernen.«

- Wenn wir Feedback geben, konzentrieren wir uns auf die Person, ihre Eigenschaften und/oder ihre Bestrebungen und nicht auf ihr Aussehen: »Ich habe gesehen, dass ihr heute sehr fleißig zusammengearbeitet habt. Ich bin so neugierig, was ihr gelernt habt.«
- Wir stehen unserem eigenen Körper positiv gegenüber und vermeiden negative Äußerungen oder so etwas wie »Ich hätte den Kuchen heute nicht essen sollen« oder »Ich muss noch mal eine Runde laufen«, wenn diese Sätze schuld- oder schambehaftet sind.
- Wir leben intuitives Essen vor – wir essen nur das, was unser Körper braucht; wir hören nach jedem Bissen in uns hinein, ob wir uns immer noch gut fühlen (mehr über das Essen auf S. 169).

In ihrem Buch *Raising Antiracist Children* bringt Britt Hawthorne ein starkes Zitat von Trisha Moquino über Schönheit (einer hochgeschätzten indigenen Montessori-Pädagogin): »Man braucht sich nicht zu schminken, um schön zu sein. Unsere Großeltern haben uns beigebracht, nicht gedankenlos Make-up zu benutzen. Sie erklärten, dass der Schöpfer mich so gemacht hat, wie ich sein soll, und dass ich deshalb richtig und schön bin.« Das ist einer der Leitsätze, die Trisha ihren Mädchen mitgab, wenn sie in der Familie über Selbstliebe sprachen.

Dasselbe Buch fordert uns auch auf, mit unseren Kindern kritisch nachzudenken

- über Firmen, die Produkte verkaufen, die uns angeblich »richtig« aussehen lassen.
- über Photoshop-Bilder und die Aussagen von Reklame.
- über das Grenzen-Setzen gegen Body-Shaming: Niemand hat das Recht, sich über den Körperumfang oder die Form von jemandes Körper lustig zu machen. Wir können sagen: »Ein Körper ist bloß ein Körper. Alle Körper sind gleich viel wert. Es ist nicht in Ordnung, Kommentare über anderer Leute Körper abzugeben.«
- über die Wertschätzung aller Körper, unabhängig von Hautfarbe, Behinderung, sexueller Orientierung oder Gender.
- über den Satz: »Ich mag meinen Körper; er gehört mir«, wenn jemand einen Kommentar über unseren Körper macht.
- über freie Kleiderwahl. Jeder Mensch kann sich aussuchen, was er oder sie anziehen möchte.
- über den Respekt gegenüber Körpern mit Behinderung und die Erkenntnis, inwieweit wir privilegiert und geschützt sind und wie wir uns für weniger Privilegierte in unserer Gemeinde einsetzen können.
- über sichtbare und unsichtbare Behinderungen.

- über *Body Positivity*, indem wir z. B. das Buch *The Body Is Not an Apology* von Sonya Renee Taylor lesen.

Wir leben in einer durchkommerzialisierten Welt, und das kann sich anfühlen, als hätten wir nur wenig Kontrolle. In einem Interview im *Tilt Parenting*-Podcast empfahlen Zoë Bisbing und Leslie Bloch vom sich für *Body Positivity* einsetzenden *Full Bloom Project*, dass wir in unserem Zuhause eine Atmosphäre schaffen sollten, die diesen Effekt abpuffert. Wir müssen das Moralisieren über Essen, Diäten, gesunde Lebensmittel und Junkfood sein lassen. Und es ist nie zu spät, daheim etwas zu verändern. Wir können mit unserem Kind sprechen, ihm erzählen, dass wir etwas Neues erfahren haben und dass wir das jetzt ausprobieren wollen.

Trotz allem leben unsere Kinder in der Gesellschaft, und wir müssen ihnen helfen, die Fähigkeiten zu entwickeln, mit denen sie sich in ihrem Körper sicher fühlen. Wenn sie das Gefühl haben, dass jemand sie anstarrt, dann wollen sie vielleicht eine Jacke überziehen; wenn jemand ihre Kleidung schlechtmacht, können sie üben zu sagen: »Es geht dich überhaupt nichts an, was ich anhabe. Meine Kleider machen, dass ich mich wie ich fühle.«

ÜBER GELD SPRECHEN

Zur Erziehung gehört auch, dass man Kindern den Umgang mit Geld beibringt.

Das 3- bis 6-jährige Kind beginnt, abstrakte Konzepte zu verstehen; zum Beispiel dass ein Geldschein oder eine Münze eine gewisse Geldsumme repräsentiert, die wir gegen einen Gegenstand oder eine Dienstleistung eintauschen. Da inzwischen so viel Geld digital ausgegeben wird, mit einer Karte an der Kasse oder online, ist es für Kinder schwieriger geworden, diesen Tausch konkret zu beobachten. Es ist schön für sie, wenn sie erleben, dass wir mit Bargeld für Lebensmittel zahlen und etwas herausbekommen. Sie lieben es auch, das Geld zu übergeben und die Wechselsumme zu erhalten, und wir können das mit einfachen Anmuts- und Höflichkeitsaktivitäten üben.

Wie bei allen Fähigkeiten, die unsere Kinder sich aneignen, beginnt vieles, was sie über den Umgang mit Geld lernen, mit unserem eigenen Vorbild. Das 3- bis 6-jährige Kind mit seinem absorbierenden Geist nimmt unser Verhältnis zum Geld im täglichen Leben in sich auf: im Lebensmittelladen; wie wir reagieren, wenn wir eine Rechnung bekommen; wie wir über Finanzen und Steuern reden.

Wir können unsere eigene Geldeinstellung einmal unter die Lupe nehmen. Was empfinden wir gegenüber Geld? Haben wir ein Überfluss- oder ein Mangel-Mindset? Geben wir viel aus? Sind wir eher vorsichtig? Legen wir etwas zurück? Wie leben wir Wohltätigkeit in der Familie vor? Wie sorgen wir für eine Umverteilung von Reichtum an weniger bemittelte Gesellschaftsschichten? Auf keine dieser Fragen gibt es eine richtige oder falsche Antwort, aber sie helfen uns dabei, uns darüber klar zu werden, welche Werte unsere Kinder mit Geld verbinden sollen.

Das 6- bis 12-jährige Kind wird sich allmählich für die Idee des Geldes interessieren. Es kann sich über dessen Entstehung und Geschichte informieren, über verschiedene Währungen in verschiedenen Ländern, über Bargeld und elektronisches Geld. Vielleicht fragt es, wie wir oder andere Leute Geld verdienen, wo man das Geld aufbewahrt und wie wir unser Budget verwalten.

Auch auf praktischem Weg lässt sich etwas über Geld lernen – sowohl über das Geldverdienen als auch das Geldausgeben. Wir können mit unserem Kind ein Sparkonto eröffnen, damit es lernt, einen Überblick über sein Geld zu haben. Manche jungen Kinder werden richtig unternehmerisch und wollen einen Limonadenstand eröffnen, bei Nachbarn arbeiten, um Geld zu verdienen, oder für uns Arbeiten leisten, um extra Taschengeld zu bekommen. Ein wirkliches Interesse am Geldverdienen und an einer gewissen finanziellen Selbstständigkeit findet sich jedoch hauptsächlich in der nächsten Entwicklungsphase im Alter von 12 bis 18 Jahren.

Manche Eltern geben ihren Kindern Taschengeld, damit sie lernen, Geld zu sparen, auszugeben, zu investieren und zu spenden. Traditionellerweise bekommen Kinder Taschengeld, wenn sie Haushaltsarbeiten übernehmen. In einem Montessori-Haushalt helfen die Kinder aber ohnehin im Haushalt, um ihren Beitrag zu leisten und sich der Familie zugehörig zu fühlen. Wenn sie als Gegenleistung dafür Taschengeld bekommen, widerspricht das der Montessori-Philosophie.

Pädagog*innen wie Michael Grose (kein Montessori-Pädagoge, aber ein australischer Erziehungsexperte, der stark von Montessori beeinflusst ist) empfehlen, Taschengeld bedingungslos zu geben und nicht an ein bestimmtes Verhalten oder an Hilfe im Haushalt zu knüpfen. Dabei kann es sich um eine eher symbolische Summe handeln, damit ab und zu ein Eis gekauft oder auf ein Spielzeug gespart werden kann. Oder das Kind erhält so viel, wie es braucht, um für seine Kleider, Geschenke an Freund*innen und zusätzliche Snacks aufzukommen. Das kann eine beträchtliche Summe sein, und wenn das Kind am Anfang der Woche oder des Monats zu viel ausgibt, macht es die natürliche Erfahrung, dass das Geld fürs Monatsende nicht mehr reicht.

Simones Kinder bekamen erst im Alter von 12 Jahren überhaupt Taschengeld. Wenn sie etwas brauchten, wurde es von der Familie gekauft. Wenn jemand neue Schuhe benötigte, musste der Preis im Einklang mit dem Familienbudget stehen. Es war nicht sonderlich viel Geld übrig, daher verstanden die Kinder den Wert der gekauften Dinge und fragten nicht dauernd nach neuen Sachen. Manchmal bekamen sie etwas Geld zum Geburtstag und hatten dadurch die Möglichkeit, Sparen und Geldausgeben zu üben. Was Spenden anging, diskutierte die Familie über wohltätige Zwecke, die sie unterstützen wollte, und beschloss dann gemeinsam eine Familienspende.

Als Simones Kinder 12 wurden, erhielten sie 5 Euro pro Woche, um sich in der Schule nach Wunsch etwas zum Essen zu kaufen. Oliver und Emma fanden schnell heraus, dass sie sich von zu Hause etwas Vorbereitetes mitnehmen und das Geld sparen konnten. Als sie etwa 15 waren, bekamen sie alle drei Monate ein Budget für Kleider. Sie besorgten sich auch Teilzeitjobs. Oliver im Kino und Emma half Simone von Zeit zu Zeit bei Verwaltungsaufgaben und arbeitete kurzzeitig auch in einem Laden.

Jetzt, wo die beiden an der Universität studieren, bekommen sie einen Studienkredit und verwalten ihr Budget eigenständig. Wenn Simone fragt, ob sie Geld oder Hilfe brauchen, bitten sie gelegentlich um Rat, lehnen aber jede andere Hilfe ab und wollen allein zurechtkommen. Typische Montessori-Kinder.

Wenn wir Taschengeld geben, können wir uns mit dem Kind über Regeln verständigen, wofür Geld ausgegeben werden darf und wie viel für das Sparbuch, für Spenden (für wohltätige Zwecke) und Investitionen auf die hohe Kante gelegt wird. Es kann frustrierend sein, wenn Kinder auf Plastikspielzeug sparen, das unseren Werten von bewusstem Konsum und Umweltfreundlichkeit nicht entspricht.

ÜBER DIEBSTAHL SPRECHEN

Stehlen ist mit Nervenkitzel verbunden, dem Risiko, dass man erwischt wird; andererseits stiehlt ein Kind unter Umständen etwas, das seine Eltern ihm verwehren. Es kann auch sein, dass eine Freundin, ein Freund es zum Mitmachen verleitet. Oder es ist selbst Anführer*in. Wenn wir wütend sind oder direkte Fragen stellen, werden wir die Wahrheit nicht ergründen. Wir müssen begreifen, dass ein Kind mächtig aus dem Gleichgewicht geraten sein muss, um Stehlen für akzeptabel zu halten.

So schwer es uns fällt, wir wollen dem Kind begreiflich machen, dass wir auf seiner Seite sind. Dass alles wieder ins Lot kommen kann. Wir sollten nicht überstürzt ein Gespräch anfangen. »Was passiert ist, macht mir große Sorgen, aber ich brauche

Zeit, um mich zu beruhigen und mich auf das Gespräch vorzubereiten. Können wir uns heute Abend zusammensetzen, um darüber zu sprechen?«

Wir wollen verstehen, was das Kind für Bedürfnisse hat und ob es vielleicht andere aufregende Beschäftigungen gibt, die diese Bedürfnisse erfüllen. Wenn es zusammen mit einem bestimmten Freund oder einer Freundesgruppe in Schwierigkeiten gerät, können wir die Kinder zwar nicht davon abhalten, sich zu treffen, aber wir können die Zahl der auswärtigen Übernachtungen pro Monat und die Zeit, die sie unter der Woche zusammen verbringen, begrenzen. Diese Zeit können wir nutzen, um die Verbundenheit mit unserem Kind wiederherzustellen und ihm zu helfen, auf seinen Weg zurückzufinden. Wenn der Diebstahl begangen wurde, weil bestimmte Dinge nicht erlaubt sind, können wir uns überlegen, ob wir manches vielleicht zu sehr von oben herab bestimmen wollen und wie wir unserem Kind über gewisse Bereiche seines Lebens die Kontrolle zurückgeben können.

Wir müssen aber sicherstellen, dass das Kind Verantwortung für seine Handlungen übernimmt, ein Geständnis ablegt, sich für seinen Fehler entschuldigt und den gestohlenen Gegenstand dem Laden / dem Besitzer oder der Besitzerin zurückgibt oder ihn bezahlt.

Natürlich können wir auch präventiv günstige Gelegenheiten nutzen, mit unserem Kind über dieses Thema zu sprechen. Wenn wir zum Beispiel einen Zeitungsartikel über Ladendiebstahl lesen, kann das ein Gesprächsanlass sein. Wir können darüber reden, warum manche Kinder ein Bedürfnis haben, zu stehlen. Wir können darüber nachdenken, was unser Kind sagen sollte, wenn ein Freund oder eine Freundin es zum Stehlen verleiten will. Wir können sogar überlegen, was man machen sollte, wenn man hört, dass jemand, den man kennt, schon geklaut hat.

ÜBER TECHNOLOGIE SPRECHEN

Technologie lässt sich aus unserem Leben nicht mehr wegdenken. Wir sollten sie zu Hause aber als Werkzeug benutzen, sie darf nicht zum Entwicklungshemmnis für unser Kind werden.

Hier folgen einige Gesichtspunkte, die man in Bezug auf Technologie bedenken sollte:

Ein paar Gedanken zur Technologie, nach Alter sortiert. 3- bis 6-Jährige lernen hauptsächlich sensorisch und verstehen die Welt am besten durch die manuelle Erkundung konkreter Materialien.

Daher sollte man in Betracht ziehen,

- die Technologie auf Videoanrufe mit Familienmitgliedern zu beschränken; zum Beispiel könnte eine geliebte Person auf diesem Weg mit dem Kind ein Buch lesen.
- statt sein Lieblingsbaufahrzeug im Internet nachzuschlagen, in der Bibliothek ein Buch darüber zu suchen oder an einer Baustelle zuzuschauen.
- statt einem KI-Chatbot eine Frage vorzulegen, einen analogen Weg zu suchen, um die Antwort zu finden (ein Lexikon konsultieren, die Frage auf ein Post-it schreiben und an eine »Fragewand« mit Themen, die man noch recherchieren will, hängen).
- in ein Café oder Restaurant ein Malbuch oder Bilderbuch mitzunehmen, statt das Kind mit einem Bildschirm zu beschäftigen; ein Familiengespräch zu führen oder »Ich sehe was, was du nicht siehst« zu spielen.
- dem Kind zu erlauben, mit unserer Kamera oder dem Handy Fotos zu machen und sie zu bearbeiten.
- konkrete Materialien zu benutzen, mit denen das Kind Muster und Sequenzierungen lernt, die später als Bausteine fürs Kodieren und Programmieren dienen können, falls es daran Interesse hat.
- sehr bewusst die Programme auszuwählen, wenn das Kind tatsächlich Bildschirmen ausgesetzt wird: kurze Episoden, langsame Schnitte, so weit als möglich auf der Realität basierend, statt Fantasy (böse Hexen, Drachen, Piraten etc. sollten bei unter 6-Jährigen vermieden werden), und in Begleitung einer erwachsenen Person, die das Verständnis unterstützen und Fragen beantworten kann; über die Auswahl einer Sendung kann man sich auf Websites wie *Common Sense Media* vorher informieren.

Mit 6- bis 12-Jährigen, die das Universum verstehen wollen, kann man darüber reden, dass sie Technologie aktiv als Werkzeug und nicht passiv nur für den Medienkonsum oder zum Herunterladen von Informationen verwenden sollten. Ein paar Beispiele:

- Bei der Benutzung des Computers für Forschungsprojekte können wir unserem Kind zeigen, wie man die recherchierten Informationen bewertet und herausfindet, welche davon wirklich verlässlich sind; man kann die bevorzugten Websites als Symbole auf der Toolbar (Funktionsleiste) speichern, damit man sie unkompliziert erreicht, und man kann das Kind ermuntern, sich um Medienkompetenz zu bemühen, indem es beispielsweise die Website des *News Literacy Project* besucht.
- Kinder sollten lernen, die gefundenen Informationen zusammenzufassen, Quellenangaben zu machen und nicht einfach mit Copy and Paste etwas zusammenzuschustern.

- Sie sollten sich nicht nur auf Informationen aus der Internetsuche verlassen, sondern auch Bücher in der Bibliothek suchen oder Expert*innen finden, die sie interviewen können.
- Sie können spezielle Software benutzen wie 3-D-Modellierung oder Architekturprogramme, sie können die Grundzüge des Programmierens erlernen oder wie man eine PowerPoint-Präsentation oder ein Video herstellt oder eine Homepage kreiert.
- Sie können Kontakt zu einem Experteon oder einer Expertin in Übersee aufnehmen oder zu anderen (Montessori-)Schulen auf der ganzen Welt.
- Sie können sich einbringen, indem sie z. B. Geld für einen wohltätigen Zweck sammeln.
- Wenn sie sich für die sozialen Medien interessieren, kann man mit einem gemeinsamen Familienaccount über das Haustier oder Kochexperimente anfangen, um gemeinsam mit den sozialen Medien zu experimentieren.
- Man kann einen Filmabend der Familie in ein soziales Ereignis verwandeln, indem man Freund*innen einlädt, ein altes Betttuch aufhängt und einen Film darauf projiziert. Das verspricht einen denkwürdigen Abend.

> »Wir wollen die Spielplatzerfahrung haben, durch die Kinder lernen, kreativ zu denken, logisch zu denken und zusammenzuarbeiten. Wir wollen das Gewicht auf das Sammeln, Analysieren, Auswerten und Präsentieren von Informationen legen.«
>
> Alison Awas (AMI-Lernbegleiterin für die Grundschule): *On Building Character: The Elementary Child's Moral Development in the Digital Age*

Der Montessori-Pädagoge Mark Powell fügt in seinem Aufsatz *»Technology and Montessori«* noch folgende Punkte hinzu:

- Fotografieren mit einer Digitalkamera.
- Stop-Motion-Filme machen.
- Digitale Geschichten kreieren (eine Erzählerstimme und Bilder aufnehmen und sie mithilfe einer Filmschnitt-Software zusammenschneiden).
- Digitale Hörbücher für jüngere Kinder aufnehmen.

- Mit Technologien wie *ProScope* (einer beleuchteten Handkamera, die man über ein Tier oder einen Gegenstand hält, um sie auf einen Computerbildschirm zu projizieren) Fotos, Videos und Zeitrafferaufnahmen machen, zum Beispiel vom Wachstum einer Pflanze.
- Gute pädagogische Videos ansehen (z. B. über Vulkane) oder inspirierende historische Reden anhören, wie die von Martin Luther King.

Die Bedürfnisse des Kindes. Ein Kind braucht Bewegung, sozialen Austausch, Kreativität und guten Schlaf. Wir sollten sicherstellen,

- dass das Kind genug Bewegung hat (3 Stunden pro Tag, laut der WHO).
- dass die Bildschirme in unserem Leben die direkte Kommunikation nicht negativ beeinflussen.
- dass das Kind über viel unstrukturierte Zeit verfügt, um die wirkliche Welt zu erkunden, mit Freund*innen zu spielen und eigene Ideen zu entwickeln (anstatt passiv fernzuschauen oder Computerspiele zu spielen oder Zeit in den sozialen Medien zu verbringen).
- dass Bildschirme seinen Schlaf nicht negativ beeinflussen (keine Bildschirme im Schlafzimmer oder während der letzten ein oder zwei Stunden vor dem Schlafengehen).

Vereinbarungen. Eine interessante Forschungsstudie am *Royal College of Pediatrics and Child Health* in Großbritannien brachte ans Licht, dass den Kindern selbst klar ist, dass Technologie nützlich, aber auch schädlich sein kann. Daher können wir unsere Kinder auffordern, gemeinsam mit uns Vereinbarungen für ihren Technologie-Konsum zu treffen, und es positiv vermerken, wenn sie sich daran halten. Für die 3- bis 6-Jährigen werden die Familienregeln höchstwahrscheinlich von den Erwachsenen gemacht, bei 6- bis 12-Jährigen entstehen die Vereinbarungen kollaborativ. Sie enthalten,

- mit wem die Kinder wie lange kommunizieren dürfen.
- wo sie sich mit Bildschirmen befassen – idealerweise befinden sich Computer und andere Geräte im Wohnbereich, sodass eine erwachsene Person den Bildschirm sehen und gegebenenfalls überwachen kann.
- welche Technologien/Apps/Spiele akzeptabel sind – entsprechen sie unseren Familienwerten? Verlangen sie Aktivität beim Finden von Lösungen? Gibt es Gelegenheiten für körperliche Bewegung?
- Sicherheitsvorkehrungen (siehe »Sicherheit« weiter unten).
- Vermeidung von Essen am Bildschirm.
- ob ein Handy für die Nutzung des öffentlichen Nahverkehrs nötig ist.
- ob sich die Regeln ändern, wenn die Familie eine längere Reise macht.

Wenn die Vereinbarungen gebrochen werden, zeigt uns das Kind damit, dass es noch nicht über die Fähigkeiten oder über genügend Übung verfügt, um sich an sie zu halten. Wir sollten beim nächsten Familienmeeting in Erfahrung bringen, wie wir ihm helfen können, die Vereinbarungen zu befolgen, oder diese revidieren. Zusammen mit dem Kind können wir die neueste Forschung über Technologiekonsum lesen und es fragen, was wir seiner Meinung nach tun sollten. Manchmal sind Kinder strenger mit sich selbst, als wir es sein würden.

Anmerkung: Wenn ein älteres Geschwister in der Familie lebt, das mehr Zugang zu Bildschirmen hat, sollten wir besprechen, was davon die jüngeren Geschwister mitbekommen dürfen. Wir können familiäre Vereinbarungen treffen, zum Beispiel, dass das ältere Kind am Abend einen Film anschauen darf, wenn das oder die Jüngeren schon schlafen.

Anmut und Höflichkeit. Wir wollen, dass unsere Kinder lernen, wie man online respektvoll kommuniziert, Technologie vernünftig benutzt und verdächtige Vorgänge im Internet erkennt. Das nennen wir digitale Etikette. Zum Beispiel: Wie interpretiert man Emojis? Wie lesen wir den Tonfall von jemandem? Was ist die Etikette in unterschiedlichen Kanälen wie E-Mail, Handynachrichten und sozialen Medien? Wie geben und nehmen wir uns gegenseitig Raum in einem Gespräch im Internet? Würden wir das, was wir schreiben, auch jemandem ins Gesicht sagen?

Die Datenjournalistin Alexandra Samuel hat in ihrer Forschung herausgefunden, dass Kinder, die von Erwachsenen begleitet wurden, während sie lernten, sich in der digitalen sozialen Umgebung zu bewegen, in digitalen Räumen seltener in Schwierigkeiten gerieten als Kinder, bei denen das nicht so war.

Sicherheit. Ericka Sóuter, die Autorin von *How to Have a Kid and a Life: A Survival Guide*, hat ein paar hilfreiche Fragen zur digitalen Sicherheit gesammelt. Weiß unser Kind, wem es vertrauen kann? Wissen wir, mit wem es chattet? Wie sieht Spam aus? Woran erkennt man Betrugsversuche? Wie können Kinder ihren digitalen Fußabdruck schützen? Was plaudern sie aus? Hat das Kind die Erlaubnis eines Erwachsenen erhalten, online etwas zu kaufen? Was machen wir, wenn wir unangemessene Inhalte sehen? Was für Regeln haben wir für Online-Spiele mit Freund*innen? Wie verwalten wir die Passwörter?

Wir müssen uns auch mit Sicherheitsproblemen bei Ortungsdiensten beschäftigen und ob Unbefugte wissen können, wo unsere Kinder in jedem beliebigen Moment sind.

Ein gutes Beispiel geben. Unsere Kinder beobachten, wie wir mit elektronischen Medien umgehen. Wir sollten unsere Handys und sonstigen Geräte bewusst nutzen und den Kindern zum Beispiel auch sagen, was wir tun, wenn wir das Handy in die

Hand nehmen oder am Computer sitzen. »Ich schicke [Name einer Person] eine Nachricht, dass wir hier sind.« Auch, wenn wir das Handy zwischendrin nutzen: »Ich gehe jetzt für 10 Minuten ins Internet, um meine sozialen Medien zu checken.« Wir sollten auch die Erlaubnis der Kinder einholen, wenn wir Fotos von ihnen oder Informationen über sie ins Netz stellen.

Weitere Gesichtspunkte. In ihrem Aufsatz *»On Buildung Character«* erwähnt Alison Awes noch Folgendes:

- Stereotypen, besonders idealisierte Bilder, die man in den sozialen Medien findet, sollte man gemeinsam mit den Kindern kritisch hinterfragen.
- Kinder können sich auch mit der Geschichte der digitalen Technologie befassen. Wie hat sie sich entwickelt? Durch wen? Wie hat man vor dem Computer Musik gehört?
- Man sollte über Abgrenzung sprechen, auch gegenüber Freund*innen, in Textnachrichten und sozialen Medien.
- Unangemessene Inhalte. Wenn ein Kind Pornografie sieht, schreibt Awes, »sollten die Eltern darüber sprechen, dass echter Sex in einer liebevollen Beziehung ganz anders ist, sie sollten erklären, warum diese Inhalte ihrer Meinung nach menschenverachtend sind oder ein eingeschränktes Bild von Sexualität vermitteln«. Wenn Kinder auf verstörende Nachrichten stoßen, während sie ein Wetter-Video anschauen, »kann die erwachsene Person sich bei dem Kind entschuldigen, dass das Kind an etwas geraten ist, das nicht für Kinder gedacht ist«.

Künstliche Intelligenz. Ebenso, wie wir unseren Kindern zeigen, wie man sich im Internet bewegt, können wir ihnen auch ein Beispiel darin sein, KI als zusätzliches Werkzeug zu anzuwenden. Wir wollen sie dabei unterstützen, die KI kritisch wahrzunehmen (zum Beispiel die ethischen Aspekte von KI-Kunst zu hinterfragen), und darüber diskutieren, wann es akzeptabel ist, sie zu benutzen (und wann nicht). Wir (Junnifa und Simone) haben den Verdacht, dass die KI viele Schulen dazu veranlassen wird, sich eher die Montessori-Methoden für das schulische Lernen zu eigen zu machen – wo Kinder durch Selbermachen lernen, nicht, indem sie ihre Antworten mittels Chatbot generieren.

Veränderungen vornehmen. Wenn wir bislang in unserer Familie keinen bewussten Umgang mit Technologie gepflegt haben, können wir mit unserem Kind darüber ins Gespräch kommen. Jana Morgan Herman schlägt in ihrem Kurs *Montessori Homeschool by Design* vor, lieber Dinge hinzuzufügen als wegzunehmen. Zum Beispiel kann man sich andere Aktivitäten für den Abend ausdenken als Bildschirmzeit, wie ein gemeinsames Spiel oder einen Spaziergang nach dem Abendessen. Es wird eine Weile dauern, die bisherigen Gewohnheiten zu verändern, und wir können uns Schritt für Schritt neuen Vereinbarungen nähern.

- *On Building Character: The Elementary Child's Moral Development in the Digital Age* von Alison Awes
- *Technology and the Elementary Student*, www.creoschool.org/blog/kidsandtechnology
- *Screenwise: Helping Kids Thrive (and Survive) in Their Digital World* von Devorah Heitner

ÜBER WAFFENSPIELE SPRECHEN

Die hilfreichsten Montessori-Ansichten über Waffenspiele stammen von Donna Bryant Goertz und dem leider verstorbenen John Snyder von der Montessori-Schule in Austin. Snyder meinte, Kinder experimentierten spielend mit Macht, wenn sie Steine, Schneebälle oder Matsch werfen oder sogar so tun, als hätten sie Gewehre und Speere. Wenn Kinder Stöcke, ihre Finger oder Lego benutzen, um auf Menschen zu »schießen«, dann sollten die Erwachsenen erklären: »Wir schießen auch im Spaß nicht auf Menschen.«

Wir Montessori-Familien wollen unseren Kindern vermitteln, dass man Konflikte mit anderen Menschen gewaltfrei löst und keine Waffen zu Hause hat. Wir können durch Aktivitäten, die mit Lärm und (möglicherweise) etwas Spektakel verbunden sind, das Spiel unserer Kinder umlenken zu anderen Möglichkeiten, sich mit Macht auseinanderzusetzen. Zum Beispiel kann man einen »Vulkan« mit Essig, Spülmittel und Natron machen und zusehen, wie er »ausbricht«; man kann mit Hämmern auf Töpfe und Pfannen schlagen, Wasserballons werfen (aber nicht auf Menschen und Tiere), eine Seifenkiste bauen oder selbst gemachte Raketen zum Mond schießen.

Wir sollten auch herausfinden, woher der Wunsch des Kindes, Gewehre zu erkunden, kommt. Aus Büchern, dem Fernsehen, aus Viedeospielen oder aus anderen Quellen stammenden Narrativen mit »Guten« und »Bösen«? Von anderen Kindern in Kindergarten oder Schule? Wäre es nicht schön, wenn wir uns als ganze Gesellschaft von dieser Art von Geschichten distanzieren würden? Wir können damit anfangen.

Es besteht auch die Möglichkeit, mit unseren Kindern über Krieg, Kämpfe und internationale Diplomatie zwischen Menschen, Gruppen oder Nationen mit widerstreitenden Meinungen zu diskutieren. Wir sollten oft über Frieden und Mitgefühl sprechen und Lösungen in unserem Haus finden, damit die Bedürfnisse jedes Familienmitglieds befriedigt werden.

WIE MAN ÜBER KRIEGE UND DEN KLIMAWANDEL SPRICHT

Im März 2022, unmittelbar nach Ausbruch des Krieges in der Ukraine, veranstaltete *Lead Montessori* eine Podiumsdiskussion mit dem Titel »How to Talk to Children about What Is Happening« (Wie man mit Kindern über die Geschehnisse reden kann) mit den drei AMI-Montessori-Ausbilderinnen Madlena Ulrich, Tiina Suominen und Carla Foster sowie Dinny Rebild, einer langjährigen Montessori-Pädagogin, die 5 Jahre lang im Asylzentrum des Roten Kreuzes in Kongelungen in Dänemark gearbeitet hat. Die Hinweise, die in dieser Diskussion weitergegeben wurden, lassen sich auf alle schwierigen Ereignisse in der Welt anwenden, von Kriegen über die Klimakrise und Naturkatastrophen bis hin zu Amokläufen in Schulen. Um uns herum geschehen entsetzliche Dinge, und wir können unseren Kindern beistehen, sie zu verarbeiten, sogar dann, wenn wir selbst sie nur schwer begreifen.

Doch ehe wir für die Kinder sorgen, müssen wir für uns selbst sorgen. Es hilft, eine sichere Person oder einen sicheren Zirkel zu haben, wo wir uns aussprechen können, damit wir so gut wie möglich für unsere Familie da sein können. Wir brauchen nicht so zu tun, als seien wir glücklich. Wir können authentisch sein. Den Kindern können wir sagen, dass die Situation auch uns sehr mitnimmt. Wenn wir uns bereits darum bemüht haben, das Ereignis zu verarbeiten, wird es uns leichter fallen, genug Bodenhaftung zu behalten, um Raum für unsere Kinder zu schaffen und ihnen zu helfen. Wir wollen sie aber nicht mit unseren Problemen belasten.

Kinder unter 3 Jahren müssen wir vor Informationen bewahren, die sie oder ihren Geist schädigen könnten. Wir sind ihre Anwält*innen und müssen die Informationen, die zu ihnen gelangen, filtern, um sie so gut es geht zu schützen. Wir wollen ihnen körperliche und psychische Sicherheit geben, damit sie wissen, dass sie uns vertrauen können. Wir müssen unsere Rhythmen so stabil und normal wie möglich halten, mit vorhersehbaren Mahlzeiten und Bettgehzeiten. Wir müssen achtgeben, dass wir nicht unsere eigenen Zweifel oder Ängste auf unsere Kinder projizieren.

Ein 3- bis 6-jähriges Kind kann aus unseren Gesprächen, in Kindergarten und Schule etwas aufschnappen oder es sieht eine Zeitung oder die Fernsehnachrichten. Zunächst müssen wir beobachten, ob es sich in irgendeiner Form ungewöhnlich verhält. Wir können sagen: »Du siehst gar nicht aus wie sonst. Machst du dir über irgendetwas Sorgen?« Wir können ihm vermitteln, dass es in Ordnung ist, traurig oder besorgt zu sein, wir können fragen, was es weiß, und alles beantworten. Wir müssen bedenken, dass jüngere Kinder glauben, ein Ereignis geschähe immer wieder neu, wenn es ständig in den Nachrichten wiederholt wird; außerdem glauben sie unter Umständen, es geschähe ganz in der Nähe und könnte auch sie und ihre Familien bedrohen.

Wir können den Kindern zeigen, dass man aktiv etwas tun kann, und sie dabei auch einbeziehen. Sie könnten Geld sammeln, einem betroffenen Nachbarn Unterstützung anbieten oder uns bei allem helfen, was wir tun, sei es bei einer Spende, beim Backen für einen Kuchenverkauf oder beim Stricken von Decken, die gesammelt werden. Wir können ihnen auch erzählen, was die internationale Gemeinschaft an Hilfe leistet und welche Friedensverhandlungen laufen, damit Lösungen gefunden und der Frieden wiederhergestellt wird.

Für 6- bis 12-jährige Kinder ist vielleicht Carla Fosters Hinweis auf Maria Montessoris Ruf nach den *Vereinten Nationen der Menschheit*, nicht einzelner Länder, interessant. Carla Foster sagt: »Stolz auf unsere Kultur ist kein Nationalismus.« Wir können erzählen, wie die Menschen im Lauf der Geschichte in der Lage waren, mit Herz, Hand und Verstand Probleme zu lösen. Wir reagieren auf eine Bedrohung, indem wir als Gemeinschaft handeln, ohne Aggressionen. Wenn unsere Kinder beteiligte Parteien als »gut« oder »böse« abstempeln wollen, können wir mit ihnen die Frage erörtern, wie die Menschen mit den Dilemmata umgehen sollen, denen sie begegnen, und wie man bessere Lösungen finden kann. Unsere Kinder können helfen, Leid zu lindern, indem sie herausfinden, wie sie Unterstützung leisten können, zum Beispiel durch eine Nichtregierungsorganisation oder eine internationale Organisation.

Vor allem müssen wir verfügbar sein. Wir können zunächst wieder fragen, was das Kind gehört hat, und all seine Fragen beantworten. Wir sollten die Tatsachen sprechen lassen, Informationen aus verschiedenen Blickwinkeln finden und kritisch evaluieren, um herauszufinden, welche verlässlich sind. Wir können Missverständnisse aufklären und im Atlas nachschauen, wo der Konflikt sich abspielt. Möglicherweise möchte das Kind Musik machen oder sich künstlerisch ausdrücken, um die Ereignisse zu verarbeiten.

Wir sollten unseren Kindern erklären, dass bestimmte Ereignisse selten vorkommen. Wir brauchen nicht zu lügen und zu behaupten, es käme bald alles wieder ins Lot. Aber wir können ihnen versichern, dass alle ihr Bestes tun, um die Lage so sicher wie möglich zu machen. Wie Mister Rogers, der Moderator der beliebten Vorschul-Fernsehserie Mister Rogers'Neighborhood, sagen würde: »Suchen Sie nach den Helfern! Sie werden immer Menschen finden, die helfen.«

Wenn wir von den Ereignissen direkt betroffen sind, versuchen wir, so gut es geht, mit der Situation fertig zu werden, den Kindern auf altersgemäße Weise zu erklären, was los ist, und ansonsten ihre täglichen Rhythmen so vorhersehbar wie möglich zu machen. Auch hier dürfen wir keine Versprechen abgeben, die wir nicht halten können, aber wir können den Kindern versichern, dass wir unser Bestes tun; dass andere Menschen dazu beitragen, dass wir sicher und geschützt sind, und dass wir gemeinsam alles durchstehen.

Dieselben Prinzipien lassen sich auch auf die Klimakrise anwenden. Wir können die Fakten darlegen, den Kindern erklären, was getan wird, zugeben, dass auch wir uns manchmal Sorgen machen, und einen Plan entwerfen, was wir als Familie tun können, um den Klimawandel zu bekämpfen.

GESPRÄCHE ÜBER RELIGION

Unser Glaube und unsere Religion sind für uns und die Familie etwas sehr Persönliches. Kinder unter 6 absorbieren die Überzeugungen, die wir mit ihnen teilen. Zwischen 6 und 12 beginnen die Kinder sich dafür zu interessieren, was ihre Freund*innen glauben und inwiefern das dem Glauben der eigenen Familie ähnlich ist oder sich davon unterscheidet.

Für manche von uns ist der Glaube ein wichtiger Teil unserer Kultur und wir beziehen unser Kind in unsere Rituale und Zeremonien ein. Vielleicht sind wir auch nicht religiös, aber dennoch spirituell. Unabhängig von unserem Glauben können wir unseren Kindern in ihren frühen Jahren die Liebe zur gesamten Menschheit weitergeben sowie das Konzept, dass jedes Lebewesen eine kosmische Aufgabe hat. Wir können den Glaubensüberzeugungen anderer Menschen Respekt erweisen: »Manche Leute glauben ___________ und andere Leute glauben ___________. In unserer Familie glauben wir ____________.« Oder: »Ich glaube ____________. Was glaubst du?«

Wer sich für eine religiöse Erziehung auf der Basis von Montessori interessiert, kann sich mit der *Katechese des Guten Hirten* befassen. Dieses Programm wurde 1954 von Sofia Cavalletti und Gianna Gobbi auf der Basis der Montessori-Pädagogik entwickelt. Bei diesem Ansatz gibt es das Atrium, eine vorbereitete altersgemischte Lernumgebung, wo das Kind bitten kann: »Hilf mir, selbst Gott näherzukommen.« Die Prinzipien basieren auf dem Katholizismus, sie werden aber auch in anderen christlichen Konfessionen benutzt, um Kindern den Glauben nahezubringen, ebenso im Islam und in anderen Religionen.

- *Das Kind in der Kirche* von Maria Montessori
- *Das religiöse Potenzial des Kindes* von Sofia Cavalletti

TEIL FÜNF

MIT ANDEREN ZUSAMMENARBEITEN

Ein afrikanisches Sprichwort sagt, dass es ein Dorf braucht, um ein Kind großzuziehen. Wir können unsere Kinder nicht isoliert erziehen. Wir arbeiten mit anderen zusammen, einschließlich enger Familienmitglieder wie unserem Partner oder unserer Partnerin (so wir sie haben) und unseren anderen Kindern; mit anderen Verwandten, wie unseren eigenen Geschwistern, den Eltern, der Schwiegerfamilie, Onkeln und Tanten; unserer Wahlfamilie, den Freund*innen und Nachbar*innen in unserem vertrauten Kreis; und anderen Betreuungspersonen, die uns bei der Versorgung unserer Kinder unter die Arme greifen, wie etwa Kindermädchen, Au-pairs, Lehrkräfte und Lernbegleiter*innen, auch in Enrichment-Programmen und für Religion. Außerdem arbeiten wir mit den Eltern und Betreuungspersonen der Freund*innen unserer Kinder, mit anderen Nachbar*innen und manchmal sogar mit Menschen, die wir in Parks oder Geschäften kennengelernt haben.

Häufig werden wir mit Menschen zusammenarbeiten, die unsere Philosophie nicht teilen. Vielleicht wissen sie nicht, was die Montessori-Pädagogik ist. Manchen ist es vielleicht ein Begriff, aber sie haben nicht unbedingt eine positive Meinung dazu oder stimmen nicht damit überein. Wie gehen wir mit diesen Menschen um und vermitteln ihnen unsere Überzeugungen? Wie bringen wir sie dazu, sich unserer Auffassung anzuschließen oder diese zumindest zu respektieren, wenn es darum geht, wie wir unsere Kinder beim Aufwachsen begleiten wollen?

Allgemeine Prinzipien für die Zusammenarbeit mit anderen

Informieren. Wir müssen unsere Überzeugungen unmissverständlich äußern, Grenzen und Unverhandelbares klar und respektvoll kommunizieren. Wenn unser Gegenüber offen ist, können wir unsere Motive auch näher erläutern. Bei manchen Menschen ist es aber besser, das übergeordnete Prinzip zu betonen und den Namen Montessori gar nicht zu erwähnen. Junnifas Kinder haben in ihren ersten Lebensjahren keinen Kontakt zu Bildschirmen. Das rührt von der Empfehlung der Montessori-Pädagogik her, dass junge Kinder eher sensorische Erfahrungen brauchen. Wir wissen aber, dass die Wissenschaft und die meisten Mediziner*innen der gleichen Meinung sind; deshalb erklärt Junnifa den Leuten, dass ihre Kinder weder fernsehen noch Handys benutzen dürfen, und begründet dies mit Forschungsstudien oder Empfehlungen der WHO, weil sie die Erfahrung gemacht hat, dass solche Quellen eher akzeptiert werden als Montessori.

Wissen weitergeben. Besonders wichtig ist, den Personen, mit denen unser Kind in einer Langzeitbeziehung steht oder mit denen es viel Zeit verbringen wird, die entscheidenden Montessori-Prinzipien nahezubringen. Die meisten Menschen lassen sich eher von etwas überzeugen, das sie auch verstehen. Auf folgenden Gebieten können wir das unterstützen:

- Was die Montessori-Pädagogik ist.
- Ihre Hauptprinzipien: Respekt, Selbstständigkeit, Freiheit mit Grenzen, Kooperation mit dem Kind.
- Ergebnisse: die kurz- und langfristigen Ziele, die wir für unser Kind haben.
- Unsere Werte.
- Wie man die Selbstständigkeit fördert.
- Wie wichtig es ist, mit Kindern zu reden und ihnen zuzuhören.

Wir können auch praktische Informationen weitergeben wie:

- »Was man stattdessen sagen kann.«
- Warum wir nicht loben oder »Bravo« und »Gut gemacht« sagen.
- Was man tun kann, wenn das Kind aufgewühlt ist oder einen Wutanfall hat.
- Aktivitäten zur Beschäftigung der Kinder, oder was man tun kann, statt fernzusehen.
- Wie man Grenzen setzt.

Wie wir anderen Menschen unser Wissen weitergeben können:

- Unsere Kenntnisse in Gesprächen vermitteln oder sie aufschreiben.
- Informationen weiterleiten: abfotografierte Artikel, Podcasts, Memes, Kurzfilme oder Social-Media-Posts mit relevanten Kurzinformationen.
- Bücher verleihen. Wir können auch dasselbe Buch lesen und darüber reden, wenn jemand offen dafür ist.
- Wenn wir Kontakt zu einer Montessori-Schule oder Gemeinschaft haben, können wir Interessierte zu Erwachsenen-Weiterbildungen mitnehmen.
- Wir können ihnen E-Kurse für Montessori schenken oder sie zu Webinaren einladen. Junnifa und Simone haben beide mit großem Vergnügen Partner, Großeltern und andere Betreuungspersonen in ihren E-Kursen gehabt.
- Beispielhaft mit unseren Kindern umgehen und später erklären, warum wir getan haben, was wir getan haben.

Vorbildhaft handeln. Wir können vorleben, was wir sehen wollen – wie wir mit unseren Kindern umgehen, mit welchem Respekt wir sie behandeln, dass wir sie nicht unterbrechen, wenn sie reden. Wir können auch zeigen, wie man Kindern Orientierung gibt, anstatt sie zu korrigieren. Statt: »Warum machst du immer so eine Unordnung«, sagst du: »Es ist Zeit, aufzuräumen. Was willst du zuallererst aufheben?« Wir können die Prinzipien der *Positive Discipline* vorleben, Grenzen setzen, in Küche und Badezimmer zusammenarbeiten, Abläufe verlangsamen und bei den Kindern präsent sein, Geduld haben sowie alle weiteren Interaktionen mit unseren Kindern, die wir sehen wollen, konkret zeigen.

Respekt können wir auch in unseren Interaktionen mit anderen Menschen vorleben, nicht nur bei unseren Kindern. Wenn wir nämlich unsere Partner*innen (so wir sie haben), Betreuungspersonen, andere Kinder und sonstige Gesprächspartner*innen respektvoll behandeln, dann werden sie auch mit größerer Wahrscheinlichkeit unseren Kindern mit Respekt begegnen.

Freude teilen. Wenn wir einen positiven Effekt von Montessori sehen, können wir davon erzählen, allerdings ohne zu prahlen. Wir können darauf hinweisen, wenn das Kind etwas selbstständig tut oder Werte spiegelt, die durch Montessori gefördert wurden. »Sie sieht so froh aus, wenn sie ihre eigenen Kleider aus dem Korb zusammenfaltet.« Gabriel Salomão von *Lar Montessori* berichtet von Spielplatzbesuchen mit Verwandten. Er spricht das Wort *Montessori* nicht aus; stattdessen weist er auf Dinge hin, die das Kind kann und die ihm Spaß machen. Wir können auch Erfahrungen von Montessori-Familien mit älteren Kindern, welche unsere angestrebten Werte spiegeln, in unserem Umfeld weitergeben.

Alternativen anbieten. Wir können mit den anderen Betreuungspersonen auch über Schwierigkeiten reden, die sie bei der Aufrechterhaltung der von uns festgelegten Freiheiten oder Grenzen haben, und herausfinden, wie das besser gelingen könnte. Zum Beispiel können wir unseren Kindern Aktivitäten mitgeben, wenn sie irgendwo zu Besuch sind, wo sie normalerweise mit einem Bildschirm beschäftigt werden.

Sei geduldig und lasse ihnen Zeit. Die Menschen brauchen Zeit, um die Montessori-Pädagogik zu verdauen und zu verstehen. Wir müssen nachsichtig und geduldig sein. Versuche, bereits geringe Bemühungen zu würdigen, und leite die betreffende Person weiterhin mit deinem Vorbild und Ermutigungen an.

Halte regelmäßig Meetings mit den Betreuungspersonen ab. Wenn jemand sich viel um unser Kind kümmert, ist es sinnvoll, dass wir eine möglichst ähnliche Herangehensweise haben. Wir sollten uns wöchentlich oder monatlich Zeit nehmen, um eventuelle Probleme zu besprechen und gemeinsam Lösungen zu entwickeln.

Finde die Stärken der anderen Betreuungspersonen heraus. Auch unsere Kinder profitieren von unterschiedlichen Perspektiven und Fähigkeiten. Wir können Freund*innen, Verwandte oder Betreuungspersonen einladen, unsere Kinder in den Park mitzunehmen, mit ihnen Ball zu spielen, ein Tierheim zu besuchen oder zusammen zu backen, je nachdem, was diese Erwachsenen gerne tun.

EINIGE SPEZIFISCHE BEZIEHUNGEN

Unser Partner, unsere Partnerin

Idealerweise zieht unser Partner oder unsere Partnerin (wenn wir jemanden an unserer Seite haben) mit uns an einem Strang und wir haben einen gemeinsamen Plan, wie unsere Kinder auf Basis der Montessori-Philosophie aufwachsen sollen. Wir können uns Ziele setzen und zusammen träumen, welche häusliche Umgebung wir für unsere Kinder haben wollen und was für eine Zukunft wir uns für sie wünschen. Häufig ist das jedoch nicht der Fall. Wie gehen wir also vor, um den Kindern solidarisch gegenüberzutreten?

Wir können in einem Moment, in dem angenehme, ausgeglichene und neutrale Stimmung herrscht, darüber sprechen, welche Hoffnungen wir für die Zukunft unseres Kindes haben und was für eine Art Mensch wir erziehen wollen. Wir müssen die Ansichten unserer Partner*innen genauso ruhig anhören, wie wir die unsrigen formulieren. Wir sollten auch herausfinden, was wir nicht mögen oder wollen und wie wir nicht sein wollen. Es steht zu hoffen, dass wir ein paar Gemeinsamkeiten finden. Vielleicht wollen wir beide glückliche Kinder, die zu selbstsicheren, unabhängigen, kreativen, verantwortungsvollen, freundlichen, respektvollen und guten Menschen heranwachsen. Hier kannst du darauf hinweisen, dass die Montessori-Prinzipien euer Kind genau zu einer solchen Zukunft hinführen werden. Das Schöne an der Montessori-Pädagogik ist, dass die Ergebnisse von Dauer sind und eng mit den Hoffnungen zusammenhängen, die wir ohnehin für das Erwachsenenleben unseres Kindes hegen. Halte dich im Gespräch an die wichtigsten Leitlinien – und lege dar, warum wir uns als Familie dafür entscheiden sollten. Vielleicht besprechen wir auch, wie wir diese Pädagogik anwenden wollen. Inwiefern verändert sich durch diese Entscheidung etwas an unserer bisherigen Kindererziehung oder an den Vorstellungen, die unser Partner oder unsere Partnerin bisher von Erziehung hatte? Diese Unterhaltung wird vermutlich nicht nur einmal stattfinden; wir können während unserer gemeinsamen Reise immer wieder an sie anknüpfen.

Was tun wir, wenn unser Partner oder unsere Partnerin will, dass wir strenger sind, oder wenn er oder sie unser Kind scharf korrigiert, es anschreit oder sogar straft oder schlägt? Wie reagieren wir da?

Vor allem musst du bedenken, dass dein Partner oder deine Partnerin vermutlich tut, was er oder sie für richtig hält. Das muss man sich unbedingt klarmachen, um angemessen reagieren zu können.

Dann müssen wir uns vor Augen halten, dass wir vor den Kindern nicht mit dem Partner oder der Partnerin streiten sollten. Das kann schwerfallen. Deshalb ist es unter Umständen besser, den Raum zu verlassen, wenn man sich in einer Situation unwohl fühlt (es sei denn, das Kind ist gefährdet). Das minimiert die Möglichkeit einer Konfrontation. Später können wir das Gespräch suchen, wobei wir darauf achten sollten, dass wir nicht besserwisserisch oder verurteilend auftreten. Wir können erwähnen, was unserem Gefühl nach nicht gut gelaufen ist, so respektvoll wie möglich Alternativen aufzeigen, wie man die Situation anders hätte handhaben können, und es dabei bewenden lassen. Vielleicht überzeugen wir ihn oder sie, vielleicht auch nicht, aber oft pflanzen wir in solchen Momenten ein Samenkorn, und Samen brauchen Zeit zum Wachsen. Wir werden Gelegenheiten finden, diesen Samen zu gießen und weitere einzupflanzen, und im Lauf der Zeit werden unsere Partner*innen sich hoffentlich allmählich wandeln.

Wir sollten die Sorgen des Partners oder der Partnerin im jeweiligen Moment auch ernst nehmen. Stellen wir uns vor, wir gehen in den Park, unser Kind will auf einen Baum klettern und er oder sie sagt sofort: »Das ist zu gefährlich, du darfst nicht da raufklettern.« Das Kind ist aber schon früher geklettert und wir wissen, dass es das kann. Was machen wir dann? Wir könnten sagen: »Es kann durchaus gefährlich sein, auf Bäume zu klettern«, womit wir die Ansicht unseres Partners, unserer Partnerin anerkennen. »Wie wär's, wenn ich mich danebenstelle und aufpasse, dass ihr nichts passiert?« So bekommt das Kind eine Chance und die Sorgen des Partners oder der Partnerin werden nicht ignoriert. Wenn er oder sie immer noch Nein sagt, können wir das Kind zu einer anderen Aktivität umlenken und später mit dem Partner, der Partnerin ein Gespräch führen, um seine oder ihre Sorgen besser zu verstehen und zu beschwichtigen.

Manchmal bricht in Gegenwart des Kindes ein Streit aus. Dann sollten wir unserem Kind am besten zeigen, wie man Konflikte löst. Sehr oft geschieht dies aber dann, wenn das Kind nicht in der Nähe ist. Hat es den Konflikt erlebt, muss es jedoch auch erleben, wie wir uns wieder versöhnen.

Wie schon bei den allgemeinen Prinzipien erwähnt, bemühen wir uns, unser Wissen an unsere Partner*innen weiterzugeben. Zusammen Kurse zu besuchen und die Inhalte zu diskutieren und anzuwenden, macht Spaß. Es ist schön, das Gelernte auszuprobieren, zu beobachten und Erfolge gemeinsam zu feiern.

Suche Gleichgesinnte. Finde Familien, deren Werte zu den euren passen, sodass ihr zusammen etwas unternehmen und gemeinsam wachsen könnt. Diese Familien können sogar als Vorbilder für die eigene dienen. Junnifa findet das für ihre Familie extrem hilfreich. Oft führen Treffen mit Familienfreund*innen zu Gesprächen über Kindererziehung. Wenn wir zu einer Montessori-Schule gehören, findet unser Kind durch die Verbindung mit anderen Familien in dieser Gemeinschaft Freund*innen, deren Familien unsere Werte teilen.

Verstärke, was dein Partner, deine Partnerin gut gemacht hat. Es liegt nahe, mit unseren Partner*innen nur dann zu diskutieren, wenn sie etwas Störendes getan haben. Aber man darf nicht vergessen, dass nur das wächst, was wir unterstützen. Deshalb sollten wir immer hervorheben, was der oder die andere gut macht. Wir können begeistert vom Effekt einer guten Maßnahme berichten und bereits kleine Bemühungen oder Veränderungen unterstützen.

Noch einmal: Das Ganze ist ein Prozess und wir wollen Geduld haben. Wir befinden uns alle auf einem Weg, tun unser Bestes und entwickeln uns in unserem eigenen Tempo, genau wie das Kind.

Die weitere Verwandtschaft

Bei der Verwandtschaft darf man nicht vergessen, dass alle es in der Regel gut meinen und dass unser Kind von einer Beziehung zu lieben Menschen immer profitiert. Das hilft, das Augenmaß nicht zu verlieren, wenn nicht alles so läuft, wie wir uns das wünschen.

Es hilft, wenn wir von Anfang an unsere Überzeugungen klar darlegen und Grenzen setzen. Wir können dies respektvoll und freundlich tun, aber auch bestimmt, vor allem, wenn es um Dinge geht, die uns sehr wichtig sind. Manchen ist das Thema Respekt und Bestrafung wichtig, bei anderen mag es Bildschirmzeit sein und bei wieder anderen verarbeitete Nahrungsmittel oder Zucker. Was immer unsere Hauptanliegen sind, wir sollten sie kommunizieren. Wir können hier auch Aufklärung leisten, aber erfahrungsgemäß funktioniert bei Verwandten, wie zum Beispiel Großeltern, am besten das eigene Vorbild. So etwas kann dauern, aber das macht nichts. Wir wollen ja schließlich geduldig sein. Samen brauchen Zeit zum Wachsen. Oft werden die Menschen überzeugt, wenn sie den Unterschied an den Kindern selbst sehen. Ana-Kay von *Pickneys at Play* berichtet, dass ihre Familie ihre Haltung geändert hat, als sie miterlebt haben, wie sich ihre Zwillinge mit Haushaltstätigkeiten beschäftigt haben. Sie konnten es kaum glauben, wie kompetent die Kinder trotz ihres jungen Alters schon waren.

Wenn nötig sollten wir unseren Kindern zur Hilfe kommen. Wenn wir zum Beispiel einen Familienbesuch machen und es wird erwartet, dass unser Kind die Verwandten umarmt oder küsst, es das aber nicht will, dann müssen wir erklären, dass wir unsere Kinder nicht zwingen, jemanden zu umarmen oder sich anfassen zu lassen. Wir fragen unser Kind immer um Erlaubnis und respektieren seine Entscheidungen bezüglich des eigenen Körpers. Dadurch bringen wir unserem Kind körperliche Autonomie und das Prinzip der Einvernehmlichkeit bei und dass es in Ordnung ist, Nein zu sagen, auch zu einem anderen Erwachsenen. Und damit vermitteln wir unseren Familienmitgliedern das Wissen über eine wichtige Grenze.

Eine besondere Herausforderung stellen oft Großeltern dar, weil sie der Meinung sind, dass sie ja ihre eigenen Kinder mit Erfolg großgezogen haben und es deshalb nicht nötig haben, dass jemand ihnen sagt, was sie zu tun haben. Manche haben auch den Eindruck, dass unsere neuen Entscheidungen eine Kritik an ihren eigenen Erziehungsmethoden darstellen. Es gibt mehrere Gebiete, auf denen es zu Schwierigkeiten kommen könnte:

- Disziplin.
- Nachsicht bei Dingen, die wir nicht erlauben, wie Fernsehen, Süßigkeiten, lärmendes Plastikspielzeug, Handys und digitale Geräte.
- Unterstützung von Abhängigkeit und Unterminierung der Selbstständigkeit.
- Überbehütendes Verhalten und Verbieten von Erkundungen.
- Laisser-faire und mangelnde Begleitung des Kindes.

Manchmal müssen wir mit den Großeltern einen Kompromiss eingehen, denn meistens tun sie ohnehin, was sie wollen. Ein Kompromiss bedeutet in diesem Fall, dass wir sie gewähren lassen, aber innerhalb der von uns gesetzten Grenzen. Statt das Kind überhaupt nicht fernsehen zu lassen, können wir bis zu einer Stunde Bildschirmzeit erlauben. Wir können das Kind in die Verantwortung nehmen, diese Grenze einzuhalten, auch wenn wir nicht da sind. Wir können über die Bedeutung von Integrität reden und darüber, wie wichtig es ist, das Richtige zu tun, auch wenn wir gerade abwesend sind, um sie an unsere Erwartungen zu erinnern.

Wenn Meinungsverschiedenheiten mit den Großeltern auftreten, sollten wir uns vor Augen führen, was wir an ihnen schätzen und wie viel sie den Kindern bedeuten. Wir können die Probleme nach Wichtigkeit priorisieren, die großen ansprechen und die kleinen fallen lassen.

Betreuungspersonen

Bei der Auswahl unserer Betreuungspersonen sollten wir große Sorgfalt walten lassen, und sobald wir sie angestellt haben, können wir sie ausbilden.

Wir müssen klar formulieren, wie sie mit unseren Kindern umgehen sollen und was wir erwarten. Sie müssen erfahren, was unsere Kinder erleben dürfen und sollen und welcher Umgangston in unserem Hause herrschen sollte. Zusätzlich zur mündlichen Anleitung können wir alles auch zeigen und demonstrieren und am besten schriftlich fixieren, sodass die Betreuungsperson es auch nachsehen kann. Wir könnten die Teilnahme an einem Montessori-Ausbildungskurs arrangieren oder ihr oder ihm dieses Buch zu lesen geben.

Damit das Kind nicht den Respekt vor der Betreuungsperson verliert, solltest du es tunlichst vermeiden, sie vor ihm zu kritisieren, und immer respektvoll mit ihr sprechen. Auch sollte man nie vor dem Kind schlecht über die Betreuungsperson reden.

Trina von *DIY Corporate Mom* schlägt als Alternative vor, einer Betreuungsperson nur sehr wenige Instruktionen zu geben und stattdessen wie Maria Montessori zu ihren ersten Assistenten zu sagen: »Nicht unterbrechen.« Sie fügt hinzu: »Entspann dich und beobachte mein Kind … entspann dich einfach und beobachte.« Dann bereitet Trina die häusliche Umgebung so vor, dass Dinge wie Messer und Gläser für die Kinder erreichbar sind, mit der Folge, dass jede Betreuungsperson die Montessori-Prinzipien bald auch in ihrem eigenen Zuhause anwendet.

Die Lehrpersonen und Lernbegleiter*innen unseres Kindes

Wir betrachten die Lehrpersonen und Lernbegleiter*innen unseres Kindes als Partner*innen bei der Unterstützung seiner Entwicklung. In jeder Partnerschaft sind Kommunikation und Vertrauen der Schlüssel zum Erfolg, daher stellen wir sicher, dass wir offen, ehrlich und respektvoll kommunizieren. Wir können verabreden, wie und wann am besten kommuniziert werden sollte. Die meisten Lehrpersonen und Lernbegleiter*innen ziehen einen verabredeten Termin einem spontanen Gespräch vor. Wir arbeiten auch daran, Vertrauen aufzubauen. Nimm dir die Zeit, darüber nachzudenken, welche Schritte helfen könnten, damit du der Lehrperson oder dem Lernbegleiter, der Lernbegleiterin vertraust, und teile sie ihr mit. Verabrede dich sowohl aus positivem Anlass als auch bei Schwierigkeiten, damit du nicht nur mit Klagen oder Problemen zu ihr kommst. Zeige dich ehrlich an ihr interessiert. Ehe du mit der Tür ins Haus fällst und über dein Kind redest, solltest du fragen, wie es ihr geht. Nimm ihre Bemühungen wahr und würdige sie. Erzähle, wie du ihre Arbeit an deinem Kind zu Hause gespiegelt siehst.

Auch Elternabende und andere Veranstaltungen sollten wir besuchen. Die Lehrpersonen und Lernbegleiter*innen stecken oft viel Arbeit in solche Zusammenkünfte, und durch die Teilnahme drücken wir unsere Wertschätzung aus. Wir zeigen Interesse an der Arbeit unseres Kindes in der Bildungseinrichtung, stellen Fragen, geben Feedback und stellen unsere Zeit, Hilfe und Expertise so weit als möglich zur Verfügung.

Ein Zeichen des Respekts kann auch sein, das Kind an Meetings in der Einrichtung zu beteiligen. Es kann erzählen, was ihm Spaß macht und was ihm schwerfällt, und wenn es Probleme gibt, kann es an der Lösungsfindung mitwirken.

Andere Lehrpersonen und Lernbegleiter*innen (Wahlfächer, Religion)

Wir wollen sicherstellen, dass die zusätzlichen Bildungsangebote, die wir für unsere Kinder auswählen, unseren Werten entsprechen und dass auch die anderen beteiligten Kinder und ihre Familien möglichst weitgehend diese Werte teilen. Das ist natürlich nicht immer möglich, also sollten wir die betreffenden Angebote im Auge behalten und den Lehrpersonen und Lernbegleiter*innen von Anfang an unsere Vorlieben, Grenzen und sonstigen Gedanken mitteilen. All das sollte auch unseren Kindern bekannt sein, und sie sollten unsere Rückendeckung dafür haben, notfalls zu widersprechen. Wir sollten auch mit unseren Kindern über ihre Erfahrungen sprechen und der Lehrperson sowie den Lernbegleiter*innen respektvoll Feedback geben.

Die Eltern oder Betreuungspersonen von Freund*innen

Wenn unser Kind Freund*innen hat, deren Eltern oder Betreuungspersonen Dinge zulassen, die unseren Vorstellungen nicht entsprechen, können wir unser Zuhause zu dem sicheren Ort machen, an dem unsere Kinder und ihre Freund*innen zusammenkommen. Wir können währenddessen anwesend sein und sie beobachten, beaufsichtigen und bei Bedarf wegweisend agieren. Der Vorteil ist, dass wir die Freund*innen unserer Kinder kennenlernen und dass unsere Kinder die Möglichkeit haben, andere positiv zu beeinflussen. Wir folgen dabei den allgemeinen Prinzipien, von denen oben die Rede war.

Wenn unser Kind eine Auseinandersetzung mit einem anderen Kind hat und dessen Eltern oder Betreuungsperson uns zur Rede stellen, nehmen wir die Klage ruhig zur Kenntnis und schlagen wenn möglich vor, dass die Kinder die Angelegenheit selbst lösen. Wenn nicht, können wir uns als unparteiische Vermittler*innen zur Verfügung stellen, hauptsächlich, damit beide Seiten gehört werden. Wenn zum Beispiel im Park oder auf einem Fest eine andere erwachsene Person von unserem Kind verlangt, dass es ein besonderes Spielzeug teilt oder etwas tut, das sich mit unseren Überzeugungen nicht verträgt, dann können wir unserem Kind helfen, für sich selbst zu sprechen, ihm Worte finden helfen, wenn es nicht weiterkommt, oder wir können notfalls der anderen Person auch respektvoll Erklärungen liefern.

SINGAPUR & GROSSBRITANNIEN

Jasmine, Andrew & ihre 3 Kinder im Alter von 1, 9 und 10 Drei-Minuten-Montessori

»Montessori hat nicht so sehr mit konkreten Materialien, sondern vielmehr mit einer Einstellung gegenüber dem Leben und dem Lernen zu tun. Es sieht so aus, dass zwar hohe Erwartungen formuliert werden, dabei aber genügend Freiraum besteht, dass die Kinder ihre Verpflichtungen zu Hause (z. B. Geschirrspülen und eigenes Zimmer sauber halten) und in der Schule (Hausaufgaben und Testvorbereitung) selbst organisieren. Es sieht so aus, dass genug unstrukturierte Zeit vorhanden ist, um die Starre des Schultags auszugleichen, sodass die Kinder immer noch Kinder sein können. Sie lieben Lego, das Sammeln von edlen Steinen, Lesen und Sport.

Früher graute es mir davor, den Kindern bei den Hausaufgaben zu helfen. Inzwischen habe ich eine respektvolle, von Montessori beeinflusste Herangehensweise gefunden, wie ich bei den Hausaufgaben genug Anleitung, aber auch genug Freiraum geben kann, dass die Kinder selbst planen dürfen, wie und wann sie ihre Hausaufgaben fertigstellen, dass sie Fehler machen und dann selbst verbessern dürfen.

Beim Mondneujahr lieben wir es, bei den Löwentänzen zuzuschauen. Wenn die Kinder jünger sind, brauchen sie unter Umständen Ohrstöpsel, und wir warnen sie im Vorhinein, dass da laute Trommeln und viele Menschen sein werden, damit sie nicht überstimuliert werden. Wenn sie älter werden, verankert sich diese jährliche Unternehmung fest in ihren Kindheitserinnerungen rund um das lunare Neue Jahr. Dann wird oft auch die Neugier geweckt auf Ursprünge und Variationen des Löwentanzes, was als Sprungbrett für weitere Forschungen und Lektüre dienen kann.

Nachdem wir nun schon seit vielen Jahren die Montessori-Erziehung anwenden, zeigt sich der langfristige Nutzen immer deutlicher. Die Kinder besitzen ein ruhiges Selbstvertrauen in ihre Fähigkeiten. Es ist kein falsches Selbstvertrauen, das auf äußerlicher Belohnung oder Lob beruht, sondern es resultiert aus der Erfahrung ihrer eigenen Kompetenz.

8

DIE VORBEREITUNG DER ERWACHSENEN

Wenn wir unsere Montessori-Reise antreten, fokussieren wir uns für gewöhnlich auf unser Kind und die Förderung seiner Entwicklung. Dabei wird schnell klar, dass wir, die Erwachsenen, uns dafür zunächst selbst vorbereiten müssen. Maria Montessori beschrieb diese Vorbereitung als nicht rein intellektuell (sich über die kindliche Entwicklung informieren), sondern auch emotional (uns selbst verstehen) und geistig-spirituell (unsere Rolle im großen Ganzen begreifen).

Wenn wir uns darauf vorbereiten, Montessori in unser Zuhause einzuführen, wird das unser Selbst und unsere Beziehung zum Kind deutlich verändern, was wiederum unser Verhalten gegen andere Menschen in unserem Leben beeinflusst, von denjenigen in unserem sozialen Umfeld bis zu Arbeitskolleg*innen. In diesem Kapitel wollen wir herausfinden, was wir leisten müssen, wenn wir uns darauf vorbereiten, Montessori zu leben.

> »Wenn also das Kind eine andere Behandlung erfahren soll als gegenwärtig, so ist ein erster, grundlegender Schritt nötig, soll das Kind vor Konflikten bewahrt werden, die sein Seelenleben gefährden könnten, ein Schritt, von dem alles andere abhängt – die Modifikation der Erwachsenen.«
>
> Dr. Maria Montessori: *Das Geheimnis der Kindheit*

WIE WIR FÜR UNSER KIND EINSTEHEN

Wir Erwachsene haben die Verpflichtung, auf der Seite unseres Kindes zu stehen und die Dinge aus seinem Blickwinkel zu sehen. Den einen fällt das leicht, andere müssen daran arbeiten.

Unser Kind verstehen, ihm vertrauen und es leiten

Jedes Kind ist kompetent und einzigartig. Wir können lernen, unser Kind jeden Tag mit neuen Augen aus einer objektiven Perspektive zu beobachten, sodass wir seine Bedürfnisse verstehen und sie unterstützen. Ganz ähnlich der Idee der *bedingungslosen positiven Wertschätzung* in der Psychologie erkennen wir, dass unser Kind entsprechend seiner Lebenserfahrung sein Bestes gibt, und wir bemühen uns, es zu verstehen, statt es zu beurteilen, und erlauben ihm, zu sein, wer es sein will.

Bereits während unser Kind noch ein großes Geheimnis für uns ist, und wir sein Potenzial noch nicht kennen, respektieren wir seine Weltsicht und ebenso seinen Rhythmus, sein Tempo, seinen Verstand, seine Gefühle und sein Temperament.

Wir sehen es, akzeptieren es und versuchen, es zu verstehen (ohne unsere Erwartungen, Träume oder unsere ungelebte Kindheit auf ihm abzuladen). Dann, und nur dann werden wir zu Hüter*innen unserer Kinder und helfen ihnen, zu gedeihen und zu wachsen.

Montessori gibt uns das Vertrauen, dass unser Kind dank seinem angeborenen Lernwillen, unserer bedingungslosen Liebe und Unterstützung und der entsprechend vorbereiteten Umgebung sein volles Potenzial entwickeln wird. Wir brauchen es nicht zum Lernen zu zwingen. Wir müssen uns keine Sorgen machen, ob es jeden Meilenstein seiner Entwicklung nach einem standardisierten Zeitplan erreichen wird. Wir brauchen es nur auf seinem einzigartigen Pfad zu begleiten und ihm den Weg zu weisen.

Diejenigen unter uns, die gerne alles kontrollieren, müssen vermutlich üben, loszulassen, flexibler zu werden und bei Bedarf zu improvisieren. Wenn man Kinder beim Aufwachsen begleitet, läuft nicht immer alles so, wie man es erwartet, aber wir können unserem Bedürfnis, die Situation zu kontrollieren, widerstehen, wenn wir uns an eine Zeit in unserem Leben erinnern, als wir selbst flexibel waren (vielleicht an Reisen als junge Erwachsene, die oft nicht wussten, was sich am nächsten Tag ergeben würde), und dann dieselben Fähigkeiten auf unsere Kinder anwenden.

Die Freude suchen

Wenn wir die Welt durch die Augen unseres Kindes betrachten und ihm als wegweisende Begleiter*innen nahe sind, finden wir unendlich viel Freude. Die Freude

- unser Kind dabei zu beobachten, wie es selbst etwas entdeckt.
- an seiner Begeisterung, wenn es hinauf ins Kieferngeäst oder übers Meer oder auf die trockenen Blätter am Boden blickt.
- an seinen Umarmungen, Tränen, Schmerzen und seiner Liebe, denn alles werden wir mit ihm zusammen erfahren.
- wenn es einem Freund, der traurig ist, ein Taschentuch bringt.
- an einem selbst gebackenen Kuchen, der zwar nicht perfekt, aber von unserem Kind mit eigenen Händen gemacht ist.
- an reichen Gesprächen und Debatten am Küchentisch.
- an gemütlichen Winterabenden unter warmen Decken und an Sommernächten, wenn man zum Sternenhimmel aufblickt.

- an Abenteuerausflügen in unsere eigene Stadt oder gemeinsame Erkundungen in fremden Ländern.
- an kritischen Geistern, die die Welt in sozialer wie ökologischer Beziehung gerechter machen wollen.
- an gemeinsamer Lektüre, denn man ist nie zu alt, um vorgelesen zu bekommen.
- und an noch viel mehr.

Zusammen staunen

Es gibt für uns, Junnifa und Simone, fast nichts Schöneres, als mit den Kindern, mit denen wir arbeiten, und mit unseren eigenen Kindern zu staunen. Wir können unsere Erfahrung hinter uns lassen und die Dinge mit kindlicher Neugier betrachten, um gemeinsam mit unserem Kind Entdeckungen zu machen und zu fantasieren.

Tammy Oesting, eine Montessori-Pädagogin mit fast 20-jähriger Berufserfahrung, die sich für Ehrfurcht und Staunen begeistert, schlägt Aktivitäten wie Spaziergänge, explorative Fragen, das Studium moralisch inspirierender Menschen, Tanz, gemeinsames Musizieren oder Museumsbesuche vor, um ein Gefühl der Ehrfurcht zu wecken, das zu einem Zustand des Staunens führt.

> »Die Gesetze, die das Universum regieren, können ein Kind interessieren und es staunen machen, mehr interessieren sogar als die Dinge selbst, und es beginnt zu fragen: Was bin ich? Was ist die Aufgabe des Menschen in diesem staunenswerten Universum? Leben wir hier bloß für uns, oder ist da noch mehr für uns zu tun? Warum mühen wir uns und streiten? Was ist Gut und Böse? Wo wird es alles enden?«
>
> Dr. Maria Montessori:
> *Das menschliche Potenzial ausbilden*

Lust am Lernen und Neugier vorleben

Was wir nicht aufhören sollten, unserem Kind vorzuleben, ist die Rolle des oder der lebenslang Lernenden. Wir können uns über Kindererziehung bilden (dazu gehört auch, dieses Buch zu lesen) und herausfinden, was zu unseren Familienwerten passt.

Wir können uns Podcasts anhören, an Workshops teilnehmen, Montessori-Fortbildungen besuchen, in den sozialen Medien Inspiration finden (und aufhören, Accounts zu folgen, die uns ein Gefühl des Ungenügens vermitteln) oder im Internet einer Lerngemeinschaft beitreten.

Auch können wir unsere Kinder inspirieren, indem wir unsere eigenen Interessen verfolgen. Ob es sich um Keramik handelt, um Religion, Permakultur, Aktivismus, Sport, Gitarrenspiel oder Fallschirmspringen, wir leben damit vor, dass wir Unterricht nehmen, üben und manchmal scheitern. Selbst wenn wir in einer Sache nicht sonderlich gut sind, können wir zeigen, dass uns das Lernen selbst Spaß macht, ungeachtet unseres Talents oder des Ergebnisses.

Ebenso integral für ständiges Lernen ist kritisches Denken. Folge nie blind einer Philosophie, einer Anleitung oder einem Text (auch nicht diesem Buch!). Falle nicht auf das neueste Spielzeug herein, die neueste Aktivität, die gerade online im Trend liegt. Wir müssen sicherstellen, dass alles, was wir anfangen, zu unserer Familie passt, indem wir unser Kind, die Aktivität und unsere Werte in Relation zueinander setzen.

WIE WIR FÜR UNS SELBST EINSTEHEN

Wir dürfen nicht vergessen, dass Kinder fröhliche Eltern und Betreuungspersonen brauchen. Niemand verbringt gerne Zeit mit jemandem, der eigentlich gar nicht anwesend ist. Darum wollen wir überlegen, wie wir unsere eigenen Bedürfnisse befriedigen und uns von anderen Menschen verwöhnen lassen können, damit wir unsere Rolle als wegweisende Begleiter*innen unseres Kindes mit Freude ausfüllen.

Batterien aufladen

Um unser Kind und unsere Familie zu unterstützen, brauchen wir volle Batterien. Wenn wir müde sind oder nichts Nahrhaftes gegessen oder uns keine Zeit für uns selbst genommen haben, fällt es schwer, geduldig und freundlich zu sein. Selbstfürsorge kann folgendermaßen aussehen:

- Eine Tasse Kaffee oder Tee trinken, bevor die Kinder aufwachen.
- Meditieren, vielleicht noch morgens im Bett.
- Sich in der Natur, in einem Park oder im Wald erholen.
- Abends bei verschlossener Tür ein Vollbad nehmen.

- Übers Wochenende verreisen.
- Einen Film anschauen, ein Buch oder die Zeitung lesen, einen Podcast oder ein Hörbuch anhören.
- Gartenarbeit, Holz- oder Handarbeiten.
- Schlafen.

Wir können bei der Verwirklichung unserer Wunschaktivitäten durchaus kreativ sein: Vielleicht findest du eine Freundin, die dein Kind ab und zu übernehmen kann; wenn du einen Partner oder eine Partnerin hast, solltet ihr für jede Woche Einzel- und Zweiertermine einplanen; oder du engagierst einen Teenager aus der Nachbarschaft, der oder die deinem Kind vorliest oder mit ihm spielt, während du deine Batterien auflädst.

Diejenigen unter uns, die sich selbst immer hintanstellen, sollten diese Momente, in denen sie sich um sich selbst kümmern, eigentlich als Pflichttermine im Kalender markieren. Wir erscheinen oft zu Terminen mit anderen Leuten, jetzt ist es Zeit, um beim Termin mit uns selbst anwesend zu sein.

Wir brauchen nicht auf Urlaubstage zu warten, um unsere Batterien wieder aufzuladen, besonders wenn das Leben gerade vollgepackt ist. Wir können bei der Mahlzeit eine Kerze anzünden oder eine Aromalampe zur Entspannung, uns am Ende des Tages mit einer Tasse Tee hinsetzen und dabei wieder Verbindung mit unserer Familie aufnehmen, bei der Hausarbeit Musik hören, Momente der Stille genießen, wenn wir aus dem Fenster den vorbeifliegenden Wolken nachschauen oder die Regentropfen beobachten, die an der Scheibe herunterlaufen, oder eine Pause zwischen zwei Aktivitäten einlegen, selbst wenn wir bloß eine Minute lang im Auto sitzen bleiben, bevor wir aussteigen.

Bewusst über unsere Zeit verfügen

Wenn wir uns bewusst Rechenschaft ablegen, wie wir unsere Zeit verbringen und was uns wichtig ist, können wir herausfinden, ob unsere Familie unseren Werten und Prioritäten entspricht. Wenn die Natur auf der Liste steht, dann suchen wir die Zeit, täglich, wöchentlich oder monatlich draußen in der Natur zu sein. Wenn wir weniger Zeit im Auto verbringen wollen, können wir recherchieren und eine Schule, einen Lebensmittelladen oder einen Yogakurs in Gehweite finden.

Wenn wir unsere Termine ausmisten und uns mit den übrig gebliebenen intensiver beschäftigen, kommt das unseren Kindern zugute. Das gibt ihnen die Zeit, sich auf ihre bevorzugten Interessen und Menschen zu konzentrieren, und erweitert ihre

Freizeit, in der sie sich mit Erkundung, Gesprächen, Verbundenheit, Langeweile und Kreativität beschäftigen oder auseinandersetzen können.

Wenn die Umstände es nicht zulassen

Manche Menschen haben nicht die Möglichkeit, ihr Leben groß zu verändern. Wir nehmen euch durchaus wahr. Wir wünschen euch, dass ihr kleine, bewusste Momente der Freude in euer Leben aufnehmen könnt, auch wenn einiges gerade schwer ist.

> »Gib mir die Gelassenheit, Dinge hinzunehmen, die ich nicht ändern kann, den Mut, die Dinge zu ändern, die ich ändern kann, und die Weisheit, das eine vom andern zu unterscheiden.«
>
> Reinhold Niebuhr

Die innere Ruhe pflegen

Am besten können wir unseren Kindern ihren Weg weisen, wenn wir innerlich ruhig sind. Es gibt Dinge, die uns helfen, ruhig zu bleiben (präventiv), und einiges, das uns bei Bedarf hilft, uns wieder zu beruhigen (restaurativ). Manches wirkt in beiden Fällen. Unten folgen Listen mit einigen unserer bevorzugten Methoden, die innere Ruhe zu pflegen. Du kannst sie als Anregung verstehen.

Präventiv. Vorbereitet sein. Vor der übrigen Familie aufstehen. Meditieren. Yoga. Joggen gehen. Eine Freundin treffen. Bei den Mahlzeiten eine Kerze anzünden. Musik auflegen. Gesundes Essen. Einen Mittagsschlaf machen. Ein Bad nehmen. Tanzen. Wasser trinken. Ein Räucherstäbchen oder eine Aromalampe anzünden. Ein Dankbarkeits-Tagebuch führen. Früh ins Bett gehen. Lange aufbleiben.

Restaurativ. Einen Schritt zurücktreten. Tee trinken. Zur Toilette gehen. Jemanden um Hilfe bitten. Musik auflegen, um zu tanzen oder sich auszuschütteln. Mit dem Oberkörper schaukeln oder sich seitwärts wiegen. Mit dem Kind oder Freund*innen ein paar Urschreie loslassen. Auf Kissen einprügeln. Über sich selbst lachen.

Ein soziales Umfeld finden, in dem du dich wohlfühlst

Wir leben in einer Zeit, in der die Menschen meist nicht mehr mit der Großfamilie unter einem Dach leben, im Gegenteil, wir wohnen oft weit entfernt von unseren Lieben. Der Kontakt mit unserer Familie oder mit Freund*innen findet unter Umständen nur gelegentlich oder selten statt. Aber wir können Kinder nicht allein aufziehen. Wir brauchen Unterstützung von Älteren und Freund*innen, die zuhören können, uns in schwierigen Zeiten in den Arm nehmen und uns bei Bedarf Rat geben. Wir brauchen Menschen, mit denen wir uns abwechseln können, um die Kinder in die Schule, zum Training und zu anderen Aktivitäten zu fahren. Wir brauchen andere Menschen, die unsere Kinder mit ihrer Geschicklichkeit, ihrer Klugheit, ihrer Anmut oder ihrer Musik inspirieren können. Wir brauchen Menschen um uns herum, die unserem Kind zu Essen geben, wenn wir im Verkehr stecken bleiben oder einen freien Abend brauchen.

Können wir gleichgesinnte Familien in unserer Schule oder dem weiteren Umfeld finden? Ist unser Umfeld divers und bietet unseren Kindern unterschiedliche Erfahrungen und Perspektiven? Gibt es online Gemeinschaften, wo wir Leute finden können, die uns inspirieren und die sich von uns inspirieren lassen? Können wir uns mit dem Land verbinden und die indigenen Menschen unterstützen? Können wir in unserem Umfeld ehrenamtlich tätig werden, aber auf eine Weise, die uns Spaß macht?

Wenn das, was wir suchen, nicht existiert, können wir es ins Leben rufen und andere Menschen zum Mitmachen einladen. Wir haben Freund*innen, die umgezogen sind, um ihr Umfeld zu finden. Andere ziehen in ihre Heimatstadt zurück, um ihrer Familie näher zu sein. Junnifa und Simone haben beide Schulen aufgebaut, um ein Montessori-Umfeld zu schaffen, das es vorher in ihrer Nähe nicht gab.

Die soziale Gemeinschaft gibt uns Halt und wir geben ihr Halt. Gemeinschaften fordern uns heraus und wir fordern sie heraus. Gemeinschaften feiern mit uns und wir feiern mit ihnen.

Nach Verbundenheit, nicht nach Vollkommenheit streben

Es kann uns so vorkommen, als sei das Ziel von Montessori Perfektion – die perfekte Antwort, der perfekte Raum und so weiter. Zwar geben wir uns Mühe, bewusster zu leben, uns ständig weiterzuentwickeln und in unserer Familie anwesend zu sein, aber wir müssen nicht perfekt sein. Es geht darum, unsere Kinder zu unterstützen, Spaß mit ihnen zu haben und das Lächeln nicht zu vergessen, wenn wir alles zu ernst nehmen. Wir tun unser Bestes.

Simone weiß, dass sie sich in Gesprächen gerne aufregt und Leuten ins Wort fällt; im Klassenzimmer bewegt sie sich immer noch schneller, als sie es gerne hätte; sie ertappt sich dabei, dass sie redet, wenn sie einem jüngeren Kind eine Aktivität zeigt, während das Kind die Sache viel leichter aufnehmen könnte, wenn sie sie langsam und deutlich ohne Worte zeigen würde; und es gibt immer Grauzonen, bei denen sie nicht recht weiß, ob sie eingreifen und helfen sollte oder nicht. Doch trotz dieser Unzulänglichkeiten fühlen die Kinder sich bei ihr sicher und wissen, dass sie sie so akzeptiert, wie sie sind.

Wir sind Menschen aus Fleisch und Blut. Das japanische Konzept des »Wabi-Sabi« (grob übersetzt »vollkommen-unvollkommen«) beschreibt das gut. Wenn wir nur perfekt sind und von unseren Kindern Perfektion verlangen, dann fürchten sie sich möglicherweise, Dinge auch nur zu versuchen oder etwas falsch zu machen. Wir sollten Akzeptanz vorleben, es immer von Neuem versuchen und um Vergebung bitten, wenn wir einen Fehler gemacht haben, denn Fehler sind nicht dasselbe wie Versagen. Können wir bei uns selbst die gleiche Nachsicht walten lassen wie bei unserem Kind?

Für geistige und körperliche Gesundheit sorgen

Kinder beim Aufwachsen begleiten und sich selbst entfalten kann sich gegenseitig ausschließen, wenn wir nicht achtgeben. Einen Burn-out gilt es zu vermeiden: Wir müssen für unsere geistige Gesundheit sorgen, Leib, Seele und Geist nähren und unseren Kindern echte Selbstfürsorge vorleben.

Wir wollen uns zum Essen hinsetzen. Eine Sportart finden, die wir genießen. Aufpassen, was wir in uns aufnehmen, ob es Medien sind, Menschen, mit denen wir Zeit verbringen, oder Chemikalien in unserem Zuhause. Wir sollten Augenblicke der Stille schaffen.

Wir wollen weniger tun, um mehr zu sein; die Verlockung, alles haben zu wollen, erschöpft unsere Kräfte als Eltern und Betreuungspersonen. Junnifa und Simone sind beide schon an einen Punkt gekommen, wo sie ihre Prioritäten anders setzen und mehr Zeit für ihre Familie und für sich selbst finden mussten. Sie arbeiten immer noch, kümmern sich um andere und geben ihr Bestes, aber sie tun nur noch genug, nicht immerzu mehr als genug.

Wichtig ist auch, dass wir Fürsorge von anderen Menschen empfangen. Dass wir es zulassen, dass andere sich um uns kümmern – für uns kochen, sich die Zeit nehmen, uns zuzuhören, oder uns in den Arm nehmen. Wir können uns auch Hilfe bei Spezialist*innen holen, Osteopathie, Chiropraktik, Akupunktur, Reflexzonenmassage oder therapeutische Massage. Und wenn uns klar wird, dass unser Leben sich nicht so schwer anfühlen sollte, wie es sich gerade anfühlt, können wir einen Psychotherapeuten oder eine Psychotherapeutin zurate ziehen.

WIE WIR WACHSEN

Wir Erwachsenen haben unsere eigene, persönliche Reise in unser Inneres vor uns. Laut Shefali Tsabarys Buch *Entdecke dich selbst durch dein Kind* kann das Leben mit Kindern eine spirituelle Reise sein. So, wie man die Schichten einer Zwiebel eine nach der anderen ablösen kann, findet sich, kaum dass wir eine Sache gemeistert haben, wieder Neues, das ausgepackt werden muss.

Offen für Selbsterkenntnis und Selbstheilung

Das ist uns allen schon passiert: Unser Kind sagt oder tut etwas und wir fühlen uns emotional angefasst. Das kann an der Tagesverfassung liegen, weil im Moment einfach viel los ist, es kann aber auch sein, dass die Erinnerung an eine alte Wunde geweckt worden ist. Wenn wir uns bewusst machen, bei welchen Gelegenheiten wir so emotional werden, können wir herausfinden, was für ein Problem der Sache zugrunde liegt – wir können es sanft in die Hand nehmen, betrauern und heilen.

Wenn wir zum Beispiel das Gefühl haben, unser Kind hätte keinen Respekt vor uns, dann berührt das vielleicht die Erinnerung an vergangene Geschehnisse, als wir tatsächlich ohne Respekt behandelt wurden oder uns selbst oder andere nicht respektierten. Dann sind wir möglicherweise imstande, uns zu entschuldigen (sogar bei unserem jüngeren Selbst), eine Situation noch einmal zu durchdenken oder einer Person einen Brief zu schreiben, in dem wir darlegen, was sie uns angetan hat; einen Brief, den wir höchstwahrscheinlich nie abschicken, der uns aber mit unseren Emotionen konfrontiert und die Heilung beschleunigt.

Es kann uns auch ärgern, wenn unser Kind sein Problem bei uns ablädt. Nehmen wir an, es kommt immer zu spät zur Schule. Anstatt uns aufzuregen und das Problem für das Kind zu lösen, können wir es dem Kind zurückreichen. In Simones Workshop war eine Mutter, die genau das tat. Sie machte einen Plan mit ihrer 5-jährigen Tochter, wie sie rechtzeitig in die Schule kommen konnte, und überließ dann der Tochter, sich fertig zu machen. Die Mutter ärgerte sich nicht mehr, die Tochter wurde nicht mehr angemeckert und alle waren viel entspannter.

Was ärgert uns? Was liegt zum Auspacken bereit? Ist da ein Problem, das wir unserem Kind zurückgeben sollten?

Selbstheilung

Wenn wir uns selbst heilen, haben wir die Freiheit, unsere Kinder zu leiten, ohne dass unsere Vergangenheit dazwischenfunkt. Manche Menschen mögen Gesprächstherapie, andere sprechen Probleme gerne mit Freund*innen durch. Wir können uns für Bewegung entscheiden, das Haus putzen oder Laufen gehen, oder wir ziehen uns zurück, um allein zu sein. Meditation und Yoga helfen, das Nervensystem zu regulieren und eine Verbindung zu unserem Körper herzustellen, und sie können entweder regelmäßig oder nach Bedarf praktiziert werden.

Zunehmend weist die Forschung nach, dass Traumata und vergangene Erfahrungen im Körper gespeichert werden, und es gibt Techniken, die dafür entwickelt wurden, diesen »alten Wunden« beizukommen und sie zu heilen. Desensibilisierung und Verarbeitung durch Augenbewegung (EMDR; *Eye Movement Desensitization and Reprocessing*), Hypnose und Selbsthypnose, Schnelle Transformierende Therapie (RTT; *Rapid Transformational Therapy*), Kinesiologie, Atemtherapie und somatische Arbeit können helfen.

Simone praktiziert eine Technik, die sich *»Bean Bag Releasing«* (»Sitzsack loslassen«) nennt. Sie hat sie von Bella Lively, einer modernen spirituellen Beraterin, gelernt. Diese Technik reinigt unseren Körper durch pure Achtsamkeit von vergangenen Erregungszuständen. Sie eliminiert die Ladung der aktivierten Emotion, sodass wir reagieren können, statt reflexartig vorzupreschen. Das Folgende ist zwar keineswegs die Erklärung einer Expertin, aber die grundlegenden Schritte sehen etwa folgendermaßen aus:

1. Erkennen, wann wir emotional angespannt sind (ob durch einen wiederkehrenden Gedanken, ein bestehendes Problem oder weil ein Knopf gedrückt wurde).
2. Nachfühlen, wo in unserem Körper die Anspannung sitzt (z. B. Nacken, Herz, Arm).
3. Größe und Textur des Gefühls in unserem Körper beschreiben, z. B. die Größe einer Orange, innen schwammig).
4. Das Gefühl beobachten, es sanft halten und zur Kenntnis nehmen (»Ist doch klar, dass ich mich so fühle.«).
5. Immer weiter achtsam beobachten (nicht urteilen oder analysieren), bis das Gefühl kleiner wird oder sich völlig auflöst.

Durch gesunde Grenzen anderen unsere Bedürfnisse klarmachen

Es ist erstaunlich, wie viel Frieden in unser Leben und unsere Familie einkehrt, wenn wir Klarheit darüber haben, was uns wichtig ist, und andere auf respektvolle Weise wissen lassen, wenn uns etwas stört. Grenzen helfen unseren Mitmenschen, unsere Bedürfnisse zu verstehen. Und sie ermöglichen unseren Kindern, gesunde Grenzen zu erleben. Wenn wir einen Groll hegen, ist das ein sicheres Zeichen, dass unsere Grenzen überschritten wurden. Wer nicht mit Erwachsenen aufgewachsen ist, die freundlich klare Grenzen setzen konnten, muss möglicherweise ganz am Anfang beginnen, um es zu lernen.

> »Grenzen sind Erwartungen und Bedürfnisse, die dir helfen, dich in deinen Beziehungen wohl und sicher zu fühlen.«
>
> Nedra Glover Tawwab: *Grenzen machen uns frei*

Wenn wir Ich-Botschaften benutzen und erklären, wie wir uns selbst fühlen, hilft das, gehört zu werden, vor allem wenn jemand defensiv reagiert: »Als du einfach weggegangen bist, dachte ich ________«, oder: »Als du laut geworden bist, habe ich Angst bekommen.« Vermeiden sollte man Ausdrücke wie »Du hast mich verletzt« oder »Dass du mich so angegriffen hast, __________«.

Es kann auch sinnvoll sein, das Gespräch zu verschieben: »Lass uns darüber reden, wenn wir beide ruhig sind«, oder: »Mir ist es wichtig, dass wir unsere häuslichen Vereinbarungen einhalten. Wir können Änderungen beim nächsten Familienmeeting diskutieren.« Wir müssen damit rechnen, dass unsere Mitmenschen die aufgezeigten Grenzen nicht unbedingt sofort respektieren oder dass sie sie vergessen. Wir können sie an eine Grenze erinnern, indem wir diese freundlich und bestimmt noch einmal erklären.

Sobald wir das Grenzensetzen erlernt haben, kann es geschehen, dass wir von zunächst *porösen* Grenzen (wo wir uns nicht klar ausdrücken oder selbst nicht nach unseren Regeln handeln) ins andere Extrem der *starren* Grenzen verfallen (wo wir keinerlei Flexibilität zeigen und fast eine Mauer zwischen uns und unseren Mitmenschen aufbauen). Stattdessen sollte man, wie die Therapeutin und Paarberaterin Nedra Glover Tawwab rät, *gesunde* Grenzen ziehen, die uns erlauben, die jeweiligen Umstände und unsere Werte zu berücksichtigen, unsere Grenzen zu kennen und ein Nein zu äußern oder auch zu akzeptieren, ohne es persönlich zu nehmen. Zum Beispiel würde eine gesunde Grenze bedeuten, dass wir unserem Kind auf der Feier des 60. Geburtstags seiner Großeltern eine mäßige Kuchenportion erlauben, statt Süßes überhaupt nie zu gestatten (starr) oder seinem Quengeln nach Süßigkeiten nachzugeben, ohne dass es sich ausgewogen ernährt (porös).

- *Verkörperter Schrecken: Traumaspuren in Gehirn, Geist und Körper und wie man sie heilen kann* von Bessel van der Kolk
- *Grenzen machen uns frei* von Nedra Glover Tawwab

Vorurteile

In ihrem Artikel »*Understanding Implicit Bias: What Educators Should Know*« (»Implizite Vorurteile verstehen: Was Pädagogen wissen sollten«) erklärt uns Cheryl Staats, dass alle Menschen – unabhängig von Hautfarbe, Ethnie, Geschlecht oder Alter – implizite Vorurteile haben, »Einstellungen oder Stereotypen, die unser Verständnis, unsere Handlungen und Entscheidungen unterschwellig beeinflussen«. Unser Unterbewusstsein arbeitet schneller und trägt dazu bei, dass wir Entscheidungen treffen, ehe unser Bewusstsein es überhaupt bemerkt.

Glücklicherweise können wir aber etwas an unseren impliziten Vorurteilen ändern. Zunächst können wir identifizieren, wo unsere bewussten Ideale sich von unseren automatischen, impliziten Reaktionen unterscheiden, und hier eine größere Übereinstimmung herstellen. Sodann können wir unseren Kontakt zu Menschen anderer Religionen und Ethnien erweitern sowie zu Menschen, die sich auf andere Weise identifizieren als wir. Wenn wir diesen Menschen in unserem sozialen Umfeld nicht begegnen, können wir wenigstens in den sozialen Medien Menschen folgen, die andere Glaubensüberzeugungen, einen anderen Hintergrund und andere Erfahrungen haben, damit unser Blickwinkel so weit und umfassend bleibt wie möglich. Schließlich können wir versuchen, mit Menschen in Kontakt zu kommen, die Stereotype infrage stellen, zum Beispiel berufliche Gendernormen brechen, oder die Lebenserfahrungen haben, die sich von den unseren stark unterscheiden.

Unser Ziel ist es, auf Dauer den Unterschied zwischen unserem impliziten und unserem bewussten Weltverständnis zu reduzieren. Dies ist eine wichtige Arbeit, um unsere Vorurteile abzubauen und unseren und allen anderen Kindern in der Gesellschaft zu ermöglichen, ihr volles Potenzial zu realisieren.

Tiefer graben

Wir erwachsenen Montessori-Begeisterte streben danach, mehr Geduld, mehr Mitgefühl, mehr Empathie und mehr Nachsicht für das Kind zu entwickeln. Weniger Ärger und Stolz. Mehr Liebe und Akzeptanz.

Die Lehren von Maria Montessori fordern uns auf, tiefer zu graben – durch unsere stete Bereitschaft, als Individuen, Familien und Gemeinschaften zu lernen und zu wachsen. In ihrem Aufsatz *»Anmut und Höflichkeit und die Erwachsenen«* fordert Catherine McTamaney von *Montessori Daoshi* uns Erwachsene auf, nach dem gleichen sozialen Zusammenhalt zu streben, wie er in einem Montessori-Klassenzimmer herrscht – andere zu respektieren; zu begreifen, dass es, wenn wir etwas nehmen (Materialien, Ressourcen oder Zeit), weniger für andere gibt; unseren eigenen Anmuts- und Höflichkeitsregeln gerecht zu werden; anderen zu helfen und bewusst für die Umwelt zu sorgen.

WIE WIR DIE PRAXIS DER SELBSTREFLEXION PFLEGEN

Wir Autorinnen haben besonders von Andy Lulka und Pamela Green, zwei der erfahrensten Montessori-Pädagog*innen in Nordamerika, gelernt, wie wichtig die Praxis der Selbstbeobachtung und Selbstreflexion für die Vorbereitung der Erwachsenen ist. Wir haben in diesem Buch viel über Beobachtung gesprochen. Sie spielt auch in diesem Kapitel, das von der Arbeit an uns selbst handelt, eine entscheidende Rolle.

Selbstbeobachtung

Am leichtesten kann man in ruhigen Momenten üben, sich selbst zu beobachten. Von da aus können wir unsere Fähigkeit ausbauen, bis wir es auch in Augenblicken großer Anspannung schaffen. Das ist ein bisschen so, wie wenn man sich zum Meditieren an einen Rückzugsort begibt. Es fällt leichter, Frieden und Ruhe an einem stillen Platz in den Bergen zu finden. Danach versuchen wir, diesen Frieden und diese Ruhe auch in der Hektik unseres Alltagslebens zu finden.

Hier folgen ein paar Ideen für die Selbstbeobachtung. Wir können auf dem Beobachtungsbogen für unser Kind eine Spalte anlegen, in der wir alles notieren, was uns selbst betrifft. Oder wir können eine Beobachtungssitzung abhalten, wo wir uns nur auf uns selbst konzentrieren.

- Was tun wir mit den Händen?
- Was denken wir?
- Was fühlen wir?

- Was kommt an eigenen Themen zum Vorschein, während wir das Kind beobachten?
- Können wir in unserem Körper bleiben? Oder sind wir nur im Kopf?
- Verändert sich unsere Weltsicht?
- Sind wir im Jetzt und Hier vorhanden?
- Brauchen wir Unterstützung?
- Hören wir auf unseren Körper?
- Was brauchen wir für unsere Selbstfürsorge?
- Wie reagieren wir, wenn unser Kind etwas tut, von dem wir dachten, es sei noch nicht bereit dazu?
- Wie reagieren wir, wenn unser Kind etwas tut, von dem wir erwartet haben, es könnte das bereits?

Reflexion

Nach der Beobachtung kommt die Reflexion:

- Was geht gut?
- Was könnte verbessert werden?
- Welche Einzelheit könnte verändert werden, sodass alles andere leichter oder gar unnötig wird?

Über die Kindheit nachdenken

Ein Teil unserer Selbstreflexion wird unsere Kindheit behandeln. Diese Erfahrung bringen wir in unsere Rolle als Eltern und Begleiter*innen des Kindes ein. Die Erinnerungen an Lachen und Freude, an Traurigkeit und Schmerz.

Einige bedenkenswerte Fragen. Fühlten wir uns wahrgenommen? Wurde uns Vertrauen entgegengebracht? Wurden wir mit viel Freiheit oder sehr streng erzogen? Was geschah, wenn wir Fehler machten? Was war unseren Betreuungspersonen wichtig: Kreativität, Schulnoten, Selbstständigkeit? Welche Eigenschaften haben unsere Betreuungspersonen uns vererbt: Reiselust, künstlerisches Talent und Ausdruckswillen, Humor, Sturheit? Aus diesen Reflexionen können wir bewusste Entscheidungen darüber treffen, welche Lektionen und Werte wir an unsere Kinder weitergeben wollen.

Wenn wir über unsere Kindheit nachdenken, können wir liebevoller mit uns selbst umgehen. Wir sagen dann vielleicht zu uns selbst: »Klar, dass es mir schwerfällt, loszulassen.« »Ich verstehe, warum ich Veränderungen nicht mag.« Oder: »Kein Wunder, dass ich es schwierig finde, Vertrauen zu meinem Kind zu haben.« Dass wir diese Dinge an uns selbst erkennen, ist der erste Schritt zur Veränderung. Die Reflexion ermöglicht uns auch, unsere Kinder besser zu verstehen. Mister Rogers aus der beliebten Vorschulserie sagte den weisen Satz: »Ich glaube, am besten sollten wir überlegen, wie das für uns war, dann wissen wir, was unsere Kinder durchmachen.«

Unsere Reise akzeptieren

Vielleicht bringt die Lektüre dieses Buchs Gefühle zum Vorschein wie »Hätte ich das doch bloß vorher gewusst!« oder »Warum durfte ich denn nicht so aufwachsen?«. Unsere Geschichte ist unsere Reise. Alles, was wir erfahren haben, das Gute wie das Schlechte, hat uns zu der Person gemacht, die wir heute sind. Simone empfindet die Erfahrung, ihre Kinder mit Anfang 20 bekommen zu haben, sehr positiv, weil sie das Gefühl hatte, mit ihnen zusammen aufzuwachsen. Manches hätte sie anders machen können, aber statt das ändern zu wollen, ist sie dankbar für die Fehler, die sie dabei machte, und akzeptiert sie als Teil der Reise.

Vielleicht hatten wir selbst eine schwierige Beziehung zu unseren Eltern oder wir kannten sie nicht einmal. Diese Erfahrung zeigt uns dann aber häufig, wie wir für unser Kind einstehen und Generationszyklen durchbrechen möchten, wenn das notwendig erscheint.

Eine sichere erwachsene Person sein, an die sich unser Kind wenden kann

Durch Selbstreflexion können wir herausfinden, was unseren Kindern die Sicherheit geben würde, sich mit einem Problem an uns zu wenden. Wir können Akzeptanz, Verletzlichkeit und Fehlerfreundlichkeit einüben. Um eine sichere erwachsene Person zu werden, ist es hilfreich, vorhersehbar zu sein und zu antworten, statt zu reagieren. Wenn uns das nicht leichtfällt, gibt es noch die weitere Option, dafür zu sorgen, dass es im Leben unseres Kindes eine erwachsene Person gibt, an die es sich ohne Angst vor Verurteilung oder Strafe wenden kann.

Suche nach Führung

Die Selbstreflexion erinnert uns daran, uns selbst nicht zu vergessen. Sie bedeutet, durch Selbstbeobachtung herauszufinden, wo wir uns verbessern könnten. Ebenso wie wir den Kindern helfen, Fähigkeiten in Gebieten aufzubauen, in denen sie noch Nachholbedarf haben, können wir unsere eigenen Schwierigkeiten erkennen und uns Hilfe besorgen, um diese Fähigkeiten zu entwickeln. Wir können einen Mentor oder eine Mentorin suchen, an einem Workshop teilnehmen, eine Freundin oder einen Freund um Feedback bitten oder Rat bei den Menschen in unserem Umfeld suchen, die uns unterstützen.

Eine Verbindung zum eigenen Selbst und zur Natur herstellen

Die Selbstreflexion erinnert uns daran, uns selbst nicht zu vergessen. Sie verlangt, dass wir still werden, uns mit uns selbst verbinden und auf unsere Gefühle hören. Wir können eine Hand auf unser Herz legen, mit den Füßen den Boden spüren und eine Stelle in unserem Körper finden, die ruhig ist (wenn man sehr aufgewühlt ist, lässt sich oft gut mit den Zehen anfangen).

Auf der Vordertreppe eine Tasse Kaffee genießen, den Vögeln zuhören, die Wolken beobachten, mit der Familie eine Wanderung machen, an den Strand gehen und die Zehen im Sand vergraben, Bergluft atmen oder auf sonstige Weise hinaus in die Natur gehen – das sind alles restaurative Möglichkeiten, uns nach innen zu wenden.

WENN UNSERE KINDER FLÜGGE WERDEN

Als Wegbegleiter*innen unserer Kinder müssen wir auch erkennen, wann wir ihnen die Freiheit geben sollten, ihre Flügel auszuspannen. Man muss also erkennen können, wann Zusammensein und wann Distanz nötig ist, wann wir unsere Batterien aufladen müssen und wann die unseres Kindes.

Jedes Alter und jede Entwicklungsphase genießen

Am 18. Geburtstag jedes ihrer Kinder ließ Simone die Kinderjahre Revue passieren. Alle Leute sagten: »Das geht so schnell.« Simone hingegen hatte das Gefühl, jedes Alter und jede Entwicklungsphase ihrer Kinder genossen zu haben, indem sie für sie einstand und, soweit sie konnte, anwesend war, während sie heranwuchsen.

Es geschieht nicht selten, dass man gewisse Augenblicke und Meilensteine möglichst schnell hinter sich bringen möchte. Vielleicht warten wir ungeduldig darauf, dass unser Kind in die Schule kommt, damit wir mehr Zeit für uns selbst haben, oder es geht uns auf die Nerven, unser Kind frühmorgens zum Sporttraining zu fahren. Ehrlich gesagt ist es unmöglich, als Erwachsene jeden Tag gut gelaunt zu sein. Aber wenn Simone zurückblickt, ist sie froh über jede Gelegenheit, die sie hatte, um Verbundenheit mit ihren Kindern herzustellen und ihr Wachsen und ihre Entwicklung mitzuerleben; sogar über die herumliegenden Legosteine und verregneten Sporttage.

Auch wir wollen Spaß haben; unsere Kinder merken es, wenn wir es nicht genießen, mit ihnen zusammen zu sein. Simone legte eine Liste der Dinge an, die sie gerne mit ihren Kindern machte – Dinge wie Backen, Brettspiele, Legobauen –, und hängte sie an den Kühlschrank; wenn sie zusammen etwas machen wollten, wählten sie etwas aus der Liste statt eines Spiels, das Simone keinen Spaß machte. Jedermanns Bedürfnisse können befriedigt werden – in jedem Alter und in jeder Entwicklungsphase.

Jede Phase zu genießen, bedeutet für Junnifa, sich damit abzufinden, dass ihre Kinder sich ständig verändern. Jedes Kind mit seinen Bedürfnissen und seinem besonderen Verhalten in jeder Entwicklungsphase zu akzeptieren, hilft ihr, an jedem Alter Freude zu haben. Sie weiß, dass ihr Kleinkind zwar alles aufsammeln und in Ordnung bringen will, dass ihre 6- bis 12-Jährigen aber anscheinend Freude daran haben, mehr Chaos zu veranstalten, und das kann sie akzeptieren.

Ein Fels in der Brandung

Wenn unser Kind aus der Haut fährt, bleiben wir am besten fest am Boden verankert und unterstützen es. Wenn wir auf einem Schiff in einen Sturm geraten, würde auch die Ruhe und Selbstsicherheit des Kapitäns unsere Panik dämpfen. Genauso können wir der Fels in der Brandung für unser Kind sein, wenn seine Welt bebt.

Wenn unser Kind uns angreift, dürfen wir das nicht persönlich nehmen, so schwer es auch fällt. Vielmehr sollten wir zur Kenntnis nehmen, wie sicher es sich bei uns fühlt, denn es weiß, dass wir nicht aufhören, es zu lieben, auch wenn es ausfällig wird. Notfalls können wir ihm durchaus (vielleicht zu einem späteren Zeitpunkt) sagen, dass es uns mit seinen Worten verletzt hat.

In den Momenten, in denen unser Kind so große Gefühle hat, kann es helfen, Gleichmut zu üben. Simone hörte einmal eine schöne Beschreibung von Gleichmut: *Wenn du im Verkehr feststeckst, kannst du, statt dich darüber aufzuregen, dir vorstellen, du säßest in einem riesigen Marshmallow. Das Marshmallow ist wie ein Puffer zwischen dir und allem anderen, was außerhalb deines Autos passiert. Der Verkehr stresst dich nicht, denn du bist in deinem Marshmallow.* Genauso können wir uns vorstellen, in unserem Marshmallow zu sitzen, wenn unser Kind schwere Gefühlsstürme durchmacht. Nicht nur wird diese Idee uns zum Lächeln bringen, sie hilft uns womöglich auch, nicht impulsiv auf seine Worte zu reagieren, sondern fest zu bleiben und Empathie und Unterstützung zu bieten.

Bindung und Loslassen

Dadurch, dass unser Kind Wurzeln schlagen kann, helfen wir ihm, seine Flügel auszubreiten. Aber Loslassen ist für die meisten von uns nicht einfach. Wir sollten Nachsicht mit uns selbst üben, sollten Menschen um uns haben, die uns unterstützen (nicht unsere Kinder), und unseren Kindern gestatten, eine weitere Haut abzuwerfen, während sie sich immer mehr dem Stadium des wunderschönen Schmetterlings nähern.

Loslassen heißt …

… andere Leute in ihr Leben hineinzulassen. Dazu gehört, vertrauenswürdige Menschen auszuwählen, die unsere Kinder unterrichten, ihnen als Vorbild dienen und für sie sorgen. Ihre Welt wird bereichert durch zusätzliche Menschen, von denen sie lernen können. In Kindergarten, Grundschule, Sportverein, Jugendclubs und bei Freund*innen zu Hause können sie anderen Menschen gerade so viel vertrauen wie in ihrer Familie.

… sie ein wenig höher klettern zu lassen. Wenn wir unseren Kindern erlauben, ein paar Risiken einzugehen, einen Schritt voran zu tun oder einfach etwas ganz alleine zu machen, ermutigen wir sie, auf ihren Körper zu hören und ihre Kompetenzen einzuschätzen. Wir stehen bereit, wenn sie uns brauchen, aber wir erlauben ihnen, ihre Grenzen selbst auszutesten.

… sie im Auge zu behalten, nicht sie zu verlassen. Wir können ihnen (wenn möglich) eine große Unabhängigkeit und Zugang zu den Dingen, die sie brauchen, ermöglichen, aber wir stehen bereit, um ihnen den Weg zu weisen.

… zu beobachten, wann sie bereit sind. Wir können unseren Kindern beim Erlernen von Fähigkeiten Hilfestellung geben, sodass sie im Lauf der Zeit selbstständiger werden. Wenn sie allein fertig werden, können wir Anleitung und Aufsicht beiseitelassen.

… dem Kind zu zeigen, dass wir Zutrauen zu ihm oder zu einer neuen Situation haben. Wenn unser Kind sieht und spürt, dass wir uns in einer Situation wohlfühlen, vertraut es unserem Urteil und fühlt sich sicherer.

… ständig Neues an unserem Kind zu entdecken. Wir sehen es als das, was es im jeweiligen Augenblick ist, ohne es verändern zu wollen. Wir lassen das Kind es selbst werden.

… ihm zu erlauben, Fehler zu machen und daraus zu lernen. Wir versuchen, die Dinge nicht für unsere Kinder zu reparieren, sondern wegweisende Begleitung und Unterstützung zu bieten. Sie finden heraus, wie sie Probleme lösen und Verantwortung übernehmen können, wenn sie etwas falsch gemacht haben.

… auf unseren eigenen beiden Füßen zu stehen, damit unser Kind Flügel bekommt. Wir sind bessere Begleiter*innen, wenn unsere Batterien voll sind. Wenn wir aus eigenem Recht glücklich sind, können wir unser Kind unterstützen und es leiten.

Einfachheit, Geduld und Mitgefühl

> »Wenn unsere Schulklassen auf Einfachheit basieren, haben sie die Freiheit, unseren gemeinsamen Boden zu finden. Wenn unsere Schulklassen auf Geduld basieren, haben sie die Freiheit, in ihrem eigenen Tempo zu wachsen. Wenn unsere Schulklassen auf Mitgefühl basieren, haben sie die Freiheit, sich zu stützen und durch den Halt, den wir uns gegenseitig geben, höher zu klettern.«
>
> Catherine McTamaney: *Das Tao von Montessori*

Diese Worte von Catherine McTamaney können uns auch zu Hause leiten:

- Unser Zuhause sollte einfach sein und zu Ruhe, Erkundung, Gesprächen und Verbundenheit einladen. Und es sollte ein Ort unserer bedingungslosen Liebe sein.
- Wir wollen Geduld entwickeln, damit unsere Kinder sich in ihrem eigenen Tempo entfalten können. Wir wollen üben, zu antworten, statt zu reagieren. Wir wollen uns die Zeit nehmen, die Dinge aus ihrem Blickwinkel zu betrachten. Wir wollen immer noch einen Augenblick länger warten, damit sie alleine zurechtkommen.
- Wir wollen uns in Mitgefühl üben, damit unsere Kinder sich unterstützt fühlen und lernen, andere zu unterstützen. Möge unser Zuhause alle mit offenen Armen empfangen und ein Ort sein, wo unsere Kinder die Sicherheit haben, ihre Ideen, Hoffnungen und Träume auszudrücken. Wir wollen eine Schulter bieten, an der man sich ausweinen kann.

USA

Sveta, Johann, Maya, Nina
It's a practical life

»Wir versuchen, die Entwicklung der Fähigkeiten und Interessen unserer Mädchen (Klavier, Kunst und Tennis stehen bei ihnen obenan) in ein Gleichgewicht zu bringen mit viel Freizeit, in der sie einfach nur sein können. Wenn jemand sich über Langeweile beklagt, sagen wir: ›Keine Ursache!‹ Wir legen sehr viel Wert darauf, jeden Abend zusammen zu essen, und planen keine außerschulischen Aktivitäten, die den Abend stören. Das wird zunehmend schwierig für unsere 15-Jährige, aber bislang gelingt es noch.

Ich behaupte, eine Montessori-Umgebung ist ein Mikrokosmos der Gesellschaft – sie repräsentiert die ›wirkliche Welt‹ weit besser als ein traditionelles Umfeld – sodass die Kinder, wenn sie ihre Montessori-Schule verlassen, besser gerüstet sind, zielgerichtete und verantwortungsvolle Weltbürger*innen zu werden.

Eine der größten Herausforderungen, wenn man seine Kinder in die Montessori-Schule schickt oder zu Hause der Montessori-Philosophie folgt, ist die Tatsache, dass man sich dauernd gegenüber Freund*innen und Verwandten mit einem traditionelleren Weltbild erklären muss.«

WAS NUN KOMMT

9

In diesem Kapitel blicken wir nach vorn in die dritte und vierte Entwicklungsphase, um zu erfahren, was wir in den kommenden Jahren erwarten können. Glücklicherweise bleibt bei der Erziehung von Montessori-Kindern in jeder Entwicklungsphase vieles gleich – Verbundenheit, Freude, Respekt, Liebe, Verständnis, Vertrauen und Akzeptanz. Wenn man an diesen Werten festhält, kann man das Übrige gemeinsam mit den Kindern entwickeln.

Faszinierenderweise stellte Maria Montessori fest, dass Kindheit und Jugend etwa im Alter von 24 Jahren enden, mit Abschluss der vierten Entwicklungsphase. Die meisten Menschen glauben, die Jugend sei mit etwa 18 Jahren vorbei. Aber die Neurowissenschaften haben inzwischen bestätigt, dass der präfrontale Cortex – die für rationale Entscheidungen zuständige Hirnregion – sich noch bis Anfang 20 entwickelt, was mit Maria Montessoris Beobachtungen über die Adoleszenz übereinstimmt.

DER ÜBERGANG IN DIE DRITTE ENTWICKLUNGSPHASE

Als Simones Kinder zum ersten Mal wegen ihr die Augen verdrehten, erschrak sie; sie merkte, dass die Pubertät vor der Tür stand, und kaufte Bücher wie *How to Talk so Teens Will Listen & Listen so Teens Will Talk* (*Wie man redet, sodass Teenager zuhören, und ihnen zuhört, sodass sie reden*) und *Positive Discipline for Teenagers* (*Positive Disziplin für Teenager*). Zu ihrer Beruhigung stellte Simone bei der Lektüre fest, dass die Ansätze, die diese Bücher empfahlen, sich nicht von den Montessori-Herangehensweisen unterschieden, die sie bereits bei ihren Kindern angewendet hatte. In den ersten beiden Entwicklungsphasen ist ein starkes Fundament gelegt worden, und von diesem Fundament aus bewegt sich das Kind in die dritte Entwicklungsphase.

Wir versichern dir, dass du mit deinen Teenagern nicht immer im Clinch liegen musst, dass es weiterhin großen Spaß macht, mit ihnen zusammen zu sein, und dass deine Elternschaft keineswegs endet, wenn die Kinder in die weiterführende Schule kommen. Dennoch verändern sie sich und brauchen jetzt eine andere Art der Unterstützung.

Gegenwärtig machen sich Zweifel darüber breit, wann die Adoleszenz überhaupt beginnt, denn manche Kinder kommen sehr früh in die Pubertät. Jenny Maria Höglund, eine der erfahrensten AMI-Montessori-Trainer*innen für 12- bis 18-Jährige, ist allerdings der Meinung, dass die Eigenschaften und Ideale, die den Jugendlichen in der dritten Phase zugeschrieben werden, immer noch eher im Alter von 12 Jahren zum Vorschein kommen. Das Kind lässt die Kindheit hinter sich und nähert sich dem Erwachsenenalter. Es fragt jetzt: »Was wird meine Rolle sein?«, und: »Wie kann ich mich einbringen?« In der Praxis vollzieht sich dies in einem allmählichen Übergang, den man aufmerksam begleiten muss. Manchmal zeigt das Kind noch Eigenschaften der zweiten Phase, manchmal solche der dritten.

WER IST DAS KIND IN DER DRITTEN PHASE, DER ADOLESZENZ?

Teenager werden, wie Kleinkinder, großenteils missverstanden. Die Gesellschaft stempelt sie als schwierig, mit sich selbst beschäftigt, launisch und selbstsüchtig ab. Sie bleiben lange auf, schlafen lange, verhalten sich rücksichtslos, hängen mit Freund*innen herum oder verstecken sich in ihrem Zimmer.

In der Montessori-Pädagogik sehen wir Jugendliche in einem anderen Licht. Jugendliche sind damit beschäftigt, herauszufinden, wer sie sind – nach außen stellen sie vielleicht eine tapfere Miene zur Schau, aber in Wirklichkeit sind sie sehr verletzlich, zweifeln an sich und anderen und stellen alles infrage. In der richtigen Umgebung, unter der richtigen wegweisenden Begleitung, mit den richtigen Möglichkeiten und Herausforderungen sind sie enorm kompetent. Ihre Gesellschaft kann auch viel Spaß machen, wenn sie hochinteressante Gespräche darüber führen, wie sie die Welt verbessern wollen.

Falls dir jemals in den Sinn gekommen ist, dass es große Ähnlichkeiten gibt zwischen Kleinkindern und Jugendlichen, so würde Maria Montessori dir zustimmen. Erinnerst du dich noch, dass die erste und die dritte Entwicklungsphase als parallele Phasen betrachtet werden? (Siehe das orange Dreieck bei beiden Ebenen im Diagramm auf S. 43) In beiden finden enorme körperliche Veränderungen statt, beide sind sehr labil, und in beiden suchen die Kinder Unabhängigkeit (in der ersten Phase gewinnen sie Abstand zu ihren Eltern und in der dritten schicken sie sich an, hinaus in die Gesellschaft zu gehen.) Das lässt sich auch am unten stehenden Blumenzwiebeldiagramm ablesen. Dort findet sich bei der Adoleszenz eine orange Fläche, die zwar kleiner ist als die der ersten Phase, aber dennoch eine ähnliche Verdickung zeigt.

DIE BLUMENZWIEBEL

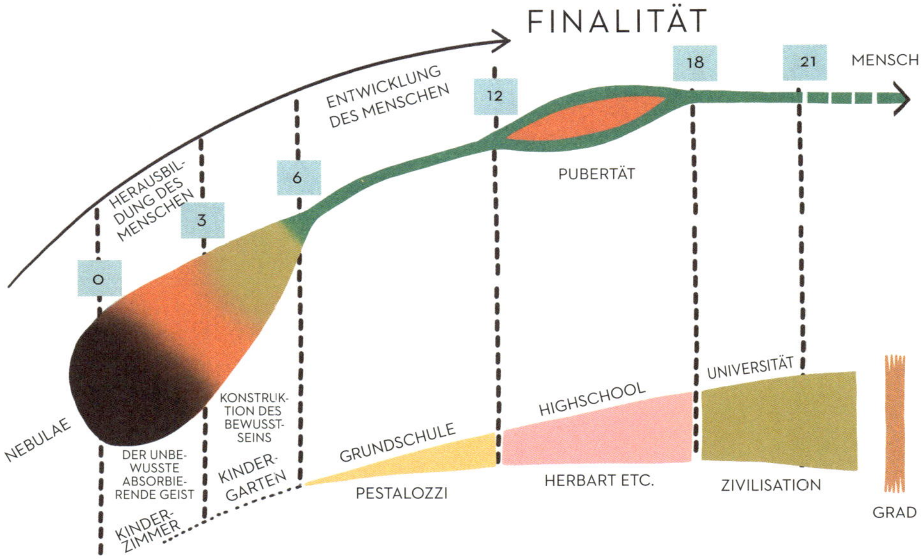

Quelle: Association Montessori Internationale (AMI)

Wir wollen uns nun näher anschauen, wie Adoleszente in der Montessori-Pädagogik wahrgenommen werden.

Jugendliche sind so fragil wie Neugeborene. Sie befinden sich in einem sehr verletzlichen Alter. Adoleszente sind extrem selbstkritisch, was ihr Aussehen und ihre Fähigkeiten angeht, verhalten sich manchmal irrational und verkriechen sich in ihrem Zimmer. Sie arbeiten an den Fragen »Wer bin ich?« und »Was wird von mir erwartet?«. Statt sie zu kritisieren, sollten wir sie sanft wie ein Baby »halten« und eine sichere Person sein, bei der sie diesen großen Fragen auf den Grund gehen können.

Jugendliche machen enorm viele Veränderungen durch. In den ersten beiden Jahren der Adoleszenz bereiten sich ihre Körper vor, während der nächsten beiden Jahre blühen ihre Körper auf, und während der letzten beiden Jahre kommen sie zur Reife. Die starken hormonellen Veränderungen machen diese Periode zu einer sehr emotionalen Zeit. Durch das starke Wachstum und die vielen Veränderungen sind die Jugendlichen anfälliger und werden leichter krank. Die dritte Phase ist auch eine Zeit der Erschöpfung – Teenager bleiben gerne lange auf –, sie sind immer hungrig und essen, was immer und wann immer es ihnen angeboten wird. Physische Arbeit oder Sport im Freien sind für sie ideal, um Körper und Geist zu stärken und ihre Kräfte herauszufordern.

Jugendliche wirken, als hätten sie wenig Lerneifer. In ihrem Gehirn ist so viel im Fluss, dass der Eindruck entsteht, ihre Lernfähigkeit hätte abgenommen. Der Psychologe David Elkind nennt das »Pseudostupidität«. Die Jugendlichen sind immer noch sehr kompetent und mittlerweile in der Lage, ein Problem aus verschiedenen Blickwinkeln zu betrachten, was ihr Leben aber eher schwieriger statt leichter macht, denn häufig gibt es nun nicht mehr die eine einfache Antwort. Ihre Gehirne werden für die Metakognition verdrahtet – das Lernen, wie man lernt. Das zeigt sich unter anderem daran, dass sie ein Mitspracherecht fordern, was sie lernen und wie. Sie beschäftigen sich geistig gerne mit Themen, die ihnen etwas bedeuten, und es macht ihnen Spaß, anzuwenden, was sie in früheren Jahren gelernt haben.

Jugendliche brauchen Schutz. Während ihr präfrontaler Cortex sich weiterentwickelt, müssen wir ihnen eine Umgebung bieten, die sich sicher und geschützt anfühlt und auf die sie sich verlassen können. Dennoch wollen Jugendliche nicht kontrolliert werden. Wir müssen ihnen zeigen, dass wir ihnen vertrauen, wir müssen zusammen mit ihnen organisatorische und verhaltensbezogene Vereinbarungen treffen und gemeinsam Optionen und Lösungen diskutieren, damit sie ihre Freiheit mit der entsprechenden Verantwortung leben können. Trotz alledem werden wir als für sie zuständige Erwachsene hin und wieder eine Entscheidung zugunsten ihrer Sicherheit treffen müssen, die ihnen nicht gefällt. Wenn sie wissen, dass wir alle Optionen gegeneinander abgewogen haben, werden sie zwar nicht glücklich sein, aber verstehen, dass es unsere Aufgabe ist, sie vor Gefahren zu schützen.

Jugendliche müssen verstehen, wie die Gesellschaft funktioniert. Wir dürfen in unsere Jugendlichen höhere Erwartungen setzen und ihnen die Möglichkeit geben, sich auf das Erwachsenenleben vorzubereiten. Sie müssen in der Gesellschaft selbst Erfahrungen sammeln, anstatt nur Schularbeiten zu erledigen, mit Freund*innen Zeit zu verbringen oder unsere Fahrdienste für Sporttraining, Theater- oder Tanzproben in Anspruch zu nehmen. Während das Kind zwischen 6 und 12 Jahren daran interessiert war, mit seiner Fantasie das ganze Universum zu erforschen, erkunden Jugendliche nunmehr das praktische Leben zu Hause sowie in der schulischen und weiteren sozialen Umgebung und machen dort ihre Erfahrungen. So proben sie in einer vorbereiteten Umgebung den Eintritt ins Erwachsenenleben, ehe sie in der vierten Entwicklungsphase in die unvorbereitete Lebenswelt hinausgehen.

Jugendliche streben nach finanzieller und sozialer Unabhängigkeit. Mehr noch als Taschengeld zu bekommen, wollen Jugendliche an der Gesellschaft teilhaben, um eigenes Geld zu verdienen. Wir denken: »Sie sollten einfach Kinder sein dürfen, sie brauchen doch jetzt noch keinen Job!« Doch geht es ihnen gar nicht in erster Linie um viel Geld; sie brennen darauf, herauszufinden, wie sie im Hier und Jetzt in der Gesellschaft funktionieren können. Sie werden allmählich finanziell unabhängig und bewegen etwas in der Welt. Außerdem wollen sie – mit ein wenig wegweisender Begleitung durch uns – entscheiden, wie sie das Geld ausgeben, das sie verdienen.

Jugendliche müssen sich zugehörig fühlen und höheren Zielen dienen. In diesem verletzlichen Alter wollen sie sein wie die anderen, sie wollen herausfinden, wie sie zu ihrer Gruppe etwas beitragen können, und oft haben sie hohe Ideale. Zu deren Verwirklichung können sie sich selbstorganisierten Gruppen Gleichaltriger anschließen, die für ein größeres Ziel arbeiten – ob sie einen Garten für ihr Wohnquartier anlegen, Geld für Wohltätigkeit oder eine Gemeinschaft sammeln, in einem Orchester oder einer Band musizieren oder alte Menschen im Seniorenheim besuchen. Damit unterstützen sie einen guten Zweck, während sie gleichzeitig mit anderen zusammenarbeiten.

Jugendliche müssen sich abgrenzen. Während sie einerseits das Bedürfnis haben, sich zugehörig zu fühlen, finden sie andererseits gerade heraus, inwieweit sie anders sein wollen. Sie versuchen zu klären, wie sie »sie selbst« und gleichzeitig Teil einer Gruppe sein können.

Jugendliche sagen: »Hilf uns, es selbst zu machen.« In der ersten Entwicklungsphase sagt das Kind: »Hilf mir, es selbst zu machen.« In der zweiten Phase sagt es: »Hilf mir, selbst zu denken.« In der dritten Phase sagen die Kinder: »Hilf *uns*, es selbst zu machen.« Jugendliche legen großen Wert auf ihre Gemeinschaft, sie wollen mit Gleichaltrigen zusammenarbeiten und selbst zurechtkommen. Das verleiht ihnen Stärke und Selbstvertrauen und ermöglicht ihnen Erfahrungen im wirklichen Leben.

Jugendliche sind in einer sensiblen Phase ihres Gerechtigkeitsempfindens. Sie entwickeln ihren moralischen Kompass weiter und erkunden das moralische Empfinden, das sie bereits in der zweiten Phase erworben haben, aber dabei geht es ihnen nicht mehr nur darum, dass alles gleich verteilt wird. Sie sind in der Lage, die Stärken und Bedürfnisse anderer Menschen wahrzunehmen und zu erkennen, was richtig ist. Sie sind nun auch geistig bereit, über politische und gesellschaftliche Systeme nachzudenken und zu beurteilen, ob sie fair sind oder oppressive Machtstrukturen. In Verbindung mit ihrer zunehmenden Selbstwahrnehmung und ihrem Gemeinschaftssinn bereiten diese Fähigkeiten sie darauf vor, aktiv an Veränderungen zu arbeiten.

Jugendliche sind in einer sensiblen Phase, was Würde angeht. Sie werden in ihrer persönlichen Würde bewusst, wenn sie ihren Beitrag leisten und das Gefühl haben, einen Unterschied zu machen. Maria Montessori nannte das *Valorisation*; die Jugendlichen finden ihren Platz in der Welt. Würde und Gerechtigkeit können nicht gelehrt, sie müssen gelebt werden. Genau das tun Adoleszente in ihrer Gemeinschaft.

Jugendliche neigen zu riskantem Verhalten. Der Begriff Valorisation beinhaltet auch die zweite Bedeutung des Wortes *valor:* Tapferkeit. Die Forschung weist nach, dass das jugendliche Gehirn nach Risiko und Belohnung strebt und dass Teenager Risikoerfahrungen brauchen, um sich valorisiert, also tapfer zu fühlen. Wir müssen ihnen allerdings helfen, mit diesen Risiken umzugehen, denn sie sind noch nicht in der Lage, sie wirklich gut einzuschätzen. Stattdessen können wir sie zu relativ sicheren Aktivitäten wie Klettern oder Achterbahnfahren ermuntern, wo sie dennoch eine Risikoerfahrung machen können.

> »Valorisation der Persönlichkeit heißt, sich seines eigenen Werts bewusst zu werden. Ohne sie fühlt das Kind seinen eigenen Wert nur, wenn es geliebt wird, was viele Psychologen bestätigen. Dies ist eine andere ›Valorisation‹ – es ist selbstständig, es weiß, was es tut und wie es handeln soll.«
>
> Dr. Maria Montessori: *Verantwortung für diese Welt*

WAS STELLTE SICH MARIA MONTESSORI FÜR JUGENDLICHE VOR?

Maria Montessori schlug vor, dass Jugendliche von 12 bis 15 Jahren als sogenannte »Erdkinder« auf einem Bauernhof leben und lernen sollten. Es fällt schwer, sich vorzustellen, dass unsere Jugendlichen entfernt von uns leben sollen, aber so können sie ihre bisher erworbenen Kenntnisse im wirklichen Leben anwenden und entsprechend auch die Konsequenzen des wirklichen Lebens kennenlernen. Sie übernehmen zusammen mit den anderen Schüler*innen Verantwortung für die Tiere und das Bauernhaus, sie führen einen Laden und ein Gästehaus. Alles dies geschieht in einer vorbereiteten Umgebung mit Unterstützung einiger vorbereiteter Erwachsener.

Das Ziel ist nicht, »Erfolg« zu haben oder sich auf den Beruf als Bauer oder Bäuerin oder eine gute Arbeitsstelle vorzubereiten. Vielmehr soll jeder und jede Adoleszente am Ende dieser Entwicklungsphase bereit sein, etwas zu tun, das ihm oder ihr wichtig ist. Auch jetzt stopfen wir sie nicht mit Faktenwissen voll, ebenso wenig kümmern wir uns nur um die intellektuelle Entwicklung; wir wollen, dass die Jugendlichen auch ihre sozialen, emotionalen und spirituellen Bedürfnisse befriedigen können. Aus diesem Grund bieten wir ihnen Erfahrungen, die ihnen zeigen, wie das Erwachsenenleben aussehen könnte.

Die vorbereitete Umgebung spielt in dieser Entwicklungsphase eine große Rolle, genau wie in den früheren Phasen. Die Umgebung drinnen wie draußen – der Laden, das Gästehaus, das Land – ist von entscheidender Bedeutung. Die jungen Menschen üben in dieser sorgfältig vorbereiteten und deshalb sicheren und vorhersehbaren Umgebung, ehe sie sich als junge Erwachsene in die unvorbereitete Umgebung hinauswagen. Diese Zeit fern vom Elternhaus gibt ihnen Gelegenheit, Wertvolles zu leisten und in einer sozialen Gruppe zu leben, die ihnen Selbstbewusstsein und Sicherheit vermittelt. Dort finden sie zu innerer Ausgeglichenheit, während sie lernen, sich nicht nur an ihre Gruppe, sondern auch an die weitere Umgebung und andere Gruppen anzupassen.

Der Bauernhof gehört den Jugendlichen. Ihre Gemeinschaft arbeitet hart daran, den Hof am Laufen zu halten, das Zusammenleben zu lernen und zu erkennen, dass jede und jeder Einzelne seine Rolle hat. Wenn die Jugendlichen ihre Arbeit lieben, dann sorgen sie auch für ihre Umwelt und übernehmen Verantwortung dafür. Sie übernehmen ebenso Verantwortung für das tägliche Leben, vom Einkaufen bis zum Kochen und Putzen. Auch in der Selbstversorgung erfahren sie natürliche Konsequenzen; beispielsweise, dass sie kein Licht haben, wenn nie jemand die kaputte Glühbirne wechselt, oder dass sie am Ende des Monats kein Geld haben, wenn sie die Ausgaben für ihre Mahlzeiten und andere Dinge nicht gut genug einteilen.

Zusätzlich zur Landarbeit eignen sich die Jugendlichen Wissen aus Fachbereichen an, die für ihr Leben auf dem Bauernhof wichtig sind. Sie wenden im wirklichen Leben (praktisch) an, was sie im Klassenzimmer lernen (theoretisch). Ihre Arbeit und ihr Unterricht erstrecken sich vom Selbstausdruck (Musik, Kunst und Sprache) über die psychische Entwicklung (moralische Entwicklung, Mathematik und Sprache) bis hin zum Studium der Erde und des Lebens (Entwicklung des Menschen, Zivilisationen und Geschichte der Menschheit).

Neben dem Erdkinderplan floss auch viel Arbeit in die Entwicklung von Montessori-Programmen für Adoleszente im städtischen Umfeld – unter anderem von Mario Montessori und Mario Montessori Jr. (Maria Montessoris Sohn und Enkel). Diese Programme sehen viel soziale Arbeit vor, wobei die Schüler*innen zusammenarbeiten.

Ein schönes Beispiel ist *Embark Education* in Denver, Colorado, eine Mikroschule, die Montessori-Prinzipien in einem Fahrradladen und einem Café anwendet. Manche Schulen betreiben ein solidarisches Landwirtschaftsprojekt, wo Gemüse angebaut und verkauft wird und Fundraising-Projekte für die Schule oder für wohltätige Zwecke durchgeführt werden. Andere Schulen ermuntern ihre Schüler*innen dazu, sich ihrer Talente und Fähigkeiten bewusst zu werden und auf dieser Basis eine eigene Mikrofirma zu gründen. Im Programm der *Montessori Middle Jewish Day School* in Toronto, Kanada, wird das so verdiente Geld für eine zweiwöchige

Reise nach Israel vor dem Schulabschluss verwendet und der Rest an eine wohltätige Organisation gespendet, welche die Schüler*innen mit Sorgfalt auswählen.

Die besten unter diesen Programmen bieten sinnvolle Arbeit, auch solche im Freien für die Gemeinschaft, sie werden von Erwachsenen geführt und begleitet, die darauf vorbereitet sind, die Jugendlichen zu leiten, und sie verfolgen einen interdisziplinären Lernansatz (indem sie zum Beispiel die Überschneidungen von Mathematik, Geschichte, Geografie und anderen Fächern erkunden). Die Schüler*innen tun mehr, als nur ein Schulbuch in ihrem eigenen Tempo durchzuarbeiten.

Um mehr über das Leben in einem Erdkinderprojekt zu erfahren, kannst du dich mit der Studie *»Montessori-Jugendliche am Montessori Centre for Work and Study, Rydet, Schweden«* beschäftigen, die du online bei beltz.de unter diesem Buch findest. Es ist unglaublich, was die Jugendlichen dort zu leisten imstande sind.

DIE HUMANEN TENDENZEN DER JUGENDLICHEN

Erinnerst du dich noch an die humanen Tendenzen aus Kapitel 2? Auch Jugendliche verfügen noch über sie, aber sie zeigen sich auf andere Weise.

Jugendliche **orientieren** sich nun hin zur größeren Gesellschaft außerhalb ihrer Familie und zu Gleichaltrigen. Sie erkunden nicht nur physische Räume, sondern auch ihre Rolle in der Familie, ihrer Freundesgruppe und ihrer Schule. Außerdem wollen sie wissen, wer sie sind. Dazu gehört, herauszufinden, was ihre Begabungen und Leidenschaften, ihre Sexualität und ihre Werte sind. Und sie beobachten Erwachsene und Gleichaltrige, um festzustellen, ob diese im Einklang mit ihren Werten handeln.

Abstraktion zeigt sich, wenn die Jugendlichen beginnen, die Dinge auch aus dem Blickwinkel anderer Menschen zu sehen. Sie nehmen ihre eigenen Gedankengänge inzwischen bewusst wahr und beginnen deren zugrunde liegenden Muster zu verstehen. Sie haben eine globalere Perspektive und wollen große Probleme lösen, wobei sie zuerst große Ideen entwickeln und später in dieser Entwicklungsphase genauere und realistischere Pläne.

Ihre **Fantasie** nutzen sie, um nach Wegen zu suchen, das Leben besser zu machen, ob es sich um die didaktische Qualität in einem Schulfach handelt, um Zukunftsaussichten, ihre Umgebung oder darum, wie man das Leben auf diesem Planeten für uns alle nachhaltig gestalten kann. Manchmal fühlen sie sich klein und unbedeutend, manchmal machtvoll und imstande, die Welt zu verbessern.

Für die **Arbeit** der Jugendlichen ist immer noch Voraussetzung, dass Kopf und Hände kooperieren, jetzt, indem akademische Studien und praktische Erfahrungen (wie in der Landwirtschaft oder einem Projekt der Gemeinde) zusammenfließen. Die Adoleszenten arbeiten nicht mehr nur für sich, sondern auch für die Gemeinschaft, und sie probieren in ihrer Arbeit verschiedene Rollen aus. Indem sie Güter herstellen oder anbauen und sie verkaufen, stellen sie eine Verbindung zur Erwachsenenwelt her, an der sie nunmehr sowohl in sozialer als auch in wirtschaftlicher Hinsicht teilnehmen. Sie streben immer noch nach maximalem Einsatz, sie übernehmen Arbeiten, die herausfordernd und zielgerichtet sind, solange sie einen Bezug dazu haben und den Sinn einsehen. Ergebnisse zeigen sich dabei nicht sofort – zum Beispiel dauert es lange, Gemüse aus Samen zu ziehen –, und die Jugendlichen lernen, nicht nur mit ihrem Lieblingskollegen, ihrer Lieblingskollegin oder Lieblingsgruppe zu arbeiten, sondern mit allen aus der Gemeinschaft, was eine gute Übung für das Erwachsenenleben ist.

Das wirkliche Leben bietet den Jugendlichen viele Gelegenheiten zu *rechnen*, wenn sie zum Beispiel Lebensmittel einkaufen oder entscheiden müssen, wie viel Farbe sie brauchen, um ihr Zimmer zu streichen. Wenn sie Entscheidungen fällen, sind sie in der Lage, potenzielle Ergebnisse oder Konsequenzen für sich selbst, für andere und möglicherweise die Umwelt abzuschätzen.

Die humanen Tendenzen der **Selbstentwicklung**, der **Genauigkeit** und **Wiederholung** zeigen sich an den Jugendlichen dann, wenn diese sich bemühen, all ihr Tun zu verstehen. Sie arbeiten weiter an dem, was sie bereits gut können, und verfeinern diese Fähigkeiten. Statt zuzusehen, wie sie sich nur auf Äußerlichkeiten fokussieren, etwa darauf, was die anderen über sie denken, können wir ihnen helfen, herauszufinden, was ihnen selbst wichtig ist, und sich so zu akzeptieren, wie sie sind. Das tun wir, indem wir sie dabei unterstützen, ihre Stärken zu erkennen und auf Fähigkeiten aufzubauen. Wenn wir Teenager bitten, bei einer bestimmten Aufgabe ihre eigene Leistung zu bewerten, sind sie manchmal kritischer gegenüber sich selbst als wir.

Kommunikation ist für Jugendliche Schwerstarbeit. Sie lernen, ihre Ideen auszudrücken, sie bei anderen auszuprobieren und sich an Diskussionen mit Gleichaltrigen und Erwachsenen zu beteiligen. Sie lernen immer noch weiter, mit anderen zusammenzuarbeiten, friedlich in einer sozialen Gruppe zu leben, Entscheidungen zu treffen und verschiedene Blickwinkel einzunehmen. Sie haben oft große Emotionen, die sie äußern wollen, und sie fühlen sich lebendig, wenn sie kommunizieren.

MONTESSORI-JUGENDLICHE ZU HAUSE

Man könnte behaupten, dass unsere Erwartungen an Teenager in mancher Beziehung zu niedrig sind. Oder dass wir auf Gebieten, die ihnen nicht wichtig sind, zu viel von ihnen verlangen. Nur selten bieten wir ihnen Gelegenheiten für erwachsene Arbeiten, weil wir diese für zu schwierig halten oder sie nicht zu früh mit Verantwortung belasten wollen.

Sehen wir uns aber an, zu was sie in der »Erdkinder«-Umgebung imstande sind (siehe die Studie »Montessori-Jugendliche am Montessori Centre for Work and Study, Rydet, Schweden«, die du online bei beltz.de unter diesem Buch findest), sollten wir uns doch überlegen, was für eine vorbereitete Umgebung wir unseren Adoleszenten bieten könnten, was ihre Bedürfnisse sind, was für eine Atmosphäre wir schaffen wollen und von welcher Art Erfahrungen sie profitieren könnten.

In *Von der Kindheit zur Jugend* schreibt Maria Montessori, dass Jugendliche zwei Bedürfnisse haben: »Wenn die Pubertät auf körperlichem Gebiet eine Transition vom kindlichen zum erwachsenen Stadium ist, so findet auf psychischem Gebiet ebenfalls eine Transition vom Kind, das in einer Familie leben muss, zum Erwachsenen statt, der in der Gesellschaft leben muss. Diese beiden Bedürfnisse Adoleszenter – Schutz während der Phase der schwierigen körperlichen Transition und Verständnis für die Gesellschaft, in die sie demnächst eintreten werden, um dort ihre Rolle als Erwachsene zu spielen – verursachen zwei Probleme für die Erziehung auf dieser Altersstufe, die gleichermaßen wichtig sind.

Hieran erkennen wir, dass unsere Aufgabe darin besteht, ihr sicherer Hafen zu sein (wo sie körperlich und psychisch geschützt sind) und sie bei ihrer Transition vom Kind zum Erwachsenen zu unterstützen.

Die vorbereitete Umgebung

Die vorbereitete häusliche Umgebung für Jugendliche hat wenig mit Montessori-Regalen voller Aktivitäten zu tun, sondern vielmehr mit der Idee, dass sie einen Ort brauchen, an dem sie sich, geschützt durch die Sicherheit ihrer Familie und ihres weiteren sozialen Umfelds, auf ihre Rolle als Bürger*innen unserer Gesellschaft vorbereiten können.

Hier folgen einige Gedanken zum physischen Raum:

- Wir Erwachsene helfen dabei, eine geordnete räumliche Umgebung einzurichten, und der oder die Jugendliche ist dann dafür verantwortlich, die Ordnung zu erhalten. Vermutlich braucht sie oder er von Zeit zu Zeit ein wenig Hilfe, beispielsweise eine Erinnerung daran, den Kleiderschrank regelmäßig auszumisten, um festzustellen, welche Kleider verkauft, gespendet oder an ein jüngeres Geschwisterkind vererbt werden können, oder Platz auf dem Schreibtisch zu schaffen, indem nicht länger benötigte Arbeiten aufgeräumt oder wiederverwertet werden.

- Teenager haben oft einen starken Wunsch nach Privatsphäre, und wir wollen Räume schaffen, wo sie auch tagsüber allein sein können. Wenn unser Zuhause nicht geräumig genug ist, um ihnen ein eigenes Zimmer zu ermöglichen, können wir mithilfe eines Raumteilers, eines Vorhangs oder einer Halbwand Privatsphäre schaffen. Manche Familien, die über einen Garten verfügen, können dort ein Studio bauen.
- »Ein Platz für jedes Ding und alles an seinem Platz« ist auch in diesem Alter, in dem die Kinder wenig ordentlich sind, immer noch hilfreich; wir können ihnen helfen, dies in die Tat umzusetzen, indem wir einen Aufbewahrungsort für Sportausrüstungen und Musikinstrumente nahe der Haus- oder Wohnungstür einrichten.

- Wir können eine Leseecke schaffen mit einem Lehnsessel, einer Lampe und einem Büchertisch, sodass die Jugendlichen Lust haben, sich mit einem Buch niederzulassen, statt auf ihrem Handy herumzuscrollen.
- Wir können die Brettspiele leicht erreichbar aufbewahren, sodass die Jugendlichen mit Familienmitgliedern und Freund*innen spielen können. Es kann Spaß machen, ein Schachbrett, einen Mini-Billardtisch, ein Eishockey-Spiel oder eine Tischtennisplatte in einem allgemein genutzten Raum stehen zu haben, sodass sie sozialen Austausch ohne Bildschirme haben.
- Besonders schön ist es, wenn wir in unserem Zuhause einen Ort für Treffen mit Freund*innen haben. Wenn dieser Ort auf Gäste einladend wirkt, können wir ihre Freund*innen kennenlernen und die Gruppendynamik beobachten. Bei Raumknappheit kann schon ein Tisch in der Küche, wo sie eine Kleinigkeit essen oder Brettspiele spielen können, ihnen das Gefühl geben, dass sie immer willkommen sind.
- Die Umgebung kann auch entsprechend den jugendlichen Interessen gestaltet werden. Wenn möglich können wir eine Ecke unseres Zuhauses so einrichten, dass die Adoleszenten ermutigt werden, diesen Interessen zu folgen: Wir können eine Staffelei zum Malen aufstellen, einen Leuchtkastenbereich, um Gegenstände für den Onlineverkauf zu fotografieren, einen Ort, um Klavier, Schlagzeug oder Gitarre zu üben, eine Werkbank für Holzarbeiten oder einen Tisch, um Zeitraffer-Filme zu machen.

- Wie bereits bei der Beschreibung der »Erdkinder« erwähnt, haben Adoleszente ein Bedürfnis nach körperlicher Arbeit. Vielleicht mögen sie bei den Nachbarn Rasen mähen, Zeitungen austragen, beim Renovieren helfen, die Böden abschleifen und allerhand im Haushalt reparieren oder in einem Gemeinschafts- oder Familiengarten helfen. Es gibt bestimmt Möglichkeiten, die zu ihren Interessen passen. Wir können auch einen Boxsack, Seile oder Ringe an die Decke hängen, damit sie sich daran körperlich oder emotional austoben können.
- Jugendliche sind enorm mit sozialen Beziehungen beschäftigt, und praktische Dinge wie die Haustür abschließen oder Lampen ausschalten stehen auf ihrer Prioritätenliste ziemlich tief unten. Wir können sie mit einfachen Methoden an diese Dinge erinnern, zum Beispiel mit einem Schild an der Haustür, auf dem steht: »Licht aus, abschließen«, sodass sie daran denken, die Lampen auszuschalten und die Tür abzuschließen, wenn sie als Letzte das Haus verlassen.
- Der Aufenthalt im Freien sollte nicht vergessen werden. Wir können unseren Teenagern Gelegenheiten bieten, draußen und in der Natur zu sein. Wenn dies nicht täglich geschieht, finden wir vielleicht am Wochenende Zeit für eine Wanderung, oder wir campen in den Ferien oder legen mit ihnen zusammen Hochbeete an. Wenn wir einen Garten oder eine Terrasse haben, lässt sich eine Hängematte aufhängen, in der sie liegen und die Wolken betrachten und über das Leben sinnieren können.

Die vorbereitete Umgebung ist auch ihr sicherer psychischer Raum. Um diesen Raum zu schaffen, können wir

- ihnen helfen, mit ihren schulischen Aufgaben klarzukommen – wir erledigen sie nicht für sie, fragen aber so oft es nötig ist (täglich oder wöchentlich) nach, um sicherzugehen, dass sie genug Zeit für die Fertigstellung haben.
- emotional für sie Platz frei halten, wenn sie ihre Beziehungen zu sich selbst und zu anderen sortieren müssen.
- beobachten, wann sie geistig überfordert sind, und ihnen helfen, ihren Zeitplan zu durchforsten und ihn bei Bedarf anzupassen.
- Vereinbarungen zu häuslichen Arbeiten wie Wäsche, Kochen und Putzen treffen – wie viel sie selbst machen und wie viel zusammen erledigt wird.
- beratend helfen bei logistischen Aufgaben wie Terminvereinbarungen bei Ärzten oder Ärztinnen oder weiteren Fahrten.

Vereinbarungen treffen

Ebenso wie mit dem Kind in der zweiten Entwicklungsphase entwickeln wir mit unseren Adoleszenten einen Verhaltenskodex. Wir bestimmen in gegenseitigem

Respekt, was erwartet wird und wie man Aufgaben gefahrlos erledigt, sodass die Abläufe vorhersehbar sind und konsequent eingehalten werden.

Wir als Eltern oder Betreuungspersonen haben die Pflicht, die Jugendlichen vor Gefahren zu bewahren. Ihre eigene Aufgabe besteht darin, ihre Grenzen auszudehnen, was manchmal so aussieht, als wollten sie herausfinden, wie weit sie bei uns gehen können. Damit dies nicht in einen Kampf ausartet, kann man die Konflikte kooperativ lösen.

Teenager werden sich nicht einfach Regeln aufzwingen lassen. Verabredungen müssen mit ihnen zusammen entwickelt werden. Die eine Familie wird sich vielleicht für wöchentliche Familienmeetings entscheiden, die andere zieht ungezwungenere Gespräche bei den Mahlzeiten vor.

Wenn wir eine neue Vereinbarung getroffen haben, zum Beispiel zur Bildschirmzeit in der Familie (einschließlich der der Erwachsenen), ist der letzte Schritt immer, einen Termin auszumachen, an dem berichtet wird, wie es läuft und was verbessert werden sollte. (Mehr zu Bildschirmen auf S. 174)

Mit der Zeit müssen die Vereinbarungen vermutlich angepasst werden. Das sollte nie dann geschehen, wenn der oder die Jugendliche gerade verärgert ist und die Regeln auf der Stelle ändern will. Wir können dann ganz ruhig sagen: »Das klingt, als seist du nicht glücklich mit unserer gegenwärtigen Vereinbarung. Lass uns eine Notiz machen, dass wir uns das anschauen, wenn wir alle entspannt sind.«

Freiheit und Grenzen

Die Jugendlichen genießen eine enorme Freiheit, die auf unserem Vertrauen basiert, das sie im Lauf der Jahre erworben haben. Vielleicht haben sie ein eigenes Handy, können ihre Schulfächer selbst wählen und selbstständig überall hinfahren (was vom Wohnort abhängt und davon, wie sicher die Gegend ist und wie erreichbar die öffentlichen Verkehrsmittel).

Außerdem haben Jugendliche die Freiheit, sie selbst zu sein, so wie in den vorigen Entwicklungsphasen auch. Nur damals war es möglicherweise einfacher, denn bei Klein- und Kindergartenkindern steht nicht so viel auf dem Spiel. Teenager erinnern uns daran, dass sie ihren Gefühlen Ausdruck verleihen wollen, dass sie nicht blind befolgen wollen, was wir für sie entscheiden. Dabei kann es sich um die Frage handeln, was sie lernen, welche Sportarten sie ausüben wollen, welche Hobbys sie verfolgen, welche Kleidung sie tragen, welche Musik sie hören, welche religiöse Ausrichtung, welche Geschlechtsidentität sie wählen oder wen sie attraktiv finden. Mit ihrer Freiheit wächst unsere Akzeptanz.

Dass sie mehr Freiheit haben, bedeutet nicht, dass sie einfach tun können, was sie wollen. Aus dieser Freiheit resultiert auch Verantwortung: Zum Beispiel müssen sie uns informieren, wenn Pläne geändert werden, sie müssen ihren Anteil an der Familienarbeit erledigen und ihre Handys auf sichere und verantwortungsvolle Weise nutzen.

Wenn das Vertrauen gebrochen wird, muss das wieder ins Lot kommen. Es kann sein, dass es dann für eine Weile weniger Freiheit gibt, bis wir uns wieder vertrauen können.

Meistens schaffen wir es, mit den Jugendlichen zusammen eine Lösung zu finden, die für die ganze Familie funktioniert. Als die 14-jährige Emma allein mit einer Schulfreundin in ein Konzert gehen wollte, sagte Simone: »Du willst in das Konzert gehen, und ich habe die Pflicht, achtzugeben, dass dir nichts passiert. Wie können wir einen Weg finden, dass du in das Konzert gehen kannst und ich weiß, dass wir alles getan haben, was wir können, damit du in Sicherheit bist?« Sie einigten sich darauf, dass die Mädchen vor dem Konzert bei Simone Pizza aßen (sodass Simone Emmas Freundin kennenlernen konnte), dass Simone mit ihnen zum Veranstaltungsort radelte und sich versicherte, dass die beiden gut hineinkamen, dass ihnen die Risiken bezüglich Alkohol und Drogen bekannt waren und dass Simone sie nach dem Konzert wieder mit dem Fahrrad abholte – sie war nicht die einzige Erwachsene dort. So konnten die Mädchen ins Konzert gehen.

Gelegentlich müssen wir Erwachsenen eine Grenze setzen und Nein sagen, und dann wird es dafür gute Gründe geben. Unsere Kinder haben im Lauf der Jahre gelernt, dass wir, wenn wir Nein sagen, viel über ihre Bitte nachgedacht haben. Wir haben mit ihnen darüber diskutiert, um eine Lösung zu finden, die für uns beide funktioniert, aber es ist uns nicht gelungen. Das macht die Jugendlichen vermutlich nicht sonderlich glücklich, und sie wüten und toben vielleicht. Aber manchmal erleben wir auch, dass sie ganz erleichtert sind, die Schuld auf uns schieben zu können, sodass sie ihren Freund*innen gegenüber nicht das Gesicht verlieren.

Es ist in Ordnung, Grenzen zu haben, und es hilft den Jugendlichen sogar, wenn wir das Grenzen-Setzen vorleben. Wenn sie etwas Unfreundliches sagen, können wir antworten: »Ich mag es nicht, wenn du so mit mir redest«, oder: »Lass uns morgen darüber reden, wenn wir uns alle beruhigt haben.«

Du siehst, die Prinzipien Zusammenarbeit (statt Drohungen und Bestechung) und Grenzen-Setzen, wenn es nötig ist, sind dieselben wie bei jüngeren Kindern. Wir weisen den Weg.

Der Umgang mit großen Emotionen

Wir haben bereits besprochen, wie wir unseren Kindern als Babys, Kleinkindern, Kindergartenkindern und 6- bis 12-Jährigen helfen, ihre Emotionen zu verarbeiten. Auf dieser Basis können wir aufbauen und weiterhin unsere Jugendlichen durch ihre großen Gefühle begleiten. Sie werden von Hormonen und Veränderungen beeinflusst, die sie nicht verstehen.

Wir sollten Mitgefühl haben und es auf keinen Fall persönlich nehmen, wenn sie ausfällig werden; wir müssen verstehen, wie verletzlich diese lebensverändernde Transition sie tatsächlich macht. Nicht umsonst betrachtete Maria Montessori die Jugendlichen als so »fragil wie Neugeborene«.

Die hormonellen Ausbrüche Jugendlicher sind den Wutausbrüchen von Kleinkindern gar nicht so unähnlich. Wenn das passiert,

- können wir ihnen eventuell über den Rücken streicheln und fragen, was sie brauchen.
- können wir ihnen ein Glas Wasser anbieten und für sie da sein, wenn sie reden wollen.
- können wir anbieten, sie zu begleiten, während sie ihre Emotionen herauslassen. Manche Jugendliche sind in der Lage, die Emotion zu benennen und uns mitzuteilen, wo sie sie in ihrem Körper spüren. Wenn sie alle Aufmerksamkeit auf diese Stelle lenken, können sie der Emotion helfen, durch sie hindurchzugehen; sie können das gegebenenfalls unterstützen, indem sie ihren Körper schütteln, seufzen, tief ausatmen, vorwärts und zurück schaukeln oder weinen.
- Manche möchten sich körperlich bewegen und gehen laufen oder schlagen gegen einen Punchingball.
- Manche wollen allein sein und gehen in ihr Zimmer, um sich wieder zu beruhigen.

Anders als bei Kleinkindern, für die wir die Situation sofort zu einem klaren Abschluss bringen müssen, haben wir bei Jugendlichen den Luxus, Zeit zu haben. Wir können später am Tag auf das Ereignis zurückkommen und fragen, was los war, oder sie bitten, Wiedergutmachung zu leisten, wenn sie etwas Unfreundliches gesagt oder jemanden verletzt haben. So unangenehm solche Augenblicke auch sind, sie ermöglichen Wachstum. Unsere Verbundenheit wird stärker. Die Jugendlichen lernen, dass wir sie lieben, auch wenn sie sich von ihrer schlechtesten Seite zeigen.

Anderen etwas geben

In einem Montessori-Erdkinderprojekt finden die Jugendlichen viel Lebenssinn darin, eine wichtige Rolle in der Landwirtschaft zu übernehmen. Sie arbeiten, um die Gruppe nicht zu enttäuschen. Sie beginnen, Entscheidungen im Sinne der Gruppe zu treffen, nicht nur für sich selbst.

Selbst wenn sie nicht in einem Erdkinderprojekt leben, können sie Wege finden, etwas zu ihrer Gemeinschaft beizutragen. Sie können sich zum Beispiel in ihrer Schulgemeinschaft engagieren. Sie können die jüngeren Klassen besuchen, um Bücher mit den Kindern zu lesen oder Pflanzen zu setzen, Materialien für die unteren Klassen herstellen, bei Reparaturen helfen, in der Schulküche arbeiten, so es sie gibt, oder bei Hausmeisterarbeiten mit anpacken, wie zum Beispiel Rasenmähen. Die jüngeren Schüler*innen bewundern die Jugendlichen, und die Jugendlichen geben ein Vorbild ab für das, was auf die jüngeren Kinder und ihre Familien zukommt.

Teenager haben auch das Bedürfnis, zu etwas Größerem als sie selbst zu gehören. Außerhalb von Schule und Elternhaus können sie sich gemäß ihren Interessen einem guten Zweck widmen und sich einer Gruppe anschließen, die Öffentlichkeitsarbeit macht oder Gelder sammelt. Dabei kann es sich um Tierschutz, Menschenrechte, Klimawandel oder Frieden für ein Kriegsgebiet handeln. Stell dir vor, sie treffen sich einmal pro Woche mit gleichgesinnten Jugendlichen und planen einen Kuchenverkauf oder ein Festival, um Geld zu sammeln. Das bedeutet, dass sie mit anderen zusammenarbeiten; jeder und jede hat seine oder ihre Rolle, sie müssen Probleme lösen, die Finanzen regeln und der Gesellschaft etwas zurückgeben. Es gibt kommunale Büros, die soziale Projekte von Jugendgruppen finanziell unterstützen. Die Jugendlichen können sich vereinen, um einen Antrag für finanzielle Unterstützung der Gruppe zu schreiben, und die Eltern und Betreuungspersonen können ihre Expertise anbieten für den Fall, dass sie gebraucht wird.

Während der Ferien gibt es die Möglichkeit, freiwillige Arbeit in anderen Gemeinschaften zu leisten, sich um Kinder oder Haustiere von Nachbar*innen zu kümmern oder sich an einem öffentlichen Gartenprojekt zu beteiligen.

Geld verdienen

> »Produktive Arbeit und ein Lohn, der finanzielle Unabhängigkeit verleiht oder eher den ersten Versuch darstellt, finanzielle Unabhängigkeit zu erreichen, sollte … zu einem allgemeinen Prinzip der sozialen Bildung für Jugendliche gemacht werden.«
>
> Dr. Maria Montessori: *Von der Kindheit zur Jugend*

Während das Kindergartenkind nach funktionaler und das Schulkind nach geistiger Unabhängigkeit strebte, suchen Jugendliche finanzielle Unabhängigkeit. Sie wollen wenigstens einen »echten Versuch« erleben, für Geld zu arbeiten, Geld zu verdienen und es auszugeben. Geldverdienen ist ein Weg, in diesen Jahren der Adoleszenz gesellschaftliche Teilhabe zu üben.

Bei der Arbeit befasst man sich mit neuen Abläufen, muss Anweisungen befolgen, im Team arbeiten, mit Kund*innen und Kolleg*innen interagieren und notfalls um Hilfe bitten. Die Jugendlichen lernen, ihre Zeit einzuteilen, denn sie müssen ihre Arbeit mit der Schule, ihren Hausaufgaben, sportlichen Aktivitäten und ihren familiären und sozialen Verpflichtungen koordinieren. Auch die Selbstorganisation spielt eine Rolle, Leselisten müssen abgearbeitet werden, man muss pünktlich sein und für die Ferien gegebenenfalls eine Vertretung organisieren.

Bei der Arbeit in einem Kino befassen sich die Jugendlichen mit verschiedenen Aufgaben wie der Reinigung der Zuschauerräume, dem Ticketverkauf, der Ticket- und Alterskontrolle bei bestimmten Filmen sowie dem Verkauf von Erfrischungen an der Theke. Sie müssen den Gästen das Gefühl geben, willkommen zu sein, auch einmal jemanden wegschicken, der der Altersvorgabe nicht entspricht, oder sogar eine brenzlige Situation entschärfen. Der Manager oder die Managerin trägt außerdem die Verantwortung dafür, das Team aufzubauen und zu organisieren.

Im Tausch für ihre Zeit erhalten die Jugendlichen Geld – Geld, mit dem sie auf etwas sparen können. Wenn sie alles für Essen und das Ausgehen mit Freund*innen ausgeben, dann bleibt vielleicht nicht genug für ein Kleidungsstück, das sie gerne kaufen würden. Wenn sie ein Videospiel haben wollen, dann lernen sie, eher darauf zu sparen, statt uns zu fragen. Insgesamt sammeln die Jugendlichen so vielfältige Erfahrungen im Geldverdienen, Ausgeben und Sparen, einschließlich der Eröffnung eines eigenen Bankkontos.

Als Bestandteil ihrer finanziellen Bildung können wir die Jugendlichen auch in die Idee des Sparens und Geldanlegens einführen. Dazu gehören auch Informationen darüber, wie man Ersparnisse anlegt, sowie über Zinseszinsen und Investitionsrisiken. Dabei können wir ihnen unsere eigenen Anlageentscheidungen erklären. Manche Familien leben natürlich von Gehaltseingang zu Gehaltseingang. In diesem Fall lernen unsere Jugendlichen, das Familienbudget so einzuteilen, dass die täglichen Bedürfnisse befriedigt werden können. Wenn sie mit dem Geldverdienen anfangen, können wir dafür sorgen, dass sie etwas auf die Seite legen, um an Menschen, Organisationen oder gute Zwecke zu spenden. Sie lernen, ein Teil des finanziellen Ökosystems und ein Mitglied der Gesellschaft zu werden.

Wie weiter oben bereits erwähnt, ist Geld heute schwieriger zu verstehen, da es hauptsächlich in digitaler Form zirkuliert und nicht mehr als Bargeld. Wir sollten unser Kind beobachten, um zu erkennen, ob es das Konzept hinter digitalem Geld versteht oder ob wir den Umgang mit Geld erst noch unterstützen müssen, indem wir mit Bargeld demonstrieren, wie die Summen zwischen den beteiligten Parteien hin- und herfließen. Statt ein Kind als »unfähig, mit Geld umzugehen« zu etikettieren, sollten wir ihm immer weiter Orientierung auf seinem Weg geben.

Beim Taschengeld gibt es verschiedene Herangehensweisen. Manche Familien bezahlen alles, was das Kind zum Leben braucht, und das Kind kann sein Taschengeld nach eigenem Ermessen ausgeben. Andere entscheiden sich für eine monatliche oder vierteljährliche Zahlung. In einer Montessori-Familie ist das Taschengeld nicht an Haushaltsarbeiten gebunden. Damit haben die Kinder schon immer ihren Beitrag für die Familie erbracht, und sie werden das auch weiterhin tun. Wenn sie allerdings eine Arbeit leisten, für die wir ansonsten jemanden bezahlen würden, wie die Buchhaltung für die Familienfirma oder die Renovierung des Wohnzimmers, dann können sie zusätzlich zu ihrem Taschengeld noch etwas dazuverdienen.

Bei jüngeren Adoleszenten kann eine Zahlung eine kleinere Summe sein, um Essen in der Schule zu kaufen (sie lernen schnell, dass sie das für andere Dinge sparen können, wenn sie sich ihr Essen zu Hause selbst zubereiten), oder eine größere Summe, damit sie sich Kleidung besorgen können (manche Kinder wollen dann auf ein hochpreisiges Kleidungsstück sparen, andere gehen in Secondhand-Läden, damit ihr Geld länger reicht).

Die Verbundenheit erhalten

Nur zu leicht lassen sich unsere Jugendlichen durch die Anziehungskraft ihrer Peergroup von uns weglocken. Gordon Neufeld nennt das in seinem Buch *Unsere Kinder brauchen uns!* »Peer-Orientierung«. Die Gleichaltrigen sind enorm wichtig für die

Jugendlichen, um herauszufinden, wer sie sind, um bedeutungsvolle Verbindungen zu knüpfen und gemeinsame Interessen zu verfolgen. Wenn man Teenager aber vollständig ihrer Gruppe Gleichaltriger überlässt, dann laufen sie Gefahr, in ihrer Entwicklung dazu zu neigen, dass sie anderen gefallen und auf oberflächliche Weise gemocht werden wollen, anstatt ihr menschliches Potenzial zu entfalten. Neufeld empfiehlt, unsere Kinder nicht allein der Macht der Gleichaltrigen auszusetzen, sondern unsere Verbundenheit mit ihnen während dieser Jahre zu stärken.

Wir wollen in diesen Jahren der Adoleszenz mit ihnen verbunden bleiben, damit wir weiterhin einen positiven Einfluss ausüben können und sie sich für Feedback, Ratschläge und Unterstützung an uns wenden. Ist unsere Verbundenheit gering ausgeprägt, werden unsere Versuche, wegweisende Begleitung anzubieten, ignoriert oder treffen auf Widerstand und/oder Trotz. In diesen Jahren sollten wir weniger versuchen, das jugendliche Verhalten zu formen und zu korrigieren, sondern vielmehr daran arbeiten, die Beziehung zu pflegen.

Inwieweit wir mit unseren Kindern verbunden bleiben können, hängt zum großen Teil von ihren besonderen Interessen ab sowie von der Beziehung, die wir im Lauf der letzten Jahre aufgebaut haben. Hier sind ein paar Beispiele aus uns bekannten Familien:

- Wir können die Jugendlichen bitten, uns über die Fußballergebnisse auf dem Laufenden zu halten und uns zu erzählen, wie sich ihr Lieblingsteam schlägt.
- Wir können jährliche Familienausflüge an nostalgische Orte planen, wie zu einem Vergnügungspark oder einem Wanderweg.
- Zeit am Beginn und Ende jedes Tages finden, um die Verbundenheit zu pflegen.
- Musik anhören, die ihnen gefällt oder die sie spielen, oder ein Ritual sonntäglicher Musikabende mit der Familie und einer alten Plattensammlung pflegen.
- In der Küche bleiben, wenn sie aus der Schule oder wir von der Arbeit heimkommen, um eine Tasse Tee zu trinken und uns von ihrem Tag erzählen zu lassen.
- Die Lieblingsspeisen ihrer Freund*innen kennen, sodass diese sich bei uns willkommen fühlen und gerne Zeit bei uns verbringen.
- Zusammen ein längeres Buch über ein Thema lesen, das uns alle interessiert – ein Freund von Simone ruft auf Geschäftsreisen immer zu Hause an, damit er noch mit seinem Kind zusammen lesen kann.
- Eine feste Tradition des sonntäglichen Abendessens, zu dem sie ihren Freund oder ihre Freundin einladen dürfen.
- Gemeinsam größere Kunst- oder Handarbeitsprojekte angehen, wie Stricken, Nähen, Origami oder Malen.
- Eine Serie oder einen Film im Fernsehen anschauen – während wir früher bildschirmfrei leben wollten, kann jetzt eine Show pro Woche Anlass bieten, sich

verbunden zu fühlen, gemütlich zusammen auf der Couch zu sitzen und ein gemeinsames Interesse aufzubauen.

- Reisen in den Schulferien, um besondere Erinnerungen zu schaffen – Jugendliche können helfen, Orte zu recherchieren, die sich lohnen, oder Stellen, die sie fotografieren wollen; sie können selbstständig packen; und sie können kilometerweit laufen, wenn man sie mit Wasser und Gelato versorgt.
- Zusammen Spaß haben, statt den ganzen Tag Aufträge zu erteilen.
- Gemeinsam essen – Mahlzeiten sind und bleiben eine perfekte Gelegenheit für offene Gespräche und Verbundenheit. Nehmt das Frühstück und das Abendessen so oft wie möglich zusammen ein; esst lieber am Küchen- oder Esstisch statt vor dem Fernseher; schaltet die Handys ab; und bietet einfaches, nahrhaftes, selbst gekochtes Essen an. An Wochenenden hatte Simone immer ein zweites Frühstück mit ihren jugendlichen Kindern, wenn sie aufwachten, oder sie setzte sich mit einer Tasse Tee zu ihnen. An Tagen, an denen unsere Jugendlichen freiwillig nach einer Mahlzeit noch sitzen bleiben und plaudern, geben wir uns Mühe, nicht sofort aufzustehen, um irgendetwas zu erledigen, sondern wir bleiben da und genießen ihre Gesellschaft.

- Die Familienrituale weiterführen, die in früheren Entwicklungsphasen etabliert worden sind, wie spezielle Sonntagsfrühstücke oder Kuchen für Geburtstagsfeiern in der Familie.
- Jegliche Art von Theater-, Musik- und Schulaufführungen oder Sportereignisse anschauen – im Publikum anwesend sein oder am Spielfeldrand, um Unterstützung zu geben.
- Zuhören, wenn sie reden, selbst wenn wir anderer Meinung sind.
- Sie ein- oder zweimal pro Woche kochen lassen – sie können die benötigten Zutaten einkaufen und uns mit neuen Rezepten, die sie ausprobieren, erfreuen.
- Interesse an ihren Leidenschaften zeigen, ob es Computerspiele, Fußball, Meeresbiologie, das Entwerfen von Taufbecken oder Kurzfilme sind. Stelle ihnen Fragen darüber. Vergiss nicht, einmal begonnene Gespräche fortzusetzen, und unternehmt vielleicht gemeinsam etwas, das mit ihren Interessen zu tun hat.
- Fragen: »Möchtest du Gesellschaft haben oder willst du jetzt lieber allein sein?«, wenn sie sich launisch verhalten.

Außerdem stärken wir unsere Verbundenheit, wenn wir den Jugendlichen, wie in früheren Jahren, in schweren Zeiten unterstützend zur Seite stehen. Eine sichere Bindung gibt ihnen Raum, um Fehler zu machen, zu üben, verschiedene Identitäten auszuprobieren und zu lernen. Wir können mit ihnen zusammen wachsen und sie an unseren eigenen Höhen und Tiefen teilhaben lassen. Sie beobachten, wie wir das Leben, unsere Beziehungen und Herausforderungen meistern, und wir zeigen uns dadurch auch verletzlich. So können sie selbst herausfinden, was richtig oder falsch ist und wie sie selbst sichere und gesunde Beziehungen aufbauen können.

Wir vertrauen unseren Teenagern auch weiterhin. Wir werden alles erfahren, was sie vorhaben. Wir geben ihnen die nötigen Informationen, damit sie nicht in Gefahr geraten, klären sie über Alkohol, Drogen, Sex und selbstbewusstes Verhalten auf. Wenn sie etwas Gefährliches ausprobieren wollen, sollten sie es zumindest mit vernünftigen Freund*innen tun. Lass sie wissen, dass sie dich zu jeder Tages- und Nachtzeit anrufen können, wenn sie Hilfe brauchen. Dann vertrau ihnen und schicke ihnen einen Schutzengel, der über sie wacht.

Timing ist entscheidend

Auch wenn Verbundenheit wichtig ist, so sind Jugendliche nicht unbedingt begeistert, wenn sie, kaum dass sie zur Tür hereingekommen sind, mit Fragen bombardiert werden. Sie brauchen viel Zeit für sich allein. Sie brauchen Zeit, um sich von der Schule auf zu Hause umzustellen. Sie können sich uns erst öffnen, wenn sie bereit dazu sind.

Junnifa vergleicht die Mutter von Jugendlichen mit einer Topfpflanze. Wir halten uns viel in den kollektiv genutzten Räumen wie Küche und Wohnzimmer auf, um zu zeigen, dass wir verfügbar sind. Wir achten darauf, unseren Kindern ihren Raum zu geben, bleiben aber sichtbar. Wenn dann unser Teenager hereinkommt und redet, uns eine Frage stellt oder sich einfach neben uns niederlassen will, dann sind wir da. Vermutlich haben wir in dieser Phase ihres Lebens mit unserem eigenen Beruf viel zu tun, daher sollten wir sie wissen lassen, wann wir nach Hause kommen. Wir können es uns zur Gewohnheit machen, zusammen eine Tasse Tee zu trinken, zusammen das Abendessen zu kochen, nach dem Essen zusammen abzuwaschen und so am Ende des Tages Seite an Seite Verbundenheit zu spüren.

Das soziale Neugeborene

In der Montessori-Pädagogik nennen wir Jugendliche soziale Neugeborene. Sie lernen, über die Schwelle ihrer Familie in die Gesellschaft zu treten. Wir können diese Transition unterstützen, indem wir sie am Sozialleben der Familie beteiligen und ihnen Aufgaben übertragen (statt ihnen zu erlauben, sich in ihr Zimmer zurückzuziehen). Sie können Gäste begrüßen, Getränke anbieten, Fragen stellen und beantworten und die sozialen Verhaltensregeln unserer Kultur erlernen.

Biete den Jugendlichen Gelegenheiten, unterschiedliche Menschen mit unterschiedlichem Hintergrund, unterschiedlichen Berufen, Ethnien und Religionen kennenzulernen. Dabei machen sie verschiedene Erfahrungen und finden möglicherweise Inspiration, welchen Beruf sie später einmal ergreifen wollen.

Erlaube ihnen, selbst mit dem Fahrrad oder öffentlichen Verkehrsmitteln in ihrer Stadt herumzufahren, sodass sie allmählich etwas über die Funktionsweise der Gesellschaft herausfinden. Sie bekommen vielleicht Schwierigkeiten, verirren sich, das Geld geht ihnen aus oder sie haben einen Platten. Dabei werden sie Mittel und Wege finden, diese Probleme zu lösen, und erfahren, was alles nötig ist, um in einer sozialen Gruppe zu leben, und sie werden schließlich ihren Platz darin finden.

Wenn unsere Teenager eine schwere Zeit durchmachen, haben wir häufig das Bedürfnis, ihnen den Schmerz zu nehmen, einzugreifen und ihr Problem zu lösen, eine kurze Sekunde Empathie zu zeigen und dann zu einer Erklärung anzusetzen, wie man es besser machen kann – oder zu erzählen, was wir in unseren zusätzlichen Jahrzehnten auf diesem Planeten gelernt haben, damit sie nicht dasselbe durchmachen müssen.

»Es ist schwer, zuzuschauen, wenn es dir schlecht geht.« Simone sagt das häufig, und während der Jahre der Adoleszenz hilft dieser Satz besonders weiter. Denn mit das Klügste, was sie in diesen Jahren gelernt hat: Man muss die Jugendlichen ihre eigenen Erfahrungen machen lassen, so weh das manchmal auch tut.

Anstatt uns sofort einzumischen, können wir einfach für sie da sein als ihr Anker, ihnen einen Raum bieten für all ihre Emotionen, wenn sie Leid oder Schmerz empfinden, sich darin wälzen, trauern, verletzt sind, lachen, weinen, lernen und wachsen.

Ausbaufähige Fähigkeiten verbessern

Manchmal denken wir: »Das sollten sie doch wissen!« Sie lassen die Gartentür offen stehen, vergessen ihre Sportsachen oder lassen Essensreste in ihrem Zimmer liegen, bis sie schimmeln. Anstatt uns zu ärgern, sollten wir uns bewusst machen, dass sie es besser machen würden, wenn sie das könnten. Oder wie Ross Greene in seinem Buch *Das explosive Kind* sagt: »Verhaltensauffällige Kinder sind auffällig, weil ihnen die Fähigkeiten fehlen, nicht auffällig zu sein.«

Für unsere Teenager ist es wichtig, dass wir begreifen, dass sie uns nicht absichtlich das Leben schwer machen. Entweder besitzen sie eine bestimmte Fähigkeit gar nicht oder sie brauchen mehr Übung. Wir können uns überlegen: *Welche Fähigkeit fehlt hier? Was steht im Weg?*

Dann nehmen wir uns die Zeit, diese Fähigkeiten zusammen mit ihnen aufzubauen. Vielleicht müssen wir einen Ablauf entwickeln, nach dem sie sofort, wenn sie nach Hause kommen, ihre Schultasche auspacken. Oder merken, dass sie erschöpft sind, wenn sie nach Hause kommen und besser die Schultasche gegen Abend auspacken. Wir entscheiden nicht für sie, sondern entwerfen eine Methode, die ihnen hilft, besser zurechtzukommen.

Technologie und Teenager

Technologie ist ein Werkzeug. Sie ist nicht durch und durch schlecht – es kommt darauf an, wie wir sie benutzen.

Während wir einst stundenlang am Telefon hingen, um mit unseren Freund*innen zu reden, trifft sich diese Generation in Gruppenchats, in den sozialen Medien oder bei Online-Spielen, und fast alles davon geschieht und ist für sie verfügbar auf einem kleinen Gerät in ihrer Hosentasche, egal wo sie sind. Auch viele Hobbys werden online ausgeübt, von Mal-Tutorials bis zu Instrumentalunterricht.

In der zweiten Entwicklungsphase haben wir ihnen vermittelt, wie man Bildschirmgeräte sicher benutzt, wo man verlässliche Informationen findet, und wir haben einen begrenzten, ausgewogenen Zugang zu Bildschirmen ermöglicht. Adoleszente sind in der dritten Phase bereit, auf diesem Gebiet mehr Verantwortung zu übernehmen, ähnlich anderen Bereichen ihres Lebens. Sie haben eine gewisse Reife erlangt, sodass sie fähig sind, elektronische Geräte auf eine Weise zu benutzen, die ihre Entwicklung eher unterstützt, als dass sie damit ihr Selbstbewusstsein untergraben oder sich vom wirklichen Leben isolieren. Natürlich geschieht das nicht über Nacht, aber wir begleiten sie auf dem Weg dahin.

Wir können die alten Prinzipien, die wir für Vereinbarungen und bei der Vorbereitung der Umgebung (physisch wie emotional) angewendet haben, auch einsetzen, um Teenagern beim Umgang mit Bildschirmgeräten zu helfen. Folgendes können wir tun:

- Verabreden, wann keine Bildschirme erlaubt sind – zum Beispiel bei den Mahlzeiten, wenn Besuch da ist, während wichtiger Diskussionen.
- Informationen zu digitaler Sicherheit geben – sicherstellen, dass den Jugendlichen klar ist, dass sie keine Fremden über das Internet kennenlernen dürfen und unsere Einwilligung einholen müssen, ehe sie einem neuen sozialen Netzwerk beitreten; sie sollten uns ihre Passwörter geben, nicht damit wir ihnen nachspionieren, sondern nur, falls wir kurzfristig etwas nachschauen müssen.
- Besprechen, welche Informationen online nicht preisgegeben werden dürfen – ihr wirklicher Name, ihre Schule, ihr gegenwärtiger Aufenthaltsort –, und sie nie

vergessen lassen, welche Verantwortung und welche möglichen Konsequenzen damit verbunden sind, dass man ein permanentes digitales Profil für alle Kurznachrichten, E-Mails oder Nachrichten in den sozialen Medien hat.

- Ihnen die Macht der Worte klarmachen – über Internetmobbing und Hasskommentare sprechen; deutlich erklären, dass sie sich sofort an uns wenden müssen, wenn sie Opfer von Internetmobbing werden oder wenn ihnen online irgendetwas komisch vorkommt oder unangemessen ist.
- Einen Ort im gemeinsamen Wohnbereich einrichten, wo die Geräte nachts aufbewahrt werden können, idealerweise sollten sie sich auch ein bis zwei Stunden vor dem Zubettgehen nicht mehr mit Bildschirmen beschäftigen.
- Selbst vorleben, wie wir uns das Bildschirmverhalten der Jugendlichen vorstellen – anstatt ziellos zu scrollen, können wir sagen: »Ich nehme mir jetzt eine 15-minütige Pause für die sozialen Medien«, oder: »Ich schaue jetzt den Zugfahrplan für morgen nach«, oder: »Tut mir leid, ich schaue während unserer Familienzeit normalerweise nicht ins Handy, aber ich habe eine dringende Nachricht bekommen. Ich gehe kurz raus und kläre das, in fünf Minuten bin ich wieder da.«
- Klären, welche Apps die Jugendlichen benutzen und wie sie das sicher tun können.
- Wenn sie in der Schule absacken, nicht im Haushalt helfen oder andere Aufgaben vernachlässigen, ein Meeting abhalten, um ihnen bei der Erstellung eines Plans zu helfen, wie sie ihre Bildschirmzeit organisieren können.
- Vorschlagen, Informationen in der Bibliothek nachzuschlagen, ein persönliches Gespräch mit einer Expertin oder die Teilnahme an einem Seminar über einen Gegenstand arrangieren, der sie interessiert, statt immer das Internet als erste Anlaufstelle zu nehmen.
- Ihnen dabei helfen, die Informationen aus dem Internet kritisch zu hinterfragen, auch wenn sie aus verlässlichen Quellen stammen. Wir können fragen: »Wer hat diese Information ins Netz gestellt?«, und: »Zu welchem Zweck?«
- Uns selbst mit den sozialen Medien, die sie nutzen, vertraut machen, damit wir eventuelle Risiken bewerten und ihnen zeigen können, wie sie sicher damit umgehen können, und damit wir wissen, welchen Input sie dabei empfangen.
- Vorschlagen, bei Spielsitzungen einen Wecker zu stellen.

Jugendliche lernen den Umgang mit Computer und Handy genauso wie Erwachsene auch – indem sie Benachrichtigungen abstellen, damit sie mit ihren Hausaufgaben fertig werden, üben, mit Freund*innen klar und eindeutig zu kommunizieren, wenn sie sich verabreden wollen, und ein Gleichgewicht zwischen dem Leben online und offline finden. Wir stehen bei Bedarf zur Verfügung, wobei wir einschreiten und ihnen Orientierung geben können, wenn sie ein paar Grenzen brauchen.

Wenn die Jugendlichen sich beständig mit anderen vergleichen oder in negativen Gedankenspiralen verlieren und ihre geistige Gesundheit darunter leidet, müsst ihr einen Termin vereinbaren, um das Problem zu besprechen und einen Plan zu machen. Der Plan muss regelmäßig kontrolliert werden, um zu sehen, ob er hilft.

Maria Montessori schrieb in *Von der Kindheit zur Jugend*: »Kinder sollten sich als Teil ihrer Bildung an den Umgang mit Maschinen gewöhnen. Die Maschine ist wie ein zusätzlicher Körperteil … Aber Vorsicht!« Wir wollen unseren Kindern helfen, sich auf die Welt vorzubereiten, in der sie leben. Wir müssen viel Zeit für persönliche soziale Interaktionen zur Verfügung halten, sicherstellen, dass sie an den (bildschirmfreien) Familienmahlzeiten teilnehmen, Gelegenheiten für konkrete Lernerfahrungen schaffen, darauf achtgeben, dass sie sich körperlich betätigen (mit dem Fahrrad in die Schule fahren ist eine sehr gute Möglichkeit, wenn es machbar ist), und dann können ergänzend zu alldem elektronische Geräte genutzt werden, wenn sie fähig sind, die damit einhergehende Verantwortung zu übernehmen.

JUGENDLICHE UND SCHULISCHE ARBEIT

Teenager zu ihren Hausaufgaben zu motivieren, kann schwierig sein, wenn ihnen die Arbeit nicht sinnvoll vorkommt oder keine Herausforderung darstellt.

Tony Evans, der Direktor der *Dundas Valley Montessori School* in Kanada, fasst es kurz und bündig zusammen: »Gebt ihnen Würde, gebt ihnen Abgabetermine und gebt ihnen Aufgaben, an denen sie auf hohem Niveau arbeiten müssen. Man gibt Jugendlichen keinen Mathematikunterricht. Umgekehrt wird ein Schuh draus: Wie können sie dafür begeistert werden, Mathe zu lernen?«

In der Jugend braucht man einen Lebenssinn, Herausforderungen und Ziele, auf die man hinarbeitet. Ob das nun das Kochen eines Eintopfs für 45 Personen in einer Suppenküche oder ein Kanu-Ausflug mit der Klasse ist – Adoleszente brauchen echte Arbeit, nicht nur Unterricht.

Für viele Jugendliche ist der Übergang in die weiterführende Schule eine enorme Umstellung. Wir können sie darauf vorbereiten, indem wir über die Erwartungen in der neuen Schule reden, wie zum Beispiel pünktlich sein, Hausaufgaben erledigen und für Prüfungen lernen. Viele gewöhnen sich leicht um, andere brauchen möglicherweise mehr Zeit.

Wenn wir keinen Zugang zu einer Montessori-Schule für Jugendliche haben, können wir die schulische Arbeit des oder der Jugendlichen dennoch mit Montessori-Methoden unterstützen. Hier folgen einige Ideen:

- Wir können ihrer Arbeit einen Sinn geben, wenn wir mit ihnen über die praktische Anwendung der Fähigkeiten reden, die sie lernen.
- Prüfungen können sie als Mittel zum Zweck verstehen, um herauszufinden, welche Bereiche eines bestimmten Fachs sie noch nicht vollständig gemeistert oder verstanden haben.
- Wenn unser Kind bei der Planung Hilfe braucht, können wir uns einmal pro Woche mit ihm hinsetzen, während es seinen Zeitplan aufstellt – sportliche Aufgaben, Abgabetermine für Aufgaben und restliche Zeit; wir können nachfragen, ob es alles bewältigen kann oder sich überfordert fühlt.
- Wir können Interesse an seinen Lernfortschritten zeigen – indem wir fragen, wie es ihm bei einer Prüfung ergangen ist, und schauen, ob es genug Zeit für die Hausaufgaben hat – aber wir können (außer wenn es wirklich Hilfe braucht) es ihm überlassen, für Tests zu lernen und an seinen Projekten zu arbeiten. Wir können immer noch nach der Philosophie leben, so wenig zu helfen wie möglich und so viel wie nötig.
- Wenn das Kind sich überfordert fühlt, können wir es dabei unterstützen, die Arbeit in bewältigbare Schritte aufzuteilen.
- Statt an ihm herumzunörgeln, sollte es selbst die Verantwortung für das Lernen übernehmen und die logischen Folgen erfahren, wenn es nicht für eine Prüfung lernt oder zu spät in die Schule kommt.
- Wenn es unserem Kind schwerfällt, rechtzeitig in die Schule zu kommen, oder wenn es sich darauf verlässt, dass wir immer den Wecker spielen, der es aus dem Bett holt, können wir uns zusammensetzen und einen Plan machen. Es geht nicht darum, es zu bestrafen (sodass es uns und die Schule nicht mehr leiden kann), sondern mit ihm zusammenzuarbeiten, um das Hindernis zu identifizieren und zu entfernen.

JUGENDLICHE IN EINER SICH STÄNDIG WANDELNDEN WELT

Jugendliche haben heutzutage Zugang zu jeder Information, die sie suchen, und wissen über viele Themen besser Bescheid als wir. Hier folgen ein paar Wege, wie man damit umgeht:

- Verbunden bleiben. Gespräche führen; Fernsehsendungen, soziale Medien, Memes etc. als Ausgangspunkte für Themen wie Teenager-Schwangerschaften, Drogen und Alkohol, Pornografie und mentale Gesundheit nutzen.
- Mehr auf ihre Gedanken hören, als selbst zu reden – Gespräche sind keine Vorlesungen.
- Mit Jugendlichen aller Geschlechter über Einvernehmlichkeit reden. Wir bauen auf der Beziehung auf, die wir in der ersten und zweiten Entwicklungsphase etabliert haben.
- Wenn wir Anzeichen von Depression oder Angstzuständen feststellen, müssen wir uns informieren und herausfinden, wie wir das Kind unterstützen können.
- Emotionale Hygiene und Schlafhygiene in unserem Zuhause etablieren. Man könnte dem Kind einmal in der Woche ermöglichen, seine Erlebnisse emotional zu verarbeiten. Handys sollten nachts nicht im Schlafzimmer sein. Am Wochenende sollten die Jugendlichen ihrem natürlichen Schlafrhythmus folgen dürfen.
- Jugendliche müssen wissen, dass auch das praktische Leben zu Hause wichtig ist. Für die Familie kochen. Das eigene Zimmer und die gemeinsame Wohnfläche sauber halten. Das Auto putzen. Haustiere versorgen. Auf jüngere Kinder in der Familie aufpassen. Sich um das Gemüsebeet der Familie kümmern. All diese Aufgaben helfen unseren Teenagern, sich der Familie zugehörig zu fühlen und Verantwortung zu übernehmen, und sie wirken gegen Ich-Bezogenheit, die Folgen des Digitalzeitalters, ständigen Wettbewerb und das Gefühl, nichts bewirken zu können.
- Die Valorisierung unterstützen. Selbst in einer sich wandelnden Welt brauchen unsere Jugendlichen das Gefühl, dazuzugehören, einen Lebenssinn zu haben und eine wichtige Rolle zu spielen.

Die Valorisierung reicht möglicherweise nicht aus, um alle psychischen Probleme zu lösen, die in dieser volatilen Zeit auftauchen. Aber wenn Jugendliche Zugehörigkeit empfinden und wenn ihre Bedürfnisse befriedigt werden (so weit als möglich), dann gedeihen sie und können sich auf das Erwachsenenleben vorbereiten. Wenn wir die oben stehenden Vorschläge in die Tat umsetzen, tun wir so viel für ihre mentale Gesundheit, wie uns möglich ist. Wir müssen die Augen für Problemindikatoren offen halten, denn am besten sucht man sich so früh wie möglich Hilfe. Wir können die benötigte Hilfe und Unterstützung besorgen (auch für uns selbst) und weiterhin die Beziehung in den Mittelpunkt stellen.

Am schönsten ist es, zu erleben, wie diese Jugendlichen immer mehr sie selbst werden. Sie erforschen, wer sie sind, und sie wollen über große Themen reden und in der Welt etwas bewegen. Die Gespräche mit ihnen sind faszinierend. Ihre Zukunftshoffnungen haben nicht unbedingt mit Geld zu tun. Sie wollen lieben, was sie tun.

Gegen Ende ihrer Schulzeit beginnen sie zu erkunden, was sie als Nächstes tun wollen. Anstatt ihnen diese Erkundungen abzunehmen, weisen wir ihnen zwar weiterhin den Weg, geben ihnen aber Raum, selbst zu recherchieren, lassen sie die Bewerbungsformulare ausfüllen, Aufsätze und Bewerbungsmappen vorbereiten, Abgabetermine verpassen, Anträge auf Verlängerung stellen, ein Brückenjahr nehmen. Wir können ein wöchentliches Meeting mit ihnen vereinbaren, um sie bei der Stange zu halten, aber wir können auch einen Schritt zurücktreten und wieder einmal die Stützräder abnehmen.

Und ehe wir es uns versehen, beendet unser Jugendlicher oder unsere Jugendliche die Schule, wird 18 und bereitet sich möglicherweise darauf vor, das Elternhaus zu verlassen.

Wir haben ein Kind in der vierten Entwicklungsphase.

REIFE: DIE VIERTE ENTWICKLUNGSPHASE

Die vierte Entwicklungsphase reicht vom 18. zum 24. Lebensjahr, wobei Maria Montessori die Entwicklung zu geistiger und moralischer Unabhängigkeit in dieser Phase verortete.

Verglichen mit der zweiten Entwicklungsphase ist diese stabiler, und die jungen Erwachsenen setzen ihr Urteilsvermögen und ihren logischen Verstand ein. Sie dringen durch Arbeit und Studium auf tiefere Weise in neue Interessensbereiche vor. Ihre Gehirne sind fast vollständig ausgebildet.

Sie wissen großenteils, wer sie sind, und sie können sie selbst sein. Sie erkennen, ob die von ihrer Familie vermittelten Werte ihre eigenen Werte sind. Sie lehnen sie jetzt vielleicht ab und nähern sich ihnen später wieder an.

Maria Montessori sagte, dass »der Erwachsene das Ergebnis eines Kindes ist«, und sie meinte damit: Wenn in den ersten drei Entwicklungsphasen alles Notwendige getan wurde, sorgt die vierte Phase für sich selbst. Hier schließt sich der Kreis, und wir sehen alles vor uns, was in den vergangenen Jahren gesät wurde.

Junge Erwachsene wollen der Gesellschaft etwas zurückgeben, zum Beispiel durch Arbeit im Freiwilligen Sozialen Jahr. Sie beginnen ein Studium oder nehmen eine reguläre Erwerbsarbeit auf.

In *Von der Kindheit zur Jugend* legte Maria Montessori ihre Ansichten über die Hochschulbildung dar. Sie war enttäuscht, dass viele Universitäten nach wie vor Wissen von oben herab vermitteln – anders als im Mittelalter, als philosophische und politische Diskussionen erwünscht waren. Universitäten bieten die Chance, tief in ein Interessensgebiet einzutauchen und zu lernen, wie man/frau studiert. Wir wollen, dass die Lernenden und Studierenden sich aktiv und engagiert beteiligen. Doch Diskussionen allein sind nicht genug.

Mit Maria Montessori wollen wir, dass die jungen Erwachsenen über den Tellerrand der Universität hinausschauen (ebenso wie wir das Kind von 6 bis 12 Jahren ermuntern, in das soziale Lebensumfeld hinauszugehen, um Antworten auf seine Fragen zu finden). Sie empfahl, das Studium nicht so schnell wie möglich abzuschließen; es sei auch wichtig, einen Job anzunehmen (z. B. als Nachhilfelehrperson, Kellner*in oder als Praktikant*in im Rundfunk, Journalismus oder in kulturellen oder politischen Institutionen), sich in Gruppen mit Menschen verschiedener Altersstufen zu bewegen und zu lernen, ökonomisch auf eigenen Füßen zu stehen. Dies hilft außerdem dabei, sich an die Kultur der Gesellschaft anzupassen.

Über die dritte Entwicklungsphase:

- Die Anhänge A und B in *Von der Kindheit zur Jugend* von Maria Montessori

Über die vierte Entwicklungsphase:

- Anhang C in *Von der Kindheit zur Jugend* von Maria Montessori

Unsere Rolle in der vierten Phase

Die jungen Erwachsenen sind jetzt vollkommen unabhängig von uns. Sie werden uns immer noch um Rat und Hilfe bitten, und wir werden ihnen unsere Fürsorge und Aufmerksamkeit schenken, aber sie entdecken nun, wie es ist, ein Teil der

Gesellschaft in einer nicht für sie vorbereiteten Umgebung zu sein. Das stützende Gerüst ist fort.

Wir erinnern uns daran, dass für Maria Montessori die Kindheit bis zum 24. Lebensjahr reicht. Der präfrontale Cortex ist fast vollständig ausgebildet, aber wahrscheinlich gibt es in dieser Phase immer noch Situationen, in denen es den jungen Erwachsenen bei ihrer Entscheidungsfindung an Urteilsvermögen oder rationalem Abwägen mangelt.

Um ihnen in dieser vierten Phase zu helfen:

- Sorgen wir finanziell vor, sodass sie unabhängig sind. Sie bekommen vielleicht BAföG, sie können arbeiten oder wir können ihnen einen monatlichen Betrag überweisen. Die jungen Leute sind verantwortlich dafür, dass sie jeden Monat genug Geld haben, um ihre Lebensmittel, ihre Miete und Rechnungen zu bezahlen und mit ihren Freund*innen ausgehen zu können.
- Unterstütze ihren Entschluss, von zu Hause auszuziehen, wenn das möglich ist. Sie werden selbstständiger, wenn sie nicht mehr bei uns wohnen. Manche wollen vielleicht sogar mehrere Stunden entfernt leben, sodass wir nicht vorbeikommen und sie »retten« können.
- Seien wir Vermittler*innen und Helfer*innen. Sehen wir nach ihnen; verabreden wir Besuche bei ihnen; seien wir an ihrer Seite oder verfügbar, wenn sie ein Bankkonto eröffnen, Formulare ausfüllen, einen Handy-Vertrag abschließen oder einen Mietvertrag unterschreiben. Wir können ihnen zu Hilfe gehen, aber sie sind es, die die Telefonanrufe machen, recherchieren und den Papierkram erledigen – geradeso wie ein Kind in der zweiten Phase einen Ausflug plant.

Wenn sie noch zu Hause wohnen:

- Besprecht, wie sie als erwachsene Haushaltsmitglieder zum alltäglichen Leben beitragen können.
- Erstellt einen Plan, auf dem steht, wer wann für den Einkauf der Lebensmittel, fürs Kochen und für den Abwasch zuständig ist.
- Sucht nach Möglichkeiten, wie junge Erwachsene ihre Woche möglichst dauerhaft selbstverantwortlich planen. Wenn sie nicht mehr zu Hause wohnen, können sie lernen, mit anderen Studierenden zusammenzuwohnen, im sozialen Umfeld mit anderen Personen unterschiedlichen Alters zu kommunizieren – und ebenso zu kochen, ihre Wäsche zu waschen und für Sauberkeit zu sorgen.
- Ermutigt sie, für sich selbst die finanzielle Verantwortung zu übernehmen bei Dingen wie Handy-Verträgen, Versicherungen und BAföG bzw. Studiendarlehen.

Wir werden sie festhalten wollen. Doch dies ist wieder die Zeit, um loszulassen. Sie heißt nicht umsonst »Leeres-Nest-Syndrom«. Wir waren gerne ihre Wegweiser*innen, Berater*innen und Lots*innen. Jetzt entlassen wir sie in die Welt, um zu schauen, wohin ihre Reise geht.

Mögen sie weit in die Ferne fliegen. Und wissen, dass unsere Tür immer für sie offen steht.

DER WEG ZUM FRIEDEN

Wir hoffen, dass diese jungen Erwachsenen die Grundsätze und Werte übernehmen, die wir ihnen nahegebracht haben. Möge ihre Erziehung ihnen dazu dienen, ihr volles Potenzial zu entfalten.

Mögen sie fähig und kompetent sein, kreative Köpfe und mitfühlende Herzen haben, mit einem starken Sinn dafür, wer sie sind, und dem tiefen Wunsch, zu dienen.

Wir als Erwachsene sind von alldem nicht unberührt geblieben. Wir haben gelernt, mit den Augen anderer zu sehen, wir haben unbegrenzte Geduld gelernt und wir kennen die Kraft bedingungsloser Liebe.

Wo wir früher vielleicht eingegriffen hätten, halten wir uns jetzt zurück. Wo wir früher vielleicht etwas oder jemanden übersehen hätten, gehen wir heute einen Schritt vor und stellen eine Verbindung her.

Lasst uns dieses Versprechen für Frieden und Menschlichkeit weiterverbreiten. Gehen wir sorgsam mit uns selbst um, seien wir freundlich zu unseren Mitgeschöpfen auf der Erde und zu unserer Umwelt.

> »Ich bitte die lieben Kinder, die alles können,
> mit mir zusammen für den Aufbau des Friedens
> zwischen den Menschen in der Welt zu arbeiten.«
>
> Inschrift auf Maria Montessoris Grab
> in Noordwijk aan Zee, Niederlande

ANHANG

AKTIVITÄTEN

Die Altersangaben sind nur Vorschläge. Folge der spezifischen Entwicklung deines Kindes und seinen Interessen. Schau dir bei »Activity Starterkits« (online zu finden bei beltz.de unter diesem Buch) die Liste mit Gegenständen an, die man für diese Aktivitäten brauchen kann. So weit wie möglich handelt es sich um Dinge, die wir schon zu Hause haben. Bei Montessori geht es nicht darum, Neues zu kaufen, sondern das zu benutzen, was man hat, secondhand etwas zu besorgen oder, wo möglich, Gegenstände umzunutzen.

PRAKTISCHE LEBENSAKTIVITÄTEN	
	Aktivitäten des praktischen Lebens sind eine wundervolle Möglichkeit, dein Kind in seinem inneren Drang nach Unabhängigkeit zu unterstützen – dabei, eine unabhängige Person in seiner Zeit, an seinem Ort und in seiner Kultur zu sein. Durch Aktivitäten, die sich um Selbstfürsorge, unser Zuhause und unsere Umgebung drehen, lernt unser Kind eine Menge neuer Wörter sowie groß- und feinmotorische Bewegungen, und sie helfen unserem Kind, Selbstdisziplin und seine exekutiven Funktionen zu entwickeln. Sie geben unserem Kind Gelegenheit, Ordnung wahrzunehmen, zu schaffen, aufrechtzuerhalten und wiederherzustellen; Aufgaben durch Wiederholung zu meistern, da viele von ihnen regelmäßig ausgeführt werden; und unser Kind mit wirklicher, zielgerichteter Arbeit vertraut zu machen.
Selbstfürsorge	Sie beinhaltet Aktivitäten des Kindes, bei denen es darum geht, sich um sich selbst, die persönliche Hygiene und Sauberkeit sowie die Gegenstände im eigenen Besitz zu kümmern. Für viele dieser Tätigkeiten muss das Kind seine Hände benutzen und seine feinmotorischen Fähigkeiten entwickeln. Sie tragen auch wesentlich zum Selbstempfinden des Kindes bei. Kinder wollen, dass man ihnen zeigt, für sich selbst zu sorgen, und sie dabei unterstützt.
Ankleiden und auskleiden	Unser Kind kleidet sich viele Male am Tag an und aus – Pullis, Jacken, Hemden, Unterhosen, Socken und Schuhe. Jeder dieser Abläufe beinhaltet unterschiedliche Bewegungen und erfordert verschiedene Fertigkeiten. Manche Kleidungsstücke müssen übergezogen, andere abgestreift werden; unser Kind muss vielleicht mit den Schultern ruckeln, um sich eines Kleidungsstücks zu entledigen, während es sich für ein anderes hinsetzen muss, um sein Bein herauszuziehen. Unterschiedliche Kleidungsstücke haben unterschiedliche Verschlüsse wie Reißverschlüsse, Knöpfe, Schnallen und Schnürbänder. Wir können unserem Kind beim An- und Ausziehen helfen, indem wir uns jeweils auf eine Fertigkeit konzentrieren. Wenn unser Kind lernt, wie man knöpft, können wir ihm mehr entsprechende Kleidungsstücke zum Üben geben. Wenn das Kind dies dann beherrscht, können mit einer neuen Fertigkeit anfangen.
Zähne putzen	Wir können unseren Kindern zeigen, wie man eine Zahnpastatube öffnet und verschließt, wie man auf die Tube drückt, welche Menge Zahnpasta auf die Zahnbürste kommt, wie man die Zahnbürste nass macht und den Wasserhahn zudreht, wie sie ihre Zähne und auch ihre Zunge putzen (wenn das in unserer Kultur zur Körperpflege dazugehört) und wie man den Mund ausspült und die Zahnbürste säubert.

Duschen oder baden	Wir können die Kinder darauf hinweisen, welche Körperteile man waschen muss. Wir können ihnen zeigen, wie viel Seife man braucht, wie man sich einseift und gegebenenfalls »schrubbt« und die Seife abspült. Wir können ihnen zeigen, wie man ein Bad einlässt und wie viel Badezusatz man dazutut, wie sie ihren Körper abtrocknen und wo sie das nasse Handtuch aufhängen.
Haare pflegen	Wir können unseren Kindern die verschiedenen Arten der Haarpflege zeigen und ihnen beim genauen Ablauf helfen: beim Entwirren, Kämmen, Bürsten, Flechten und Entflechten, Befeuchten, Einölen, Verdichten und Styling.
Hände waschen	Wir können ihnen zeigen, wie man die Finger wäscht, zwischen den Fingern, die Handflächen, die Handrücken, mit der Bürste unter den Fingernägeln. Wir können ihnen zeigen, wie viel Seife man braucht, wie man das Wasser laufen lässt, wie lange man »schrubbt«. Wir können ihnen erklären, wie man beim Händewaschen Wasser spart. Wir können ihnen zeigen, wie man Handcreme verwendet. Wir können ihnen klarmachen, wann man sich die Hände wäscht – wenn man von draußen reinkommt, vor und nach dem Essen, nach dem Toilettengang, nach dem Naseputzen, nachdem man ein Tier oder schmutzige Gegenstände angefasst hat.
Fingernägel pflegen	Ab dem 4. Lebensjahr interessieren sich unsere Kinder vielleicht für das Schneiden ihrer Fingernägel. Wie können ihnen zeigen, wie man Nagelclips verwendet und wo die Nagelreste entsorgt werden. Wir können ihnen zeigen, wie man Nagellack aufträgt, wenn sie Interesse daran haben, und ein älteres Kind möchte vielleicht lernen, wie Maniküre und Pediküre ablaufen.
Nase putzen	Wir können ihnen zeigen, wie viel Papiertaschentuch man verwendet, wie stark man sich schnäuzt und was man danach mit dem Taschentuch macht – und dass man sich danach die Hände wäscht. Wir können vor einem Spiegel, während wir das Kind ansehen, unsere Nase schnäuzen und sie dann selbst schnäuzen lassen.
Abputzen oder Hände waschen nach dem kleinen oder großen Geschäft	Wir können ihnen zeigen, wie viel Toilettenpapier man braucht, wie man von vorne nach hinten abwischt, bis das Papier sauber ist, und sich danach die Hände wäscht. Manche Religionen schreiben die Benutzung einer bestimmten Hand vor. Dies können wir bei Gelegenheit mit unserem Kind besprechen.
Kleidung pflegen	Wir können den Kindern zeigen, wie man erkennt, ob die eigene Kleidung schmutzig ist oder noch mal getragen werden kann. Sie können lernen, ihre Schmutzwäsche nach Farben, Material und Kleidersorte zu sortieren und wie man Sachen mit der Hand wäscht, die Waschmaschine füllt, einstellt und laufen lässt. Sie können auch lernen, ihre Kleidung zusammenzulegen, auf Bügel zu hängen oder zu bügeln. Wir können ihnen zeigen, wie man bei niedriger Temperatur gefahrlos bügelt. Wenn sie älter werden, kann man ihnen am jeweiligen Beispiel erklären, wie man besondere Stoffe oder Farben extra behandelt, bei welcher Temperatur die Kleidungsstücke gewaschen werden und wie viel Wasch- oder Bleichmittel man braucht. Wir können ihnen auch demonstrieren, wie man einen Knopf annäht oder etwas flickt. (Mehr Hinweise zum Nähen finden Sie auf S. 335.)
Schuhe pflegen	Wir können den Kindern zeigen, wie man Sand und Schmutz von ihren Schuhen bürstet, wie man Flipflops oder Turnschuhe reinigt, wie man Lederschuhe putzt und pflegt und wie man sie lüftet.
Kleine Verletzungen verarzten	Man kann Kindern zeigen, wie man eine kleinere Verletzung reinigt und ein Pflaster draufklebt.

Persönliche Hygiene	Wenn das Kind sich der Pubertät nähert, können wir ihm zeigen, wie man sich körperlich pflegt. Wie man sich rasiert; wie Monatsbinden oder Monatshöschen verwendet werden; wie man Deodorant benutzt; wie man sich wäscht und reinigt; wie man Flecken abwäscht. Diese Aktivitäten können helfen, unsere Kinder auf den Übergang zum Jugendalter vorzubereiten.
Schulsachen vorbereiten	Wir können ihnen zeigen, wie sie ihre Schulsachen organisieren, die Wasserflasche füllen, sich das Pausenbrot machen, die Kleidung für den nächsten Tag zurechtlegen und alle zusätzlichen Dinge für den Sport- oder Musikunterricht einpacken. Ältere Kinder können sich Listen machen. Wie können ihnen auch zeigen, wie und was man für einen Ausflug einpackt.
Sich um andere kümmern	Sie können lernen, wie man andere bei ihren Aktivitäten zur Selbstfürsorge unterstützt.
Sich um Haustiere kümmern	Unser Kind kann lernen, das Fell zu bürsten, die Wasser- und Futterschüsseln zu säubern und neu zu füllen, Katzenstreu auszuwechseln, das Tier in der Badewanne zu waschen und mit ihm Gassi zu gehen.
Ausgehen/ Heimkommen	Man kann Kindern zeigen, wie sie in ein Auto hinein- und wieder herausklettern, den Sicherheitsgurt anlegen, Dinge aus dem Auto holen und ihre Schuhe und Jacke wegräumen (wenn die Schuhe schmutzig sind, können sie den Schmutz abklopfen).
Selbstfürsorge Starterkit	Siehe »Activity Starterkits« (online zu finden bei beltz.de unter diesem Buch).
Pflege der Umgebung	**Dazu gehören Aktivitäten, die unsere Umgebung in Ordnung halten, in den vier Wänden ebenso wie im Freien. Das Werkzeug, das wir benutzen, und die Art und Weise, wie wir unsere Umgebung instandhalten, ist von Ort zu Ort und von Kultur zu Kultur unterschiedlich. Diese Aktivitäten unterstützen die Entwicklung großmotorischer Fähigkeiten und den Ordnungssinn des Kindes, laden zu tiefer Konzentration ein und helfen dem Kind, ein Verantwortungsgefühl für seine Umgebung/Gemeinschaft/die Welt zu entwickeln.**
Unsere Räume erhalten	• Aufräumen – Schränke, Schuhe, Habseligkeiten, Bücher, Dinge auf dem Tisch, Zimmer, Spielecken und Spielsachen. • Die Umgebung verschönern – Kinder können lernen, wie man Blumen schneidet und arrangiert, Vorhänge und Fenster öffnet und schließt, um Licht und Luft hereinzulassen, sowie Dekorationen herstellt, um den Raum zu verschönern. • Pflanzen pflegen – Pflanzen gießen, die Blätter abstauben oder waschen, trockene Blätter abschneiden und, für ältere Kinder, umpflanzen bzw. umtopfen. • Im Freien arbeiten – Blätter rechen; Gartenarbeit, Blumen, Gemüse und Kräuter pflanzen; kompostieren; Schnee schaufeln. • Post aus dem Briefkasten holen. • Holzarbeiten – Nägel einschlagen, Holz sägen und schleifen oder hobeln.
Unsere Zimmer sauber machen	• Staub wischen – mit einem Staubtuch oder Staubwedel Oberflächen und Regale abstauben; Spinnweben entfernen. • Wischen – übergelaufene Flüssigkeiten aufwischen und Oberflächen wischen.

- Kehren und Staubsaugen – wir können den Kindern zeigen, wie man unterschiedliche Böden oder Oberflächen fegt oder staubsaugt. Eine einfache Aktivität: Um das Auffegen zu üben, eignen sich Papierschnipsel oder trockene Blätter in einem Karton oder Korb. Das Kind kann sie in einem Raum verstreuen, und nun zeigen wir ihm, wie man sie zu einem Haufen zusammenfegt. Wir können mit Kreide und Klebeband eine Stelle markieren, wo der Haufen entstehen soll. Das Kind kann ihn dann auf ein Kehrblech kehren und in den Karton oder Korb leeren und wieder von vorn anfangen.
- Feucht aufwischen – wir können ihnen zeigen, wie man den Putzlumpen benutzt und auswäscht.
- Polieren – glatte Holz- und Metalloberflächen und Spiegel.
- Putzen/waschen/wischen – Fenster, Autos, Tische, Möbel, Wände, Toiletten, Abflüsse, Badewannen/Duschen, Oberflächen, Behälter, Spielsachen, Kleidung, Servietten, Lumpen. Kindern kann man ebenso zeigen, wie man Stoffteile zum Trocknen aufhängt. Älteren Kindern kann man vormachen, wie Vorhänge zum Waschen abgenommen und wie sie wieder aufgehängt werden.

Pflege der Umgebung Starterkit

Siehe »Activity Starterkits« (online zu finden bei beltz.de unter diesem Buch).

Essenszubereitung

Aktivitäten in der Küche stärken die Unabhängigkeit unseres Kindes und helfen zugleich bei der Entwicklung von groß- und feinmotorischen Fähigkeiten, von Sprache und Selbstbewusstsein. Dss Kind kommt dabei mit abstrakten Prinzipien aus Mathematik, Geografie, Wissenschaft, Landwirtschaft und Geschichte in Berührung. Wir können Aggregatzustände von Substanzen untersuchen, verschiedene Zutaten kombinieren, und wir können den Weg unseres Essens vom Garten zum Tisch verfolgen, während wir die ganze Zeit mit unseren Kindern zusammen sind. Wir können Geschichten über die Herkunft einer Zutat oder eines Rezepts erzählen und mit unseren Geschmacksnerven um die Welt reisen. Wir können unser Kind in die Esskultur unserer Familien einführen.

Aktivitäten für Anfänger*innen

- Waschen – Obst und Gemüse, Nüsse und Getreide, Küchenutensilien.
- Abtrocknen – Früchte und Gemüse, Nüsse und Getreide, Teller, Küchenutensilien.
- Arrangieren – den Tisch decken, Utensilien und Zutaten fürs Kochen oder Backen bereitstellen.
- Sortieren – Einkäufe, Getreide, Früchte, Gemüse. Diese können in Beuteln, Taschen oder Gefäßen aufbewahrt werden.
- Beim Einkauf helfen – eine Einkaufsliste schreiben, den Einkaufswagen schieben, Waren einladen, den Kassierer oder die Kassiererin grüßen, beim Bezahlen helfen.
- Uns Dinge reichen, wenn wir Essen zubereiten – Zutaten, Kochutensilien.
- Pflücken und Rupfen – Salatgemüse, Kräuter, den Strunk oder Stiel einer Frucht oder Gemüseart entfernen, vielleicht auch Federn von einem Huhn, wenn wir dies selbst tun und es Teil unserer Kultur ist.
- Mit den Händen schälen/pellen/knacken – Früchte wie Bananen oder Mandarinen, Nüsse, Eier.
- Klein hacken – Früchte, Gemüse.
- Schneiden von weichen Lebensmitteln – Butter (mit dem Buttermesser), Bananen, Erdbeeren, Käse, Kiwis.

	• Messen und gießen/schütten – Getreide, Haferflocken, Öl, Wasser. Zum Beispiel von einem größeren Behälter in einen kleineren; von einer Kanne in einen Becher; in mehrere Behälter, wenn wir gleiche Mengen erhalten wollen; einen Trichter benutzen, wenn man von einem Behälter mit größerer Öffnung in einen mit kleinerer gießt; unser Kind kann auch mit Tassen, Tee- und Esslöffeln abmessen. • Schöpfen und umfüllen – mit den Händen, Löffeln, Gabeln oder einem kleinen Schöpfbecher aus Behältern in Rührschüsseln umfüllen und mit einem speziellen Löffel Melonenkugeln ausstechen. • Verteilen und streichen – Butter, Erdnussbutter und Marmelade auf Brot; Tomatensauce auf Pizzateig; Ei-Glasur auf Teig. • Auspressen und mit einem Entsafter entsaften – Orangen, Zitronen. • Sieben und durch ein Tuch abtropfen lassen. • Manschen und pürieren – Bananen, Avocados. • Rühren und mixen.
Aktivitäten mit mittlerem Schwierigkeitsgrad	• Gemüse waschen. Wir können den Kindern zeigen, was man beim Waschen benutzt und wie man wäscht. Manche Leute benutzen Wasser, andere Salz und Wasser, manche Essig und Wasser. Mit einem älteren Kind können wir uns dann über Desinfektion unterhalten und darüber, wie wir etwas Festes mit etwas Flüssigem mischen oder eine Lösung herstellen. • Schälen/Knacken mit Utensilien wie einem Gemüseschäler für Karotten, Gurken und Kartoffeln und einem Nussknacker für Nüsse. • Weicheres Gemüse wie Tomaten, Bohnen, Okra, Paprika und Blattgemüse mit einem Messer in Scheiben und in Stücke schneiden. • Mit einer Waage abwiegen und mit einem Messbecher abmessen sowie die Ofentemperatur einstellen. • Getreide und Bohnen waschen. • Das Essen auftragen, einschließlich Schüsseln und Servierteller. • Teller abtrocknen. Ein jüngeres Kind braucht vielleicht eine Oberfläche, worauf es das Küchenhandtuch legen kann, um dann einen Teller mit der einen Hand festzuhalten und ihn mit der anderen abzutrocknen. • Salate, Pizzabeläge und Teller mit Fingerfood arrangieren. • Auslesen. Dazu können feinmotorische Tätigkeiten gehören wie Sand entfernen/kleine Steine aus Reis und Bohnen klauben. • Karotten, Zucchini, Äpfel, Käse, Kokosnüsse, Okra, Muskat, Zimt reiben. • Während des Kochens riechen und abschmecken. • Kartoffeln mit Salzkristallen, Knoblauch, Ingwer und anderen Gewürzen zerstampfen. • Zum Entsaften einen elektrischen Entsafter benutzen; Saft oder Milch aus Blättern, Samen und Nüssen extrahieren. • Sahne zu Butter schlagen. • Ein Streichholz anzünden, eine Gasflamme anzünden und wieder ausdrehen. • Eine Mikrowelle benutzen, wenn es in der Familie eine gibt. • Entsteinen und entkernen von Früchten – entkernen von Kirschen, Fruchtkerne aus dem Granatapfel lösen, Erdbeeren entstielen. • Gekochte Eier pellen, Walnüsse und Kokosnüsse knacken. • Rezepte lesen und befolgen.
Vorschläge für Snacks	• Sandwiches. Kinder können Fleisch/Wurst, Gemüse/Salat auswählen und die Sandwiches in Hälften, Viertel oder lustige Formen schneiden. Ein älteres Kind kann Wraps herstellen. Wir können im Kühlschrank ein leicht erreichbares Fach für Sandwich-Zubehör reservieren. • Cracker, Bagels, Chips, Brote, Früchte oder Gemüse mit Aufstrichen oder Dips wie z. B. Erdnussbutter, Marmelade oder Hummus. Unverderbliches kann man in luftdichten, leicht zu öffnenden Behältnissen aufbewahren, die für die Kinder leicht erreichbar sind.

- Salate. Gemüse und Früchte können klein geschnitten und in unterschiedlicher Mischung dem Salat zugegeben werden. Ein älteres Kind kann Salate aus verschiedenen geografischen Regionen kennenlernen und auch unterschiedliche Salatdressings wie z. B. solche mit Öl, Zitronensaft oder Essig und Salz und Joghurtdressings.
- Cerealien. Das Kind kann die Cerealien in eine Schüssel füllen und Milch aus einem Krug darübergießen. Es kann Joghurt in eine Schüssel füllen und mit Granola und Früchten garnieren. Ältere Kinder können Cerealien und Joghurt in einer Glasschüssel aufschichten und Milch direkt aus einem Milchkarton darübergießen.
- Eier, gekocht und in Scheiben oder geviertelt. Ein älteres Kind mag vielleicht gefüllte Eier. Es kann auch Spiegeleier, Arme Ritter oder French Toast machen. Oder Pfannkuchenteig anrühren und in einer Pfanne backen.
- Säfte, Limonaden und Smoothies.

Mahlzeiten kochen

Das Kind sollte jedes Essen bei dir zu Hause kennenlernen. Eintöpfe mit und ohne Wurst oder Fleisch und Suppen bieten sich für den Anfang an.

Kochen auf dem Herd

Wir können mit relativ einfachen Gerichten beginnen, die bei geringer Hitze kochen, wie Rührei, Omeletts, Pfannkuchen, French Toast oder Arme Ritter. Wir können dem Kind den richtigen Abstand zur Pfanne zeigen und wie man vorsichtig mit ihr umgeht, wenn sie heiß ist. Wir können schrittweise dazu übergehen, bei mittlerer Hitze zu kochen, und Zwiebeln, Tomaten und Hackfleisch anbraten. Wenn wir merken, dass wir dem Kind mehr zutrauen können, können wir ihm komplexere Aufgaben geben. Es sollte immer ein Erwachsener anwesend sein, wenn ein Kind unter 12 Jahren am Herd kocht.

Streichhölzer anzünden

Mithilfe eines Streichholzes können wir die Aktivität üben, ein Teelicht anzuzünden. Wir können dem Kind beibringen, das Streichholz von sich weg anzuzünden, es waagerecht zu halten und so rasch wie möglich wieder auszublasen. Wir können ein kleines Gefäß mit Sand bereitstellen, um das gebrauchte Streichholz hineinzustecken. Wir können im nächsten Schritt dazu übergehen, das Feuer in einem Ofen anzuzünden.

Küche sauber machen

- Nach der Essenszubereitung aufräumen und abspülen.
- Nach dem Essen den Tisch abräumen und säubern.
- Reste von den Tellern entfernen.
- Abspülen der Teller, Behälter und Kochutensilien.
- Den Geschirrspüler füllen und anstellen.
- Reinigungsmittel und Putzutensilien nach dem Gebrauch zurückräumen.
- Den Boden fegen und wischen.
- Die Arbeitsfläche säubern und abwischen.
- Den Herd abwischen.

Backen

Backen gibt dem Kind die Chance, exakt mit Maßen und Zutaten zu hantieren und sich an die Reihenfolge eines Rezepts zu halten. Das erfordert, dass unser Kind über längere Zeit konzentriert bei der Sache bleibt. Backen erlaubt auch eine Vielzahl sinnlicher Erfahrungen: Geschmack, Formen, haptische Wahrnehmungen, Temperaturen, Gerüche und Farben.

Ein Rezept nachzuvollziehen bietet dem Kind eine weitere Gelegenheit, Lesen zu üben, und erweitert seinen Wortschatz. Beim Abmessen kommt Mathematik ins Spiel, und das Kind lernt Teilen, Zählen sowie verschiedene und gleich große Volumina kennen. Älteren Kindern kann man die Aufgabe stellen, die Mengenangaben in einem Rezept zu halbieren, zu verdoppeln oder auf ein Drittel zu reduzieren, und sie so veranlassen, zu dividieren oder zu multiplizieren und ihre praktischen Fähigkeiten zu erweitern. Backen ermöglicht dem Kind auch, sich mit dem Mischen, Vermengen und Kombinieren von Zutaten vertraut zu machen. Das Kind kann Zeit und verschiedene Temperaturen erkunden.

	Backen fördert natürlich Selbstdisziplin und Genauigkeit. Ein Extralöffel Salz macht bei Keksen oder Kuchen einen deutlichen Unterschied. Aus solchen wichtigen Erfahrungen lernt das Kind. Backen hilft auch bei der Entwicklung von Selbstkontrolle. Vielleicht lässt sich Gebäck zum nächsten Essen reichen, manchmal können wir auch für andere etwas backen.
Fähigkeiten, die sich beim Backen entwickeln	• Zutaten abmessen und dem Teig zugeben. • Trockene Zutaten sieben. • Eier aufschlagen, verquirlen, das Eiweiß vom Dotter trennen. • Teig für Gebäck, Kuchen, Pasteten, Mehlspeisen herstellen, den Teig ausrollen. • Ausstecher für Plätzchen benutzen; Pizzaschneider und Teigmischer benutzen. • Teig mit Ei-Glasur bepinseln. • Teig formen und Teigränder zusammendrücken. • Gebäck und Kuchen dekorieren. • Gebäck und Kuchen in den Ofen schieben und wieder herausholen.
Backideen	Plätzchen, Brot, Pasteten, Muffins, Aufläufe, Granola, Falafel, Pizza, Cracker etc.
Backen Starterkit	Siehe »Activity Starterkits« (online zu finden bei beltz.de unter diesem Buch).
Was man beim Kochen und Backen noch beachten sollte	• Bereite die Umgebung vor. Überlege, ob das Kind beim Kochen/Backen sitzen oder stehen wird. • Stelle dir jeden Schritt des Arbeitsvorgangs vor und was dazu gebraucht wird: Wo kommt der Quirl hin, wenn das Kind mit Quirlen fertig ist? Wo kommen die Bananenschalen hin? Lege an einer Stelle alle Utensilien bereit, sodass das Kind ein Gefühl für Ordnung bekommt und kein zu großes Chaos entsteht. • Für ein jüngeres Kind können alle Zutaten im Voraus abgemessen und in der Reihenfolge ihrer Verwendung bereitgestellt werden. • Wir können für Kinder, die noch nicht lesen können, ein Rezept mit Bildern erstellen. Das muss nicht kunstvoll aussehen und kann handgemalt sein. Es gibt auch im Buchhandel Bilderkochbücher zu kaufen. Ein lesekundiges Kind kann uns jeden Schritt des Rezepts vorlesen, während wir die Anweisungen ausführen und es uns dabei zur Hand geht; dann helfen wir ihm, mehr Dinge selbst zu tun. • Wir können den Kindern zeigen, wie man die Ofentemperatur einstellt und wie man Dinge hineinschiebt und wieder herausholt. • Wir können ihnen den Namen des Gerichts nennen, das wir zubereiten, und ihnen die Zutaten und Utensilien zeigen, die wir dazu benötigen. • Wir können unsere Arbeitsschritte beschreiben und benennen, wie z.B. einlegen, kochen, braten, grillen, quirlen, mahlen, mischen. Bei älteren Kindern können wir noch mehr ins Detail gehen: simmern, anschwitzen, in wenig Öl anbraten, frittieren statt nur braten. • Die Kinder können uns beim Abmessen helfen, und wir können ihnen die Begriffe für die Maßeinheiten nennen: *Tasse* (= 250 g Salz, 125 g Mehl, 25 g Butter), Esslöffel, Teelöffel, halb, viertel. Sie können die Zutaten hinzugeben. Wir können, während sie das tun, noch einmal die Namen der Zutaten nennen, damit sie sie sich besser einprägen, und auch die der Kochutensilien. • Sie können das Essen probieren, und wir können über den Geschmack reden – süß, salzig, kräftig, scharf, pfeffrig. Wir können sie mit verschiedenen Gewürzen, Konsistenzen, Temperaturen bekannt machen. • Sie können ausschöpfen, löffeln, gießen und rühren. • Nach und nach können sie mehr Verantwortung übernehmen, bis sie in der Lage sind, den gesamten Kochprozess selbstständig zu meistern. • Wir können bei dieser Gelegenheit zeigen, wie man Essen aufbewahrt oder einfriert und wie man es wieder aufwärmt.

Essenszubereitung Starterkit

Siehe »Activity Starterkits« (online zu finden bei beltz.de unter diesem Buch).

Sicherheit in der Küche

Bevor wir anfangen, sprechen wir mit unserem Kind über Sicherheit. Wenn wir zeigen, wie wir Kochutensilien benutzen, können wir über Risiken sprechen – Bakterien, Schnittverletzungen, Verbrennungen, Brände – sowie darüber, was bei einem Unfall zu tun ist. Wir können erklären, dass wir unsere Hände vor dem Essen waschen; den Löffel nach dem Probieren nicht wieder in die Rührschüssel oder den Topf stecken; unsere Haare zurückbinden; Arbeitsoberflächen, Utensilien und Zutaten sauber halten; das Essen auf der richtigen Temperatur halten; Rohes von Gekochtem fernhalten; Papier und Stoff von den Herdplatten fernhalten; achtgeben, wenn wir mit scharfen Gegenständen oder Hitze umgehen; die Herdplatte oder Herdflamme abdrehen, wenn wir den Raum verlassen. Wir können unsere Arbeitsumgebung auf potenzielle Gefahrenquellen überprüfen und diese beseitigen.

Pflanzen in der Küche

Wir können das Kochen mit unseren Kindern bereichern, indem wir pflanzen und ernten. Wir können einen ganzen Gemüsegarten anlegen und in Töpfen auf dem Fensterbrett Kräuter und Gewürze ziehen. Wenn wir einen Garten haben, macht es Spaß, mit Kindern einheimische saisonale Gemüse zu pflanzen – Karotten, Tomaten, Paprika, Radieschen, Kopfsalat, Spinat; Kräuter wie Currykraut, Basilikum und Petersilie; Lauchpflanzen wie Schnittlauch, Knoblauch und Zwiebeln. Knollengemüse wie Kartoffeln und Ingwer können in Eimern oder Säcken gezogen werden. Man kann versuchen, Früchte und Gemüse aus Essensresten zu ziehen. Die Kinder können für die Pflanzen sorgen, sie von Unkraut befreien, ernten und unterschiedliche Arten der Zubereitung erkunden, einheimische und internationale. Kräuter lassen sich trocknen und für die Aufbewahrung mahlen. Daraus lassen sich Duftsäckchen herstellen, die man Nachbar*innen schenken kann.

Rechnen und Lesen und Schreiben in der Küche

Beim Tischdecken rechnet das Kind aus, wie viele Leute essen werden, und deckt Teller und Besteck für jede Person auf. Dies ist eine Aktivität für Eins-zu-eins-Korrespondenz – »ein Teller für mich, ein Teller für Großmama« –, ein wichtiger Schritt für das Zahlenverständnis und Rechnen. Das Kind kann Servietten falten und für jede Person aufdecken – eine unbewusste Übung in Geometrie. Ein Quadrat lässt sich in ein Rechteck oder Dreieck oder kleineres Quadrat falten, oder es kann zu einem Zylinder gerollt werden. Das Kind kann Namensschilder aufstellen – eine gute Gelegenheit, zu lesen und vielleicht die Karten zu schreiben. Ein schreibunkundiges Kind kann die Namen laut aussprechen, die ein älteres Kind oder ein Erwachsener aufschreibt.

Wissenschaft in der Küche

- Beschaffenheit der Lebensmittel: flüssig (Wasser, Milch) und fest (Getreide, Früchte).
- Eiswasser vs. Wasser mit Zimmertemperatur vs. gekochtes Wasser. Wenn wir zuschauen, wie Wasser kocht, können wir unser Kind auf die Veränderungen aufmerksam machen – das Steigen der Temperatur, die aufsteigenden Bläschen (Gase) und das Kondenswasser, das sich bei geschlossenem Deckel bildet.
- Rohe Eier vs. gekochte Eier vs. Spiegeleier.
- Roher Reis vs. gekochter Reis und andere Getreide.
- Backteig vs. Kuchen/Plätzchen.
- Die Wirkung von Hefe auf Teig.
- Der Unterschied, wie der Teig aufgeht bei Wärme vs. Kälte.
- Schimmel und Pilzbefall bei älteren Nahrungsmitteln.
- Die Folgen, wenn man Brot mit schmutzigen Händen anfasst.
- Welche unterschiedlichen Dinge wie Früchte und Kochutensilien im Wasser oben bleiben oder sinken.

- Volumen, wenn wir zum Abmessen und Gießen verschiedene Gefäße benutzen.
- Die unterschiedlichen Reaktionen von Milch – in geronnenem Zustand, als Joghurt, Butterschmalz, Buttermilch, Sahne, Butter.
- Wie sich verschiedene Zutaten in Wasser oder unter Hitzeeinwirkung auflösen.
- Die unterschiedlichen Nährstoffe – Proteine, Kohlehydrate, Fett – und was sie für den Körper bedeuten.
- Ausgewogene Ernährung/Mahlzeiten.
- Nahrungsmittel, die lebensnotwendige Mineralien/Elemente enthalten.
- Körpersysteme wie das Verdauungs- und das Muskelsystem.
- Wirbeltiere und Wirbellose – Fisch und Huhn vs. Schnecken und Tintenfisch.
- Alternative Lebensstile wie vegetarisch und vegan.
- Wo Tiere leben, ihre Körperteile, besondere Eigenschaften (z. B. Wiederkäuer, die vier Mägen haben und Zellulose verdauen können), welche Körperbedeckung sie haben, wie sie sich um ihre Jungen kümmern.

BEWEGUNG	
	Bewegung ist so wichtig für unser Leben! Alles, was wir tun – laufen, berühren, reden, essen –, geht nur mit Bewegung. Selbst wenn wir uns nicht bewegen, kontrollieren oder verhindern wir bewusst oder unbewusst unsere Bewegungen. Kinder in der ersten Entwicklungsphase befinden sich in einer sensiblen Phase für Bewegung – sie lernen und verbessern sie und erfahren, wie man sie kontrollieren kann. Währenddessen entwickeln sie zugleich ihre Persönlichkeit und ihren Willen. Durch ihren Willen werden sie fähig, ihre Bewegung zu steuern und Selbstdisziplin und Charakter auszubilden. Zwischen Bewegung und kognitiver Entwicklung besteht eine wechselseitige Beziehung. Unser Ziel ist, unseren Kindern dabei zu helfen, koordinierte Bewegungen in Verbindung mit ihrem Bewusstsein zu entwickeln.
Bewegung für das 3- bis 6-jährige Kind	Maria Montessori beschrieb das 3- bis 6-jährige Kind als bewussten Arbeiter. Die Kinder bewegen sich auf eine bewusste, koordinierte Weise und haben grundlegende großmotorische Fähigkeiten entwickelt (für Bewegungen, bei denen Großmuskeln benutzt werden, wie Gehen, Rennen und Werfen) sowie feinmotorische Fähigkeiten (für Bewegungen, bei denen die kleinen Handmuskeln benutzt werden, wie Schreiben, Einfädeln und Schneiden). Jetzt sind sie in der Phase, ihre Bewegungen zu verfeinern – sie durch ihre Aktivitäten zu verbessern, zu erweitern und zu präzisieren.
Großmotorische Fertigkeiten	Dazu gehören Körperbewusstsein, bilaterale Integration und die Fähigkeit, die Mittellinie des Körpers zu überkreuzen. Diese Fertigkeiten werden zwischen 0–3 Jahren ausgebildet und dann im Alter zwischen 3 und 6 verfeinert.
Körperbewusstsein	Darunter versteht man die Inbezugsetzung des eigenen Körpers zum Raum, wobei die Koordination verbessert und Unfälle reduziert werden. Wir können unserem Kind Gelegenheiten verschaffen, auf dem Boden umherzukrabbeln, durch Tunnel zu kriechen und Hindernisstrecken zu überwinden; Fahrzeuge oder Spielsachen zu schieben; auf dem Boden zu rollen und zu spielen; zu springen; schwere Dinge wie Einkaufs- oder Mülltüten zu tragen, Bücher aus der Bücherei, Holzklötze oder Wassereimer; einen Wagen zu ziehen oder eine Schubkarre zu schieben; oder ein Klettergerüst, eine Leiter oder Bäume hinaufzuklettern.

Bilaterale Integration und das Überkreuzen der Körpermittellinie

Bilaterale Integration ist die Fähigkeit, beide Seiten des Körpers koordiniert einzusetzen, und spielt bei der Verfeinerung der Bewegung eine bedeutende Rolle. Bilaterale Integration spiegelt die Kommunikation zwischen der linken und der rechten Hirnhälfte. Wir benötigen diese Kommunikation fürs Gehen, Rennen, Klettern und viele andere großmotorische Aktivitäten.

Die Körpermittellinie wird immer überkreuzt, wenn wir unsere Augen, Hände oder Füße von der einen Körperseite zur anderen bewegen, wie beim Verschränken der Arme oder wenn wir mit der linken Hand nach etwas greifen, das sich auf der rechten Seite unseres Körpers befindet.

Viele praktische Aktivitäten fördern die bilaterale Integration und das Überkreuzen der Körpermittellinie. Zum Beispiel Teig kneten, aus einem Krug gießen, schwere Gegenstände wie eine Gießkanne tragen, kehren und wischen, Holzarbeiten, fädeln, nähen, Knetmasse kneten, mit einer Schere Papier in Streifen schneiden, backen und Schnürsenkel binden. Zusätzlich großmotorische Aktivitäten wie Treppensteigen und Spielgeräte, Seilspringen, Hampelmänner, von Baumstamm zu Baumstamm springen, auf einem Bein hüpfen, Klettergerüst, Bewegungsspiele mit Kinderreimen, Luftschlangen oder Seidenbänder, Bälle aufprallen und hochspringen (dotzen) lassen – und auch alle Hand- und Klatschspiele fördern bilaterale Interaktionen und das Überkreuzen der Körpermittellinie.

Bewegungen verfeinern

Man kann Kindern zwischen 3 und 6 helfen, ihre Bewegung zu verfeinern, indem man die Balance und Kontrolle ihres Körpers verbessert. Sie wollen nicht nur einfach gehen, sie wollen auf einer geraden oder kurvigen Linie gehen, rennen, klettern, rutschen, Seilspringen, Pedale treten, Purzelbaum schlagen, Rad schlagen, Handstand machen, wirklich still stehen, Dinge tragen, Dinge stapeln, fähig sein, Bewegungen zu Ende zu führen, die ein höheres Maß an Körperkontrolle verlangen. Sie wollen ihren Körper und ihre Balance beherrschen können. Wir können dies unterstützen, indem wir Raum und Gelegenheiten für freies Spielen und für zielgerichtete Bewegungen in unseren vier Wänden und im Freien schaffen.

Bewegung im Freien

Wir können Dinge im Freien bereitstellen wie Holzklötze oder -blöcke oder Steine, die man tragen, rollen, schieben, stapeln, auf die man klettern und von denen man wieder herunterspringen kann. Wir können auch Gelegenheiten für zielgerichtete Aktivitäten schaffen, die große Bewegungen erfordern, wie kehren und Blätter zusammenrechen, diese in eine Schubkarre laden oder zu einem Haufen zusammentragen, auf den man hüpfen kann. Zu Hause können Kinder aus großen Kissen Burgen bauen, die Kissen stapeln, sie verschieden arrangieren und von ihnen hinunterspringen.

Unser Kind möchte seinen Körper kontrollieren und anhalten können. Randsteinkanten, gefallene Baumstämme und Schwebebalken sind willkommene Gelegenheiten, um zu balancieren. Holzblöcke oder Baumscheiben laden zum Hüpfen ein, zum Heben, Rollen, Tragen, Stapeln, Klettern oder darauf Sitzen, um die kleinen Ökosysteme im Umkreis zu beobachten.

Wenn wir einen Garten haben, kann das Kind Schmetterlingen hinterherlaufen, sich bücken, um Blumen zu pflücken, Obst oder Gemüse ernten, Unkraut zupfen oder eine schwere Gießkanne tragen, um die Pflanzen zu gießen. Wir können einen weichen Rasen, einen weichen Teppich oder Polsterschaum benutzen, um darauf Rad oder Purzelbaum zu schlagen. Wenn wir diese Dinge nicht zu Hause haben, können wir in einen Park oder auf einen Spielplatz gehen – als Teil unserer täglichen oder zumindest wöchentlichen Routine.

Bewegung im Alltag	Unsere Kinder können die Post holen, das Auto waschen oder Fahrrad fahren, um mit uns Besorgungen zu machen. Junnifas Kinder lernten alle mit 3 Jahren Fahrradfahren. Sie begannen mit 18 Monaten oder 2 Jahren mit Laufrädern und gingen dann mit etwa 3 Jahren problemlos zu normalen Fahrrädern über, ohne Stützräder zu benötigen. Ältere Kinder können ebenfalls mit Laufrädern beginnen, die es ihnen erleichtern, normales Fahrradfahren zu lernen.

Andere Bewegungsaktivitäten	Die folgenden Vorschläge fördern die Kontrolle und Verfeinerung der großmotorischen Bewegungen, und sie interessieren und beschäftigen Kinder auf dieser Entwicklungsstufe wirklich.
	• Gehen mit einer Glocke in der Hand, ohne dass sie anschlägt; gehen mit einem Ei oder einem Ball auf einem Löffel, ohne es/ihn fallen zu lassen; gehen mit einer Tasse Wasser, ohne dass etwas überläuft; oder gehen mit einem Jonglierball, Buch oder anderen Gegenstand auf dem Kopf, ohne dass er herunterfällt. Wir können sie ermuntern, zunächst langsam zu gehen und dann, wenn sie die Kontrolle behalten, schneller zu gehen.
	• Auf eine bestimmte Weise gehen, wie z. B. auf einer Linie oder einem Schwebebalken von der Ferse bis zum Zeh den Fuß abrollen.
	• Im Haus oder im Freien auf Linien gehen – einer geraden Linie, einer gebogenen Linie, einer Zickzack-Linie, einer Linie, die durch enge Kurven führt – oder auf Umrisslinien, die man mit Kreide, Klebeband oder sogar Farbe anfertigen kann.
	• Musikalische Aktivitäten, die zu unterschiedlichen Bewegungen einladen: gehen, rennen, galoppieren, hüpfen.
	• Rhythmische Aktivitäten, in denen verschiedenen Bewegungen mit verschiedenen Liedern verbunden sind, wie »Wenn du glücklich bist, dann klatsche in die Hand«, »Ameisen gehen marschieren«, »Hokey Cokey«, »Kopf, Schultern, Knie und Zehen«, »Fünf kleine Affen«, »The Goldfish (Let's Go Swimming)« von Laurie Berkner etc. Wir tun dies in der Regel mit jüngeren Kindern, doch auch ältere Kinder können davon profitieren.
	• Spiele wie »Alle Vögel fliegen hoch«; Bewegen, Starrstehen; Plumpsack; Verstecken spielen.
	• Aktivitäten mit Aktionskarten – Kinder ziehen eine Karte und vollführen dann die angegebenen Bewegungen.
	• Bewegen wie Tiere – wie ein Pferd galoppieren, wie ein Frosch hüpfen, wie eine (Zitter-)Spinne herumwirbeln, wie ein Vogel oder Schmetterling mit den Flügeln/Armen schlagen.
	• Leise zu Hause umhergehen, ohne gegen Möbel zu stoßen. Wir können Hindernisse einbauen, um dies interessant zu gestalten. Und die Kinder können üben:
	  – gehen, von einem Stuhl aufstehen und sich hinsetzen, ohne ein Geräusch zu machen.
	  – einen Gegenstand oder ein Möbelstück in die Hand nehmen, wegtragen und abstellen, ohne ein Geräusch zu machen.
	  – lautlos Türen, Gefäße, Schachteln und Deckel schließen.
	• Ball spielen – fangen, werfen, in ein Behältnis/eine Schachtel werfen, kicken etc.
	• Im Supermarkt den Einkaufswagen schieben, um Ecken biegen und an anderen Einkaufenden vorbeimanövrieren.

Großmotorische Fertigkeiten Starterkit	Siehe »Activity Starterkits« (online zu finden bei beltz.de unter diesem Buch).

Bewegung für das 6- bis 12-jährige Kind

Alle Aktivitäten für das 3- bis 6-jährige Kind helfen auch älteren Kindern, großmotorische Aufgaben besser zu meistern. 6- bis 12-jährige Kinder sind sehr stark. Sie haben eine Menge Energie und wissen das. Sie wollen sich ausleben und sehen, wie weit sie gehen können. Sie sind auch recht kontaktfreudig und arbeiten gern in Gruppen zusammen. Dies ist eine entscheidende Phase für die soziale und moralische Entwicklung und damit eine fabelhafte Gelegenheit, Gruppensport und Gruppenaktivitäten anzuregen. Die Kinder werden Spaß haben an: Laufen (einzeln oder in der Staffel), Tennis, Fußball, Schwimmen, Basketball, Baseball, Kricket, Hockey, Federball, Turnen, Seilschwingen, Pfadfinder- oder Suchspiele (dazu gehören in der Regel Wandern/Umherlaufen und andere körperliche Aktivitäten).

Wettkampfsportarten können den Kindern helfen, die richtige Haltung zum Gewinnen und Verlieren zu entwickeln. Wir können sie ermuntern, sich darauf zu fokussieren, ihr Bestes zu geben und sich nach Möglichkeit zu steigern. Wir können Gruppen mit positiver Einstellung zum Wettkampf aussuchen, wo auf Zusammenarbeit und gegenseitige Unterstützung Wert gelegt wird.

Wir können beobachten, wofür sich unser Kind interessiert und wofür es Talent hat, und dann Gelegenheiten schaffen, bei denen es sich in dem Bereich weiterentwickeln kann. Wenn es sich nicht sicher ist, können wir ihm Verschiedenes zeigen und schauen, wofür es Feuer fängt.

Entwicklung der Feinmotorik

Maria Montessori sagte, Hände sind die Instrumente der Intelligenz. Die Arbeit und das Werk unserer Hände erzählen die Geschichte unserer Kultur und Zeit. Sie beeinflussen, bearbeiten und verbessern unsere Umwelt. Bei den meisten Berufen, vom Koch bis zum Lehrer, von der Künstlerin bis zur Ärztin, vom Programmierer bis zur Schneiderin, braucht man seine Hände. Es sind unsere Hände, die beigetragen haben, Geschichte zu schaffen und zu überliefern, und so geholfen haben, dass jede Generation von der vorangegangenen lernt. Maria Montessori glaubte, dass die kognitive Entwicklung begrenzt ist, wenn sie nicht durch die Hände unterstützt wird. Zur Entwicklung feinmotorischer Fertigkeiten gehören die Augen-Hand-Koordination, Kraft in den Händen, manuelle Geschicklichkeit und der Pinzettengriff.

Praktische Lebensaktivitäten

Alle Aktivitäten des praktischen Lebens, die wir bereits besprochen haben, fördern die Entwicklung feinmotorischer Fertigkeiten. Zu- und aufknöpfen, knoten, schnüren, Reißverschlüsse schließen/öffnen stärken die Augen-Hand-Koordination, den Pinzettengriff und die manuelle Geschicklichkeit. Öffnen und schließen unterschiedlicher Behältnisse, mischen, schälen und schneiden/zerkleinern stärken die Hand und auch wieder die manuelle Geschicklichkeit. Eier pellen, Blätter oder winzige Gegenstände aufheben und Saatgut/Samen sortieren fördern die Entwicklung des Pinzettengriffs.

Öffnen und schließen

Wir können auch eine eigene Aktivität gestalten, indem wir sechs bis acht Behältnisse mit verschiedenen Verschlüssen bereitstellen. Das können Schachteln sein, Behältnisse mit Klappdeckeln, Flaschen mit Schraubverschluss, Geldbörsen mit Druckknopfverschluss, Beutel mit Kordelzug. Wir können dem Kind zeigen, wie man den Schraubverschluss oben auf- und wieder zuschraubt, wie man Deckel abhebt, das Behältnis öffnet und wieder verschließt etc. Es kann auch Spaß machen, eine Perle, einen Knopf oder anderen kleinen Gegenstand in den einzelnen Behältnissen zu finden, und das Kind kann die Aktivität dann erweitern, indem es die Gegenstände herausnimmt und sie den passenden Behältnissen zuordnet. Die Kinder können auch die Aufgabe übernehmen, Fenster, Schränke und Türen zu öffnen und zu schließen.

Schlösser und Schlüssel	Schlüssel in Schlössern umdrehen. Wir können mit einem Schlüssel und einem Vorhängeschloss beginnen. Den Schlüssel in das Schloss zu stecken, bedarf der Augen-Hand-Koordination; drehen und aufschließen bedarf manueller Geschicklichkeit; und Abschließen stärkt die Handmuskulatur. Wir können dann ein oder zwei Schlösser und Schlüssel hinzufügen, um zu unterscheiden, welcher Schlüssel zu welchem Schloss passt. Wir können auch weitere Schlösser hinzufügen, z. B. eine Eckverriegelung, ein Zahlenschloss etc.
Zu- und aufschrauben von Muttern und Bolzen	Die Kinder können mit großen Muttern und Bolzen anfangen und dann zu kleineren fortschreiten und Werkzeug benutzen.
Gießen, löffeln und schneiden zur Förderung manueller Geschicklichkeit	Wir können spezielle Aktivitäten aufbauen, bei denen es um das Umfüllen von einem Gefäß in ein anderes geht. Das können Perlen, Pompons, Samen, Sand oder Wasser sein. Beim Schütten sollte man besser mit trockenen Dingen wie Trockenbohnen oder Linsen beginnen, die sich leicht auflesen oder beseitigen/reinigen lassen, um dann zu Sand und schließlich zu Flüssigkeiten überzugehen. Wir können die Aktivität in einer tiefen Schüssel auffangen und das Kind anregen, an einem Ort zu arbeiten, wo es nichts ausmacht, wenn etwas überläuft, und nur so viel ausgeben, dass es uns nicht stört, wenn es auf den Boden läuft.
Mit einem Locher oder Locheisen Formen ausstanzen	Stärkt die Handmuskulatur und fördert manuelle Geschicklichkeit. Die ausgestanzten Formen lassen sich auf ein anderes Stück Papier kleben und zu einem Kunstwerk arrangieren. Das Aufheben der Papierform und das Auftragen des Klebstoffs schulen beide den Pinzettengriff.
Mit Scheren schneiden	Mit Scheren kann man Papier, Grashalme, Stoff, Bänder, Garn, Salzteig oder Papierstrohhalme schneiden. Aus dem Papier, Stoff und Garn lassen sich Collagen herstellen. Die Strohhalme lassen sich auf Garn oder Schnur auffädeln, um Arm- oder Halsbänder herzustellen. Dies stärkt die Handmuskulatur und fördert manuelle Geschicklichkeit (Einfädeln) und die Augen-Hand-Koordination. Unser Kind kann seine Schneidefähigkeiten entwickeln; es kann damit anfangen, schmale Streifen zu schneiden (ca. 1 cm breit und 10 cm lang), bei denen es einfach schnipseln kann; dann kann es auf einem breiteren Streifen Linien nachschneiden (ca. 2 cm breit und 10 cm lang) – gerade, kurvige, Zickzack-Linien – und später Formen, Spiralen, symmetrische Figuren, gemalte und schließlich komplexe Figuren.
Stechen/ »prickeln« mit einem Prickelstift	Die Kinder können die Umrisslinie einer Form/Figur nachstechen (oder wir können solche Formen und Umrisse selbst vorbereiten) und sie können sie mit einer Ahle, einem Zahnstocher oder Spieß entlang der Linie nachstechen. Es ist leichter, wenn man dazu dickeres Papier und eine Filzunterlage benutzt. Sie können Formen/Figuren lernen, Kontinente, Tiere und Fahrzeuge. Die ausgestochenen Formen lassen sich auf ein anderes Stück Papier kleben und für ein Buch, eine Karte oder Mappe verwenden, mit denen man den Wortschatz überprüfen kann.
Falten	Fördert den Pinzettengriff, die Geschicklichkeit und die Handmuskulatur. Kinder können Stoff oder Papier falten. Servietten eignen sich für den Anfang sehr gut. Kinder können die Quadrate zu kleineren Quadraten oder Dreiecken falten. Sie können auch Socken zusammenlegen und sie dann zu kleinen Bällen zurückstreifen. Sie können im nächsten Schritt Papier mit mehr Genauigkeit und Sorgfalt falten. Sie können einfach ein quadratisches Stück Papier wie eine Serviette in kleinere Quadrate oder Dreiecke falten. Die Kinder können auch verschiedene Kleidungsstücke zusammenlegen und danach zu einfachem Origami und schwierigeren Faltungen (Flieger etc.) übergehen.

Puzzles legen	Puzzleteile fördern den Pinzettengriff, sie sind aber auch gut für die Augen-Hand-Koordination und die Raumwahrnehmung.
Nachzeichnen	Im Gruppenraum benutzen wir verschiedene Metallformen von einem Kreis bis zu komplizierteren Achtecken, deren Umrisse Kinder mit einem Stift umfahren können. Zu Hause gibt es Gegenstände mit unterschiedlichen Formen, wie Teller oder Schachteln, deren Umrisse Kinder zunächst mit dem Finger und dann mit einem Stift umfahren können. Sie lernen, wie man einer Kontur folgt und dabei eng an der Vorlage bleibt. Das bereitet sie darauf vor, genug Druck auszuüben, wenn sie ein Schreibgerät benutzen.
Einfädeln/Fädeln	Unterstützt die Augen-Hand-Koordination, die manuelle Geschicklichkeit und den Pinzettengriff. Das Kind kann mit großen, flachen Perlen/Kettenelementen mit großen Löchern beginnen, dann zu festen anderen Elementen fortschreiten – Zylindern, Kugeln, Würfeln –, dann zu kleinen Perlen. Pfeifenreiniger und Dübel eignen sich für den Anfang sehr gut, weil sie fest sind, und dann können wir zu Seil und Garn übergehen. Das Seil oder Garn, das wir benutzen, sollte zu Beginn eine gewisse Steifheit/Festigkeit aufweisen. Im Handel erworbene Aktivitäten berücksichtigen dies in der Regel, doch wenn wir die Aktivität zu Hause vorbereiten, können wir Klebeband benutzen, um den Faden zu versteifen. Der Knoten am Ende sollte groß genug sein, sodass die Perlen nicht darüberrutschen, oder wir setzen eine Perle vor den Knoten. Wenn die Kinder das Fädeln besser beherrschen, können sie auch lernen, Nadeln einzufädeln.
Wäscheklammern benutzen	Übt den Pinzettengriff und stärkt die Handmuskulatur. Kinder können Wäscheklammern benutzen, um Wäsche aufzuhängen, oder wir können Wäscheklammern in einen Korb legen und die Kinder können sie am Rand befestigen oder ein Stück Pappe oder Plastik damit fixieren. Wir können auch eine Wäscheleine aufspannen, an der sie Dinge befestigen, wie z. B. von ihnen gemalte Bilder oder ausgeschnittene Filzstücke. Die Wäscheklammern können am Anfang groß sein und dann langsam immer kleiner werden. Ein Bastelspaß ist, Farbenchips aus dem Baumarkt mit einer dazu farblich passenden Wäscheklammer zu benutzen.
Aufkleber/ Sticker	Mit Stickern arbeiten, sie abziehen und aufkleben, zunächst irgendwo auf Papier und später an extra dafür vorgesehenen Stellen, unterstützt die Entwicklung des Pinzettengriffs, der Augen-Hand-Koordination und der manuellen Geschicklichkeit.
Bastel-Aktivitäten und Handarbeit	Kritzeln, Zeichnen, Malen, Collagen herstellen und Modellieren mit Salz- und Knetteig unterstützen alle die Entwicklung feinmotorischer Fähigkeiten. Kinder können auch Schablonen und Vorlagen von Figuren, Formen, Briefen nachzeichnen bzw. abpausen. Hand- und Bastelarbeit einschließlich Nähen, Holzarbeiten, Modellieren, Stricken und Häkeln sind ebenfalls wundervoll für die feinmotorische Entwicklung.
Weitere feinmotorische Aktivitäten	• Riegelbrett; Arbeitsbrett bzw. sensorisches Spielbrett; Motorikspielzeug (Kinderlenkrad etc.). • Ankleiderahmen – Üben mit Reißverschlüssen, Knöpfen, Schnallen etc. • Schnürmodell – wir können auch einfach einen Schuh benützen, der noch nicht getragen wurde. • Schleifen binden – bei Puppenkleidern, mit Schnürsenkeln oder Stoffbändern. • Flechten mit drei Schnüren oder Bändern, die auf einem Untergrund befestigt sind.

SPRACHE	
	Sprache ist die Grundlage für die humane Tendenz zur Kommunikation. Durch sie teilen wir Informationen, drücken unsere Gefühle aus, bitten um Hilfe und können anderen zuhören. Durch sie können wir Sicherheit erfahren, lernen, Gelerntes weitergeben und Beziehungen und unsere Kultur aufbauen. Eine Umwelt, die reich an Sprache ist, hilft unserem Kind, seinen Wortschatz zu entwickeln und seine Fähigkeit, sich selbst auszudrücken. Sprache hilft unserem Kind: • die Welt um es herum einzuordnen, zu klassifizieren und zu kategorisieren. • sich selbst genau auszudrücken, wenn es über den nötigen Wortschatz verfügt. • zu abstrahieren und zu teilen, was es weiß, auszudrücken, was es denkt, und lebendige Vorstellungen laut auszusprechen – Maria Montessori nannte Sprache die »Abstraktion der Intelligenz«. • Anweisungen zu geben und zu empfangen, das Gelernte und die Erfahrungen, die wir mit ihm teilen, weiterzuentwickeln. • die Weite des Universums in einer Geschichte zu erfassen und große Ideen in Büchern kennenzulernen; Informationen in Enzyklopädien zu finden; und Menschen, Orte und Kulturen ferner Länder zu erforschen. Das Kind zwischen 0 und 6 Jahren befindet sich im aufnahmefähigsten Alter für Sprache. Nach dem Erwerb der grundlegenden Struktur der Sprache (zwischen 0 und 3 Jahren) kann das 3- bis 6-jährige Kind seine Sprachfähigkeiten verfeinern. Dies tut es durch die Erweiterung seines Wortschatzes. Es gibt ein unbegrenztes Potenzial für den Umfang des Wortschatzes, den ein Kind auf dieser Stufe erwerben kann. Es verfeinert auch seine Artikulation, Aussprache, Syntax und Grammatik und wird fähig, nicht nur in der gesprochenen, sondern auch in der geschriebenen Sprache zu kommunizieren. Etwa ab einem Alter von 4 oder 5 Jahren beginnen Kinder, die Macht der Sprache und die Wirkung, die ihre Worte auf andere haben, zu begreifen. Dies ist eine gute Zeit, um ihnen bewusst dabei zu helfen, Empathie zu entwickeln. Das 6- bis 12-jährige Kind benutzt Sprache, um sich selbst genauer und zielgerichteter auszudrücken, seine Ansichten zu diskutieren und zu verteidigen, seine Ideen aufzuschreiben und seine Erfahrungen schriftlich festzuhalten und Sprache auf künstlerische Weise in Geschichten (geschrieben oder mündlich) oder Gedichten zu verwenden.
Gesprochene Sprache	**Wir können unserem Kind helfen, sich klar, logisch und wortgewandt auszudrücken. Die Fähigkeit, sich selbst auszudrücken, trägt zur Selbstsicherheit bei, die sie weiterhin begleiten wird. Gesprochene Sprache ist auch die Grundlage für geschriebene Sprache.**
Gespräche mit uns	Gespräche sind eine wundervolle Möglichkeit, mit unseren Kindern eine Verbindung herzustellen, ihre Interessen und Erfahrungen kennenzulernen und eine starke Bindung aufzubauen, die zugleich ihre Entwicklung fördert. Wir können ihnen von unserem Tag erzählen und was in der Welt vor sich geht, uns über unsere und ihre Gedanken und Erlebnisse austauschen und ihre Fragen beantworten. Sie können lernen, sich selbst und ihre Familienmitglieder anderen Personen vorzustellen und über ihre Ideen und sich selbst zu sprechen sowie über Ideen anderer und deren Identität. Wir können zuhören und Nachfragen stellen, die Nachdenken und Ausdrucksfähigkeit erfordern und das Gespräch weiterführen. Gegenstände, Bücher, Kunst, Fotos, Illustrierte sowie Dinge, die man vom Fenster aus oder in Läden sieht, können gute Anlässe für Gespräche sein, in denen die Kinder sich einbringen, beschreiben und erklären können.

Gespräche mit anderen

Dazu können wöchentliche Telefonate oder Videoanrufe mit Großeltern oder Freund*innen der Familie gehören. Widerstehe der Versuchung, für Kinder zu antworten, wenn ihnen Fragen gestellt werden.

Fragespiele

Fragespiele werden im Montessori-Gruppenraum benutzt, um den Kindern zu helfen, ihre Gedanken zu ordnen und Details zu ihren Geschichten hinzuzufügen. Man kann sie aber ebenso zu Hause spielen. Wenn unser Kind uns etwas über ein Ereignis erzählt, können wir ihm helfen, Details zu ergänzen und die Geschichte weiterzuentwickeln, indem wir fragen: Was? Wer? Wann? Warum? Mit wem? Wir hören dann damit auf, die Informationen, die sie uns gegeben haben, zusammenzufassen. Wir müssen nicht alle Fragen stellen. Wir merken, wann unser Kind noch begeistert bei der Sache ist oder sein Interesse verliert; dann können wir zusammenfassen und unserer Wege gehen.

Eine reichhaltige Sprache verwenden

Wenn wir uns unterhalten, können wir eine reichhaltige und differenzierte Sprache verwenden. Hab keine Scheu, ungewöhnliche Worte zu benutzen, wenn sie präzise und dem Kontext angemessen sind. Statt »Brauchst du mich jetzt im Moment?« können wir sagen »Brauchst du mich dringend?«; statt »Zeig mir, wie du das gemacht hast« können wir sagen »Zeig mir, welche Technik du angewandt hast«; statt »hungrig« versuche es mit »ausgehungert«; statt »durstig« können wir »ausgedörrt« sagen und so weiter.

Geschichten teilen

Kinder lieben es, Geschichten von uns zu hören. Diese Geschichten können eine Verbindung zwischen uns herstellen und den Wortschatz erweitern. Bettgehzeit, Autofahrten und Zeiten im Wartezimmer sind gute Gelegenheiten, um Geschichten zu erzählen. Wir können Geschichten über uns selbst oder über Menschen in unserem Leben erzählen, über Orte, die wir besucht haben, oder Weltereignisse oder schöne Erinnerungen oder lustige Erlebnisse. Wir können diese Geschichten ausdrucksstark und mit Engagement erzählen. Sie müssen nicht lang sein. Wir können bei jüngeren Kindern mit kürzeren Geschichten beginnen und sie auch für ältere Kinder auf 10 Minuten begrenzen. Wir können viele Beschreibungen einbauen und langsam sprechen, sodass unser Kind sich ein geistiges Bild malen kann, während wir die Geschichte erzählen. Wenn wir fertig sind, wird unser Kind vielleicht Fragen stellen und seine Gedanken dazu äußern. Vielleicht auch nicht, und das ist auch okay. Die Geschichten sind lediglich dafür da, dass das Kind sie aufnimmt und sich darüber freut.

PERSÖNLICHE GESCHICHTEN, DIE WIR UNSEREM KIND ERZÄHLEN KÖNNEN:

- Der Tag, an dem es geboren wurde.
- Unser Lieblings-Geburtstagsgeschenk, als wir Kinder waren.
- Das erste Mal, als wir auf Reisen gingen.

Unser Kind wird lernen, dass es eigene Geschichten erzählen kann, die sowohl auf seinen Erlebnissen beruhen als auch seiner Fantasie entspringen. Simone hat solche Geschichten von ihren Kindern aufgeschrieben, und auch noch Jahre später schaut sie sie sich gerne zusammen mit ihren Kindern an.

Bücher lesen

Unseren Kindern vorzulesen, unterstützt ihre Sprachentwicklung, vor allem wenn wir Bücher auswählen, die Bezug zu ihrer Lebenswirklichkeit haben oder auch ihren Horizont erweitern. Die Bücher können fiktiv sein, aber vor allem für Kinder unter 6 Jahren können wir realistische Bücher auswählen. Auf diese Weise hören unsere Kinder vertraute Dialoge und Beschreibungen von Dingen, die sie vielleicht schon kennen oder eines Tages kennenlernen werden. Sie hören zu und lernen neue Wörter, und sie erleben, wie Geschichten mit Worten und Bildern geteilt werden können.

	Als Vorlesende können wir verschiedene Stimmen, Tonlagen und Gesichtsausdrücke annehmen, um die Gefühle und Charaktere zu spiegeln. Wir können bei jüngeren Kindern mit kurzen Geschichten anfangen und dann für ältere Kinder zu längeren Geschichten übergehen. Volkssagen, Märchen und Fantasy-Geschichten können eingeführt werden, wenn das Kind alt genug ist, zwischen Wirklichkeit und Fantasie zu unterscheiden, in der Regel, wenn es über 5 Jahre alt ist. Wenn wir vorlesen, können wir die Namen der Autor*innen und Illustrator*innen vorstellen. Wir können auch zeigen, wie man mit einem Buch sorgsam umgeht. Wenn das Kind mehr Zeit haben möchte, sich die Illustrationen anzuschauen und auf Einzelheiten einzugehen, gib ihm die Zeit dazu.
Lesen und Vortragen von Gedichten	Wie Bücher zeigen Gedichte unserem Kind einen anderen Umgang mit Sprache, eine Sprachform, die sie von ihrem Alltag her nicht gewohnt sind. Gedichte bieten ihnen auch einen neuen Wortschatz, Sprachstil und Satzbau. Viele Gedichte enthalten Reime, und es macht Spaß, sie zu lesen oder selbst welche zu komponieren. Das Hören von Gedichten kann Kinder dazu anregen, selbst welche zu schreiben. Bei der Auswahl der Gedichte, die wir Kindern vorstellen, können wir verschiedene Längen, Stile und Inhalte ins Auge fassen. Die Begeisterung, mit denen wir unseren Kindern Gedichte vorlesen, färbt auf sie ab.
Grammatik und Syntax	Mit der Zeit werden die Kinder aufmerksamer für Grammatik und Syntax, aber anfangs können sie noch Fehler mit Zeiten und Plural machen. Statt sie zu korrigieren, können wir beispielgebend die Worte in unserer Antwort korrekt gebrauchen und, bei älteren Kindern, die entsprechenden Regeln später erklären. Wenn unser Kind Fragen immer nur mit einem Wort beantwortet, können wir mit ihm üben, die Frage oder das Subjekt in die Antwort zu integrieren. Zum Beispiel können sie auf die Frage »Wo warst du?« statt »Draußen« sagen: »Ich war draußen.«
Neue Namen/ Begriffe/Worte einführen	Wir können die Entwicklung der mündlichen Sprache dadurch fördern, dass wir die Namen von Personen, Dingen, Orten, spezifischen Formen und Teilen eines Gegenstands einführen. Wir können dabei nach der 3-Stufen-Lektion (siehe unten) vorgehen. Wir können echten Gegenständen, Replikaten oder Dingen auf Bildern Namen geben.
Die 3-Stufen-Lektion, um Namen und Begriffe einzuführen	Dies ist eine Technik, um Kindern Namen, Begriffe und einen größeren Wortschatz nahezubringen. Sie beginnt in der Regel mit einer sinnlichen Erfahrung. Diese kann darin bestehen, dass die Kinder etwas sehen, berühren, schmecken, riechen oder hören. Wenn sie die sinnliche Erfahrung gemacht haben, können wir ihnen die dazugehörige Sprache vermitteln. Die 3-Stufen-Lektion gliedert sich in drei Phasen. 1. *Benennen*. Hier wird die sinnliche Wahrnehmung mit dem Namen verknüpft. In diesem Teil der Lektion nennen wir den Namen (den Namen des Gegenstands) ohne den dazugehörigen Artikel. Zum Beispiel »Muskatnuss«. Das Wort wird deutlich ausgesprochen. 2. *Wiedererkennen*. Dies findet statt, wenn das Kind Gelegenheit erhält, den Gegenstand wiederzuerkennen und ihn mit dem Namen zu verbinden. Das kann durch eine Frage oder eine Bitte geschehen. Zum Beispiel »Bitte, gib mir das Muskat/die Muskatnuss«, »Kannst du mir das Muskat/die Muskatnuss zeigen?«, »Bitte, leg das Muskat/die Muskatnuss auf den Teller« oder »Zeig mal, wo das Muskat/die Muskatnuss ist«. Diese Stufe festigt den Namen und mit ihr verbringen wir die meiste Zeit. Wir sehen die Wörter, die unsere Kinder gemeistert haben, und diejenigen, die sie noch lernen.

3. *Erinnern oder Stufe-Beherrschen.* Das tritt ein, wenn das Kind nach dem Namen des Gegenstands gefragt wird. Wir fragen »Was ist das?« und zeigen darauf. Dies tun wir, wenn wir beobachtet haben, dass das Kind auf der zweiten Stufe den Namen weiß.

»Kommando«-Spiele

Aktionen präzise Namen geben und »Kommando«-Spiele spielen, in denen wir den Kindern Kommandos geben, die sie befolgen müssen (z. B. Kommando Pimperle). Das kann sehr lustig sein und großen Spaß machen. Wir können mit Ein-Wort-Kommandos beginnen (z. B. zwinkern, klatschen, springen etc.) und dann zu genauer beschriebenen und komplizierteren Kommandos fortschreiten (z. B. berühre deine Nase, strecke die Arme hoch), wobei wir dem Kommando Adjektive, Adverbien und mehrere Schritte hinzufügen (z. B. Stell dich auf die Fußspitzen und strecke die Arme der Sonne entgegen, und jetzt springe schnell!).

Reim- und andere Spiele

Bei Reimspielen können wir ein Wort wählen und jede Person muss reihum ein Reimwort darauf finden. Bei älteren Kindern können wir Kategorien wählen und sie müssen Worte oder Begriffe sagen, die in diese Kategorie fallen. Das können Tiere, Fahrzeuge, Orte oder Dinge sein, die man in der Küche oder im Garten braucht. Wir können das Spiel etwas anspruchsvoller gestalten, indem jede Person ein Wort finden muss, das alphabetisch mit dem nächsten Anfangsbuchstaben beginnt oder mit dem letzten Buchstaben des davor genannten Worts. Bei Kindern, die mit Wortarten vertraut sind, können wir dies mit Adjektiven, Präpositionen oder Adverbien tun.

Gesprochene Sprache – Aufgaben für unser älteres Kind

Das ältere Kind kann bei der Entwicklung seiner gesprochenen Sprache gefördert werden. Wir können mit ihm üben und ihm auch zeigen, wie man eine Idee vorträgt, ein Argument einbringt, einen Standpunkt verteidigt, respektvoll debattiert oder Informationen erhält, indem man richtige Fragen formuliert.

Schreiben

In der Montessori-Freiarbeit führen wir das Schreiben vor dem Lesen ein, da es leichter ist, Wörter auszusprechen und dann zu schreiben, als sie auszusprechen und dann zu synthetisieren, um sie zu lesen. Unser Kind lernt in der Schule Lesen und Schreiben, aber es gibt Aktivitäten, mit denen wir es zu Hause dabei unterstützen können. Nicht vergessen, wir folgen dem Kind. Jedes Kind entwickelt sein eigenes Tempo. Wir unternehmen diese Aktivitäten mit unserem Kind, weil es ein Interesse daran zeigt und Spaß daran hat, nicht weil wir ihm frühes Lesen beibringen wollen. Beobachte dein Kind. Wenn es seinen Namen zu erkennen beginnt, Buchstaben auf Schildern, Etiketten und in Büchern erkennt oder fragt, wie verschiedene Buchstaben ausgesprochen werden – dann ist es bereit für solche Aktivitäten.

Bei Montessori ist das Ziel des Schreibens die Darstellung und Kommunikation eigener Gedanken. Es ist für ein Kind durchaus aufregend, dass das, was es schreibt und denkt, von anderen gelesen und verstanden werden kann. Um unsere Kinder aufs Schreiben vorzubereiten, können wir:

- **ihnen helfen, ihre Gedanken, ihren Wortschatz und ihre Ausdrucksfähigkeit durch gesprochene Sprache zu entwickeln (S. 318).**
- **ihre Hand durch Übungen der Feinmotorik fürs Schreiben vorbereiten.**
- **sie in die Funktionsweise von Wörtern und des Schreibens einführen.**

Das Alphabet

Wenn wir bei Montessori das Alphabet einführen, beginnen wir mit dem Klang des Buchstabens, zum Beispiel »Zeh«, statt dem Namen des Buchstabens, zum Beispiel »c«. Dies gibt dem Kind die Möglichkeit, viele Wörter auszusprechen.

Das Lautspiel

Um Buchstaben einzuführen, können wir mit dem Lautspiel beginnen (bei Kindern mit etwa 2,5 Jahren). Es geht ganz ähnlich wie »Ich sehe was, was du nicht siehst«, nur dass sie etwas finden sollen, das mit einem Laut beginnt, zum Beispiel »buh«. Diese Aktivität empfehlen wir für zu Hause, um Kinder darin zu schulen, die Laute, die sie später zum Schreiben und Lesen brauchen, in einem Wort zu hören.

Dieses Spiel hilft dem Kind zu erkennen, dass Worte aus einzelnen Lauten bestehen, und ebenso, die Laute in einem Wort zu separieren, was wiederum wichtig ist, wenn sie Wörter zu schreiben beginnen.

Nach *Montessori Read & Write* von Lynne Lawrence unterscheiden wir 6 Stufen des Lautspiels.

1. (etwa 2,5 Jahre) Nimm einen Gegenstand, den das Kind bereits dem Namen nach kennt, zum Beispiel einen Teller, und isoliere ihn auf dem Tisch oder in der Hand. »Ich sehe etwas auf dem Tisch, und das beginnt mit ›t‹«, oder: »Ich sehe was, was du nicht siehst, und das beginnt mit ›teh‹.« Da es nur einen Gegenstand gibt und das Kind das Wort »Teller« kennt, kann es die Verbindung herstellen. Wir können das Spiel immer wieder mit vielen verschiedenen Gegenständen spielen, bis wir erkennen, dass das Kind die Idee verstanden hat. Man kann das Spiel schwieriger machen, wenn das Kind einzelne Buchstaben beherrscht, und Phonogramme hinzufügen wie »br« für »Brot« oder »Brille«.
2. (2,5 bis 3 Jahre) Spielt das Lautspiel mit zwei oder mehr Gegenständen mit unterschiedlichen Anfangslauten, wie »Teller« und »Löffel«. Das Spiel erlaubt dem Kind nun zu unterscheiden und eine Wahl zwischen Optionen zu treffen. Es kann hilfreich sein, zunächst bei den Lauten zu bleiben, die unser Kind leicht identifiziert.
3. Wir können den Erkundungsbereich unseres Kindes auf einen Teil des Raums oder den ganzen Raum ausdehnen, ins Auto oder nach draußen verlegen. Wir können unser Kind auffordern, Gegenstände zu finden, die mit einem bestimmten Laut beginnen. Wenn es mehrere Dinge mit dem gleichen Anfangslaut findet, wie Tasse, Teller und Toaster beim Lautspiel in der Küche, können wir das Spiel mit einem anderen Laut wiederholen.
4. (zwischen 3,5 und 4,5 Jahren) Das Kind identifiziert Gegenstände, die mit einem bestimmten Laut beginnen und mit einem bestimmten Laut enden. »Ich sehe was, was du nicht siehst, das beginnt mit ›t‹ und endet mit ›r‹.« Wir können zunächst auf Stufe 2 spielen, wo wir Gegenstände isolieren, unter denen die Kinder auswählen können, und dann zu Stufe 3 übergehen, wo der Erkundungsbereich erweitert wird.
5. Wir bitten das Kind, alle Laute in den Wörtern zu identifizieren, die es vorher analysiert hat. Es kann dies tun, ohne die Gegenstände notwendigerweise zu sehen oder zu finden.
6. Wir bitten unser Kind, an Wörter zu denken, die mit einem bestimmten Laut beginnen, einen bestimmten Laut enthalten und mit einem bestimmten Laut enden. Wir können auch über die Grenzen des Zimmers oder der Umgebung hinausgehen. Wir können es auch anregen, an Wörter zu denken, die einer bestimmten Kategorie angehören. »Fällt dir ein Tiername ein, der mit dem Laut ›Sch‹ anfängt?« »Fällt dir eine von deinen Freundinnen ein, deren Name mit ›S‹ beginnt?« Es kann hilfreich sein, in unserer Frage ein Beispiel zu geben: »Ich denke an einen Namen, der mit dem Laut ›S‹ beginnt, so wie bei Sophie. Fällt dir ein anderer Name ein, der mit dem Laut ›S‹ beginnt?«

Die genannten Aktivitäten zur gesprochenen Sprache lassen sich mit einem gewissen Augenmerk auf Lautsprache verstärken. Wir können Gedichte aussuchen, die einen spezifischen Klang haben, oder Reimspiele spielen, die sich auf einen bestimmten Laut und Reim fokussieren.

Buchstaben

Wenn das Kind die Buchstabenlaute kennt, können wir zum geschriebenen Alphabet fortschreiten. Idealerweise haben wir eine Umgebung geschaffen, die reich an Texten ist: gerahmte Zitate in unserer Wohnung, der Name des Kindes auf seiner Zimmertür, Zeit zum Lesen von Schildern in der Nachbarschaft sowie Lesen zu Hause.

Es empfiehlt sich, mit Kleinbuchstaben anzufangen, wobei wir uns an die 3-Stufen-Lektion halten.

Wir können unserem Kind viel Erfahrung mit Buchstaben vermitteln, um seine Fähigkeit zur Buchstabenerkennung zu stärken und zu steigern. Es kann den Buchstaben farbig umranden, Samencollagen des Buchstabens herstellen, zu Hause Buchstaben suchen. Wir können Buchstaben auf Post-its schreiben und sie in der Wohnung verteilen, und das Kind muss sie finden, oder die Kinder können auf Etiketten, Bildern und Karten nach Buchstaben fahnden. Sie können dann in Büchern und alten Zeitschriften suchen – sie können den Buchstaben umkringeln oder unterstreichen – und auf Schildern und Werbetafeln in der Nachbarschaft darauf zeigen.

Aktivitäten zum Erkennen von Buchstaben

- *ABC-Bücher.* Wir können Alphabet-Stempel besorgen und ein leeres Heft, in dem das Kind den Buchstaben stempeln, zeichnen oder Bilder eines Gegenstands einkleben kann, die mit dem Laut beginnen.
- *Alphabet-Sammelalben.* Wir können für jeden Buchstaben ein eigenes leeres Heft anlegen, und das Kind schreibt in jedes die Namen von Gegenständen, die mit dem jeweiligen Buchstaben beginnen.
- *Sandpapierbuchstaben/Buchstaben durchreiben.* Im Montessori-Kindergarten werden oft Sandpapierbuchstaben verwendet; sie können fertig gekauft oder mit Sandpapier aus einem Bastelgeschäft selbst hergestellt werden. Das Kind kann die Buchstaben mit seinen Fingern nachfahren und ein Gefühl für ihre Form bekommen. Es kann auch ein Stück Papier auf einen Sandpapierbuchstaben legen und ihn mit einem Stift durchreiben.
- *Klopf-klopf-Spiel.* Dieses Spiel bietet sich an, wenn unser Kind bereits Buchstaben erkennen kann. Wir können 3 oder 5 Buchstaben auf einzelne Karten schreiben. Wir drehen die Karten dann mit der Schrift nach unten um. Dann klopft unser Kind, nimmt eine der Karten und überlegt sich ein Wort, das mit dem Laut beginnt. Zum Beispiel: »Klopf klopf.« »Wer ist da?« »T!« »T wer?« »T Tiger!«

Wörter bilden

Wenn wir feststellen, dass unser Kind verschiedene Laute beherrscht, darunter auch Vokale, können wir anfangen, Wörter zu bilden. (Junnifa beginnt in der Regel mit s, m, a, t, w, b, e, k und f.)

Ideal für das Wörterbilden ist es, ein bewegliches Alphabet zu haben: einzelne Buchstaben, die man zu Worten aneinanderfügen kann. Dies ermöglicht unserem Kind zu schreiben, bevor es den Stift richtig beherrscht. Wir können einfache Plastikbuchstaben kaufen oder Magnetbuchstaben oder unsere eigenen Buchstaben auf Kärtchen malen. Unser Kind kann damit beginnen, Wörter aus einer bestimmten Kategorie zu bilden (wie Haustiere) und am besten Wörter, die sich phonetisch buchstabieren lassen. Das Kind kann, wenn es Fortschritte macht, den Schwierigkeitsgrad der Wörter erhöhen. Wenn unser Kind lange nichtphonetische Wörter bilden möchte, bevor es dazu in der Lage zu sein scheint, ist das okay; das Buchstabieren wird dann wahrscheinlich fehlerhaft sein, aber wir müssen das nicht korrigieren. Der Fokus liegt auf den Lauten, was unserem Kind erlaubt, seine Gedanken auszudrücken.

Wenn unser Kind die grundlegenden Laute gemeistert hat, können wir auf gleiche Weise Digrafen (oder Phonogramme) einführen. Das sind Laute, die aus mehr als einem Buchstaben bestehen, wie z. B. ch, sch, pf, au, eu, oi etc.

Schreiben	Feinmotorische Tätigkeiten wie Nachzeichnen von Linien, Arbeiten mit Knetmasse und Schneiden mit Scheren bereiten die Hand unseres Kindes fürs Schreiben vor. Unser Kind wird zugesehen haben, wie wir einen Titel unter sein Kunstwerk geschrieben, Einkaufslisten erstellt und in unser Notizbuch oder Tagebuch Eintragungen gemacht haben. Wenn unser Kind im Alter zwischen etwa 3,5 und 5 Jahren dazu bereit ist, können wir mehrere Geräte und Materialien zur Verfügung stellen, um die Schreibentwicklung zu unterstützen. (Siehe »Activity Starterkits«, online zu finden bei beltz.de unter diesem Buch, für ein Schreiben Starterkit.) Idealerweise beginnt unser Kind damit, Buchstaben auf einer Schiefertafel zu schreiben, die man leicht abwischen und auf der man immer wieder neu probieren und üben kann. (Stöcke in Sandkästen oder in feuchtem Sand draußen eignen sich ebenfalls sehr gut.) Unser Kind kann mit Buchstaben und Lauten anfangen und dann zu ganzen Wörtern fortschreiten. Wenn das Kind dazu bereit ist, kann es zum Schreiben auf Papier mit dem Schreibstift übergehen. Wir können je nach Bedarf mit unseren Kindern zusammenarbeiten. Wollen sie sich zum Beispiel bedanken, können sie diktieren, was sie sagen wollen, und wir schreiben es auf. Sie können dann den Dankesbrief verschönern, ihren Namen darunterschreiben, eine Briefmarke auf den Umschlag kleben oder so viel beitragen, wie sie können. Eine weitere Idee: Unser Kind kann eine Geschichte diktieren, die wir aufschreiben und ihm dann vorlesen. Wenn ein Kind anfängt, Sätze zu schreiben, muss es lernen, auf den Platz, den die Wörter brauchen, und auf den Abstand zwischen ihnen zu achten. Wir können ihm zeigen, wie man mit einem Finger den Abstand zwischen den Wörtern festlegt und wie sie mittels Linien gerade schreiben können.
Aktivitäten, die das Schreiben unseres jüngeren Kindes unterstützen	JUNGE KINDER HABEN SPASS AM SCHREIBEN VON: • Etiketten für Gegenstände zu Hause • Listen: Gegenstände, Einkaufslisten, Partypläne • Anleitungen • Kurze Geschichten • Rezepte • Namen auf Landkarten • Antworten zum Fragespiel (siehe S. 319) • Kommandos fürs Kommando-Spiel (siehe S. 321) • Sätze, die wir beginnen und die sie abschließen ES MACHT IHNEN AUCH SPASS, VERSCHIEDENE BÜCHLEIN/HEFTE HERZUSTELLEN: • Alphabetbücher • Zahlenbücher • Sammlungen von Substantiven (Dingworten) nach Kategorien • Sammlungen von Verben • Geschichtenbücher • Rezeptbücher • Comicbücher • Bilderbücher – je nach ihrem Interesse wie Lieblingstiere oder eine ganze Reihe von Büchern
Aktivitäten, die das Schreiben unseres älteren Kindes unterstützen	Für ältere Kinder ist Schreiben eine Möglichkeit, ihre Ideen, Erfahrungen und Entdeckungen mitzuteilen. Wir können sie dabei unterstützen, auch außerhalb der Schule kreativ, neugierig und spielerisch mit Worten umzugehen, indem wir: • ihnen ein Synonymwörterbuch geben, sodass sie andere Wörter mit gleicher Bedeutung finden können, oder ein Lexikon, mit dem sie ein tieferes Verständnis für die Wörter gewinnen. • ihnen Beispiele für verschiedene Schreibstile geben, ihnen helfen, die Unterschiede zu analysieren, und sie ermutigen, ihren eigenen Schreibstil zu entwickeln.

- sie ermutigen, anspruchsvollere und formellere Briefe an Freund*innen, Verwandte, Lieblingsautor*innen oder Personen des öffentlichen Lebens (z. B. Politiker*innen) zu schreiben.
- ihnen ein Heft oder Notizbuch geben und sie ermutigen, Tagebuch zu führen. Sie können mit den einfachen Dingen beginnen: Wochentag und Datum, wann sie aufgestanden sind, was sie gegessen haben, Wetter, ein paar Details darüber, was sie getan und wen sie getroffen haben, wann sie zu Bett gegangen sind. Wenn sie älter werden, können sie mehr Details, Ideen und Gedanken hinzufügen. Vielleicht macht es ihnen auch Spaß, in den Ferien ein Reisetagebuch zu führen.
- kreatives Schreiben fördern und sie ermuntern, Geschichten zu erfinden. Wir können sie ermuntern, Figuren, Situationen, Plots, zu lösende Probleme und Konflikte zu entwickeln.
- ihnen ein Heft zum Wörtersammeln geben, in dem sie neue und interessante Wörter eintragen, die ihnen begegnen.
- ihnen weißes Papier geben, auf dem sie ihren eigenen Comicstrip schreiben und zeichnen können.

Schreibkompetenz für unser älteres Kind

- Satzzeichen – wir können ihnen die verschiedenen Satzzeichen und deren Verwendung zeigen.
  - Achte darauf, dass alle Sätze mit einem Grußbuchstaben anfangen und mit einem Punkt enden.
  - Achte darauf, dass alle Eigennamen – Personen- und Ortsnamen – mit einem Großbuchstaben anfangen.
  - Achte darauf, dass Wörter in einer Aufzählung durch Kommata getrennt werden.

Grammatik – wir können sie ermuntern, anschaulich zu schreiben, indem sie Adjektive, Adverbien und ein genaues Vokabular benutzen, um interessante Details hinzuzufügen.

- Gedichte – sie können verschiedene Formen ausprobieren wie Paarreime bzw. Reimpaare, Vierzeiler, Haiku, Limerick oder Fünfzeiler.
- Einen Lebenslauf – kann man zum Spaß für Personen, Tiere und sogar für Gegenstände schreiben. Das Kind kann folgendes Gerüst benutzen:
  - Vorname
  - Nachname
  - Drei Adjektive
  - Kind von ...
  - mag ...
  - hat Angst vor ...
  - braucht ...
  - gibt ...
  - wäre gerne ...
  - wohnt ...
- ABC – das Kind schreibt ein Wort oder eine Zeile für jeden Buchstaben. Es kann sich selbst herausfordern und jede Zeile oder jede zweite Zeile mit einem Reim enden lassen.
- Recherchieren – das Kind kann lernen, wie man einen Bericht schreibt und dafür recherchiert, wie man einen Text zusammenfasst und zitiert und die Quelle des Zitats angibt.
- Wörter lernen – dies erweitert den Wortschatz des Kindes und verbessert sein Schreiben. Es kann sich Wörter aneignen und Spiele mit Silben (Vor- und Endsilben), Teekesselchen, Synonymen und Gegensatzworten spielen.

Schreiben Starterkit

Siehe »Activity Starterkits« (online zu finden bei beltz.de unter diesem Buch).

Lesen

Lesen eröffnet Kindern die Welt (und sogar das Universum!). Durch Lesen kann unser Kind durch Zeit und Raum reisen, ferne Orte besuchen, Menschen unterschiedlicher Kulturen und verschiedene Themenbereiche kennenlernen und Erfahrungen machen. Wir wollen unsere Kinder unterstützen, sodass sie nicht nur lesen lernen, sondern es lieben und Spaß daran haben.

Gemeinsam lesen

Wir können mit dem Vorlesen beginnen, wenn sie noch im Mutterleib sind, und ihnen auch dann noch vorlesen, wenn sie bereits selbst lesen können. Sie werden das Vergnügen, das wir fühlen, wenn wir ihnen vorlesen, in sich aufnehmen und dieses Gefühl wieder spüren, wenn sie selber lesen.

Wenn wir unseren Kindern vorlesen, können wir:

- auf die Wörter zeigen, während wir lesen.
- bestimmte Dinge vorspielen, die wir lesen.
- Tonfall, Nachdruck und Leidenschaft einsetzen, um das Interesse zu steigern.
- über die Illustrationen sprechen.
- auf die Seitenzahlen hinweisen und sie weiterverfolgen, während wir lesen.

Das gemeinsame Lesen erweitert den Wortschatz des Kindes und macht es mit vielen Worten vertraut. Dies ist hilfreich, wenn das Kind selbst zu lesen beginnt und Wörter entziffern muss; es ist dann fähig, sie schneller zu entziffern und richtiger zu erraten, weil es viele Wörter im Kontext gehört hat.

Eine gute Leseumgebung schaffen

Zusätzlich zum Vorlesen können wir die Liebe zu Büchern vorleben, indem wir selbst lesen und uns mit Büchern umgeben. Wir können auch dafür sorgen, dass das Kind Zugang zu guten, schönen Büchern hat. Wir wollen Bücher, die unsere Kinder interessieren, ihre Erfahrungswelt und Fantasie erweitern, ihnen ein Gefühl für den Sinn ihres Lebens geben und sie ermuntern, die Lebensbedingungen anderer Menschen kennenzulernen und zu verstehen. Wir können mit unserem Kind Büchereien und Buchhandlungen aufsuchen und dort qualitätvolle Bücher auswählen. Wir können Lesen zu einem Teil unseres Familienlebens machen.

Schritte zum eigenständigen Lesen

Der Weg zu eigenständigem Lesen ist der gleiche Weg wie der zur Eigenständigkeit in anderen Bereichen. Er beginnt mit der Abhängigkeit von Erwachsenen. Wir lesen unserem Kind von der Geburt an vor, bis es bereit für die nächste Stufe ist.

Diese zweite Stufe, auch »angeleitetes Lesen« genannt, wird gemeinsam beschritten. Auf dieser Stufe lesen die Kinder mit uns. Das kleinste Kind kann auf die Bilder zeigen, während wir vorlesen. Ein älteres Kind kann das letzte Wort in jedem Satz sagen oder die Wörter vorlesen, die es erkennt, während wir den Rest vorlesen. Allmählich lesen sie mehr, wobei wir sie so unterstützen, wie sie es brauchen. Diese Stufe erfordert Geduld und Aufmerksamkeit, um zu erkennen, wann man helfen und das Wort sagen muss, mit dem das Kind Schwierigkeiten hat, und wann man geduldig warten und ihm Zeit lassen muss, das Wort selbst herauszufinden. Manche Bücher legen es vielleicht nahe, dass wir eine Seite vorlesen und das Kind die nächste. Wenn unser Kind zu lesen anfängt, rezitiert es vielleicht anfangs aus Büchern, an die es sich erinnert und die es oft gehört hat. Das ist keineswegs schlecht und ein normaler Teil des Prozesses. Wir sollten sie nicht entmutigen.

Die dritte Stufe ist eigenständiges Lesen, wenn die Kinder für sich selbst lesen. Die beiden anderen Stufen spielen aber immer noch eine Rolle, selbst wenn das Kind schon in der Lage ist, eigenständig zu lesen. Wir lesen ihnen weiter vor und lesen gemeinsam mit ihnen. Sie lernen Bücher mit verschiedenen Schwierigkeitsgraden kennen und können mit der Zeit, wenn sie dazu fähig sind, mit anspruchsvolleren Büchern umgehen.

Einfache Wörter lesen

Wenn unser Kind beginnt, einfache Wörter zu lesen (in der Regel, wenn es Schreiben übt), können wir ihm mit ein paar Handreichungen zur Seite stehen.

- Eine kleine Sammlung von Gegenständen, auf denen Schildchen mit seinem Namen kleben.
- Einfach zu lesende Schildchen, um sie auf Dinge im Haus, auf seinen Körper oder in ein Buch zu kleben (Stift, rot, Tasse, Löffel, Zahnbürste, Kamm, Flasche etc.).

- Kommando-Schildchen, die man liest und dann ausführt, wie Hüpfen. Diese können anspruchsvoller werden, wenn das Kind geübter wird.
- Kleine Notizzettel, die das Kind finden und lesen kann. Wir wollen, dass es Schreiben und Lesen vor allem als Mittel zur Kommunikation sieht.
- Lernkarten oder Flashcards, auf denen Bilder mit gesprochenen oder geschriebenen Begriffen abgedruckt sind, die zu den Bildern passen.

Phonogramme

Wenn das Kind das phonetische Lesen gemeistert hat, können wir Wörter einführen, die Phonogramme enthalten (zum Beispiel »ch«, »sch«), wobei wir die gleichen Aktivitäten fortführen.

Bücher zum Lesen

Welche Bücher bieten wir an?

- Wir wollen unserem Kind Bücher anbieten, die es mit Erfolg lesen kann.
- Wir können Bücher mit einfachem Text und dazugehörigen Bildern aussuchen, die dem Kind helfen, den Text zu verstehen oder sich zu erinnern, wenn es Schwierigkeiten hat.
- Der Text sollte seine vertraute Alltagssprache spiegeln.
- Bücher mit ein oder zwei Sätzen, die Wiederholungen oder einen vorhersagbaren Text enthalten, sind für diese Stufe ideal.
- Sehr junge Leser*innen können mit einem *Phonetic Reader* anfangen.
- Sie haben Spaß an Büchern, die sie schon oft gehört haben.
- Wir können Bücher auswählen, die ihre Interessen ansprechen.
- Zahlen-, ABC- und Liederbücher eignen sich hervorragend für Leseanfänger*innen.
- Wir können dem Goldlöckchen-Prinzip folgen: Wir wollen Bücher, die nicht zu leicht und nicht zu schwierig sind. Wir wollen, dass sie gerade richtig sind. Ein Kind sollte 95 Prozent der Worte auf jeder Seite eines »gerade richtigen« Buchs lesen können.
- Wir können mit begleitetem Lesen beginnen. Das heißt, dass wir gemeinsam lesen. Wir sitzen neben dem Kind und helfen bei schwierigen Wörtern oder lesen Seiten abwechselnd.
- Wenn wir neue Bücher beginnen, können wir sie zunächst vorlesen und sie dann vom Kind vorlesen lassen. Es kann auf die Wörter zeigen, während es vorliest und wenn wir vorlesen. Die Illustrationen können ihm helfen, den Text zu verstehen.
- Wenn wir merken, dass sie raten, können wir sie ermuntern, jedes Wort zu lesen und dabei darauf zu zeigen. Schritt für Schritt werden sie kompetenter und lesen flüssiger. Während sie an Lesekompetenz zulegen, haben sie vielleicht auch Spaß daran, ihren Geschwistern, Puppen oder Großeltern vorzulesen.

ÄLTERE KINDER, DIE SCHON LESEN, KÖNNEN IHRE LEKTÜRE ERWEITERN DURCH

- unterschiedliche Genres
- längere Bücher
- Buchserien
- historische Bücher mit verschiedener Sprachstruktur
- Biografien

Wörter-Puzzle

Für Leseanfänger*innen besonders zu empfehlen sind Wörter-Puzzles, bei denen auf den Kärtchen unter dem Bild einzelner Gegenstände die entsprechenden Namen stehen.

Sei geduldig

Der Leseprozess ist bei jedem Kind verschieden. Wir müssen geduldig sein und uns mit unserem Kind über die einzelnen Fortschritte freuen. Es wird schließlich lesen lernen. Wenn wir Anzeichen für eine Lernschwäche bemerken, sollten wir eine Logopädin oder einen Sprachtherapeuten aufsuchen.

Respekt vor Büchern vermitteln	Wenn wir Kindern vorlesen, können wir ihnen bewusst vorführen, wie man das Buch mit Respekt behandelt: Wir nehmen es mit Sorgfalt in die Hand und legen es ebenso ab, blättern vorsichtig um, sodass keine Knicke entstehen, stellen das Buch nach dem Lesen zurück ins Regal, statt es herumliegen oder auf den Boden fallen zu lassen. Wenn das Kind älter wird und eigenständig Bücher zur Hand nimmt, können wir: • über die Bedeutung von Büchern sprechen und wie man sorgsam mit ihnen umgeht. • ihm die Teile eines Buchs erklären, einschließlich des Schutzumschlags, Buchrückens und der Vorsatzpapiere. • ihm zeigen, wie man es aus dem Regal nimmt und mit dem Rücken sichtbar wieder zurückstellt, sodass man es leicht wiederfindet. • ihm zeigen, wie man ein Lesezeichen benutzt, um die Seite wiederzufinden. • jeden Schritt wiederholen, wenn wir das Erfordernis dafür sehen.

SENSORISCHE ENTWICKLUNG

	Kinder brauchen und suchen sensorische Erfahrungen. Diese können wir ihnen zielgerichtet zugänglich machen. Viele der Aktivitäten des praktischen Lebens, die wir besprochen haben, bieten sensorische Erfahrungen. Wir können Kindern helfen, die sensorischen Eindrücke, die sie erfahren, einzuordnen. Wir lassen sie spezifische sensorische Eigenschaften erforschen und geben ihnen dann die spezifischen Begriffe für ihre Eindrücke, wie groß, klein, größer, kleiner, am größten, am kleinsten. Im Alter zwischen 3 und 6 verfeinern die Kinder ihre sensorischen Wahrnehmungen. Mit einer gewissen Übung werden sie fähig, zu unterscheiden und zu differenzieren; sie beobachten und erkennen Ähnlichkeiten und Unterschiede. Anfangs mögen sie Gegenstände mittels Versuch und Irrtum einstufen und einordnen. Mit der Zeit werden sie fähig, durch den sorgfältigen Gebrauch ihrer Sinne Unterschiede wahrzunehmen. Dafür gibt es im Montessori-Gruppenzimmer bestimmte Materialien, die wir aber nicht zu Hause brauchen; wir können Möglichkeiten für unser Kind finden, wie es seine Sinne in unserer häuslichen Umgebung verfeinert.	
3-Stufen-Lektion	Die Kinder können die Begriffe für ihre sensorischen Eindrücke nach der 3-Stufen-Lektion lernen (siehe S. 320) oder indem sie die Begriffe im Alltagsleben nutzen.	
Sensorische Erfahrungen	VISUELL • Größe: Höhe, Breite, Länge, Dicke • Form • Farbe: primär (rot, blau und gelb), sekundär (orange, lila, grün), Tertiärfarben, weiß, braun, schwarz, grau, rosa und Zwischentöne vom Hellsten bis zum Dunkelsten AUDITORISCH • Tonlage • Timbre (Tonqualität) • Klang	OLFAKTORISCH • Geruch (z. B. verschiedene Gewürze und Zitrusdüfte) GUSTATORISCH • süß • bitter • salzig • sauer • umami TAKTIL • Textur: rau, weich • Temperatur: heiß, warm, kalt • Gewicht: schwer, leicht • Luftdruck: tief, hoch

Sensorische Erfahrungen verfeinern und einordnen	• Gegenstände anhand ihrer Eigenschaften identifizieren: – Zuhörspiel: »Ich habe drei Gegenstände, die verschiedene Geräusche machen.« Diese Gegenstände können z. B. ein Stück Papier sein, das zerknüllt oder zerrissen wird, ein Löffel, der auf den Tisch klopft, und ein Hammer, der auf ein Stück Holz schlägt. Dann identifiziert das Kind die Gegenstände nach der Art des Geräuschs. Wir können dies auch mit Farben tun (z. B. Früchte an ihren Farben erkennen) oder mit Geschmack (z. B. Zitrusfrüchte an ihrer Süße, Säure oder Bitterkeit erkennen). – Tastspiel (Stereognosis): Dieses Spiel beansprucht den stereognostischen Sinn, also den Tastsinn, mit dem wir einen Gegenstand erkennen können, ohne ihn zu sehen. Wir stecken mehrere Dinge, die sich unterschiedlich anfühlen, in eine Tasche: das Kind versucht nun mit seiner Hand einen Gegenstand zu identifizieren, bevor es ihn herauszieht; es kann auch einen Gegenstand herausziehen, den ein anderes Kind wünscht. Wir können Variationen vorschlagen, bei denen die Gegenstände zusammenpassen oder zu einem Thema gehören. • Gegenstände nach Eigenschaften sortieren. • Dinge mit gleichen Eigenschaften einander zuordnen. • Dinge, die zusammengehören, einander zuordnen. Das können reale Gegenstände sein wie ein Behältnis und der Deckel dazu oder Bilder von Dingen wie ein Stift und ein Blatt Papier oder ein Pinsel und Farbe. • Dinge nach ihren Eigenschaften einordnen, z. B. vom Kleinsten zum Größten oder vom Leisesten zum Lautesten. • Dinge über eine Distanz einander zuordnen, z. B. zeigen wir dem Kind einen gelben Spielstein, und es durchquert das Zimmer, um den dazu passenden gelben Spielstein zu finden. • Schatzsuche/Finden von Gegenständen mit gleichen Eigenschaften. Wir können sagen: »Geh nach draußen und finde so viele Dinge, wie du kannst, die rot oder so lang sind.« • Dinge einander zuordnen nach Farbe, Formen, Geräuschen, Textur. • Bestimmung der Reihenfolge (Sequenzierung): Bilder in einer Geschichte, Zutaten beim Kochen oder Backen. • Vergleiche anstellen (z. B. heißer und kälter) und Superlative finden (z. B. das Heißeste und Kälteste). • Wir können den Schwierigkeitsgrad erhöhen, indem wir bei der Wiederholung einer Aktivität eine Augenbinde benutzen. • Dinge nach ihren Eigenschaften etikettieren, einschließlich Vergleichen und Superlativen. • Messen und Vergleichen von Gegenständen: – die Länge oder Höhe von Möbelstücken, Personen oder Entfernungen mittels eines Maßstabs oder Zentimeterbands messen. – das Gewicht mittels einer Waage messen – von Nahrungsmitteln, Personen, Büchern. Das Kind kann raten, was dem Gewicht nach am ähnlichsten ist, und dies durch Wiegen überprüfen. – Die Tagestemperatur auf einem Thermometer verfolgen. • Ältere Kinder können: – den Durchschnittswert, das Mittel oder den Median einer Gruppe von Gegenständen ermitteln (da werden wir selbst nachschauen müssen!). – die Raumgröße berechnen. – Daten sammeln – was sie am liebsten haben, das Alter, die Größe – und sie analysieren oder grafisch darstellen.
Sortieren, abstufen, zueinander Passendes zusammentun	• Dinge, die wir sortieren, zusammentun und abstufen können, sind: Perlen, Knöpfe, Bausteine, Spielsachen, Körner, Kleidungsstücke, Schuhe, Strümpfe, Utensilien, Früchte, Gemüse, Blätter, Blumen, Essbesteck, Papier, Bilder, Büroklammern, Haarzubehör, Gummiringe, Nüsse und Schrauben sowie Schlösser und Schlüssel. In Montessori-Gruppenräumen haben wir keine Kästen für solche sensorischen Gegenstände, weil es bereits im Alltagsleben so viele Möglichkeiten für sensorische Erfahrungen gibt.

Weitere sensorische Erfahrungen

- Um einem Geräusch auf die Spur zu kommen: Kinder schließen ihre Augen, wir machen ein Geräusch – vielleicht klatschen oder klingeln – und sie können in die Richtung zeigen, woher das Geräusch kam.
- Spazieren gehen und auf die Geräusche achten, die sie hören, wie Taubengurren, Blätterrascheln oder Windwehen.
- In der Natur auf Schatzsuche gehen nach Objekten, Farben oder Formen.
- So viele Dinge von einer bestimmten Farbe finden, wie sie können, und sie mit nach Hause nehmen und von hell nach dunkel sortieren.
- »Ich sehe was, was du nicht siehst« mit Farben, Formen oder Größen spielen. Das kann man auch im Bus oder Auto spielen.
- Zu Hause auf Schatzsuche gehen. Wir können die Kinder auffordern, so viele Vierecke oder Quadrate zu finden, wie sie können, alle kurvigen Linien, alle Würfel, jede raue Oberfläche, jede glatte Oberfläche.
- Einen Gegenstand auswählen, den das Kind beschreibt: mit so vielen sensorischen Attributen und so viel beschreibenden Adjektiven, wie es kann.
- Die Kinder vertraut machen mit den Namen verschiedener Materialien, Texturen, Gerüche, Sinne, Geschmäcker, Farben, Formen, Gewichte und Temperaturen.
- Ein Lied erkennen, indem man jemanden die Melodie summen hört.
- Vergleichbare Geräusche, Gerüche und Geschmäcker finden. »Das klingt ähnlich wie ...«
- Das Kind kann Farben erkunden, indem es Primärfarben, Sekundärfarben und Tertiärfarben mischt. Es kann dabei auch mit Tönungen, Farbabstufungen und Farbintensitäten experimentieren. Auch bei Mischen von farbigem Salzteig lässt sich wunderbar sehen, wie aus Gelb und Rot Orange wird.
- Schüsseln oder Schachteln, die man in aufeinanderfolgender Größe ineinandersteckt. Man kann sie im Zimmer verstecken und das Kind findet die nächste Größe und bringt sie uns.
- Dinge mit verbundenen Augen finden.
- Musik hören.
- Ein Instrument lernen, wodurch das Gehör auf verschiedene Tonhöhen und Klangfarben achten lernt.
- Füllen von Gläsern mit acht verschiedenen Wassermengen und dann mit einem Löffel leicht dagegenschlagen, um die verschiedenen Tonhöhen zu hören.
- Eine gleiche Anzahl von Behältnissen zusammenstellen und dann jeweils ein Paar mit der gleichen Substanz füllen (z. B. Salz, Sand, Bohnen, Reis, Münzen). Die Behältnisse sollten nicht transparent sein und können bei Bedarf umhüllt oder eingewickelt werden. Dann werden sie durcheinandergestellt und das Kind findet die passenden Paare, indem es die Behältnisse schüttelt.

Wir können uns Zeit nehmen, einige dieser Aktivitäten für unser Kind vorzubereiten, aber viele lassen sich auch im normalen Alltag unterbringen. Wenn wir beispielsweise Wäsche waschen, können wir unser Kind bitten, die Kleidung nach Farbe, Stoff, Material oder nach Art der Kleidungsstücke zu sortieren.

GEOGRAFIE, GESCHICHTE UND NATURWISSENSCHAFTEN

Unser Kind lernt sehr gern etwas über die Welt, die es umgibt, über die Vergangenheit, Gegenwart und Zukunft. Wir können uns mit unserem lokalen Lebensumfeld beschäftigen und dabei die Interessen des Kindes in den Vordergrund stellen. Wenn wir die Mittel dazu haben, ist Reisen eine fabelhafte Möglichkeit, unseren Kindern die Welt nahezubringen. Wir können mit ihnen reisen und unsere Reiseerfahrungen durch Geschichten, Souvenirs und Bücher teilen.

Diese Themen lassen sich in so viele Richtungen erweitern, aber hier ein paar Vorschläge, wie wir anfangen können.

Erde und Globus

- Über die Hemisphären lernen.
- Kompasse studieren und die Himmelsrichtungen kennenlernen (Norden, Süden, Osten, Westen).
- Die Erde erforschen durch Studieren und Zeichnen von Landkarten. Wir können Landkartenpuzzles für die einzelnen Kontinente herstellen, insbesondere für unseren eigenen Kontinent.
- Kartenteile oder Schablonen abpausen und ausschneiden.
- Kontinente, Länder oder Staaten zeichnen und mit ihrem Namen versehen. Ältere Kinder können noch Details hinzufügen wie Hauptstädte etc.
- Ozeane, Meere, Seen und Flüsse explorieren.
- Nationalflaggen studieren, ein Buch damit anlegen oder eine Karte zeichnen und jedes Land in den Farben der Nationalflagge kolorieren.
- Recherchieren – Völker, Essen, Sehenswürdigkeiten, Kleidung, Sprachen, Architektur, Tiere, Lebensgemeinschaften (Biome), Flora, Fauna, Kunst, Musik und Religionen, Kinder, Tiere und Essen eignen sich oft besonders gut zum Einstieg.
- Weitere Recherche:
  - Essen nachkochen
  - Modelle der Orte, Völker und Dinge basteln
  - Kleidung nähen oder Papierpuppen herstellen

Landformen

- Die verschiedenen Land- und Wasserformen kennenlernen (Inseln, Seen, Halbinseln, Golfe, Landengen, Meerengen, Kaps, Buchten, Gebirge).
- Modelle im Sandkasten bauen oder mittels Knetmasse, Farbe oder Papier herstellen.
- Plätzchen in Gestalt einer Landformation backen. Die Hälfte des Teigs blau kolorieren, um Wasser darzustellen.
- Büchlein/Hefte herstellen. Jüngere Kinder können sie illustrieren und mit Namen versehen, während ältere Kinder eine Beschreibung oder Definition hinzufügen können.
- Landformen verschiedener Kontinente und Länder auf dem Globus und im Atlas finden.
- Die jeweils größten Beispiele für bestimmte Landformen in unserer eigenen Stadt, unserem Land und Kontinent sowie in anderen Kontinenten identifizieren.

Astronomie

- Sonnensystem – Bücher vorlesen, Mobiles basteln und aufhängen, Puzzles legen und Modelle herstellen.
- Den Nachthimmel kennenlernen, Sterne und Konstellationen identifizieren und aufzeichnen.
- Weltall – Erfindungen und Technologien recherchieren, die der Weltraumforschung dienen, wie Raumanzüge, Teleskope, Satelliten und die Internationale Raumstation; Schwarze Löcher; Astronauten.
- Felsen aus dem All – Asteroide, Meteoride, Meteorite, Kometen, Mondgestein, Einschlagskrater recherchieren.
- Mond – Mondphasen, Oberflächenstruktur, Mondexpeditionen, Mondfahrzeuge.

Wetter	• Jahreszeiten • Wolken • Regenbogen
Geschichte	• Erzähle Geschichten aus dem Leben des Kindes. • Erstelle eine Chronik seines Lebens. • Erstelle einen Familienstammbaum. • Helfe ihnen, Personen und Themen zu recherchieren, die sie interessieren. • Erforscht Musik, Kunst und Tanz der Welt. • Sprecht darüber, wie Völker im Lauf der Geschichte ihre Grundbedürfnisse befriedigt haben (Nahrung, Kleidung, Wohnen, Transport, Verteidigung). • Erforscht die Wechselbeziehungen, indem ihr eine Liste aller Völker erstellt, die an der Erzeugung ihres besonderen Kleidungsstücks oder eines besonderen Essens beteiligt waren.
Botanik und Garteln	**Wir können unsere Kinder fürs Pflanzen und dafür interessieren, Samen aus Früchten zu ziehen (z. B. macht es Spaß, einer Avocado beim Wachsen zuzusehen); Pflanzen aus Blattstecklingen zu züchten; Gemüse (Kartoffeln, Sellerie, Karotten, Yams) und Lauchpflanzen (Zwiebeln, Knoblauch) aus Abfallresten zu ziehen; Kräuter und Knollen zu vermehren. Sie haben auch großen Spaß am Bauen eines Terrariums. Unten folgen weitere Botanik- und Gartenaktivitäten, die wir mit unserem Kind erkunden können.**
Pflege der Pflanzen	Die Kinder haben Spaß, wenn sie Pflanzen gießen und befeuchten; Unkraut jäten; Blätter säubern und waschen; tote Blätter abzupfen und beschneiden; Dünger herstellen und ausbringen; Eierschalen zerkleinern und in den Kompost einbringen; Bioabfall für den Kompost sammeln.
Beobachten von Pflanzen sowie ihre Teile und Arten kennenlernen	Das Kind kann • Pflanzen und Unkraut anschauen und ihre Teile und Funktionen lernen: Blätter, Wurzeln, Stämme/Stängel, Blüten, Samen. • die Teile von Blatt, Wurzel, Blüte und Samen erforschen und ihre Namen lernen. • Pflanzen in einem Natur-Tagebuch zeichnen oder Blätter in einer Blätter- oder Blumenpresse pressen. • Pflanzen anhand von Blättern, Blüten, Rinde/Borke identifizieren. • Blätter nach ihrer Form – herzförmige, fächerförmige etc. – und Anordnung klassifizieren. • eine Pflanze zerlegen. • ein Schaubild oder Heft mit den Pflanzenteilen anlegen. • die Samenverbreitung erforschen. • Pflanzen mit ähnlichen Blättern ausgraben und nachschauen, ob sie die gleichen Wurzeln haben.
Pflanzen konservieren	• Blumen in einer Blätter- oder Blumenpresse pressen. • Mit Blüten Duftwasser oder Parfum herstellen. • Blüten oder trockene Kräuter in Säckchen einnähen und Duftkissen herstellen. • Mit Pflanzen, Blättern etc. Raumschmuck auf einem Tisch, in einer Vase oder einem Korb herrichten.
Bedürfnisse und Eigenschaften der Pflanzen erforschen	• Bohnen mit verschiedenen Bedingungen pflanzen – mit und ohne Wasser, Licht, Erde, Wärme. • Kartoffeln im Dunkeln ziehen. • Bücher über Pflanzenexperimente explorieren. • Eine Pflanze durch die Jahreszeiten beobachten. Beobachtungen aufschreiben über die Färbung der Blätter, das Abwerfen von Blättern, Blüte, Fruchtbildung und Tiere, die sich davon ernähren.

Pflanzen erforschen

- Spezifische Pflanzen studieren – sie beschreiben, zeichnen, zeitlich bedingte Veränderungen dokumentieren und interessante Informationen über sie schriftlich festhalten.
- Über saisonabhängige Pflanzen lernen.
- Sich auf regionale Pflanzen eines Bioms (Lebensgemeinschaften) oder geografisch beschränkten Gebiets fokussieren.

Botanik Starterkit

Siehe »Activity Starterkits« (online zu finden bei beltz.de unter diesem Buch).

Zoologie

- Ein Aquarienhaus (Unterwasserwelt) besuchen.
- Ein Vogelhäuschen aufstellen.
- Kröten und Frösche suchen.
- Eine Becherlupe für Käfer benutzen.
- Auf Insekten/Spinnenfang gehen (wir können ein Erkennungsbuch benutzen, wenn wir in einer Gegend mit gefährlichen Insekten oder Spinnen leben).
- Küken aufziehen.
- Schmetterlingseier finden und ihren Lebenszyklus beobachten.
- Modelle von Tieren und Insekten nachbauen.
- Ferngläser für Vogelbeobachtung und auf Spaziergängen in der Natur benutzen.
- Anatomiemodelle und -bücher studieren.
- Unterschiede und Ähnlichkeiten zwischen Tier- und Menschenkörpern feststellen.
- Alle Arten von interessanten Tieren studieren.

Beispiele von naturwissenschaftlichen Experimenten

- Was sinkt im Wasser und was kann schwimmen?
- Magnetische und nichtmagnetische Gegenstände.
- Dichte von Flüssigkeiten – Wasser, Öl und Honig –, die sich von selbst trennen.
- Zäh- und Leichtflüssigkeit – welche Flüssigkeit bewegt sich schneller?
- Unterschiedliche Kombinationen – Wasser und Salz/Zucker, Wasser und Sand/Kreide, Wasser und Brausetablette, Milch und Essig.
- Wirkung von Hitze auf verschiedene Materialien – Eis, Wachs, Butter etc.
- Kristalle herstellen.
- Schwerkraft – herausfinden, was zuerst den Boden erreicht: Papier oder ein Stein oder ein anderer Gegenstand?
- Kondensation und Verdunstung – beobachten, wie Kondenswasser entsteht, wenn ein (durchsichtiger) Deckel auf den Topf kommt, oder was geschieht, wenn ein Behältnis nachts draußen gelassen wird.
- Wetterinstrumente (Thermometer, Barometer, eine Wetterstation) herstellen bzw. aufstellen.

Naturwissenschaften Starterkit

Siehe »Activity Starterkits« (online zu finden bei beltz.de unter diesem Buch).

KUNST UND KREATIVITÄT	
	Ergebnisoffene Kunstaktivitäten und Projekte sind für jüngere Kinder ideal, und dabei geht es uns mehr um den Prozess als um das Produkt. Wir können sehr bewusst unser Feedback zur Kunst unseres Kindes geben (siehe S. 138 über Feedback). Wir können durch unser Beispiel zeigen, wie man Kunst kreiert und genießt. Kunst kann ein wunderschönes Mittel sein, Zeit mit unserem Kind zu verbringen. Es sollte überlegt werden, wie wir die Werke unseres Kindes ausstellen bzw. aufbewahren – an der Wand, an Leinen mit Wäscheklammern, in Alben, Mappen oder Fotobüchern, die die Arbeiten eines jeden Jahres dokumentieren.
Zeichnen	• Etwas abzeichnen, kritzeln, ergebnisoffen vor sich hin zeichnen. • Mit verschiedenen Materialien zeichnen – Wachs- oder Pastellkreide, Kohlestift, Buntstift, Bleistift. • Schablonen ausfüllen oder Umrisse zeichnen – Formen, Tiere, Fahrzeuge, Natur; es gibt Schablonen für alle Dinge, die das Kind interessiert. Wir können auch Umrisse auf stabilem Papier ausdrucken und ausschneiden, um Schablonen herzustellen. • Angeleitet zeichnen, Schritt für Schritt mithilfe eines Zeichenbuchs. Manchen Kindern macht das großen Spaß. • Zeichnen von Stillleben, Selbstporträts und Porträts von Personen oder Tieren. Es kann hilfreich sein, zuerst von einem Foto abzuzeichnen statt von einem Spiegel oder lebenden Modell, weil die Vorlage dann unbewegt ist. • Bilder frei zeichnen, die aus immer wiederkehrenden Mustern (aus einer Kombination von Punkten, Linien, einfachen Kurven und Kreisen) bestehen. • Symmetrisch zeichnen. • Schatten oder Silhouetten zeichnen: Wir können einen Gegenstand oder eine Person vor eine Lichtquelle oder ein Fenster setzen und den Schatten oder die Silhouette nachzeichnen.
Malen	• Farben explorieren – Primär-, Sekundär- und Tertiärfarben. • Farben mischen, einschließlich Farbtönen und Abstufungen. • Malen nach Zahlen und Buchstaben. • Malen auf Papier oder Leinwand, auf einem Tisch oder an einer Staffelei. • Malen mit verschiedenen Farben – Wasserfarben, Tempera- oder Acrylfarben. Diese können auf verschiedenen Papierarten und verschiedenfarbigem Papier ausprobiert werden. • Abstrakt malen. • Einen Gegenstand, eine Szene oder Person malen. • Marmorieren; Kaffeefilterpapiermalerei.
Collagen	• Benutze Papier, Blätter, Samen, Federn, Wackelaugen, Glitzer, Pailletten, Bommel/Puschel. • Sammle Bilder und kombiniere sie zu einer Picasso-artigen Collage oder zu einem Bild aus verschiedenen Materialien. • Füge aus der Zeitung ausgeschnittene Buchstaben hinzu.
Perlenstickerei	• Nimm Papier- oder Knetgummiperlen oder stelle selbst Perlen aus Papier, Ton oder Filz her. • Bastle mit den Perlen verschiedene Dinge: Armbänder, Halsbänder, Ohrringe, Verzierungen für Taschen und Schüsseln.
Drucken	• Stelle Drucke mit einem Blatt her, mit einem Schwamm, einer Zwiebel, Frucht, lustigen Gegenstand, oder einem Muster, das in eine Kartoffel geschnitten wurde. • Mache Fingerabdrücke und Handkunst.

Reiben/ Durchpausen	• Nimm ein Stück Kreide und pause das Relief einer Münze oder eines Blatts auf Papier. • Stelle Reibekunst her, indem du verschiedene Oberflächen (Münzen etc.) in der Wohnung suchst und sie auf dasselbe Stück Papier reibst. Du kannst die gleiche Kreidefarbe oder verschiedene Farben benutzen.
Vermischte Techniken	• Mische verschiedene Techniken und Medien.
Räumliches und anderes Basteln	• Baue Modelle aus Pappmaché oder Salzteig. • Stelle Kunst aus gebrauchtem Material her, z. B. Milch- oder Saftkartons, Plastikflaschen, Flaschenverschlüssen, Stoffresten, Schachteln, Papier und Folien. • Stelle Altpapier her. • Gestalte Naturkunst und Mandalas aus Blättern, Blüten, Steinen und Zweigen.
Falten und schneiden	• Falte Origami. • Probiere Kirigami (eine Abwandlung von Origami, bei der das Papier sowohl gefaltet als auch geschnitten wird).
Kunst und Künstler*innen wahrnehmen	• Erkunde verschiedene Kunst- und Künstler*innenstile und versuche sie nachzumachen. Wir können Postkarten von einem Kunstwerk vorlegen – wöchentlich, zweiwöchentlich oder monatlich. • Sammle Beispiele unterschiedlicher Stile von verschiedenen Künstler*innen; die Kinder können explorieren und versuchen, ihre eigene Kunst in diesem Stil zu kreieren. • Besuche lokale Märkte und Galerien, um die Arbeiten lokaler Künstler*innen kennenzulernen. • Sammle Kunst für unser Zuhause, um indigene Kunst, junge und/oder lokale Künstler*innen wertzuschätzen und zu unterstützen. • Erkunde die Überschneidungen von Kunst, Geschichte, Geografie, Mathematik. • Besuche Kunstgalerien mit einem Skizzenbuch; veranstalte eine Schatzsuche.
Darstellende Kunst	Wir können verschiedene Möglichkeiten für künstlerische Darbietungen schaffen: Puppentheater mit Handpuppen aus Strümpfen bzw. Socken, Fingerpuppen; Stücke, Debatten; Tänze; Gedichte und gesprochene Wortdarbietungen; Comedy.
Kunst Starterkit	Siehe »Activity Starterkits« (online zu finden bei beltz.de unter diesem Buch).
Handarbeit	**Fingerstricken, Häkeln, Stricken, Nadelarbeit, Nähen, Stickerei, Holzarbeiten, Dinge mit Draht formen, Weben, Seifen schnitzen, Pappmaché und so weiter. Am Besten beginnen wir mit etwas, das uns selbst Spaß macht oder das wir vielleicht zusammen mit unseren Kindern lernen. Handarbeit ist sehr gut für die feinmotorische Entwicklung, Konzentration und Kreativität. Sie kann auch sehr entspannend sein; die Kinder möchten manchmal etwas aus einem besonderen Grund tun, zum Beispiel Topflappen für Wohltätigkeitszwecke stricken, und das Arbeiten in einer Gruppe kann auch eine soziale Aktivität sein.**
Nähen	Nähen ist eine tolle Aktivität für Kinder zwischen 3 und 12 Jahren. Es stärkt die Entwicklung der Konzentrationsfähigkeit und der Eigenständigkeit. Ebenso unterstützt es die Entwicklung aller Facetten der Feinmotorik und ist eine praktische Fähigkeit, die dem Kind ein Leben lang nutzen wird. Die Fähigkeit zu nähen kann das Kind schrittweise erwerben. Hier folgen Vorschläge, wie wir Nähfertigkeiten entwickeln können:

	• Schnürsenkel durch Ösen führen. Die Ösen können sich auf einem Stück Pappe befinden. Benutze Schnürsenkel mit einer engen Spitze, die gut durch die Öse passen, oder besorge Nähkarten. • Mit einer Teppichnadel (oder Ledernadel) können wir Linien in einen Karton vorstechen, sodass das Kind weiß, wohin es die Nähnadel führen soll. Wir können mit einer diagonalen Linie anfangen, dann mit einer Form fortfahren, und danach macht es dem Kind vielleicht Spaß, einfache Geldbörsen aus Papier zu machen. Wir können Reihstiche und Überwendlingsstiche zeigen. • Wir können den Kindern beibringen, wie man einen Knopf annäht. Machen wir das auf einem Filzstreifen, können wir daraus ein Halsband mit Knopfverschluss kreieren (auch zum Üben von Auf- und Zuknöpfen sehr gut geeignet). Kinder können Knöpfe auch auf jede Art von Stoff nähen. Sie können mit 2-Loch-Knöpfen oder anderen Knopfarten beginnen. Wenn sie das Annähen von Knöpfen gemeistert haben, können sie zur Dekoration Knöpfe an Taschen oder Kleidung annähen. • Das Kind kann seine Reih- und Überwendlingsstiche verbessern und andere Sticharten erlernen. • Filz ist ein ideales Material, um mit Nähprojekten zu beginnen. Kinder können Geldbeutel, Waschlappen, Fingerpuppen, Lese- oder Buchzeichen, Schlüsselanhänger und viele andere Dinge herstellen. • Wenn ihre Fertigkeiten wachsen, können sie mit Leinen und anderen Stoffen nähen. Sie können Kissen, Taschen, ausgestopfte Tiere, Puppenkleider und Accessoires sowie Bohnensäckchen herstellen. Knöpfe können als Augen oder zur Dekoration verwendet werden. • Ein älteres Kind möchte vielleicht mit einer Nähmaschine nähen.
Stricken und Häkeln	Stricken und Häkeln unterstützen die Auge-Hand-Koordination, die manuelle Geschicklichkeit, die Entwicklung des Pinzettengriffs und die Kreativität. Fingerstricken kann man 3- bis 4-Jährigen beibringen. Sie können ihre Finger benutzen oder eine Strickgabel oder Strickliesel. Stricken mit zwei Stricknadeln kann man 4,5- bis 6-Jährigen beibringen. Wir beginnen mit Stricken statt mit Häkeln, um den Kindern zuerst zu ermöglichen, mit Ausdauer das Stricken zu meistern. Danach kann man ihnen Häkeln beibringen, um Spültücher, Zierdeckchen, Halsbänder und dann kompliziertere Dinge herzustellen wie Amigurumi (kleine ausgestopfte Strick- oder Häkelwesen, aus dem Japanischen).
Weben	Weben ist sehr gut für die Augen-Hand-Koordination und für die Konzentration, weil in der Regel Handgriffe wiederholt werden und das Verfolgen und Wiederholen bestimmter Prozesse Aufmerksamkeit und Konzentration erfordern, während es gleichzeitig entspannt. Es gibt so viele unterschiedliche Webarten, dass wir Kinder in verschiedenen Altersstufen damit bekannt machen können: PAPIERWEBEN • Die Kinder können einfache Quadrate oder Rechtecke herstellen, die als Tischsets benutzt werden. • Ein älteres Kind kann Körbchen herstellen. GARNWEBEN • Sie können aus Strohhalmen ein Körbchen flechten. • Sie können lernen, mit zwei Stricknadeln ein *Ojo de Dios* (Gottes Auge) zu weben, ein Weben auf zwei gekreuzten Stricknadeln. Ein jüngeres Kind kann mit zwei Stricknadeln beginnen und mit der Zeit die Zahl der Nadeln und Muster erhöhen.

WEBSTUHLWEBEN

- Es gibt verschiedene Arten von Webstühlen – vertikale, horizontale, rechteckige, kreisförmige.
- Wir können einen Webstuhl kaufen, oder ein älteres Kind kann sich selbst einen eigenen aus Karton, Holzstücken und ein paar Nägeln oder sogar aus einem alten Bilderrahmen bauen.
- Die Kinder können lernen, verschiedene Dinge zu weben.
- Es könnte interessant sein, Webtechniken und Webstühle in der Welt und in der Geschichte zu erkunden.

Holzarbeiten

Holzarbeiten fördern die Auge-Hand-Koordination, kräftigen die Handmuskulatur und unterstützen die manuelle Geschicklichkeit und den Pinzettengriff. Hier sind ein paar Vorschläge für Holzarbeiten:

- Ein junges Kind kann damit anfangen, Nägel einzuschlagen.
- Es kann auch den Umgang mit Werkzeug wie Schraubenzieher und Schraubenschlüssel lernen.
- Holz abschmirgeln kräftigt ebenso die Handmuskulatur.
- Das Kind kann an einfachen Projekten arbeiten und dann zu komplizierteren übergehen wie dem Bau von Miniaturmöbeln oder dem Entwerfen eines eigenen Hauses.
- Es kann auch Garn- und Gummibandkunst machen, wozu das Einschlagen von Nägeln in einer bestimmten Form gehört, die man dann mit Garn oder Gummiband verbinden kann.
- Viele geometrische Konzepte – Formen, Winkel, Diagonalen, Eckpunkte – lassen sich mittels Holzarbeiten kennenlernen.

Holzarbeiten Starterkit

Siehe »Activity Starterkits« (online zu finden bei beltz.de unter diesem Buch).

Modellieren

Es gibt viele Modelliermassen wie Knetmasse, Ton, Plastilin, Bienenwachs, Pappmaché und Draht. Sie alle fördern die Handmuskulatur, manuelle Geschicklichkeit und andere feinmotorische Fertigkeiten. Kinder haben Spaß daran, ihre eigene Knetmasse herzustellen. (Siehe unser Lieblingsrezept für Spielknete, online zu finden bei beltz.de unter diesem Buch.) Wir beginnen damit, dass die Kinder ihre Hände gebrauchen, dann erkunden sie unterschiedliche Werkzeuge. Zunächst gehen wir ergebnisoffen vor, dann versuchen wir, bestimmte Modelle/Formen zu kreieren oder zu replizieren. Probieren wir auch Nass- und Nadelfilzen.

Vorschläge für Handwerk und Handarbeit für 6- bis 12-Jährige

Ältere Kinder können an spezifischen Projekten arbeiten und mit ihrer Handarbeit zum Ausdruck bringen, was sie über sie interessierende Themen wissen oder erkunden wollen. Sie können Modelle menschlicher Zivilisationen bauen, die sie studiert haben, Bilder oder Strickereien schaffen, die geometrische Formen reflektieren, oder die Kunst und das Handwerk verschiedener Ethnien in der ganzen Welt nachbilden. Sie können sich auch in Handarbeiten auf einem höheren Niveau versuchen – wie Kreuzstich, Stickerei oder andere Nadelarbeiten –, um ihre Nähfertigkeiten weiterzuentwickeln; Kerzen herstellen und gestalten, um ihre Modellierfertigkeiten auszubauen; und Möbel sowie andere Gegenstände fertigen, um ihre Fähigkeiten in der Holzarbeit zu verfeinern.

GEDÄCHTNIS

Das Gedächtnis unterstützt jeden Bereich des Lernens, und wir können unseren Kindern Aktivitäten anbieten, um das Gedächtnis zu schulen, indem wir

- ihnen mehrstufige Anleitungen geben, nach denen sie vorgehen.
- Frage- und Antwortspiele spielen, bei denen sie mit Attributen einen Gegenstand ermitteln (z. B. das Zuhörspiel und das Tastspiel in der Rubrik »Sensorische Erfahrungen« auf S. 329.
- ihnen eine Geschichte erzählen, die sie uns wiedererzählen.
- sie bitten, Reime, Gedichte, Lieder, Sätze oder religiöse Sentenzen (wenn geeignet) auswendig zu lernen.
- Dinge auf dem Tisch arrangieren, sodass das Kind sie sich einprägen kann, dann in einen anderen Raum geht oder seine Augen schließt und auflistet, an was es sich erinnern kann.
- gemeinsam ein Bild anschauen, zum Beispiel eine Illustration in einem Bilderbuch, dann das Buch schließen oder die Seite mit dem Bild umblättern und so viele Einzelheiten von dem Bild erinnern wie möglich.
- Dinge auf dem Tisch arrangieren, das Kind bitten, seine Augen zu schließen, einen Gegenstand fortnehmen, dann das Kind bitten, die Augen zu öffnen und festzustellen, was fehlt.
- Memory-Spiele spielen.
- Fehlersuchbild-Aktivitäten.

MUSIK

	Musik ist eine Ausdrucksform und eine andere Sprache. Wir können unser Kind mit unterschiedlichen Arten von Musik bekannt machen und ihm ermöglichen, sich musikalische Fähigkeiten anzueignen.
Musikwahrnehmung	• Wir sollten ein Abspielgerät für Musik haben und eine Sammlung verschiedener Musikgenres, einschließlich klassischer Musik, die sie erkunden können. • Einen alten Plattenspieler und Schallplatten, die wir zusammen anhören können. • Abspiellisten für die Familie zusammenstellen. • Konzerte und andere Veranstaltungen besuchen, wo wir Musik genießen können. • Musik einführen, die eine besondere Beziehung zu unserer Familienkultur hat.
Musik erforschen und studieren	• Lies Bücher über Komponisten. • Studiere Komponisten. • Stelle deinem Kind die reiche Welt der Musik vor. Besucht Konzerte, hört Musik zur Bettgehzeit oder sonntagmorgens beim Frühstück oder spielt Schallplatten an Sonntagabenden. • Lernt Musik lesen oder macht elementare Musikübungen, z. B. do, re, mi, fa, so, la, ti, do. • Lernt Musikinstrumente kennen: im Orchester, in der Welt und nach musikalischen Kategorien.
Musik spielen	• Lerne ein Instrument spielen. • Benutze Schlaginstrumente, um Rhythmen kennenzulernen. • Eigne dir Wissen über unterschiedliche Tempi und Lautstärken an.
Tanz und Bewegung	• Freie Bewegung und Ausdruck. • Ballett, moderner Tanz, Breakdance etc.

Singen

- Traditionelle Kinderlieder.
- Lieder aus unserer Kultur/Religion etc.
- Lieder, die wir im Radio hören.
- Lieder mit Bewegungsabläufen für jüngere Kinder.

MATHEMATIK UND RECHNEN

Maria Montessori war davon überzeugt, dass Menschen und Kinder einen mathematischen Geist haben, der Unterschiede und Beziehungen zwischen Dingen erkennt. Er nimmt Einzelheiten wahr und erkennt Muster und Reihen. Dadurch sind wir in der Lage, unseren Tag zu planen, im Lebensmittelladen die Höhe unserer Rechnung zu schätzen und zu wissen, wie weit wir reichen müssen, wenn wir etwas aufheben wollen. Dieser Geist ist die Grundlage der Mathematik, die eine Abstraktion dieser Beziehungen ist. Um die Entwicklung unseres Kindes in der Mathematik zu unterstützen, können wir zunächst den Gebrauch und die Entwicklung des mathematischen Geists fördern und zugleich unserem Kind helfen, mathematische Konzepte zu verstehen und darin firm zu werden.

Gelegenheiten zur Beobachtung schaffen

Zum Beispiel beobachten, wie die Sonne aufgeht, Vögel ein Nest bauen, wie eine Pflanze mit der Zeit wächst oder wie Schatten im Lauf des Tages ihre Form verändern. Unsere Kinder wundern sich vielleicht über den Prozess und stellen spontan Fragen, oder wir können ihre Neugier anregen, indem wir unserem Erstaunen laut Ausdruck geben und sie einladen, mit uns nachzudenken und sich zu wundern. »Ich frage mich, was geschieht, wenn wir die Sonne nicht sehen.« »Ich frage mich, wie lang der Schatten wohl in einer Stunde sein wird.«

Diese Gelegenheiten zum Staunen motivieren das Kind, mathematisch und logisch zu denken, Dinge herauszufinden. Das Ziel ist nicht unbedingt, eine Antwort zu finden, sondern Neugier zu wecken. Wenn das Kind Interesse hat, können wir ihm helfen, zu recherchieren und mehr Informationen zu unseren Fragen zu sammeln.

Möglichkeiten zum Abschätzen und Urteilen schaffen

- Während der ganzen Essenszubereitung kommt das Kind nicht umhin, abzuschätzen: Habe ich genug Wasser in meinem Messbecher? Wie viel Mehl muss ich hineingeben, um den Becher aufzufüllen?
- Beim Spielen werden sie ebenso abschätzen, wie weit sie entfernt stehen, wenn sie einen Ball in den Korb werfen, wie viel Kraft sie aufbringen und in welche Richtung sie werfen müssen.
- Beim Puzzlen schätzen sie Fläche und Umfang ein, wenn sie ein Teil einfügen wollen.
- Beim Zubereiten und Aufdecken eines Snacks oder Essens für mehrere Personen schätzen sie ab, wie viele Portionen insgesamt nötig sind und wie viel jede Person bekommt.
- Beim Gießen von Pflanzen schätzen sie ab, wie viel Wasser jede Pflanze braucht, abhängig von der Größe des Topfs oder der Pflanze.
- Im Alltagsleben gibt es ebenfalls Gelegenheiten, in denen geschätzt werden kann, etwa wie viele Kekse, Radiergummis oder Knöpfe in ein bestimmtes Behältnis passen.

Anordnen und reihen

- Perlen auffädeln.
- Blöcke anordnen.
- Klatschspiele spielen.
- Bilder einer Geschichte anordnen.
- Unterschiede zwischen zwei ähnlichen Bildern entdecken.

Sortieren, zueinander Passendes zusammentun und abstufen	• Siehe die Aktivitäten im Teil »Sensorische Entwicklung« auf S. 328. Jede sensorische Arbeit ist eine Vorbereitung auf Mathematik.
Problemlösen	• Einen Gegenstand – einen Kugelschreiber, eine Taschenlampe, ein altes Elektrogerät – auseinandernehmen, um herauszufinden, wie er funktioniert. • Lösungen für einfache Probleme finden: ein wackliges Möbelstück leimen; etwas in der richtigen Größe finden, um darauf zu klettern und an etwas heranzukommen. • Herausfinden, wie groß das Papier sein muss für ein bestimmtes Projekt oder um ein Buch zu machen.
Zählen und Zahlenverständnis	• Zählen: – Die Stufen beim Treppensteigen; wie viele Autos vorbeifahren, wenn man an der Ampel wartet. – Auswendig vorwärts und rückwärts zählen. Merke: Die Kenntnis der Zahlen hat nichts mit Zählen zu tun. Ein Kind mag 1, 2, 3 herunterrasseln (es weiß die Zahlen auswendig), weiß aber nicht, wie viele Äpfel vor ihm liegen (die Menge erkennen). Durch das Zählen-Üben wird es beide Fähigkeiten festigen. – Die Legosteine zählen, die gebraucht werden, um etwas Bestimmtes zu bauen – das Kind kann sehen, dass etwas größer wird, wenn es Steine hinzufügt. • Kommando-Aktivitäten, bei denen Zahlen eine Rolle spielen: – Zum Beispiel: 10-mal klatschen, 5-mal zwinkern, 5 Radiergummis sammeln, 6 Blumen finden. – Beim Einkaufen eine bestimmte Zahl von Waren aus dem Regal nehmen und in den Einkaufswagen legen. – Wie viele Exemplare es von einem Gegenstand in der Wohnung gibt: Kissen, Scheren, Vasen, Schachteln etc.
Zahlen identifizieren	• Hänge Karten mit Zahlen auf. • Identifiziere Zahlen in Büchern, auf Schildern, Häusern, Bildern. • Veranstalte Schatzsuchen. • Unsere Adresse und Telefonnummer memorieren. • Zahlen ordnen. • Lernkarten oder Flashcards mit Zahlen auslegen und in eine Reihe bringen. • Das Kind kann Fragen beantworten, wie zum Beispiel: Welche Zahl kommt nach 4 und vor 6? Wir tun das nicht, um es abzufragen, sondern um zusammen Spaß zu haben. Wenn das Kind es nicht weiß oder eine falsche Zahl nennt, können wir uns dies merken und ein anderes Mal üben, von 1 bis 10 zu zählen.
Zählen und die Zahlen mit Gegenständen verknüpfen	• Karten mit Zahlen und gleich vielen darauf abgebildeten Gegenständen, die gezählt werden und dann mit echten Gegenständen – wie Zahnstochern, Streichhölzern, Steinen, Knöpfen und Perlen – abgeglichen werden. • Unterscheiden von geraden und ungeraden Zahlen. • Ein älteres Kind in einem Laden ermuntern, das Geld abzuzählen und dann zu bezahlen. • Rezitiert und singt Abzählreime und Zahlenlieder; lest Bücher, bei denen es um Zahlen und Zählen geht; zählt die Gegenstände in Illustrationen. • Benutzt einen Kalender, um das Zählen zu unterstützen. Jeden Tag kann das Kind zählen, vom ersten bis zum letzten Tag des Monats.

Zahlen schreiben

- Junge Kinder zwischen 3,5 und 4 Jahren können üben, die Ziffern von 1 bis 9 zu schreiben. Das können sie lernen, bevor sie das Alphabet schreiben können oder währenddessen.
- Sie können mit Kreide auf Schiefertafeln oder mit einem Stock in Sandkästen schreiben, mit Farbe oder mit einem Stift auf Papier.
- Wenn sie diese Zahlen meistern, können sie diese kombinieren, um Zehnerzahlen oder andere zu bilden.
- Beim Kalenderbasteln lässt sich das Schreiben von Zahlen zweckgerichtet üben. Kinder können für jeden Monat einen Kalender erstellen und die Tage durchstreichen, die vergangen sind; ältere Kinder können etwas Interessantes über jeden Tag aufschreiben. Das ist auch eine gute Möglichkeit, Schreibfortschritte bei den Kindern zu beobachten.
- Sie können Zahlenbücher herstellen und mit Zeichnungen oder Stickern illustrieren.
- 4,5- bis 5-Jährige können sich von 1 bis 100 durcharbeiten.
- 5- bis 6-Jährige können sich von 1 bis 1000 durcharbeiten.
- Es macht Spaß, eine Zahlenrolle herzustellen. Sie besteht aus einer Reihe von Streifen, etwa 3 cm breit und 30 cm lang, auf denen das Kind quer Zahlen schreibt, beginnend mit 1. Es kann ein paar Streifen pro Tag beschriften und sie dann aneinanderkleben. Der Streifen wird immer länger, bis es die letzte Nummer, in der Regel 100, erreicht.

Mit dem Dezimalsystem arbeiten (für etwa 4,5- bis 5-Jährige)

- Führe die Idee der Null mit natürlichen Beispielen ein. Zeige auf etwas, das leer ist. Sprich davon, dass nur noch null Kekse in der Dose sind oder null Wörter in dem Buch übrig sind, die noch nicht gelesen wurden.
- Spiele das Nullspiel: Bitte das Kind, etwas ein paar Mal zu machen und dann schließlich null Mal. »Springe zweimal. Springe fünfmal. Springe null Mal.« Wir müssen es vielleicht ein paar Mal vormachen, bevor es das versteht.
- Lies Bücher über die Null, zum Beispiel *Die Null ist eine seltsame Zahl* von Henriette Boerendans.
- Führe die Zahlen 1, 10, 100 und 1000 ein. Weise darauf hin, wie viele Nullen jede Zahl hat. Im Montessori-Gruppenraum werden für solche Lektionen goldene Perlen benutzt, aber es gibt natürlich auch andere Materialien im Handel, mit denen sich das Konzept vorstellen lässt.
- Führe alle Zahlen der Einer-, Zehner-, Hunderter- und Tausender-Reihen ein. Jede hat nur 10 Teile oder Möglichkeiten:
  - 1, 2, 3, 4, 5, 6, 7, 8, 9
  - 10, 20, 30, 40, 50, 60, 70, 80, 90
  - 100, 200, 300, 400, 500, 600, 700, 800, 900
  - 1000, 2000, 3000, 4000, 5000, 6000, 7000, 8000, 9000
- Spiele »Bring mir«-Spiele, in denen wir das Kind bitten, uns eine bestimmte Anzahl von etwas zu bringen:
  - Wir können zunächst um eine einzelne Kategorie bitten: »Gib mir fünf Stück davon.«
  - Wir können die Herausforderung erhöhen, indem wir um zwei oder drei verschiedene Stückzahlen bitten.
  - Wir können zeigen, wie man Zahlen kombiniert und im Ergebnis benennt; zum Beispiel ergeben 6 Zehner und 4 Einer 64.
  - Wenn das Kind diese Aufgaben meistert und schon schreiben kann, können wir ihm Zahlen diktieren und es kann sie notieren.
- Schreibe eine Zahl auf und das Kind liest sie laut vor.

Rechenarten für 5- bis 6-Jährige	• Addieren (zusammenzählen) heißt etwas dazutun. • Subtrahieren (abziehen) heißt wegnehmen. • Multiplizieren (malnehmen) ist, die gleiche Menge mehrmals dazutun. • Dividieren heißt gleichmäßig teilen. • Am Besten stellen wir diese Konzepte in einen konkreten Zusammenhang: – Ich habe dir 2 Kekse gegeben, und du hast Sarah 1 gegeben, wie viele behältst du übrig? – Wenn du 7 Ballons hast und du gibst Sarah 1, wie viele sind dann noch übrig? – Wenn 5 von uns 3 Murmeln in einen Becher tun, wie viel Murmeln sind das dann zusammen? – 12 Stücke Schokolade sind in einer Schachtel und wir sind 4: Wie viel Stücke bekommt jeder von uns? • Die Vorbereitung und Zuteilung von Snacks für mehrere Personen ist eine sehr gute Übung für mathematische Operationen.
Mathematische Grundlagen	• Wir können dabei helfen, grundlegende Rechenarten und Kenntnisse wie das Einmaleins zu lernen. Kinder können anfangs mit Legosteinen, Steinen oder Knöpfen arbeiten und dann das Einmaleins auswendig hersagen. Auch mit Spielen kann man Rechenarten üben. Lege Karten mit Zahlen darauf verdeckt auf den Tisch. Zwei Personen nehmen jeweils eine Karte auf und sagen dann die Summe, die Differenz, das Ergebnis der Multiplikation oder den Quotienten. • Vorschläge zum Erlernen der Grundlagen: – Farben – das Kind errechnet die Summe, um herauszubekommen, welche Farbe es für einen bestimmten Teil eines Bildes benutzen soll. – Erkenntnisketten – dabei handelt es sich um Papierketten, die wir oder unser Kind herstellen. Auf jedem Papierglied steht eine Rechenaufgabe auf der Basis einer Zahl, zum Beispiel 2 x 2 = 4. Jedes weitere Papierglied enthält eine Rechenaufgabe, die mit 4 zu tun hat. • Multiplikationspapier – alle Multiplikationen mit 9 zirkulieren lassen etc.
Teilen	• Teilen – ein Ei, eine Pizza, eine Frucht, einen Kuchen, eine Flasche Saft. • Falten – Servietten, Papier. • Backen erlaubt viele Möglichkeiten zum Teilen. Das Kind kann mit Messbechern und Messlöffeln die Beziehung zwischen ganzen Zahlen und Teilen davon herstellen. Es kann ein Rezept halbieren, vierteln oder verdoppeln.
Geometrie	• Die Namen verschiedener geometrischer Formen lernen – zweidimensional und gegenständlich. Wir können mit einem Dreieck beginnen und dann, wenn das Kind älter wird, spezifizieren – ungleichseitiges Dreieck, gleichschenkliges Dreieck. • Bastle ein Modell aus Strohhalmen und Garn, Karton oder Zahnstochern. • Stelle eine Grafik, ein Schaubild oder Heft mit geometrischen Formen her. • Sucht nach solchen Formen in eurem Haushalt – eine Kanne oder ein Glas für einen Zylinder, einen Teller für einen Kreis, ein Lineal für ein Rechteck. Ein älteres Kind kann eine Liste schreiben oder ein Buch oder Heft anlegen. Es kann die genannten auch als Material für grafische Darstellungen verwenden. Zählt nach, wie viele Beispiele es für jede Form gefunden hat. • Benutzt Schablonen für die verschiedenen Formen und zeichnet sie nach. • Zeichnet oder malt Formen. • Erkundet die Formen auch bei magnetischen Bausteinen (Magformers, Magna-Tiles), Holzklötzen etc. • Spielt mit Tangram-Sets. • Zeichnet unter Verwendung geometrischer Formen.

Zeitmessung

- Erkläre die Teile einer analogen Uhr.
- Erkläre das Ziffernblatt: 12 Ziffern, wobei die 12 zugleich null Uhr anzeigt.
- Hilf dem Kind, eine Uhr zu zeichnen, oder bastle eine Uhr mit beweglichen Zeigern aus Papier, Pappe oder Stroh.
- Führe die Stunden ein. Wir können erklären, dass immer dann, wenn der große Zeiger auf 12 steht, eine neue Stunde beginnt. Wir schauen nach, auf welcher Zahl der kleine Zeiger steht, und sagen dann die Uhrzeit (1 Uhr, 2 Uhr, 3 Uhr etc.).
- Erkläre, was es heißt, wenn der große Zeiger auf der 6 zeigt. Wir schauen nach, zwischen welchen Zahlen der kleine Zeiger steht, und sagen dann »halb« eins (zwischen 12 und 1), zwei (zwischen 1 und 2), drei (zwischen 2 und 3) etc.
- Erkläre, was *Viertel vor* und *Viertel nach* bedeutet.
- Lest Bücher, in denen Zeit eine Rolle spielt.
- Lege eine Zeitleiste für den Tag deines Kindes an.
- Stelle ein Buch über den Tag deines Kindes zusammen, worin steht, was es zu verschiedenen Zeiten tut.
- Besprich das Konzept der Zeit, wie gestern, morgen und nächste Woche. Diese lassen sich für jedes Alter erklären. Eine Weile werden Kinder Worte wie *gestern* für alles anwenden, was in der Vergangenheit liegt, und *morgen* für alles, was in der Zukunft liegt. Wir müssen sie nicht korrigieren, aber wir können mit einer korrekten Aussage, die sie aufnehmen, antworten: »Ja, wir haben sie vor zwei Wochen im Park gesehen.« Wir können das Wort korrekt verwenden, und mit der Zeit werden sie sich selbst korrigieren.

SICH MIT DER ERDE VERBINDEN UND FÜR SIE SORGE TRAGEN

Montessori-Kinder verbinden sich durch Erkundungen mit ihren Händen und ihrem Denken mit der Welt und dem Universum, die sie umgeben. Durch kosmische Erziehung lernen sie, dass alle Lebewesen einen Sinn haben und Achtung verdienen. Sie freuen sich an der Natur und tragen für sie Sorge (einschließlich der Flora und Fauna), und ebenso freuen sie sich an ihrer Gemeinschaft und tragen für sie Sorge. Sie werden soziale Bürger*innen der Welt. Sie lernen, global zu denken und lokal zu handeln. Und sie verstehen immer mehr, dass wir und die Welt um uns herum miteinander verbunden und vernetzt sind.

Wir werden vielleicht Zeuge, wie sie sorgsam Eier von einem Huhn einsammeln, einen Wurm auf der Straße aufheben und in Sicherheit bringen, ein Habitat für Insekten bauen, einen Brief an die örtlichen Behörden über die Gründung eines Nachbarschafts-Gemüsegartens schreiben oder ein Schild für eine Klimademo malen.

Wir können unserer Familie Konzepte wie die Regeneration nahebringen. Dabei geht es beispielsweise darum, dass wir die Erde und unsere Gemeinschaft in einem besseren Zustand verlassen als der, in dem wir sie vorgefunden haben. Das bedeutet, dass wir auch über grüne Alternativen hinausschauen, die immer noch Ressourcen verbrauchen, und sogar über klimaneutrale Lösungen hinaus, die einen Nettoeffekt von null auf den Planeten haben. Dazu gehört das Wiederbenutzen (von Papier über Karton bis Kleidung), Reduzieren (weniger Ressourcen verbrauchen) und Recyceln (Ressourcen umnutzen und weiterverwerten), aber auch das reicht noch nicht aus. Es geht darum, sich für das Wohlergehen der Erde einzusetzen und die Schäden an den natürlichen Systemen zu heilen.

Wir können Permakulturen bei uns zu Hause oder in unserer Region erforschen; Regenwasser sammeln; eine Komposttonne, Wurmfarm oder Wurmkiste benutzen; unsere lokalen Biotope schützen und wiederherstellen; blühende Gärten anlegen, um Bienenvölker zu unterstützen; am Säubern von öffentlichen Grünflächen, Waldwegen, Stränden etc. teilnehmen; die Bodenqualität in unseren Schulhöfen verbessern; mithelfen, dass unsere Schule keinen Müll produziert; sich dafür einsetzen, dass in unserer Gemeinde kein Plastik mehr verwendet wird; oder sich Leuten in unserer lokalen oder in der globalen Gemeinschaft anschließen, die einen Unterschied machen.

Größere Projekte in der Familie können sein, dass wir unsere eigene Energie produzieren und unser Haus so ausstatten, dass es weniger Heizung und Kühlung braucht. Wir können auch anregen, dass unsere Bildungseinrichtung mit anderen Bildungseinrichtungen in anderen Teilen der Welt Kontakt aufnimmt, um Erfahrungen, Ideen und Lösungen zu teilen.

Statt solcher Von-oben-nach-unten-Aktivitäten können wir Anregungen von unseren Kindern empfangen. Woran haben sie Interesse? Können sie an der Vorbereitung einer Entscheidungsfindung teilhaben? Dann können wir zusammen einen Plan entwerfen, der zu Veränderung führt.

DIE GROSSEN LEKTIONEN

Die Großen Lektionen sind Erzählungen von Maria Montessori, um die Fantasie der 6- bis 12-jährigen Kinder über das Universum anzufeuern und verschiedene Aspekte des Kosmos miteinander zu verbinden.

Es gibt 5 große Erzählungen:
- Von der Entstehung des Universums.
- Von der Entwicklung des Lebens auf der Erde.
- vom Erscheinen des Menschen auf der Erde.
- Von der Entstehung der Schrift.
- Von der Entstehung der Zahlen.

Diese Erzählungen stellen das Lernen des Kindes in einen Kontext und machen es aufmerksam für die geschichtlichen Herausforderungen und Leistungen der Menschheit.

Für weitere Informationen öffne »Eine Einleitung zu den Great Lessons« (online zu finden bei beltz.de unter diesem Buch).

ERGEBNISOFFENES KREATIVES SPIELEN

Kinder lieben ergebnisoffenes Spielen, das ihnen erlaubt, die Wirklichkeit auf unterschiedliche Weise zu erkunden. Wir können dieses Interesse stärken und unterstützen. Viele Dinge und Materialien eignen sich für diese Explorationen wie Bauen, Zählen und Erfinden eigener Geschichten. Hier ein paar Beispiele:
- Bauernhof und Tiere
- Puppenhaus
- Puppenküche
- Flughafen oder Garage mit Autos
- Modell- oder Holzeisenbahn mit Schienen
- Bauteile – Spielbausteine, Kinderarchitekturspiele, Holzbauklötze
- Murmelbahnen
- Baukästen mit Stäben, Metallbaukästen
- Lego
- Magnetische Bausteine

BRETT- UND KARTENSPIELE

Wir können auch Spiele für unsere Familie auswählen. Hier sind einige unserer Lieblingsspiele:

KLASSISCHE BRETTSPIELE

Leiterspiele (Schlangen und Leitern)

Schach

Scrabble

Monopoly

Candy Land

KOOPERATIVE SPIELE

- Max die Katze
- Waldschattenspiel
- HABA Das erste Kind
- Erster Obstgarten

SCHREIB- UND LESESPIELE

- Einkaufsliste
- Literaturbiene
- Alphabet-Lotto
- Bananagrams

RECHENSPIELE

- Kniffel (Yatzi, Pasch)
- Ligretto
- Rummikub

BRIEF AN ELTERN, BETREUUNGSPERSONEN UND ANGEHÖRIGE

Von deinem Kind

Meine geliebten Eltern, Großeltern, Betreuungspersonen und Angehörige:

Ich spüre Eure Liebe. Ich sehe, dass Ihr ständig Euer Bestes gebt, mich mit Liebe großzuziehen, und so möchte ich Euch aus meiner Perspektive etwas zu bedenken geben.

Bitte akzeptiert mich als das, was ich bin. Ich weiß, Ihr habt Träume, von denen Ihr Euch wünscht, dass ich sie erfülle, und dass Ihr vielleicht unter dem Druck steht, was andere Leute denken, aber diese Sorgen kann man mit Sicherheit vernachlässigen. Ihr braucht Euch keine Gedanken darüber zu machen, was ich tun werde, wenn ich älter werde. Alles, was ich brauche, ist, dass Ihr mich dabei unterstützt, dass ich bin und die beste Version meiner selbst werde.

Vertraut darauf, dass ich mich in meinem eigenen Tempo entwickle, nach meinen eigenen Interessen, und auf meine individuelle Weise lerne. Seid geduldig mit mir und versucht nicht an mir herumzumeckern, mit mir zu schimpfen oder frustriert über mich zu sein. Ihr könnt mit mir kooperieren, wenn ich Dinge erkunde und herausfinde. Ich brauche Eure Liebe und Euer Verständnis.

Ich versuche wirklich nicht, Euch das Leben schwer zu machen, also nehmt mein Fehlverhalten nicht persönlich. Ich tue in dem Moment das Beste, was ich kann. Ich versuche Euch vielleicht mitzuteilen, was ich brauche, aber ich weiß nur noch nicht wie. Helft mir, mich selbst zu regulieren, und wenn ich mich beruhigt habe, kann ich es, wenn nötig, wiedergutmachen.

Bitte, so weit als möglich: Stört oder unterbrecht mich nicht, wenn ich mich konzentriere. Ihr erkennt, dass ich konzentriert bin, wenn ich intensives Interesse an einer Sache zeige. Mein Gesicht ist dann vielleicht fokussiert, mein Atem ist gleichmäßig, und vielleicht steht sogar mein Mund offen und meine Zunge schaut heraus. Es ist vielleicht nicht das, was Ihr Euch als Gegenstand meines Interesses wünscht, aber lasst es mich bitte zu Ende bringen. Ich erzähle Euch dann mit Freuden, warum ich so davon gefesselt bin.

Nehmt Euch jeden Tag Zeit für mich. Vielleicht werde ich nicht jede Eurer Fragen beantworten, sowie ich zur Tür hereinkomme. Aber wenn Ihr wartet, wird sich Zeit zum Reden ergeben, vielleicht im Auto, beim gemeinsamen Geschirrspülen, Wäschezusammenlegen, Essen oder Ballwerfen. Oder kommt und hört der Musik zu, die ich 5 Minuten lang spiele; oder wir sprechen über einen Zeichentrickfilm oder über die neuen Fußballergebnisse. Ihr könnt mir auch von Eurem Tag erzählen.

Gebt mir auch Raum, mich zu entspannen und Ruhe zu finden. Ich bin dann nicht faul. Ich muss mich nur von all dem Input, der auf mich eindringt, entlasten.

Es ist so viel einfacher, aus dem zu

lernen, was Ihr tut, als aus dem, was Ihr sagt. Macht Euch also klar, dass ich Euch immer beobachte. Benutzt Eure Handys achtsam und legt sie beim Essen beiseite, seht mir in die Augen und hört mir mit Eurem ganzen Körper zu – und entschuldigt Euch, wenn Ihr etwas falsch macht, und macht es das nächste Mal besser.

Ich liebe Euch so, wie Ihr seid. Seid Ihr selbst, wenn meine Freund*innen zu Besuch sind. Ihr habt nicht nötig, Euch cool zu geben. Wenn es Snacks gibt, werden wir wahrscheinlich am Küchentisch abhängen. Dann lasst uns den Raum, unter uns zu bleiben.

Ich sag es noch einmal: Meckert nicht an mir herum. Wenn Euch etwas stört, lasst uns darüber reden und zu anderer Stunde einen gemeinsamen Plan entwerfen. Wir können Verabredungen treffen, und ich werde alles tun, sie einzuhalten. Wir können sie regelmäßig überprüfen und schauen, welche vielleicht der Nachbesserung bedürfen.

Wenn ich etwas hinausschiebe, dann versuche ich in der Regel, mir darüber klar zu werden, wer ich bin und was ich darüber denke. Gebt mir Raum, dies zu explorieren. Ihr braucht Euch keine Sorgen zu machen.

Ihr müsst nicht meine Hausaufgaben machen. Ihr müsst nicht meine Probleme lösen. Ich beklage mich vielleicht über sie. Hört einfach nur zu. Fragt vielleicht, ob ich Hilfe beim Planen brauche. Sonst lasst mich die Folgen selbst spüren.

Richtet Euer Augenmerk auf meine Stärken anstatt auf das, was nicht so gut läuft. Ich brauche das Gefühl, geliebt, akzeptiert und gesehen zu werden.

Erlaubt mir, Fehler zu machen. Aber greift ein, wenn ich etwas tue, das mir selbst, jemand anderem oder der Umwelt schadet. Es ist schön zu wissen, dass ich bei Euch sicher bin, auch wenn ich nicht immer fröhlich aussehe.

Seid mir nah und gebt mir Raum. Ich möchte, dass Ihr Euch für mich interessiert, aber Ihr müsst nicht alles wissen, was mir durch den Kopf geht.

Beobachtet mich und versucht mich zu verstehen. Denkt das Beste von mir (nicht das Schlechteste). Seht das Glück und die Momente, wenn ich beschäftigt bin und ich selbst sein kann.

Ich werde glücklich sein. Ich werde traurig sein. Liebt mich während alledem und lasst uns diesen Weg des Lebens gemeinsam gehen.

Ich liebe Euch genauso. xoxo

DIE ZEHN GEBOTE VON MONTESSORI

1. Fasse nie ein Kind an, wenn es Dich nicht dazu einlädt.
2. Spreche nie schlecht über Kind in seiner Gegenwart oder Abwesenheit.
3. Konzentriere dich darauf, das Gute in ihm zu entwickeln und zu stärken.
4. Der Erwachsene muss aktiv sein, wenn er dem Kind hilft, eine Beziehung zu seiner Umwelt aufzubauen, und er muss äußerlich passiv sein und innerlich aktiv Anteil nehmen, wenn diese Beziehung etabliert ist.
5. Erwachsene müssen immer bereit sein, dem Ruf des Kindes zu folgen, wenn es sie braucht, und ihnen immer zuhören und auf sie reagieren, wenn es sich an sie wendet.
6. Die Erwachsenen müssen das Kind respektieren, das einen Fehler macht, ohne es unmittelbar zu korrigieren. Aber sie müssen jeden Missbrauch der Umwelt und jede Handlung, die das Kind oder andere Mitglieder der Gemeinschaft gefährdet, beenden.
7. Die Erwachsenen müssen das Kind respektieren, das eine Pause macht und anderen bei der Arbeit zusieht, ohne es dabei zu stören, zu anderen Formen der Beschäftigung aufzufordern oder gar zu zwingen.
8. Die Erwachsenen müssen den Kindern helfen, die eine Beschäftigung suchen, ohne sie zu finden.
9. Die Erwachsenen müssen deshalb unermüdlich dem Kind Angebote machen, die es zuvor abgelehnt hat, das Kind wegweisend begleiten beim Erwerb einer Fähigkeit oder Fertigkeit, die es noch nicht gelernt hat, sie müssen dem Kind helfen, das Schwierigkeiten hat, seine Umgebung zu beleben – durch Zuwendung, bedachtes Schweigen, gütiges Zureden und liebevolle Anwesenheit. Sie müssen ihre Anwesenheit dem Kind spürbar machen, das sie sucht, und vor dem verbergen, das sie gefunden hat.
10. Die Erwachsenen müssen das Kind stets mit den besten Umgangsformen behandeln und allgemein das Beste, was sie in sich haben, dem Kind zur Verfügung stellen.

DOWNLOADS

Unter www.beltz.de, der Webseite des Beltz Verlags, findest du die Downloads. Zu den Online-Materialien kommst du, indem du dort auf die Seite des Buches gehst und den Link zu den Online-Materialien anklickst.

- 40 Wege zum Aufbau von Selbstdisziplin und intrinsischer Motivation
- Die Reise eines Schmetterlings
- Montessori-Jugendliche am Montessori Centre for Work and Study, Rydet, Schweden
- Wie funktioniert Montessori?
- Activity Starterkits
- Liste von Aktivitäten nach Interessen
- Eine Einleitung zu den Great Lessons
- Wie man eine Broschüre gestaltet
- Rezept Spielknete
- Wonach wir in einer Montessori-Schule schauen sollten
- So sieht ein Montessori-Programm für 3- bis 6- und 6- bis 12-jährige Kinder in Vorschule und Schule aus
- Was, wenn sie nicht zur Schule gehen wollen? Und andere häufig vorkommende Fragen
- Wenn die Eltern getrennt sind
- Zum Weiterlesen

DANK UND WERTSCHÄTZUNG VON JUNNIFA

Ich danke meinem Erlöser, Jesus Christus, für die Gnade, alles tun zu können, was mir aufgegeben ist.

Meinem lieben Mann: für deine Geduld und Unterstützung. Mein Schreiben und meine Leidenschaft für Montessori ziehen mich so oft von dir ab, aber du bist immer da, wenn ich dich brauche, und hilfst. Ich liebe und wertschätze dich. Meinen Kindern Solu, Metu, Biendu und Nalu, dafür, dass sie meine größte Inspiration und meine größten Lehrer*innen sind. Meine Versuchskaninchen und großen Herzensstücke. Danke euch dafür, dass ihr mir Sinn gebt und mich so großzügig an Eurer Arbeit teilhaben lasst. Ich liebe euch mehr, als Worte je ausdrücken können.

Meinem Vater, meiner ersten Liebe, der auf dieses Buch gewartet und immer nach Updates gefragt hat. Daddy, dein Stolz auf meine Arbeit hat mich angefeuert. Ich bin so traurig, dass du nicht hier sein kannst, um dieses Buch anzufassen und zu segnen. Meiner Mum, meiner starken und ständigen Unterstützerin. Die mir in jedem Aspekt meines Lebens vom ersten Tag bis jetzt geholfen hat. Ich wäre ohne deine Hilfe nicht die Frau, die ich bin, und ich wäre auf dieser Montessori-Reise ohne deine Hilfe nicht so weit gekommen und hätte dieses Buch nicht schreiben können. Danke, Mummy.

Manma für die Unterstützung jeder Art, die du kennst und kannst. Ich liebe dich und hoffe, dass du weit fliegst und weißt, dass du immer einen Stützpunkt hast, zu dem du zurückkehren kannst. Meinem Bruder Udo, dessen Haus mein Rückzugsort fürs Schreiben war. Herzlichen Dank, dass du dein schönes Zuhause mit mir geteilt hast, mit oder ohne Zeitbegrenzung. Mandela und Fortune, die mich mit ihrem Einsatz für WheelZup beeindruckt haben, und Genti und Jamie und Debbie.

Sophie Ohuabunwa, meine so begabte Mitarbeiterin. Danke für dein stetes Feedback. Dafür, dass du dieses Buch gelesen hast, und vor allem für die ganze Zeit, die du fern deiner Familie verbracht hast, um mit mir an diesem Buch zu arbeiten. Du warst ein solches Geschenk für mich, und ich hoffe, du weißt, wie sehr ich dich schätze. Bidemi Adetutut und Pamela Chukwu dafür, dass sie die Stellung in meiner Elementarklasse gehalten haben, während ich an dem Buch arbeitete. Allen Mitarbeiter*innen von Fruitful Orchard Montessori: Danke für eure Unterstützung in den letzten beiden Jahren, als ich an diesem Buch arbeitete, und auch dafür, dass wir eine Gruppe bilden durften, um den Traum zu verwirklichen. Den Eltern und Kindern von Fruitful Orchard Montessori: Danke dafür, dass ihr mir euer Vertrauen geschenkt habt und diesen Weg mit mir gegangen seid. Ich nehme das nicht als selbstverständlich, und ich bin so dankbar für das, was wir zusammen schaffen … jetzt und für die Zukunft!

Mrs. Bola Kalejayje, du bist das Herzstück meiner Montessori-Reise. Gott brachte dich in mein Leben, damit ich nicht von diesem Weg abweiche. Danke dir für dein Verständnis und dein inspirierendes Engagement für das Montessori-Kind. Meinen Ausbilderinnen Patty Wallner, Sylvia Dorantes und Carol Hicks, die mir ein tieferes Verständnis für Kinder vermittelt haben. Danke euch! All meinen Montessori-Inspiratorinnen: Es sind zu viele, als dass ich sie alle aufführen könnte, aber ich nenne Zoe Paul, Jennifer Turney McLaughlin und Pilar Beweley; und Regina Sokolowski, um jede Ebene zu berücksichtigen. Danke euch!

Der Pastorin Deborah Life Alegbemi, Danke dir für deine konstanten und konsistenten Gebete und deine spirituelle Unterstützung. Ich schätze dich sehr. Meinen Freundinnen Ijeoma Okoli, Lucy Agwunobi, Lilian Ibeh und Paulette Ibeka, die mich inspiriert und ermutigt haben. Danke dafür, dass ihr mich getragen und unterstützt habt, obwohl ich oft nicht erreichbar war.

Unserem Verlag Workman und unserer bewunderungswürdigen Lektorin Maisie Tivnan. Danke dir, Maisie, für deine Geduld und Hingabe. Für so viel Freundlichkeit in harten Diskussionen, sodass sie sich nicht mehr hart anfühlten. Dafür, dass du an uns geglaubt hast und Geburtshelferin für ein weiteres Buch warst. Danke dir, Analucia, für all deine Arbeit an so vielen Aspekten des Buchs. Danke euch, Ilana, Cindy, Rebecca, Moira und Chloe, für die ganze Vertriebsarbeit. Danke dir, Allison, für all deine Mühe, das Buch in der ganzen Welt zu vertreiben. Und allen anderen bei Workman/Hachette, die große und kleine Beiträge leisten, und sei es hinter den Kulissen, um unser Werk erfolgreich zu machen. Wir sind so dankbar!

Dank an Galen für das Layout unseres Buchs – du hast intuitiv erfasst, was wir wollten, und es war eine solche Freude, mit dir an den beiden Büchern zu arbeiten. Dank an Naomi Wilkinson, unsere Illustratorin, für deine schönen Bilder, mit denen du unsere Worte so perfekt begleitest. Dank an Hiyoko Imai für das ursprüngliche Buchdesign. Dein einfaches, zeitloses und wunderschönes Design wurde eine Signatur, die geholfen hat, diese Bücher zu dem zu machen, was sie sind, und wir sind dir so dankbar!

Meiner lieben Freundin Sveta: Danke dafür, dass du mit deiner wundervollen Familie Montessori lebst und dass du deine Geschichte mit uns teilst. Dank an Yuliya: Du warst auf vielfältige Weise auf meiner Reise so großzügig zu mir; ich bin dir dankbar. Dank an Jasmine, Nusaibah und Joshuaa, dass ihr eure Geschichten mit uns geteilt und zu dem Buch beigetragen habt.

Schließlich möchte ich meiner unglaublichen Partnerin Simone danken, die mit mir diese Bücher zur Welt gebracht hat. Es war eine wahre Freude, mit dir auf diese Reise zu gehen. Du bist ein Geschenk für mich, für Montessori und für die Welt. Ich weiß nicht, ob ich das mit jemand anderer geschafft hätte, und ich bin so dankbar. Danke dir, Simone, dass du bist, wer du bist: für deine Geduld, Flexibilität, Ernsthaftigkeit, Erfahrung, für deinen

Humor und besonders für dein Herz. Ihr, Emma und Oliver, habt mich in so vielfältiger Weise inspiriert. Danke euch!

Ich hoffe, dieses Buch hilft allen, dies es lesen, sich der Geschenke zu erfreuen, die ihnen gegeben wurden!

»Kinder sind ein Geschenk Gottes« – Psalm 127,3.

DANK UND WERTSCHÄTZUNG VON SIMONE

DEM WORKMAN VERLAGSTEAM – Maisie, du bist ein Wunder. Dass dieses Buch zu dem Buch wurde, verdankt sich deinem genauen Auge, Deiner Geduld – und vergessen wir nicht deine Fähigkeiten zum schonungslosen Lektorat. Cindy, Ilana, Rebecca, Moira und Chloe, Danke für den vielen Spaß mit euch, Ihr wart immer eine so große Hilfe. Wir hätten uns kein besseres Marketing-, PR- und Öffentlichkeitsteam wünschen können. Analucia, wir schätzen deine Unterstützung, wann immer sie notwendig ist. Dank an Allison dafür, dass sie diesem Buch geholfen hat, seinen Weg in viele andere Länder zu finden. Und an den Rest des Teams: Ihr habt alle geholfen, Montessori in so viel mehr Familien zu verbreiten, als wir uns je hätten vorstellen können. Herzlichen Dank!

UNSEREN BUCHGESTALTERINNEN – Dank an unsere hochbegabte Illustratorin Naomi Wilkinson, die unsere Worte zum Leben erweckt hat. Wir schätzen die Mühen, die du auf dich genommen hast, und die schönen Illustrationen geben dem Buch so viel. Galen, wir lieben dein Layout und die Tatsache, dass du besser als wir selbst weißt, wie jede Seite auszusehen hat. Und ein großes Dankeschön an Hiyoko Imai für das hinreißende Buchdesign. Es macht das Buch so schön und leicht zu lesen. Wir lieben es über alle Maßen.

UNSEREN BEITRÄGER*INNEN – An Joshuaa, Nusaibah, Jasmine, Sveta und Yuliya, die ihre Türen aufmachten und ihre Geschichten in unserem Buch teilten; wir schätzen euch so sehr. Ebenso wie Mira und Angela, die ihre Expertise über die Montessori-Forschung beitrugen.

ZUSÄTZLICHEN HELFER*INNEN – Terry Millie, Andy Lulka, Regina Lulka und Rammy Oesting, Danke für euren Rat und Beistand, als ihr die Kapitel last. Und Dank an Kathy Porto Chang, Ksenya Kolpktchi, Sophie Chamberlin und Ruben Dahm für euer hilfreiches Feedback, das geholfen hat, das Buch zum Besten zu machen, das es werden konnte.

MEINER FAMILIE UND MEINEN FREUND*INNEN – Dank an Mum, Dad, Jackie, Tania, Oliver, Emma, Luke, Blue und Danke der ganzen Familie für eure Liebe und Unterstützung. An Debbie, Rachel, Agnes, Frans, Birgit, Monika, Floris, Carly und Rich: Ich denke so gerne an unseren gemeinsamen Spaß, der das Schreiben antrieb, und an eure Geduld, mir zuzuhören, als ich unaufhörlich von diesem Buch redete.

MONTESSORI-MENTOR*INNEN – Dank an Ferne van Zyl, die den Funken zündete; an Judi Orion, die ihre Kinderliebe teilte; an Heidi Philippart-Alcock, die die ganze Familie in Amsterdam aufgenommen hat; an An Morisson und Annabel Needs, die meinen Kindern die besten Wegbegleiter sind und ihnen den Weg weisen; und an die jüngst hinzugekommenen Vikki Taylor, Alison Awes und Jenny Marie Höglund, die mir tiefe Einblicke in das 3- bis 6-jährige Kind, das 6- bis 12-jährige Kind und in die Jugendlichen verschafft haben. Ich habe auch so viel von meinen Freund*innen bei Montessori Everywhere gelernt – von Dr. Ayize Sabater, Seemi Abdullah, Andy Lulka, Tammy Oesting, Barbara Isaacs, Wendelien Bellinger, Sue Pritzker, S. Ann Williams, Ochuko Prudence Daniels und Dabriel Salomão – und so vielen anderen wie Kim Anh Nguyễn Anderson, Pamela Green, Jeanne-Marie Paynel, Britt Hawthorne und Trisha Moquino.

DEN FAMILIEN BEI JACARANDA TREE MONTESSORI – Ich fühle mich tief geehrt, dass ich seit 2008 mit so vielen Familien hier in Amsterdam arbeiten darf. Ich lerne jeden Tag von euch allen. Gemeinsam wachsen wir, entwickeln uns und vertiefen unsere Praxis. Danke dafür, dass ihr eine so besondere Gemeinschaft seid.

DIR, LIEBE LESERIN UND LIEBER LESER – Danke dafür, dass ihr dieses Buch in die Hand genommen habt, unsere Worte in die Tat umsetzt und Montessori in EURE Familie tragt. Wir lieben es, die Welt von Familie zu Familie zu verändern, und hoffen, dass ihr die gleiche Freude daran habt, die Montessori-Prinzipien in eurer Familie anzuwenden.

Last but not least, MEINER LIEBEN JUNNIFA – Innigsten Dank dafür, dass du mich auf dieser Reise begleitet hast. Du und deine Familie, ihr inspiriert mich und erfüllt mich mit Hoffnung, und ich liebe es, dich so strahlen zu sehen. Es war ein solches Glück, dieses Buch gemeinsam auf die Welt zu bringen.

»Das Gute anzuerkennen, das man bereits in seinem Leben hat, ist die Grundlage allen Überflusses.« – Eckhart Tolle

INDEX

L

M

N

O

P

R

S

T

U

V

W

Z